An Introduction of
Children's Culture

儿童文化引论

郑素华 ■ 著

社会科学文献出版社
SOCIAL SCIENCES ACADEMIC PRESS (CHINA)

教育部项目"整体视野下的儿童文化解析"(10YJC840097)的最终成果

浙江省哲学社会科学培育研究基地浙江师范大学儿童研究院研究成果

目　录

序 ……………………………………………………………… 1

引言　儿童文化的理论自觉 ………………………………… 1
　儿童观的现代转变：儿童文化渐显的思想基础 …………… 2
　儿童文化研究的基本策略：面向事实、立场互涉与理论自觉 …… 8
　儿童文化的整体视野 ……………………………………… 16
　儿童文化为什么值得研究 ………………………………… 20

第一章　探寻儿童文化 ……………………………………… 23
　从儿童到儿童文化：一种思想、观念与路径上的新认识 …… 23
　作为儿童生存—意义体系的儿童文化 …………………… 34
　儿童文化的基本特质 ……………………………………… 44
　复数的儿童文化 …………………………………………… 52
　小　结 ……………………………………………………… 59

第二章　不同视域下的儿童文化 …………………………… 62
　有关儿童的知识论 ………………………………………… 62
　民族儿童文化 ……………………………………………… 72
　历史视野下的儿童文化 …………………………………… 80
　解放童年：现代社会中的儿童文化 ……………………… 88
　小　结 ……………………………………………………… 95

第三章　儿童与作为儿童的文化 99
- 作为行动者的儿童 99
- 儿童文化与儿童的日常生活 112
- 儿童文化的生成 120
- 儿童文化圈 131
- 小　结 139

第四章　儿童文化：感知、认同与权利 143
- 儿童文化的功能属性 143
- 性别感知与儿童文化 154
- 儿童文化认同问题 164
- 儿童文化与儿童的文化权利 172
- 小　结 182

第五章　儿童文化呈现：作为成人的文化 185
- 对成人而言的儿童文化 185
- 儿童—成人关系下的儿童文化 193
- 作为成人文化构成的儿童文化 201
- 作为成人文化生命机制的儿童文化 209
- 小　结 216

第六章　被建构的儿童文化 219
- 儿童文化的社会建构 219
- 儿童文化与儿童社会化 227
- 制度化儿童文化 235
- 儿童文化的政策型塑 244
- 小　结 254

第七章　儿童消费文化 257
- 消费与儿童 257

儿童消费与成人介入 ……………………………………… 265
　　缺席的主体：被消费的儿童 …………………………… 273
　　儿童消费教育 …………………………………………… 282
　　小　结 …………………………………………………… 290

第八章　儿童文化演进与生态构建 …………………………… 293
　　作为过渡的儿童文化 …………………………………… 293
　　儿童文化：演进与变迁 ………………………………… 301
　　儿童文化生态 …………………………………………… 309
　　儿童文化的愿景 ………………………………………… 317
　　小　结 …………………………………………………… 325

结语　"深描"儿童文化 ……………………………………… 328

参考文献 ………………………………………………………… 332

后　记 …………………………………………………………… 344

序

刘晓东

近代科学形态的儿童研究是随西方现代化进程的推进而产生的。中国当前的儿童研究主要是西学东渐的结果。出于这一原因，中国当前的儿童研究主要是以欧美儿童研究的学术资源作为历史梳理和研习征引的对象。

最近几年，国内儿童文学、社会学、心理学、教育学等领域对儿童的研究兴趣与日俱增，其视野渐开，方法多元，成果剧增。可以想见，儿童研究的不断推进和成果的不断积累，必然会冲击人们内心乃至民族文化深层的儿童观以及与之相关的教育观、文化观。

随着中国经济的崛起，教育的体量迅速增大，对儿童过度"教育"的现象愈发凸显，儿童自然（天性）正在教育的重压下痛苦呻吟。

在物质生活空前富足的背景下，儿童的教育反而面临着前所未有的挑战，甚至成为当前中国教育最大的难题之一。

这道教育难题的产生其原因是多方面的，但其中最核心的是："儿童"这一概念在中国的教育学体系中从未成为关键词之一，更毋庸说被视为教育学的核心词汇与逻辑起点了。

而现代教育学的诞生则源于对儿童的"发现"。中国教育要想驶入现代化的车道，就必须认准"发现儿童"的拐点标识。

以儿童为本位，实际上是指尊重儿童所体现的自然（天性），亦即尊"性"敬"天"（按：尊"性"敬"天"，此乃我国固有之思想观念）；儿童是教育的目的，绝对不能仅仅将儿童视为教育的工具。如果拒斥这样的观念，教育的现代化就只能停留于表面形式，而停留于表面形式的教育现代化有可能助纣为虐，进一步使儿童遭受压迫和苦难。

为了解决中国儿童教育这一难题，若干年来政府不断推进课程改革或教育改革，而这些改革得以成功的前提或关键，即在于"发现"儿童，或者说在于研究儿童。

是时候了！"发现"儿童，研究儿童，已然成为中国社会最为紧迫的需要之一！！

是时候了！"发现"儿童，研究儿童，已然成为中国教育改革最为紧迫的需要，已然成为中国建设现代教育学体系最为紧迫的需要！！

时代精神会引领我们走向儿童研究，这是教育走出时代困境的必由之路。

实际上，我国古代对儿童观的探索已有了伟大的发现与贡献。例如，春秋时期老子主张"复归于婴儿"，战国时期孟子主张"大人者不失其赤子之心"，宋明时期的陆王心学，尤其是泰州学派的罗汝芳以"赤子之心"重建儒学体系，李贽则以"童心"为自然法构筑了一套融合文学、文化、伦理、社会、政治于一体的学说体系。在童心与文化的对峙中，李贽正本清源，认为童心是第一性的，文化是第二性的，或者说，童心是本，文化是末。这就将历史上颠倒了的童心与文化（或人与社会、天性与文化）的关系翻转回来。

李贽的"童心"概念与卢梭的"自然人"概念是相通的，两人的学说也极为相似。李贽的生卒年是1527~1602年，卢梭的生卒年是1712~1778年。李贽早生卢梭185年。然而卢梭的思想引发了法国大革命并促使了《人权宣言》的诞生，类似的政治事件和思想运动却未能随李贽童心说体系的产生而在中国发生。

随李贽童心说体系的产生而发生的，是李贽被下诏狱，为免受辱而被迫自戕；是"以理杀人"换来的表面太平的假"治世"。这种"治世"的实质是"万马齐喑"、是普遍平庸的"衰世"；是自欺欺人，积贫积弱。这一"治世"最终导致了甲午战争完败的"大变局"。

李贽的"童心说"理论是可以为中国开辟现代化道路的。但李贽却被同胞们称为"异端之尤"，他的下狱自戕象征着中国的童心主义思想——其中的基本观念与根本立场可能是那个时代中国哲学登峰造极的成就——被毁于"秦火"。当时的中华帝国与李贽所铺设的那条通往现代化的道路擦肩而过，而终于步入通往"几千年未有之大变局"的歧路。夷陵为谷，可悲可叹！

有的学者认为李贽属于泰州学派，也有学者持相反观点（例如吴震）。但无论如何，李贽与泰州学派中人交游甚繁，他的学说与泰州学派存在"血缘"关系是确凿无疑的。李贽自己就曾说自己的"童心"概念与罗汝芳"赤子之心"概念是一致的。泰州学派为罗汝芳、李贽学说的诞生提供了思想渊源。

《儿童文化引论》一书的作者郑素华博士是泰州籍学人，在当今儿童研究依然孤寂寥落的队伍中，我们看到有泰州籍学人主动接续先人、前辈的思想伟业。这部著作的出版便是见证。

我相信，西方的儿童研究与中国的童心主义学说可以互为学术资源，相互支持、相互支援。在不远的将来，中国很可能会发生一次类似19世纪与20世纪交会时期美欧所发生的儿童研究运动。这场儿童研究运动必然是由新的时代精神孕育催生、会通中西学术资源、满足中国未来发展需要的儿童研究运动，既能深深汲取西方儿童研究的成就，又能扎根于中国的本土文化，使老子的"复归于婴儿"、孟子的"大人者不失其赤子之心"这样的先秦思想，跨越时空而在新时代发出巨大的回响。

在这巨大的回响里，我们会发现：思想因为扎根于传统积淀，而得以本固枝荣——思想园地里百花齐放、硕果累累；人心由于复归于赤子婴儿，而能避免异化腐败——人性得以自然发展与茁壮成长，人的天赋资源得以最大保全且得以实现其自身；李贽的"童心"社会与文化、卢梭的"自然人"共同体、马克思的"全面发展的人"与"向人的本性复归"的理想社会，将更加清晰地进入人们的视野，并成为未来人的现实生活。那时，社会与文化将会拱卫童心（或人自身的自然），人——失其赤子之心的人，也即赤子之心或童心自身——成为社会与文化的目的，"全面发展的人"（已经自我实现或正在走向自我实现的"赤子"或"自然人"）将会建成最富有人性，对自然和社会有最大程度的友善，最能体现公平正义，最具生长、发展和创新潜力的美好社会。这一美好社会又会捍卫和培育"全面发展的人"。

孟子云："万物皆备于我矣，反身而诚，乐莫大焉。"我们每个人都由儿童成长而来，而曾经的那个儿童正是赤子，那个赤子就在我们的生命里；反身而诚，我们便能复归于婴儿而再次拥有童心。如此，对于我们身边的赤子、婴儿，以及如赤子一般的成人，我们是否还会以高高在上的姿态，愚之贱之，欺之戏之，狎之侮之，一如往昔？

让我们敬畏童心吧！让我们研究儿童！

让我们与儿童一起生活吧！让我们与自己生命里的那个赤子、童心一起生活！

儿童研究是人学研究的核心，是人文学科的源头或基础。儿童研究不仅有其自身的教育学、心理学意义，而且还会对政治建设、伦理建设、文化建设、社会建设等做出贡献。

郑素华博士的这部著作主要是以西方儿童研究的学术传统作为探析、评说的学术背景，对儿童观的现代化和儿童地位的提升、儿童权利的维护具有重要的理论价值与现实意义，对我国的儿童文化研究做了一次新的推动。

儿童研究是一项充满喜乐而又艰深、艰难、艰辛的事业。同一切伟大的事业一样，通往成功的是那并不平坦的"光荣的荆棘路"。

祝愿郑素华博士勇往直前，再创佳绩，多做贡献。

是为序。

2015 年 6 月 29 日

引言　儿童文化的理论自觉

> 我们在不同的社会中寻找的并不是具体儿童的描述,而是提升到理论层次,了解什么是儿童。
>
> ——〔英〕柯林·黑伍德

比起在当代作为一个跨学科或"准科学"的"文化研究"来说,系统的儿童文化研究是相对晚近的事情,尽管针对某些儿童文化现象特别是儿童养育方式、儿童消费文化方面的研究,早已涉及。

当前,就国内而言,较系统的关注儿童文化的学者有刘晓东、边霞、陈世联等,这些学者对儿童文化的内涵、儿童文化的特征、文化与儿童社会化等问题,已有充分的论述。

就国外而言,儿童文化方面的著作更丰富一些。以"儿童文化"为关键词的著作,譬如雪莉·斯坦伯格(Shirley R. Steinberg)和乔·金奇洛(Joe L. Kincheloe)编辑的《儿童文化:童年的共同建构》(*Kinderculture: the Corporate Construction of Childhood*, 1997),该书 *Kinderculture* 一词中 *Kinder* 系德语"小孩""儿童"之意;凯思琳·托兰斯(Kathleen Torrance)的《当代童年:亲子关系和儿童文化》(*Contemporary Childhood: Parent-Child Relationships and Child Culture*, 1998);弗莱明·莫里特森(Flemming Mouritsen)和詹恩斯·库沃特普(Jens Qvortrup)编辑的《童年和儿童文化》(*Childhood and Children's Culture*, 2002);等等。其中一些像尼尔·波兹曼(Neil Postman)、大卫·帕金翰(David Buckingham)、大卫·艾尔金德(David Elkind)的相关著作,国内已有译本。①

---

① 参见〔美〕尼尔·波兹曼《童年的消逝》,吴燕莛译,广西师范大学出版(转下页注)

纵观近30年来儿童文化研究的发展，随着人们对儿童生存现实的愈加关注及理论界的"童年的社会学再发现"（Sociology's Rediscovery of Childhood）①，学者对儿童文化议题的探索也更广阔和深入，儿童文化的研究逐显自觉。

儿童观的现代转变：儿童文化渐显的思想基础

涉及儿童或童年议题的学科，不仅有教育学、心理学、社会学，还有哲学、历史学、法学、政治学、文学、医学，甚至地理学、建筑学等，因而，描述儿童文化的渐显轨迹，无疑是异常复杂的。

尽管由于各个学科本身都或多或少有着对儿童或童年议题的相关探索，从而导致儿童文化地图的相异，但是，从思想观念上看，其中仍然存在着高度的一致性，那就是共同贯穿着儿童观的现代转变这一线索，而这一转变进程本身，除了反映在当前各门相关儿童的学科中，实则亦促成了作为独立研究领域的"儿童文化"的出现。

从广泛的意义上看，可以说，儿童观的现代转变与儿童文化的渐显过程，既是相应的，同时前者又构成了后者的思想基础。事实上，如果没有这一转变，我们不可能对儿童文化有这样的认识：儿童文化是一种创造性的文化。

得出这一认识，历经了长期的儿童观之历史转变。

在古代，儿童是被忽视的。儿童没有独立的存在价值，要么是视为财产、奴隶，要么是视为小不点儿、殉葬品、传宗接代之工具等。

古罗马塞尔维乌斯·图利乌斯国王，将古罗马公民分为五个阶层，这一划分最显著的标准就是年龄的大小；他规定所有不满17岁的人都算作儿童；从17岁起，一个人就能为国家效力了。他将17岁到46岁的人列

(接上页注①)社，2004；〔英〕大卫·帕金翰：《童年之死：在电子媒体时代成长的儿童》，张建中译，华夏出版社，2005；〔美〕大卫·艾尔金德：《还孩子幸福童年：揠苗助长的危机》，除会昌等译，中国轻工业出版社，2009。

① 具体论述参见 William A. Corsaro, *The Sociology of Childhood*, London: Pine Forge Press, 2005；亦可参见该书中译本《童年社会学》，程福财等译，上海社会科学院出版社，2014。

入随时可服兵役的人的名单,并称他们为"最年轻的人";至于超过这个年龄段的人,他称之为"最年老的人"。①

对于古罗马国王而言,17岁到46岁的人是有价值的,这个价值是什么呢?是为国家效力、征战。儿童是没有这一价值的。由于儿童和妇女、老人都被视为弱势群体,他们因为不能参加战争而常常被归为一类,并且在战时,在被攻占的城市里,他们恰恰是最容易遭到屠杀的人。

而对墨西哥地区古代托尔特克人(Toltec)来说,儿童的主要价值之一则是当作祭祀品,用来供奉神灵。

据报道②,2007年4月19日,墨西哥展出了一批残缺不全的儿童骨骸。这批骨骸出土于墨西哥城北部古托尔特克首都图拉,其年代可追溯至公元950~1150年。托尔特克人原是居住在墨西哥北部的一支游牧民族。据悉,这些儿童是被集体斩首的。考古学家称,遗骸的出土首次表明古代托尔特克人曾用儿童作为祭品供奉神灵。

在中世纪,儿童是被贬低、需要管控的。按基督教的理解,儿童是有原罪的,是带着原罪而来的。儿童生来性恶,即使是刚出世即死去的婴儿,虽然还没有任何罪过,但因为他有与生俱来的原罪,所以也仍然是一个罪人,为此,教会要给刚出世的婴儿施洗礼,以后还要严格控制儿童的欲望。由于儿童的本性是罪恶的,要想控制儿童邪恶的本性并使之成为高贵的人,就必须惩罚他们,戒尺、棍棒是教育儿童所必需的。《旧约·圣经》箴言篇中说,"不可不管教孩童,你用杖打他,他必不至死。你要用杖打他,就可以从地狱的深渊中救出他的灵魂。"在基督教看来,儿童身上的错误行为就是原罪的标志。当时教会兴办孤儿院,收留弃儿的目的之一就是帮助儿童赎罪。③

总的看来,从上古到18世纪以来,人们对儿童的基本看法,大体上没什么变化,儿童总是被边缘化的,是不完整的,是依附于成人的存在。

---

① [法]让-皮埃尔·内罗杜:《古罗马的儿童》,张鸿、向征译,广西师范大学出版社,2005,第4页。
② 《古美洲用儿童祭祀》,http://www.chinadaily.com.cn/hqsj/2007-04/20/content_859868.htm,2013-04-20。
③ 姚伟:《儿童观及其时代性转换》,东北师范大学出版社,2007,第64~65页。

这种认识，到 18 世纪，开始发生变化。

从这个时候开始，人们开始以一种新的观点来看待儿童，认为儿童是特别且不同的。其间，有三个主要的标识性发展：

一是"儿童的发现"；

二是儿童专门学科的建立，如儿童学、儿童心理学、儿童社会学、儿科学、儿童教育学、儿童文学、儿童哲学、儿童地理学，等等；

三是以国际公约形式出现的对儿童权利的确认。

"儿童的发现"比较明确的时代，大致在西方的 18 世纪。这是有原因或思想基础的。我们知道，从 14 世纪开始萌芽并在 15 世纪、16 世纪产生的文艺复兴运动，标志着人理性的觉醒和成熟。人类已经成年，再也不需要上帝、教士乃至封建主的"监护"，但是文艺复兴时期所强调的人的价值、个性的发展、人的自由似乎从来没有落实到实践层面上，特别是没有落实到教育实践层面上。当时，希腊文和拉丁语处于教育的核心位置，教育的目的是培养学生良好的口才和文风，教学方法以教师为中心，从而妨碍了人的自然发展，窒息了儿童的生命力，剥夺了童年的快乐。从这一点来说，文艺复兴唤醒的只是"成人"，是卢梭在教育史上发现了儿童，肯定了童年的内在价值。①

当然，如果没有文艺复兴时期"人的发现"的思想洗礼，人的价值没有得到首先肯定的话，那么，"儿童的发现"恐怕还需要推迟。

自从卢梭发现儿童之后，欧洲的教育家们开始重视儿童，并引发了欧洲以儿童为中心的新教育运动和美国的进步教育运动。

另一方面，与儿童相关的专门学科开始逐步建立。

1882 年第一部研究儿童心理发展的著作，德国生理学家和心理学家普赖尔（William Thierry Preyer）② 的《儿童心理》（*Die Seele Des Kindes*：*Beobachtungen Uber Die Geistige Entwicklung Des Menschen in Den Ersten Lebensjahren*）出版。该书作者旨在通过对其孩子从出生到 3 岁每天的系统观

---

① 参见〔法〕让·雅克·卢梭《爱弥儿》，彭正梅译，上海人民出版社，2007，第 11~12 页。

② 或译为普莱尔，生于 1841 年 7 月 4 日，卒于 1897 年 7 月 15 日。生理学家，出生在英国，曾在德国工作，任德国耶拿大学生理学教授、生理学研究所所长；他是科学儿童心理学的奠基人，是人类发展研究的先驱。

察，专门探索儿童的身体发育和心理发展的特点，是公认的第一部科学的、系统的儿童心理学著作。

1896年德国耶拿大学的奥斯卡·克里斯曼（Oscar Chrisman）在其博士学位论文中提出 Paidology①，认为"儿童学是一种纯粹的科学；他的职能，在研究儿童的生活，发达，观念及其本体"。开始了"儿童学独立为一门科学的时代"。②

至于儿科学，早在1880年美国医学会就建立了儿科疾病学组，并于1888年建立了美国儿科学会。其代表性先驱之一亨瑞·库普里克（Henry Koplik），发表了大量的儿科学论著，他的杰作《婴儿和儿童疾病》于1902年首次出版，并再版三次。另一位先驱卢瑟·埃米特·霍尔特（Luther Emmett Holt）的《小儿的护理和喂养》，成为20世纪最畅销的母亲们的初级读物，1897年，她被选为美国儿科学会主席。③

近年来，作为新学科的"儿童哲学"发展迅速。被誉为"儿童哲学"创始人的李普曼（Matthew Lipman）在1969年的著作 Harry Stottlemeire's Discovery（中文版名为《聪聪的发现》，1997）中首次提出了"儿童哲学"一词，并于1974年在新泽西的蒙特克莱尔州立大学（Montclair State College）创办"儿童哲学发展中心"（Institute for the Advancement of Philosophy for Children，IAPC），从事和推广儿童哲学教育。

另一位学者加雷斯·皮·马修斯（Gareth B. Matthews）则从理论的角度，进一步将儿童哲学系统化、学科化，其代表性论著为1994年的《童年哲学》（Philosophy of Childhood）。

此外，由童年研究和人文地理学的交叉发展而来的儿童地理学，展示出人文社会科学对儿童生活空间和场所的兴趣，其聚焦的研究范围，包含儿童与城市、儿童与乡村、儿童与科技、儿童与自然、儿童与全球化等，其专业刊物《儿童地理学》（Journal of Children's Geographies）已于2003

---

① Paidology 即儿童学，由希腊语的 Paido（儿童之意）和 Logos（学之意）二字结合而成。
② 〔日〕关宽之：《儿童学》，朱孟迁、邵人模、范尧深译述，商务印书馆，1922，第12页。
③ 安仲明：《美国儿科学的发展和三位儿科学教授的历史功绩》，《国外医学》（医学教育分册）1998年第1期，第39~42页。

年创刊。

随着儿童专门学科的渐次建立，儿童作为主体的权利，在一系列国际公约运动中，被逐渐予以明晰。

20世纪初，国际劳工组织①及其他非政府组织开始尝试为保护儿童权益制定一系列公约和法律。1908年9月29日，在瑞士卢塞恩召开了一次保护劳工国际会议，会议决定禁止工厂雇佣14岁以下的儿童上夜班。在1919年举行的第一次国际童工大会上，国际劳工组织正式通过了工业领域内的《最低年龄公约》，规定14岁为工业雇佣儿童的最低年龄。此公约后来得到72个国家的批准。这是国际上第一次管理儿童参与劳动的努力。随后的1920年，第二届国际劳工大会通过了《确定准许儿童在海上工作的最低年龄公约》，1921年第三届会议又通过《确定准许使用未成年人为扒炭工或司炉工的最低年龄公约》以及后来的《非工业就业领域的最低年龄公约》。

1923年，埃格兰泰恩·杰布（Eglantyne Jebb）拟定了《儿童权利宪章》，认为儿童应有自己的权利，这一观点被救助儿童国际联盟所接纳。1924年9月26日，国际联盟的成员国一致通过将《儿童权利宪章》作为儿童权利的宣言，即《日内瓦宣言》，这是世界上第一份儿童权利宣言。宣言中规定所有国家的男女都应承认人类负有提供给儿童最好的东西之义务。同时不分种族、国籍或信仰，让所有儿童在下列各种事项中，都能获得保障，并承认这些事项为自己的义务。

伴随着20世纪50～60年代对基本人权和人格尊严与价值的强调以及对儿童发展更为深入的理解，人们认识到，因身心尚未成熟，儿童在其出生之前和之后均需要特殊的保护及照料，包括法律上的适当保护。1959年11月20日联合国大会第1386号决议宣布通过的《儿童权利宣言》（*Declaration of the Rights of the Child*），即是基于该认识而发布的一个非常重要的文书。

---

① 国际劳工组织（International Labour Organization）于1919年根据《凡尔赛和约》作为国际联盟的附属机构成立。1946年12月14日成为联合国的一个专门机构。该组织的宗旨是：促进充分就业和提高生活水平；促进劳资合作；改善劳动条件；扩大社会保障；保证劳动者的职业安全与卫生；获得世界持久和平，建立和维护社会正义。

该《宣言》明确了儿童应当享有的各项基本权利。具体而言，《宣言》包括10条准则，规定了儿童应享有健康成长和发展、受教育的权利。此外，还指出儿童在任何情况下都应首先受到保护和救济，不应受到任何形式的忽视、虐待和剥削。显然，该《宣言》要比《儿童权利宪章》的规定，更为详细和丰富。

现代儿童观的核心理念——儿童作为权利主体的观念在1989年的《儿童权利公约》（Convention on the Rights of the Child）中得到鲜明而具体的体现。儿童是主体，是权利主体，拥有一个人的全部权利，包括经济、社会、文化、公民和政治各种权利。其中，该《公约》提到的儿童权利多达几十种，如姓名权、国籍权、受教育权、健康权、医疗保健权、受父母照料权、娱乐权、闲暇权、隐私权、表达权等。

儿童的童年期所具有的独立价值，被予以明确确认。现代概念中的童年在某种意义上是玩耍的一种代名词，《儿童权利公约》第31条要求缔约国"确认儿童有权享有休息和闲暇，从事与儿童年龄相宜的游戏和娱乐活动，以及自由参加文化生活和艺术活动"，确认儿童有游戏权，强调了童年本身不是成年期的附庸或生活准备期而具有自身的价值。

从"儿童的发现"到一系列儿童学科的建立，再到儿童权利的国际共识，可以看出儿童观转变之明显，特别是放到人类的整个历史中来看：从被忽视的儿童到能动的儿童；从不完全的有机体到作为权利主体的儿童；从儿童的外在价值到对儿童内在价值的强调。

这种转变带来了人们对当代儿童文化的重视，人们开始意识到儿童文化的重要性，不仅儿童文化具有独立性，而且儿童文化的一些特质如整体感知、诗性逻辑、热情洋溢的创造性，亦值得成人学习。难怪瑞典教育家爱伦·凯（Ellen Key）1900年在其《儿童的世纪》一书中宣称"20世纪是儿童的世纪"。[①] 的确，历史上，人们从未像20世纪这样，对儿童问题给予如此这般的重视。

事实上，人们也从未对儿童文化如此这般欣赏、赞扬、重视，我们可

---

① 引自单中惠《蒙台梭利与她的儿童教育观》，参见〔意〕玛利亚·蒙台梭利《童年的秘密》，马荣根译，单中惠校，人民教育出版社，2004，第24页。

以说 20 世纪同样是"儿童文化的世纪":人们比任何一个世纪都更重视儿童的教育、儿童的生活、儿童的制度建设、儿童文化权益的保护等,它们都是更广泛的儿童文化的构成。

儿童文化研究的基本策略:面向事实、立场互涉与理论自觉

关于儿童文化,当我们做出这些理论上的努力时,似乎有必要更多关注事实上的儿童生存世界。儿童究竟生活在一个什么样的世界,这个世界对儿童自身而言是如何建构与被建构、编织与被编织的,这些问题毫无疑问是异常复杂的。

儿童文化研究首先应当面对作为事实的儿童生存世界。这里一个关键问题是"事实"对儿童文化研究而言,意味着什么。

对"事实"的关注,譬如在教育社会学领域,有很多这方面的研究,这些研究往往针对某一案例进行抽丝剥茧般的"文本式细读",但我们所关注的还不在于此,而是当我们把儿童文化的相关问题作为一个理论问题予以研究时,是否忽视了该问题多样的事实面相。这个事实面相不仅是历史性事实,更是正在产生意义的活态的生存事实。建立在这一事实基础上的研究结果,可能更有助于理解、解释或解决实际生存状态中的儿童文化问题。

相对于历史事实或史实而言的"活态事实"或生活史,倾向于以儿童个体或群体的成长史为事实的纵轴,以多区域儿童的全景观为事实的横轴。若以前者为侧重,则可以集中众多微观的"个案"进行研究,由此而展现儿童文化鲜活而多样的面貌;后者实则引入了比较视野,将各民族、族群、地区的儿童纳入一个整体的儿童景观中,构建一个全景式的、各因子具有相依性甚至包含异质性的儿童文化基因图谱。

在社会学领域,提倡"面向事实"或许并无新意,然而,对正在成长中的以儿童生存状态为关注焦点的中国儿童文化研究而言,这都是需要特别强调的。按照我们对"活态事实"的理解,"面向事实"包含了两个探讨维度。首先是面向儿童的成长事实,这些事实是以儿童鲜活的经验与事件构成的,它具有儿童文化研究中"原物"的含义。只有聚力于"原

物"而非丧失"韵味"的"复制品",才有可能读解出最符合对象的意义。中国儿童文化研究,实同于此。难以想象,一位以儿童为研究对象的专家或学者,对儿童的成长事实没有一种情感上的贴近和反思式的了解,其所构建的儿童文化理论会具有多大的适宜性。儿童成长过程中具有原初性的事件、经验,构成了儿童文化研究中的"原物"。尽管我们丝毫不排斥关于儿童文化的哲学,但是无疑我们要更多地面向儿童个体或群体这个具有生机、不断发生量变或质变的事实。

当然,如此强调儿童文化研究"面向事实",并非说目前没有学者注意到儿童文化研究的事实面向,而是这一面向,实在是再怎么强调也不为过。提倡"面向事实",实则表明了儿童文化研究的社会学或人类学在方法、立场与理论上的关联度。正是源于此,除了以儿童的成长事实为研究纵轴外,我们还必须在多文化、多区域、多群体之间,形成一种儿童文化研究的广度和纵深感。这种广度和纵深感要求我们在关注、研究某一社会、族群、群体等中的儿童之外,还要注意到其他不同社会文化中儿童成长事实的差异性。如果我们假定全世界的儿童成长模式是一致的,那么也许就不存在这个问题,然而这个假定本身是存在问题的,很显然,儿童只有在有限的意义上,才能称为自然人,儿童出生之后,是无论如何不会不受到某一社会、族群、群体等特定传统、习俗、审美、心理与情感诸多因素的影响的。

"面向事实",并不是简单采取社会学的方法去调查儿童使用某些文化用品的频率、了解其参与某项文化活动的动机等,社会学的方法,更多是一种量的方法而非质的方法,它要求调查者尽量"客观"地记录数据,避免主观的情感影响,形成一种科学的结论。然而对儿童文化研究而言,这种方法是具有一定局限或限制的。最为明显的是,作为该方法的运用者,首先是以成人的姿态出现,这种姿态包含着一种以"遥远的目光""回望"童年的想象性虚构成分,这是需要避免的。

把儿童文化研究从理论层面拉向事实层面并将后者作为研究原点,我们并非要拒斥研究主体的先在介入,而是试图在研究者个体或群体与作为研究对象的事实之间引入一种更精微和精准的解释模式。无可否认,"面向事实"是指向理论工作者的研究原点的。这里有一个得到默认的命题是,在理论和现象之间,或者说在理论工作者和儿童的文化现象与事实之间存在着一定的区分度，那么这就存在如何接近或逼近事实的问题。也许在某些研究者看来，面向事实是一件简单的事，譬如做一些调查和统计等，以为这就是确凿无疑的事实。然而，他们所看到的这些以数据支持的事实，究竟对事实展现中的主体而言，其意味是什么，这对儿童文化研究来说，可能是一个极为重要的问题。换言之，儿童文化研究者，需要的不仅仅是超越一种"回望"童年的姿势，更需要的恐怕是对儿童所经历的那些文化过程的切身般的经验和情感的再体认。"面向事实"实则包含着一种深刻的经验—情感再体认。这似乎向研究者（往往是成年人）提出了一个不可能完成的任务：一方面无法回到童年，从而无法去真正感知童年；另一方面，却要求提出关于童年的种种理解与解释，而这些未必真正贴近正经验着童年的儿童们。这或许正是儿童文化研究的难点所在。

这样看来，为了克服"面向事实"的社会学弊端，引入研究主体对事实的经验—情感再体认，对儿童问题专家、研究者而言，不仅是需要的，而且是必要的。在这一理解的基础上，我们一方面提倡儿童文化研究，要面向作为活态事实存在的儿童这个群体本身，另一方面，对该事实要有感同身受的经验—情感再体认。正是出于经验—情感再体认的深切感悟，一些儿童文学研究专家才非常强调研究儿童文学一定要具有一颗"童心"，唯有饱含童心，才能真正解读儿童。其实，对儿童文化研究而言，何尝不是如此。

概言之，针对儿童文化的研究，将面向事实的操作策略与经验—情感的再体认结合起来，是逼近儿童世界的一条可行的研究路径。

"面向事实"可能容易引起一种误解，即以为在面向事实时，要采取无立场或立场无涉的"科学"态度。实际上，这在儿童文化研究中，既不可能，也不现实。近年来，儿童文学研究有一股文化走向，这里我们不妨以"儿童文学"为例来说明儿童文化研究中的立场择取问题。

儿童立场与成人立场一直是儿童文学创作界和理论界关注的重要问题之一。在进行儿童文学创作或研究时，一个常见的要求是，作家或研究者要尽量站在儿童的立场上去创作或探究。理由是，只有这样的作品才能为儿童"小读者"所喜爱，只有这样的研究成果才能最大程度贴近儿童的生活实际。站在儿童的立场上，为儿童考虑，自然没有错。然而，我们究竟能不能以儿童的立场进入儿童的境域，或者说在多大程度上我们能弱化成人的立场，这个问题值得我们思索。

实际上，研究儿童文学问题或儿童文化问题，往往首先包含着一个普遍的设定，即儿童是值得我们学习的，"儿童文化是成人文化学习的典范"①"儿童是成人之父"②。如果说研究儿童，仅仅是为此的话，那么儿童自身又何必要面向研究者，显然，我们无法舍弃我们作为儿童他者即成人的立场，当然，不排除一些儿童身份的研究者，但这少之又少，这里可以忽略或暂且不论。儿童问题的成人立场是无法回避、"化掉"的，更恰当的方法，恐怕是我们如上所述的在经验—情感再体认的层面上，尽量融入、逼近儿童的世界。

退一步讲，我们能否采取一种"无立场"的态度，这是一个可以探讨的问题。"无立场"——按照哲学家赵汀阳的观点——当然不是一个立场，它是一种思想操作方式，"一个立场就是一种主观观点，一个主观观点不仅是关于各种事情的一种描述和解释，而且同时充当着关于描述和解释的标准。"③当我们以成人立场来研究儿童问题时，实际上是从成人视角对儿童问题的一种描述和解释，这种描述和解释对成人来讲，可以说是相当"正确"的。尽管这种立场或观点对于其他立场或观点而言，是很难驳斥甚至是错误的，然而，当采取"一种"立场或观点时，这可能仅仅描述和解释了事实的某"一个"面而非所有的面。儿童问题的成人立场，当然也会遇到同样的问题，并非采取"儿童立场"，儿童的所有问题就都可以展现出来，儿童也可能并非生活在一个我们认为的"儿童文化"里，事实上，毋宁说，儿童文化的问题是儿童和成人共同"制作"出来的。因此，儿童问题的成人立场仍然是需要的，我们无法回到童年，但我们可以"设身处地"地研究。

儿童问题的一般研究和文化研究，既需要儿童立场，也离不开成人立场。一般的想法大致如此。然而，如果考虑到上述"一种"立场的遮蔽

---

① 边霞：《儿童的艺术与艺术教育》，江苏教育出版社，2006，第41页。
② 参见〔意〕玛丽亚·蒙台梭利《童年的秘密》，梁海涛译，上海人民出版社，2007，第38页。
③ 赵汀阳：《一个或所有问题》，江西教育出版社，1998，第92页。

性时，那么，对儿童立场和成人立场的区分，应如何看待？既然这种区分，目前看来是暂时可行的，那我们是否可以如解释学中的"视域融合"那样，将两种立场或其他立场融合起来作为一种思考的方式？

在这里，我们提出儿童文化研究的"立场互涉"策略。每一种观点或立场都只不过是研究的某种可能性路径，我们没有想到的研究路径可能会更多。坚持"立场互涉"，首先，包含尊重各自立场的意思。面对儿童的种种问题，我们并没有理由去充当他们的"老师"，蒙台梭利指出，我们必须"根除潜藏在我们心中的偏见。……我们必须抑止可能会阻碍我们理解儿童的那种成人所持有的思想观念。"① 不难看出，尊重儿童的立场，是"立场互涉"前提性含义。

其次，"立场互涉"肯定"一种"立场的合理性，同时指出"一种"立场的有限性。"一种"立场要求向某种观点和结论看齐，而"立场互涉"则要求尊重彼此。一些研究儿童问题的学者，往往不自觉地以成人的立场去看待儿童世界的种种现象，以为自己提出的问题就是"属于儿童"的问题，是儿童关心的问题，事实上却可能恰恰相反。

立场互涉，并不是要摒弃作为成人的研究者的成人立场，而是要尽量通过我们上述的经验—情感再体认的方式去消解成人文化中固有的不符合儿童认识的一些观念、意图等。这可能也正是我们向儿童学习的意义所在。

关于儿童立场的必要性，这里我们无须强调。问题是当我们强调儿童立场时，我们可以问一个更进一步的问题，即儿童问题的探讨何以需要成人立场的涉入。这是一个有趣的问题。如果以儿童的立场能将儿童问题的研究推向一个新的高度，那么这种立场，我们当然需要。显然，儿童的儿童立场是合理的，但是一个作为"儿童"的儿童问题研究者，仍然值得我们怀疑。儿童能让自身的声音被世界听到，并不意味着儿童是儿童问题的专家，对于2002年亚太地区儿童与电视论坛上一位名叫Mika Maeda的日本女童所提出的"儿童是儿童问题的专家"②，我们有理由表示质疑。主张儿童是儿童问题的专家，似乎潜在地认为所有的儿童问题都是儿童引

---

① 〔意〕玛丽亚·蒙台梭利：《童年的秘密》，马荣根译，单中惠校，人民教育出版社，2004，第155页。
② 卜卫：《媒介与儿童教育》，新世界出版社，2002，第17页。

起并能由儿童解决的,然而,实际上大多数儿童问题却是由成人导致的,"有的冲突是由于成人没有真正理解儿童,不了解儿童的自然特性,不了解儿童拥有一个积极的精神生活并能逐步完善起来,错误地认为只有通过成人地照料和帮助,儿童才会被奇妙地激发起来;有的冲突是由于成人只注意儿童身体的需要,对他们的身体健康给予精心的照料,但是忽视了儿童心理的需要,不去了解他们心理发展的规律,不去考虑他们特有的心理发展;有的冲突是由于成人的自私自利,或千方百计保护和隐藏一些东西,不让儿童去碰,或不希望儿童打扰和麻烦自己;有的冲突是由于成人以自我为中心,把自己看成是一贯正确的模式,把自己树立为儿童完善的榜样,不仅把儿童强制纳入自己生活方式的轨道之中,而且也从自己的角度来看待与儿童心灵有关的一切或判断儿童的好坏和善恶;有的冲突是由于成人的傲慢和暴戾,认为自己是儿童的救世主,拥有一种几乎神灵般的力量,硬把自己的意志和快速的节奏强加于儿童,并在一切方面替代儿童,强调儿童必须永远服从成人的命令,对成人权力的怀疑就等于对一种神圣不可侵犯的统治权的攻击,并声称具有惩罚儿童的自然权利;有的冲突是由于成人因熟视无睹而产生的麻木态度,看不到在心理的发展期间,儿童采用了与成人不同的方式和节奏做出了惊人的征服"[①]。

显然,要解决儿童问题,需要立场互涉策略的介入,毕竟儿童和成人共享一个完整的世界。从本质上讲,作为一种人文社会科学,儿童文化的研究会追求某种"真理性"认识,这种认识的真理性质,自然需要儿童与成人立场的共同打磨,"儿童—成人"立场互涉的策略可能会使我们获得这种认识。

对儿童文化的研究,首先要面向儿童的生活生存事实,其次要采取"儿童—成人"立场互涉的"一种立场",实际上,儿童文化的研究目的之一是建立一套理解和解释儿童文化问题的系统,这是中国儿童文化研究的理论诉求。

关于儿童文化研究的理论诉求,至少需要回答两个问题:第一,儿童

---

① 单中惠:《蒙台梭利与她的儿童教育观》,参见〔意〕玛丽亚·蒙台梭利《童年的秘密》,马荣根译,单中惠校,人民教育出版社,2004,第21~22页。

文化的研究，需要什么样的理论或者说有哪些理论可能适合对儿童文化某些问题的探讨；第二，如果说已有的理论不能解决现存问题，那么如何更新或建立一种相对更有效的理论。

并不是说，以前没有研究儿童文化相关问题的理论，关于儿童文化的研究，可资运用的理论很多，如哲学、社会学、人类学、教育学、传播学、民俗学等。利用哲学方法来研究儿童文化问题的国内学者如刘晓东、台湾地区学者詹栋梁等；利用社会学的方法就儿童文化中某一具体现象进行精彩个案研究的一些港台学者，譬如在由浙江师范大学儿童文化研究院主办的"2008 媒介与儿童文化国际高峰论坛"（2008 International Forum on Media & Children's Culture）中，香港中文大学冯应谦（Anthony Fung）提交的《歌迷与中国青少年文化：李宇春的歌迷个案研究》一文，分析青年歌迷的互动和他们怎样"挪用"偶像的想象打造自我的身份和想象，重点讨论李宇春的歌迷文化并阐释当代的中国青少年文化，认为李宇春的歌迷文化跟民主和自由的理念有关。该研究有助于在理论上解释青少年文化跟社会和国家的关系。

有些学者运用民族学和人类学的方法就儿童某些用品，如仫佬族娃崽背带进行文化分析。仫佬族用勤劳的双手创造了光辉灿烂的民族文化。仫佬族娃崽背带是由"背带手""背带帽""背带臀""背带心"四个部分组成，它是其民族文化的一个组成部分，展现了仫佬族文化的深刻内涵。外婆送背带的习俗蕴涵了仫佬族娃崽背带是仫佬族祖孙根脉的系结，制作背带所用的布料和背带上的装饰图案表明它是仫佬族服饰文化的体现，背带的制作与来源又折射出它是仫佬族妇女勤劳与智慧的象征，背带上的设计和有关背带的习俗又表明了它是仫佬族育儿观的展露。①

这些研究表明，对儿童文化的研究，不一定仅仅局限于某一种理论、某一种方法，而是可以异彩纷呈、取长补短的。采取其他学科的方法研究儿童，固然未尝不可，并且可能会产生富有新意的成果，然而如果对于一门具有独立性的研究领域来说，运用其他学科的方法，可能会引起一些问题：首先，

---

① 徐莉、刘艳菊：《仫佬族娃崽背带的文化探析》，《广西师范大学学报》（哲学社会科学版）2008 年第 3 期。

这些理论是具有学科归属的,如社会学、人类学、教育学等,其学科的视域决定了其对儿童文化研究的效度和限度,这一方面表明这些理论在一定层面上可以契合儿童文化的研究,另一方面,又表明对儿童文化的研究本身而言,其实到目前为止并没有一套适应儿童文化自身特质的解释系统。其次,运用其他学科的理论恰恰表明了儿童文化的研究在理论建设方面的缺失。也就是说,我们有必要建立一套符合儿童生存事实的理论系统。

至于如何建立一种行之有效的解释儿童文化的理论,首要的是理论自觉。费孝通先生曾于20世纪90年代末提出著名的"文化自觉",是指"生活在一定文化中的人对其文化有'自知之明',明白它的来历,形成过程,所具的特色和它发展的趋向。"① 费孝通先生这里谈的,虽然不是儿童文化问题,但对于从事儿童文化研究的理论工作者而言,未尝不需要面向儿童文化事实上的"自知之明"及"理论层面上的自觉"。在上文中,我们指出要面向儿童的生活和生存事实,实际上也就要求儿童文化的理论研究者要对自己的研究对象和领域有自知之明。只有在此基础上,才可能谈到"理论自觉"。

"理论自觉"的一个前提性的条件,即要对理论赖以建立的事实有着全景式的了解。这是我们一直强调的,在事实中进行研究,而不是相反。

在此前提下,所谓儿童文化研究的"理论自觉",包含两个含义,一是把理论理解为贴近事实的过程。理论并不等同于抽象的思辨,也并非不需要思辨,但对儿童文化的研究而言,需要对思辨保持清醒。历史学家西格弗里德·克拉考尔(Siegfried Kracauer)在谈及史学家编撰历史时说:"史学家心中所以对哲学思辨充满狐疑,就是因为这类思辨像是挂在事实这幅骨架上的宽大袍子,逛里逛荡的。"② 如果儿童文化研究不能避免这种情况,那么恐怕应当把它归入哲学研究之内。作为过程的贴近事实,关系到事实与理论的多回合调距,就某一个理论的生成而言,是绕不开这一步骤的。一般而言,理论似乎总是悬在高不可及的天空上,然而这仅是就理论的完成状况来说的,实际上理论在解释事实的同时,又在不断地试图贴近事实,这也正是某一理论的生命力和解释效力所在。也许可以把这些

---

① 费孝通:《论人类学与文化自觉》,华夏出版社,2004,第188页。
② 〔瑞士〕雅各布·坦纳:《历史人类学导论》,白锡堃译,北京大学出版社,2008,第10页。

理论归结为不同于传统宏观理论认识的中观理论或微观理论，但无论如何，"从书斋到田野"，接近和贴近事实的这个行为，在自觉的理论追求之途中，应当是一个恒定的姿态。

"理论自觉"的另一层含义是把理论理解为一个反思的过程。某一理论之所以为理论，自然包含一些确定的要素，然而理论又是可以调整和发展的，用社会学的术语来说，理论的要素由常项和变项两部分构成。在一定时期内，理论的效度取决于我们对理论常项和变项的反思及根据事实做出的重新调整和认识。反思实际上是理论自觉的尝试。如果仅仅停留在其他学科的理论园地，而不去思考开拓自己园地的可能性，那么中国儿童文化研究，可能至多只能算是一种儿童问题的研究视野、立场或方法，而远远不能形成具有自身特性的解释模式、系统与理论。"理论自觉"应当是理论的属性之一，这既是理论工作者的自觉要求，又是当前中国儿童文化理论建设一个贯穿始终的诉求。

以全景的儿童生存事实作为儿童文化研究的原点，以立场互涉的策略介入对事实进行既"入乎其内"又"出乎其外"的再体认，在这样的基础上，中国儿童文化研究的"理论自觉"才有可能切合作为独特的"这一个"的儿童世界，其世界也才有可能向成人世界真正敞开。源此，中国儿童文化研究的基本策略也才变得清楚。

儿童文化的整体视野

关于儿童文化的种种问题，在传统的学科领域内，均有所涉猎，其中对某些问题的探讨，如儿童教养、儿童社会化等，已经较为深入。

作为科学研究的专门化分支，学科的视野无疑有助于对问题的深入探讨，然而，这也可能遮蔽了其他视野的启示。

鉴于此，我们主张一种儿童文化的整体视野。这一主张的主要内涵有以下几点。

第一，主张对儿童问题的学科际的关照。

儿童文化之所以能够作为一个相对独立的研究领域，其显现的过程已表明，它离不开"儿童"相关问题的学科化运动。事实上，仅仅宣称

"儿童的发现",并不足以促使人们真正关注儿童问题。儿童的发现,离全面确立儿童在人文社会领域的价值,尚存不小距离。

"儿童"价值的真正确立,是通过一系列儿童学科的建立,而最终得以实现的。儿童心理学的研究使我们认识到儿童与成人在心理上的差异、在发展上的特殊性;儿童脑科学的研究,可以为探索人类智力的基因基础提供洞见;儿童哲学所关注的儿童的哲思哲语令成人哲学深思……

遗憾的是,尽管学科内的儿童问题之探讨愈益深入,但学科间的交流却未见充分。最为明显的是,除了晚清的一些译介外,国内至今罕有能够充分整合儿童各个方面的儿童学论著①。

对此,我们试图将儿童文化作为一个具有一定独立性的研究领域,来整合已有学科的优势,在文化整体论的意义上,来看待儿童及相关问题,如图 0-1 所示。

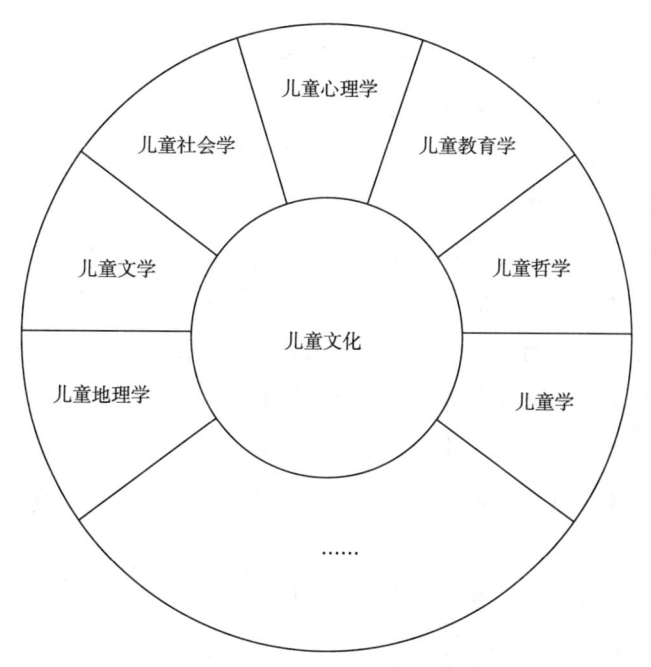

图 0-1 儿童文化的学科资源

---

① 目前已经取得部分进展,譬如陈永明主编《儿童学概论》,"新视野教师教育丛书·基础理论系列",北京大学出版社,2013;余雪莲、张登山、范远波、杜德栎主编《儿童学概论》,北京师范大学出版社,2013,该书为高等院校小学教育专业课系列教材之一。

如图0-1所示，我们将各学科集中在儿童文化这个领域中，尽可能吸取各个学科的优势，来全面地关照儿童文化问题。

第二，基于前述"立场互涉"，强调儿童文化与成人文化的互涉性。

儿童文化作为整体，可以从两个角度看：一是从儿童的视角看，二是从成人的角度看。

从儿童的视角看儿童文化，实际上，就是儿童如何认识自我、他人及周围世界，具体包括儿童怎么构建自己的日常生活、儿童怎样感知性别、儿童同伴文化怎么样等。这种视角代表儿童对自己的理解，是儿童文化内部人的理解。

从后一视角看儿童文化，代表着成人及成人社会是如何看待、认识儿童的，包括成人及成人社会的儿童观念、育儿的风俗、社会规训儿童的机构与制度设置、儿童文化产业的规划与发展、如何记述儿童的历史等。

一般而言，人们侧重于后者，对前者的研究则显得不足。近年来有关儿童的质性研究开始注意弥补这一缺憾，开始注重从儿童的视角来观察并探索儿童问题，一些新颖的观点如视儿童为科学家、艺术家，是这一个视角下儿童研究的新认识。

需要注意的是，这两种视角，都未能充分注意到儿童及儿童文化是如何看待成人及成人文化的。这是一个值得关注的重要方面，因为成人及成人文化在儿童的心目中是如何被看待的，关系到未来文化的发展。这同时也是我们强调儿童文化与成人文化互涉性之理由所在。

我们主张关注儿童文化与成人文化的互涉关系，应该注意到儿童文化与成人文化相互嵌入的特征：成人文化与儿童文化，在某种意义上，实际上是互为他者的文化。

当成人如此看待儿童及其文化的时候，儿童可能以一种既类似又相异的方式解读成人及成人的文化。

第三，视儿童文化本身为一个有机的整体。

按照一般文化的理解，儿童文化可以粗略地分为儿童物质文化、儿童精神文化、儿童制度文化。但这种分类，其实只是研究上的区分而已，儿童文化在实践中的运作，实际上是一体的，其在功能上是统一的。

儿童文化的这种整体性，已为学者们所认识。譬如国内有学者认为从表现方式上看，儿童文化是一种整体感知和感应的文化。

儿童对周围世界的概念是在同步的、总体的感受中形成的，对同一种事物，只要有可能，他总是会调动自己所有的感官去认知和体验，其中既有视觉的，又有听觉的，而且还常常伴之以动觉。在儿童那里，各种感觉还未人为地割裂，甚至他们在感觉的同时也做着身体和心灵上的反应。对于儿童来说，各种感觉是一体的，感觉和反应是一体的，身体和精神也是一体的。整体性便是儿童文化的第一个基本特征。①

恰如上文所论述，儿童文化在表现方式上呈现出鲜明的整体性。

更进一步来讲，不仅其表现方式，"儿童文化"自身直接就是一个有机的整体，如果考虑到泰勒的关于文化的经典定义的话——文化"是包括全部的知识、信仰、艺术、道德、法律、风俗以及作为社会成员的人所掌握和接受的任何其他的才能和习惯的复合体"。②

在我们看来，儿童文化的整体可以这样标示（见图0-2）。

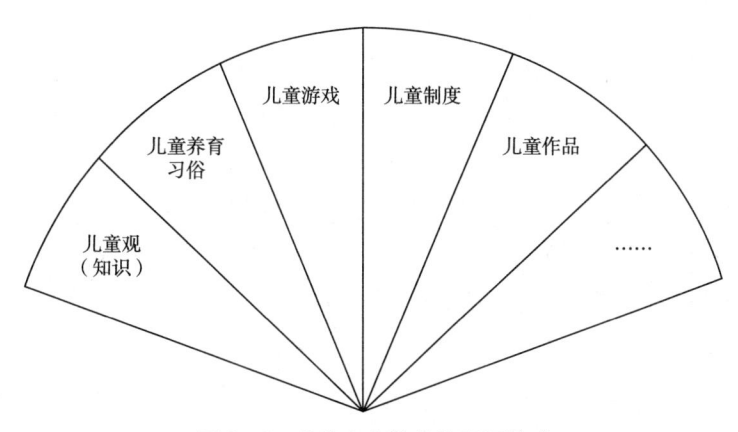

图0-2 儿童文化整体的扇面构成

儿童观（知识）、儿童养育习俗、儿童制度、儿童游戏、儿童作品等，所有这一切作为儿童文化的有机组成，它们在功能上都是统一的，是儿童的生存必需，共同构筑起儿童的物质—人文世界。

---

① 边霞：《儿童的艺术与艺术教育》，江苏教育出版社，2006，第15页。
② 〔英〕爱德华·泰勒：《原始文化》，连树声译，上海文艺出版社，1992，第1页。

儿童文化为什么值得研究

儿童文化为什么值得我们研究，这个问题实际上是追问儿童文化研究的价值所在，同时，在一定意义上，也是赋予研究者的学术工作以推动社会进步甚或人类发展的意义。

1. 儿童文化是一种原生性文化，研究儿童文化，可以了解人类整体文化生成和演化的规律

从文化的发展形态上看，文化有成熟型的文化，也有相对还处在发展状态中的文化，是未成熟型的文化。成人文化属于前者，其文化内部各个要素之间的关系比较稳定，人与他人、人与周围的世界都处在一种预期的关联之中。在这种文化中的人，每天做什么，看到什么，基本上是在预料之中的，绝大多数事物是按照既定的传统规则、社会习惯、价值系统在运行着的。

儿童文化则属于未成熟型的文化，还处在不断地形成和发展之中。本质上，它是一种原生性文化。

正如儿童艺术与原始艺术的关系一样，作为原生性文化，儿童文化的发生是人类文化发生的一个缩影，儿童文化发生的某些规律反映了人类文化发生的某些规律。研究儿童文化，将有助于我们了解人类整体文化的发展规律，譬如对儿童文化生成相关要素的分析，有助于理解人类整体文化的生成。

在儿童文化的世界中，每一件事情、每一个物体、每天遇见的东西，对这个文化的主体即儿童而言，都可能具有不同的或新的含义。儿童们会为他所获取的、新的理解而兴奋不已。儿童文化世界中这些无数的"第一次"，往往为成人熟视无睹，不能得到成人应有的理解。如果深入研究它们，可以有助于了解人类整体文化发展中的一些关键性契机，为人类整体文化的未来把脉。

儿童文化世界是一个纯真的世界，通过研究儿童文化而获得的"童真"之眼，将有助于人类建设一个更美好的世界。

2. 儿童文化构成儿童成长和发展的人文生态环境，研究儿童文化，可以了解儿童成长和发展的基本规律

儿童文化和儿童的成长是相随的。在一定意义上，儿童文化既是儿

创造的产物，同时也构成儿童成长和发展的人文环境，这个环境对儿童而言，具有非同寻常的意义，它显现出儿童内在发展和外在发展的一些规律。譬如儿童文化的整体性感知、诗性逻辑等特征，常常与儿童主客不分的思维方式有关。通过研究这一点，可以更深入了解儿童发展的阶段性，找到儿童精神发展的一些规律。

美国学者布朗芬布伦纳（Urie Bronfenbrenner）的人类发展生态学理论[①]认为，发展着的人不能被看作是环境对其任意施加影响的一块白板，而是一个不断成长的并时刻重新构建其所在环境的动态的实体，并且，人与环境之间的作用过程是双向的，是一种互动的关系。这里所指的环境比普通心理学和发展心理学所指的环境更为广阔，不同层次、不同性质的环境相互交织在一起，构成了一个既具有中心，又向四处扩散的网络。布朗芬布伦纳将之称为生态环境（ecological environment）。生态环境包含微观系统（microsystem）、中间系统（mesosystem）、外系统（exosystem）和宏观系统（macrosystem）四个种类的生态系统，前者逐个地被包含在后者之中，形成了一种同心圆样式的结构。

按照这一理论，儿童文化实际上是儿童成长和发展的生态环境，它涵盖了这四个系统。在这一视野下研究儿童文化，将有助于在一个更大的范围内揭示儿童成长的影响因素，并使我们能积极利用和改变环境，创造真正"为儿童"的文化。

3. 儿童文化对儿童教育意义重大，研究儿童文化，有助于推进"以儿童为本位"的教育

我们知道儿童学校教育经常所受的批评之一是过于知识化、注重应试教育，而没有重视基于儿童本性的教育世界的建构，由此扼杀了儿童生而具有的创造力、想象力。

要解决这一弊端，可以从儿童文化研究中得到启发。儿童文化是儿童创造的、自己喜欢的文化，它是儿童的天性所自然生发出来的，是儿童理解自我及自我之外的世界的一种本然的方式。儿童乐在其中的秘密是儿童

[①] 参见朱家雄《布朗芬布伦纳：人类发展生态学》，载薛烨、朱家雄主编《生态学视野下的学前教育》，华东师范大学出版社，2007。

从中得到认识世界的乐趣。

通过儿童文化的研究，教育特别是针对儿童的教育，可以基于儿童理解世界的方式有针对性地进行，真正建立以儿童为本位的教育理念。

事实上，当前儿童文化研究已表明儿童文化有很多功能，如游戏功能、文化传递功能、娱乐功能、社会化功能等，其中最重要的功能之一是教育功能。关心儿童文化，就是关心儿童教育。儿童文化的研究将有助于我们更好地介入儿童的学校、家庭和社会教育环节中去。

第一章　探寻儿童文化

> 儿童的形象是强大和神秘的，我们应该对此进行思考，并让儿童当作我们的教师，因为在儿童身上隐藏着我们人性的秘密。
>
> ——〔意〕玛利亚·蒙台梭利

作为一个相对独立的领域，儿童文化研究首先需要回答的问题是，儿童文化是什么或者意味着什么，其与以往的儿童或童年相关问题研究有什么样的进展或差异，这是本章尝试应答的一个问题。

儿童文化研究的对象，顾名思义，即"儿童文化"。关于"儿童文化"，目前已有相关的种种理解。在已有成果的基础上，我们这里试图提出一种新的解释，把儿童文化理解为一种儿童生存—意义体系。

这一体系，既有别于又相关于成人文化，其呈现出的基本特质是我们需要探讨的。

面向当代儿童文化的全景图，异域、跨文化的视野使我们意识到儿童文化的丰富性，并不存在单一的儿童文化，儿童文化本性上应该是复数性的。

从儿童到儿童文化：一种思想、观念与路径上的新认识

问题的提出

当我们把研究视野由"儿童"转向"儿童文化"时，可能会忽视一个潜在的问题：这种转变究竟意味着什么？尽管文化热一波接着一波，国内儿童文化还远远算不上"显学"，如果我们打算将与儿童相关的其他学

科话语模式与研究"技术"推演至儿童文化研究的话,这个问题,恐怕是儿童文化研究者不应该回避的。显而易见,儿童与儿童文化并不是一回事,尽管两者存在着高度的相关性。

说起"儿童",人们常常提及的,要么是爱伦凯的那句极具有先知意味的宣称:"20 世纪是儿童的世纪",要么是晚清的"儿童的发现"的历史功绩,抑或是蒙台梭利所发现的种种"童年的秘密"……然而,当论及儿童文化时,却似乎有某种缺语或失语的状态,这种状态恰恰显示出,人们从"儿童"到"儿童文化"的认识的转变,还处于一个很模糊的阶段,或者说,"儿童文化"研究现状本身还没有足够让我们愿意去转变,如果确实如此,那么,这应是一个值得探讨的问题。

应该指出,在把视线从儿童转向儿童文化时,实际上预存了一个研究假设,这个假设是:儿童≠儿童文化。可能有人指出,这个假设源于其显然成立,而不构成一种假设。之所以在这里提出,更潜在的目的是想指出,思考"儿童文化"的方式应当不同于思考"儿童"的方式,如果二者一致的话,那么就可能犯了将儿童与儿童文化直接等同的错误。

一般而言,对"什么是儿童"这样的问题,从社会学的角度看,可以沿着两个维度即个体与群体来进一步理解。事实上,社会学运思儿童的关键性概念"社会化"便是从个体的角度着眼,譬如彼得·伯格、托马斯·卢克曼这样阐释社会化:"社会化可被界定为一种将个体广泛地和持续不断地导入社会或其部分客观世界的过程。"①

若按《中国大百科全书·社会学》,社会化的正式定义是:"一个人获得自己的人格和学会参与社会和群体的方法的社会互动过程。"②

这两种定义各有特点,但它们之间没有根本性的歧异,均是在个体的维度上来理解社会化,而这种理解本身,已经成为当代种种儿童话语的"默会知识"基石。

对于群体维度,则往往体现在社会学对"代际""代沟""亚文化"

---

① 〔美〕彼得·伯格、托马斯·卢克曼:《现实的社会构建》,汪涌译,北京大学出版社,2009,第 108 页。
② 中国大百科全书编辑委员会:《中国大百科全书·社会学》,中国大百科全书出版社,1991,第 303 页。

等问题的研究中。这种在实证研究中较常涉及的视角，通过引入人口学的方法、统计学的方法，将儿童问题置入一个更大的社会文化范围内，与个体视角构成互补之势。

很显然，依传统社会学的社会化概念对"儿童"进行理解，并不完全适用于"儿童文化"。儿童文化是一种儿童历史学下的社会现象，一种文化哲学中的文化样式，也可以视为一种通俗文化意义上的生活方式，或精英文化意义上的儿童精神与价值存在。

上述这样简单的叙述，已经足以显示儿童文化与儿童的不同。然而，从儿童到儿童文化，究竟意味着什么？是一种什么样的转变？或者说这种转变，需要研究者做出怎样的转变？

儿童文化史的书写

从"儿童"到"儿童文化"的转变，从历史的层面上说，实为承认儿童在人类文化史上的地位、价值与意义，儿童不应该被历史或隐或现地遗忘，抑或作为成人史书写的注释、配角。儿童像成人一样，他们拥有成为历史书写主体的合理性，这也正被近代儿童史的研究逐渐予以显现。

这种将儿童视为主体存在的研究旨归，在儿童文化的探索中越发明显。儿童文化的第一要义，在于儿童文化首先是儿童赋予其意义的，不管这种称之为"儿童文化"的文化，按照创造主体来看，是儿童创造的，还是成人为儿童创造的。事实上，除非我们不承认文化是人类的精致创造，不承认文化是一种由物质、制度、精神、主体能动性等多种因素构建起来的复杂意义体系，否则，在面向儿童文化时，就需要我们做出一种起码的转变。

这种转变需要我们去确认儿童在社会结构中有独立的主体地位，与成人一样，是完整的而不是有缺陷的人，因而，作为儿童的文化自有其独立存在的意义。

儿童不是微型的大人、缩小的成人，他们生活的目的不是单纯为了"成为成人"，也不是俗语所言的"养儿防老，积谷防饥"，抑或是为了传宗接代，虽然，从生物的延续上看，生儿育女确有这种功能。

这种认识与19世纪欧洲的"发现儿童"及民国"儿童本位论"思想

有关。事实上，受"发现儿童"思潮以及杜威"儿童中心说"影响而倡导"儿童本位"的周作人即主张儿童的生活及其世界的独立性，他批评传统的不为互系而为统属的父子人伦关系，认为父子之伦，本于天性，应平等对待，反对视儿童为"道具牲畜"而私有，而主张顺应儿童天性。

在他看来，

> 以前的人对于儿童多不能正当理解，不是将他当作缩小的成人，拿"圣贤经传"尽量地灌下来，便将他看作不完全的小人，说小孩懂得什么，一笔抹杀，不去理他。近来才知道儿童在生理、心理上，虽然和大人有点不同，但他仍然是完全的个人，有他自己的内外两面的生活。儿童期的二十几年的生活，一面固然是成人生活的预备，但一面也自有独立的意义与价值。①

这种儿童观，明显不同于传统成人本位社会下的儿童观。对儿童及世界的独立性、价值的强调，使我们有可能将研究眼光转向儿童文学、儿童哲学、儿童文化等领域的开拓。而就儿童文化而言，如果没有这种儿童观作为思想基础，儿童是否具有文化，或许都值得怀疑。从这个意义上，可以说，儿童文化研究，内在地确认了或重新确认了儿童在社会结构中的独立的主体位置。

因而，儿童与成人一样，在精神上，我们应该给予其同样的尊重，他们与成人占据同一个社会，唯一不同的是，他们在社会结构中的位置与成人有所差异，在社会功能上与成人占据着不同的谱系。

当我们确认儿童及其世界的独立性、儿童的主体性位置时，也就是在承认儿童值得文化书写，儿童被文化书写的过程、历史细节值得我们去记忆，儿童所创造的文化像人类亚群体所创造的文化一样，具有毋庸置疑的价值。

儿童文化的可贵之处在于它是一种"成全自我"的文化。儿童文化对儿童而言，是一个整体、是整个世界，在这个世界中，儿童通过游戏、

---

① 周作人：《儿童的文学》，载刘绪源辑笺《周作人论儿童文学》，海豚出版社，2012，第122页。

艺术、生活等活动来成全自我，在这种过程中，无须过度驯化儿童，同时，儿童通过此来认识自我、丰富心灵。从形成过程看，儿童文化的生成，具有自然性、自发性的一面，从内容上看，儿童文化包含着极其丰富的认知、精神、情感等层面上的内涵。

一般而言，判断一个社会的文明程度，可以由其如何看待儿童、怎样对待儿童来判断。这对儿童文化而言，同样适用。我们是否重视儿童文化、是否愿意真正理解儿童文化，反映着一个社会的文明风貌。在较发达的文明中，儿童自然受到呵护，而在没有自觉的"儿童观"的社会中，儿童要么被视为小大人，要么常常受到忽视，是不值得注意的"小不点儿"。一个更"人性"的社会，必然是更重视人的各个发展状态的社会，这自然包含儿童、老人等。从此角度看，儿童文化研究领域的出现，实系社会发展使然。

儿童文化研究，一方面，承认儿童值得文化书写；另一方面，这也表明了儿童文化研究的目的之一是为儿童书写文化史。

为儿童书写文化史的一个前提是认识到儿童是拥有智慧的，能够参与到文化创造的进程中去，而不仅仅是外在于社会的、等待接受社会化的群体。对"儿童是富有智慧的"这种认识，最明显地体现在一些关于儿童之思的哲学思想中，近年来在国外甚至兴起了"儿童哲学"的潮流，一些国外学校开设了一些课程研讨儿童的哲思哲语，一些写给孩子的哲学启蒙书也大受欢迎。在一些哲学家看来，儿童往往比大人更智慧，他们是天生的哲学家，他们对一切都感到好奇，不断地去问为什么。然而，儿童在这种种探问过程中所表现出的智慧，常常不为人所重视。

儿童文化领域的探讨，使我们意识到儿童自身所拥有的智慧、价值。这种智慧、价值不仅仅表现在"童心"的哲学上，而且也表现在生活的一切过程中。譬如，我们常常带小孩出去玩，去逛公园，去和自然亲近，但是这种表述，如果反过来看，恰恰是孩子带我们去玩，去放松，去亲近自然。孩子更新了大人们对世界的感觉，使大人们重新看见世界。儿童让我们回到童年，儿童更把我们带到原初的澄明之域。

美国儿童研究运动主将霍尔，1904 年在其《青年期》一书中，提出了著名的复演论（recapitulation）观点，认为个体的发展，复演着人类的发展历史。如果按照这种观点，那么，儿童文化在某种意义上，亦可视为人类总体文化发展的复演。儿童文化的生成、发展、演变，极有可能透露出人类文化总体发展的趋势、命运。

这样看来，对儿童文化就不能单纯视其为一种过渡性的文化而贬低其价值。而要看到儿童文化的诗性、整体性等特征中所显示出来的一种还有待挖掘的、有助于克服后现代文化弊端的重要理论启示。

作为有文化能力的儿童

从"儿童"到"儿童文化"的转变，在具体观念上，要求我们认识到儿童是拥有文化能力的，而不仅仅是文化的容器或传承者。视儿童拥有文化能力，与承认儿童的主体地位是一致的。正是由于儿童拥有文化能力，为儿童自身所创造的儿童文化才可能得以形成。只要我们不把儿童文化贬低为依附于成人文化的存在，那么，我们便无法忽视儿童的文化能力。

简单来说，儿童的文化能力是指儿童在与既定文化的互动中表现出来的能力，它是儿童文化的主体性要件。就儿童文化的理论关照而言，这是继续探讨儿童文化问题的必要基础。儿童的文化能力，主要包括两个大的方面：一是儿童的文化接受、理解与吸收能力；二是儿童的文化运用、创造与革新能力。

儿童诞生于人类的文化中，我们无法想象一个非文化存在的儿童，或者仅仅是一个生物性的儿童。当儿童在出生甚至尚未出生时，我们就赋予其种种意义，或多或少会通过某种仪式来庆祝新生儿的降临。譬如，西方宗教中有给婴儿洗礼的环节，新圣教法典规定，婴儿出生后数周内，父母有责任安排他受洗。这种行为的施与，与早期教会的人类原罪观有关，其认为婴儿生来就是有罪的，需要接受洗礼以确保得到上帝的拯救。中国文化中的婴儿诞生礼是人们最重视的礼仪之一。各地有着不同而丰富的仪式，从婴儿出生后将持续一年，譬如福建地区，婴儿出生14天后要举行"十四朝"仪式以及满月剃发画桃、周岁对晬试志等仪式。

这种种事实表明，儿童不是在真空中存在的，而总是存在于某一具体性的文化之中，可能存在于美国文化、日本文化中，也可能存在于儒家文化、天主教文化中，抑或存在于移民文化中等。

由此，在某种意义上，我们的确可以说，儿童是文化累积的产物，离开文化，我们无法理解儿童是什么，我们无法选择理解儿童的"恰当"方式。是文化令儿童的存在有了意义，同时，儿童的存在令文化的延续成为可能。这种认识，无疑使得我们更注意儿童的文化接受能力、理解能力、传承能力和吸收能力。

儿童对文化信息的接受能力，一开始就表现于新生儿与母亲的互动中。新生儿对母亲的声音、表情、动作的关注，实际上正是一个对文化信息解读的过程，这一过程，由于我们过于强调新生儿的依赖性或者仅仅把它视为一种"类动物"发展的过程而不免忽视。母亲最初的言行，已经负载着丰富的文化信息，如何哺乳、抱小孩的方式、对小孩的行为反应等，无不由既定的文化规定着。新生儿的社会性发展程度，依赖于对来自母亲、他人等的文化信息的解读和吸纳，这是一个常常被社会学定义为初级社会化的过程。

将儿童视为"种子""胚胎"的譬喻，形象地表现出儿童的文化能力。种子，只要碰到适宜的条件，就会吸收周围环境中的养分生根发芽。儿童的文化能力也表示出与种子类似的特征，儿童会去积极吸收各种文化信息，供自己成长。

儿童的这一能力得到一些教育学者理论的支持，譬如蒙台梭利对儿童敏感期的研究。敏感期是指生物在其初期发育阶段所具有的一种特殊敏感性。蒙氏所谓的敏感期，借鉴了荷兰科学家德弗利斯的动物敏感期之发现，认为儿童身上也存在敏感期。在她看来，即使是最小的婴儿所拥有的感觉和知觉，也能在人们开始对其研究之前引起心理的发展。他们拥有一种创造的本能，一种积极的能力，能借助他所处的环境构建起一个精神世界。

这种敏感期的核心，从儿童文化的角度看，实际上是一种高效的文化信息吸收能力。外在的文化为儿童提供心理发展所必需的养料，就像物质环境为身体的发展提供水分、阳光、空气一样。儿童自身内在的文化能力，促使儿童主动选择对自己成长必不可少的社会行为互动模式。正是儿童这种内在的文化能力，使得儿童能够在众多不同的文化环境中茁壮成长。一个美洲的儿童,与一个非洲的儿童,同样能够健康发育、发展、成人。

儿童的文化能力,更深地植根于现代人类种族的生理构造和种系发生进化中。早在 1777 年,Johann Nicolas Tetens 就认为人类发展的"可完善性"(perfectibility)建立在两个基本条件之上:具有反思和自我参照行动的能力以及发展的可修正性。在他看来:"在所有生物中,人类是迄今为止最可能臻于完美的物种,从出生起就具有最大的发展潜力……人类是所有生物中最具适应性、能力最多样的,能够按照预订的广泛领域内的活动,以最大的多样性改变自己。"①

如果作为人类个体的儿童没有文化的接受能力、理解能力、传承能力和吸收能力,我们很难想象人类发展具有可完善性。这种能力是人类种系发展和完善的前提之一。

儿童文化能力的另一重要方面,是儿童的文化运用、创造与革新能力。

对儿童"可教育性""可完善性"的强调,往往使得我们更重视儿童的文化接受能力与理解能力,这特别表现在教育系统对此能力的培育努力上。事实上,无论是传统私塾教育,还是现代学校教育,都非常强调儿童的文化承传,以此形成一种以文化水平为衡量标准的针对儿童的评价系统。就保持人类社会的延续性而言,这诚有必要。每一种物种,包括人类,都需要首先去接受、理解、融入已有的生存方式。

需要注意的是,我们不应当忽视儿童文化接受、理解与延续文化过程中的创新因素。儿童的文化能力并不是单纯被动的,儿童对已有文化的接受与理解,有着自己独特的方式,这种方式显现出儿童文化能力中创新的一面。

儿童在对来自成人社会的文化信息的理解中所表现出的想象力、创造力,往往令成人惊奇。譬如有人问儿童,天堂好不好?儿童的回答是,天堂当然很好。然后继续问儿童,天堂为什么好?儿童回答,因为那么多人去了都不想回来。这种出乎成人意料的回答,包含着儿童对事物更深的观察和感受,一种对人际世界的更深领悟。

---

① 林崇德、李其维、董奇主编《儿童心理学手册》第一卷(下),华东师范大学出版社,2009,第 604 页。

儿童在文化想象、创造与革新方面的能力，使得伟大的艺术家心生向往，以至于毕加索曾经说过，学会像一个 6 岁的孩子一样作画，用了我一生的时间。他的著名作品《海滩玩球的泳者》——一幅极富天真意味的绘画，就是他在 46 岁时创作的。① 儿童的天真好奇以及对认知创造性的追求，要求我们转变对儿童文化能力的单一认识，意识到儿童的文化能力是二重性的：既有延续、接受与保守的一面，也有突破、创新与革新的一面。

正是儿童文化能力的这一二重性，决定了这样一种认识：

> 从一个角度看，儿童文化基本上是保守的。早已建立好的规则、价值和传统形式奠定了儿童文化的基础和框架，新出现的灵感、印象绝大部分被业已建立的程序和形式所吸收。但与此同时，儿童文化又有着一种需要来打破老一套，来更改形式和规则。文化反叛这种对现存形式和标准的抗议因素，也就成为儿童文化的"利刃"。②

基于儿童主位的进入路径

作为一种转变，由儿童到儿童文化，不仅在思想、观念上有认识的差异与侧重点，而且在研究的方法与路径上，也有所不同。

一般与儿童相关的学科，如心理学、社会学等，通常视儿童为被研究的客观对象，也就是在某种意义上，将儿童等同于自然科学视野中的"物"来予以研究。这种方法，典型地表现在皮亚杰的儿童研究中。对皮亚杰来说，其理论推演主要建立在对作为个体的儿童的实验研究之上，他关于儿童心理发展阶段的探索，强调了儿童个体内部建构的能力。这种研究，本质上是非人文性的。

从儿童史上看，皮亚杰的理论自然有着毋庸置疑的革命性贡献，但也不无缺陷之处，第一，皮亚杰的理论忽视了儿童心理能力发展的文化背

---

① 〔挪威〕让-罗尔·布约克沃尔德：《本能的缪斯——激活潜在的艺术灵性》，王毅等译，上海人民出版社，1997，第 270 页。
② 〔挪威〕让-罗尔·布约克沃尔德：《本能的缪斯——激活潜在的艺术灵性》，王毅等译，上海人民出版社，1997，第 25 页。

景，儿童的心理成熟离不开儿童与成人及其他儿童的相互作用。这一缺陷，在后来维果斯基的理论中得到弥补。第二，客观上看，皮亚杰的儿童心理学反对把成人的思维类型和模式用于诊察儿童思维，反对把儿童看作缩小了的成人，但从其整个理论体系来看，仍然是以成人为中心的，儿童只不过是供其研究的一个旧式人类学意义上的"原始物种"而已。

对于具有人文取向的儿童文化研究来说，不应忽视儿童文化的精神面向，这是固守传统的儿童研究方法的不足之处。儿童不是单纯的"物"，儿童文化亦不是静态存在的，它是儿童赖以存活的物质、精神、制度的系统。需要关注其中各种复杂的、盘根错节的关系和互动。

随着当代新童年社会学的发展，人们越来越认识到在原有社会科学中儿童研究范式的儿童本体的内在缺失，儿童不是有待驯服的客体，应作为社会行动者来看待。儿童不是社会结构的被动对象，而是积极地参与到社会生活的过程中去。

与此同时，童年研究学者也越来越将儿童的主体经验纳入儿童文化研究的视野，关注儿童介入成人文化世界的种种方式，强调从儿童的"主位"出发来探究当代儿童的媒介文化、动漫文化、手机文化等。可以说，基于作为儿童文化内部的儿童的主位视角，来分析儿童文化，正是新时期儿童文化研究的基本方法取向。

这里强调的"主位"是借自语言学并被人类学生发的一个术语。人类学的主位研究是指研究者不凭自己的主观认识，尽可能地从当地人的视角去理解文化，通过听取当地提供情况的人即报道人所反映的当地人对事物的认识和观点进行整理和分析的研究方法。主位研究将报道人放在更重要的位置，把他的描述和分析作为最终的判断依据。同时，主位研究要求研究者对研究对象有深入的了解，熟悉他们的知识体系、分类系统，明了他们的概念、话语及意义，通过深入地参与观察，尽量像本地人那样去思考和行动。①

所谓儿童主位，就是指优先从儿童主体的角度来理解儿童问题。有别

---

① 黄平、罗红光、许宝强主编《社会学·人类学新词典》，吉林人民出版社，2003，第210页。

于儿童客位的研究，儿童主位的研究，考虑到儿童在研究中的中心位置，儿童不仅仅是研究之对象，而且参与到研究的进程中去，甚至是研究文本的撰写与制作。在这种方法中，儿童的观点、情绪、认知、地位被予以同等地对待，儿童是研究的共同合作者。

儿童主位研究的典型方法包括参与式观察和无结构访谈。参与式观察，是一种自然融入儿童生活的观察与研究方法，它将对儿童生活的影响和干涉降到最低程度，不会突然切入，要求儿童参与某项研究，如要求儿童回答问卷，而是通过日常化的途径来观察、探究儿童的种种问题。这种方法可以用于儿童友谊的研究，可以通过与儿童交朋友的方法来观察儿童对友谊、朋友的界定与认识：友谊是什么？儿童以什么样的标准来交朋友？为什么需要友谊？怎样维持友谊？等等。

无结构访谈，适用于年龄较大一些的儿童。这种访谈没有事先设定的问题，只有一个粗框架的主题或范围，是一种较自由的访谈。它可以是正式的，也可以是非正式的，在不同的场合灵活运用。它在一种对话、交流的氛围中，探析儿童的生活世界。

由上述两种方法可看出，儿童主位的研究方法，建立在尊重儿童的基础之上，它既不把儿童贬低为小大人，也不单纯地视儿童为有待研究的对象。不仅儿童的意愿得到征询，儿童的主体性也得到张扬。

这种方法使得我们可以从一个儿童"他者"而非成人的角度，更好地认识儿童及其文化。列维·斯特劳斯曾从"他者"的角度指出，人类学是以空间上的异乡为他者，历史学则以时间上的别处为他者。在某种意义上，儿童文化是以儿童及其世界为他者的。它们均是从另一角度认识自我及他人世界。

作为儿童的他者，我们不是以成人的姿态出现的，儿童同样是人，当我们观察、研究儿童的时候，儿童实际上也在观察、研究我们。在这里，儿童—成人的对立，不再是一个问题。更重要的问题是，他们究竟如何像我们或不像我们一样地观察与研究？这种基于儿童主位的新的提问方法，给予儿童文化研究区别于以往儿童研究的重要的启示。

第一，将儿童世界去熟悉化。不要因为自己曾是儿童而理所当然地认为儿童世界是怎么样的，不要用过去的标准看待今日的儿童世界而不愿意去理解儿童的当下状况。现实生活中，成人们常常粗暴地要求儿童按照自己的要求去表现、行动，这种现象是自以为自己太熟悉儿童所造成的。事实上，儿童的世界，总是随着时代的变化而不断变化，电子媒介时代的儿童生活显然不同于纸媒时代的儿童生活，他们的成长模式、阅历、需求、交友、消费等都有很大不同，甚至3~5年便有隔代之感，更不消说父辈与子辈之间了。因此，理解儿童及其文化，需去熟悉化，转熟为生。不妨将儿童世界视为一个陌生的世界来进行最基础性的探究，尊重其存在，努力从其自身内部来对待。

第二，从"人"的角度来把握和揭示儿童世界的奥秘。儿童文化对儿童的发展具有特殊的影响，它关系到儿童是否能真正成为一个人。从社会学的角度看，就是儿童能否与社会形成良好的联结，成为社会规范所确认的一个人。儿童文化研究需要关注这一过程。事实上，儿童文化的人文化取向也要求儿童文化研究关注活生生的儿童，而不是实验室的儿童。

透过儿童主位研究带来的启示，我们相信，当儿童主体世界真正成为儿童文化的关照中心时，儿童文化的深度图景将会自然地得到彰显。实质上，儿童文化研究的现实本质，是为了更好地认识、服务儿童，这也正是儿童文化研究的价值之源。

作为儿童生存—意义体系的儿童文化

何谓"儿童文化"？

在英国学者雷蒙·威廉斯（Raymond Williams）看来，文化是最难定义的英语词语之一，在概念和指涉上都是极为复杂的。[①] 的确，究竟什么是文化？或者怎样理解文化才更为合理？是将文化理解为一种物质、精神的总和，还是一种通俗文化研究视野下的生活方式？是视文化为体现人类智慧的文明的结晶，还是把它当作一种复杂的意义体系？

作为研究者，当我们想去描述、定义儿童文化时，自然会碰到这样一

---

① 〔英〕雷蒙·威廉斯：《文化与社会：1780~1950》，高晓玲译，吉林出版集团有限责任公司，2011，第6页。

个非常基础性的问题。为了研究对象的设定，我们常常需要划出一个相对有限的范围。这实际上也同时框定着研究者的运思空间。

其中一种最简便的定义，即由"儿童"与"成人""妇女""老人"等社会范畴相区别而来：儿童文化是类似于成人文化规定的文化或一种儿童群体的文化。凡是与儿童及这个群体相关的文化现象都属于儿童文化，它与其他群体文化如黑人文化、区域文化如少数民族村落文化等一样，是人类整体文化的一部分、是其中的一种亚文化形式。这种定义文化的方式着眼于文化与群体、地域之间的关系，具有一定的合理性。

可能是出于"文化组成部分"及"文化创造主体"的考虑，有论者认为，从一般的意义上说，儿童文化包括"儿童创造的文化"和"关于儿童的、为儿童的文化"两大部分。儿童文化因此可分为两个部分理解：一是儿童创造的文化，即把儿童文化看作是作为能动者的儿童自身创造的结果，如某些儿童发明的游戏、童谣等，他们自觉地对主体行为进行描述；二是关于儿童的和为儿童的文化，即由成人为儿童而创造和设计种种文化的内涵和外延，诸如儿童教育、儿童文学、儿童艺术、儿童游艺、儿童心理等。[①] 这种文化行为是他为的，反映出成人社会养育儿童的责任。

严格来看，"儿童创造的文化"与"为儿童的文化"之间，并不存在逻辑上的对应，而后者深思起来，实际上尚不能算是儿童文化，至多是外围性的，如果文化的性质是创造的话。这样看来，"儿童创造的文化"和"为儿童的文化"只是一种基于"儿童—成人"模式之下的权宜划分。

这种划分与"儿童文化"的汉语结构有关。"儿童文化"是一复合短语，从其汉语的词语结构来看，可以包括两种可能性：一种是以主谓结构来理解；另一种是视为偏正结构。

前一种理解表明，这种文化是儿童所创造、为儿童赋予意图、对儿童有意义的。后一种则可理解为"儿童的文化"，中心语是"文化"，这种理解强调了儿童文化研究的关键对象是文化，而不首先是儿童。

结合起来看，"儿童创造的文化"似乎更符合儿童文化的实际，而

[①] 谢毓洁：《晚清：儿童文化研究的新地带》，《湖南城市学院学报》2007年第4期。

"为儿童的文化"则主要代表着成人所构设和预期的儿童文化，蕴涵有成人判断的应然价值。

然而，无论把儿童文化定位为"儿童创造的文化"还是"为儿童的文化"，均没有给出"文化"的具体含义。另一个在儿童文化学界常常引述的定义可以弥补这一缺陷：

> 儿童文化是儿童表现其天性的兴趣、需要、话语、活动、价值观念以及儿童群体共有的精神生活、物质生活的总和。儿童文化是儿童内隐的精神生活和外显的文化生活的集合。儿童的精神生活或精神世界是主观形态的儿童文化，儿童外显的文化生活是儿童精神生活的客观化、实体化。[①]

这个定义有三点值得注意之处。

第一，强调了儿童文化的主体是儿童，而不包括成人为儿童创造的文化。较之"儿童创造的文化"更为细致，注重儿童文化的"儿童性"或"童性"。儿童文化是反映儿童天性的文化，儿童天性是揭示儿童文化的一把钥匙。

第二，强调了儿童文化的共有性、共享性。文化产品在权属上或是私产，但一个社会的整体文化绝不是私产，而是共享的。不能分享的文化，其意义极其有限。儿童文化是儿童们所共同分享的，在这种文化中，儿童能够预见其他儿童在特定情况下如何行为及做出何种反应，借此，儿童们能够相互交流、理解、对话。儿童文化的这一共享特征，体现在儿童游戏、儿童同伴交往之中。

第三，认为儿童文化包括内隐的精神生活和外显的文化生活。这种划分受到周作人的影响，[②] 通过强调儿童精神世界的相对独立性，较有利于对儿童问题的深入探索。

关于"儿童文化"的类似界定，如：

---

① 刘晓东：《儿童文化与儿童教育》，教育科学出版社，2006，第34页。
② 参见周作人的《儿童的文学》一文，原载《新青年》第8卷第4号（1920年12月1日）。文中写道："近来才知道儿童在生理心理上，虽然和大人有点不同，但他仍是完全的个人，有他自己的内外两面的生活。"

一般说来，儿童文化是指人类历史文化发展进程中，围绕儿童及其生存、教育、成长等所创造、积累和建构起来的精神生活和物质生活的总和。换句话说，儿童文化包括了儿童内隐的精神生活和外显的日常生活。①

这个定义延续了一般用"总和"来概述"文化"的做法。"总和"或者意味着无所不包，或者意味着难以言说，这实际上从一个侧面反映出文化的超级复杂性。

可供参考的另一种界定是：

儿童文化就是指儿童特有和共有的思想方法、行为方式和心理特点、世界观等，它是儿童自己在其中决定其标准和价值的文化。②

这里，与前述儿童文化的不同之处在于强调了儿童文化为儿童所"特有"，实质是凸显了儿童文化的独特性。

"儿童文化"的界定之种种已如前所示。显然，由于"文化"一词的复杂性，人们关于儿童文化的认识也有所差异。随着认识的深化，还可能有新的探寻空间。事实上，如果愿意放宽视域，我们就极有可能拓展对儿童文化的认识。

在这方面，作为智慧探索最高思辨形式的哲学，其关于人及文化的思考即文化哲学，给予了我们重要的启示。

儿童文化问题即儿童问题

文化包括儿童文化的问题，实是人的问题。卡西尔以人类文化为依据对人的定义提醒我们，人的本性并非如柏拉图所说的那样，是以大写字母印在国家的本性上，毋宁说，人的本性是以大写字母印在文化的本性上。在他看来，与其像亚里士多德那样认为"人是政治的动物"，不如说"人是文化的动物"：

---

① 方卫平、刘宣文主编《2007 中国儿童文化研究年度报告》，浙江少年儿童出版社，2008，第 1 页。
② 边霞：《儿童的艺术与艺术教育》，江苏教育出版社，2006，第 10 页。

> 人的突出特征，人的与众不同的标志，既不是他的形而上学本性，也不是他的物理本性，而是人的劳作（work）。正是这种劳作，正是这种人类活动的体系，规定和划定了"人性"的圆周。语言、神话、宗教、艺术、科学、历史，都是这个圆的组成部分和各个扇面。因此，一种"人的哲学"一定是这样一种哲学：它能使我们洞见这些人类活动各自的基本结构，同时又能使我们把这些活动理解为一个有机的整体。[①]

对卡西尔而言，人怎样劳作，人的本质就是怎样，人的创造性如何，人性即如何。语言、神话、宗教、艺术、科学、历史，都是人类创造性活动的一部分，构成一个有机的"符号的宇宙"——"人类文化的世界"。

关于卡西尔"人作为符号的动物"的界说，由于其把符号活动、符号功能规定为先验的活动、先验的功能，而受到一些论者的批评。然而，他以能动的创造性活动为中介、媒介而把人的本质与文化的本质统一起来，对我们探讨儿童文化不无价值。

在此，我们可以说，儿童文化与儿童的本性是统一的。儿童文化研究的核心，不是抽象的儿童文化，也不是抽象的儿童，而是要面向具体的儿童文化行为、活动、过程本身。儿童怎样劳作，儿童文化就是怎样。儿童的游戏、儿童的艺术、儿童的音乐等儿童文化的扇面，都是由于儿童的创造性活动而产生出来的，同时，这一过程也塑造了儿童。

作为儿童的"劳作"，儿童文化是儿童现实生成的，而不是成人给定的。儿童文化的生成受到儿童本性的驱动，儿童的好奇心、儿童的提问方式、儿童探索的范围，都使得儿童文化呈现出别样的特质。

从以上论述可看出，按文化哲学的"文化"之理解，实质上，儿童文化便是儿童的第二天性。

文化哲学提纲挈领地拎出了人的本质，而对人的本质的展开探索则是由人类学来完成的。甚至有学者认为，人类学对人的本质的阐明超过哲人的所有反思或实验科学家的所有研究。这听起来似乎像是过分热忱的人类

---

① 〔德〕恩斯特·卡西尔：《人论》，甘阳译，上海译文出版社，1985，第87页。

学家的断言,其实是哲学家格拉斯·德·拉古纳在她1941年就任美国哲学协会东方分部主席演说时的陈述。

人类学的"文化"定义,常被引用的是泰勒的界定:

> 文化,或文明,就其广泛的民族学意义来说,是包括全部的知识、信仰、艺术、道德、风俗以及作为社会成员的人所掌握和接受的任何其他的才能和习惯的复合体。①

这里"复合体"的原文是"complex whole",可见,泰勒的这一定义,侧重于文化的整体性;而"才能""习惯",则强调了文化的精神性。泰勒的这一理解,总的看来,是广义的文化理解,其缺陷在于容易偏重文化的总体特征,不利于对文化深层的挖掘,尽管在泰勒的所有贡献之中,他关于文化这个概念的界定可能是最为不朽的。

自泰勒以来,文化的定义层出不穷,以至于20世纪50年代早期,人类学家克罗伯(Kroeber)和克拉克洪(Kluckhohn)从各种文献中收集到一百多个文化的定义。诸如文化是一个民族的生活方式的总和;文化是个人从群体那里得到的社会遗产;文化是一种思维、情感和信仰的方式;等等。②

开创人类学功能学派的马凌诺斯基认为文化根本是一种"手段性的现实"③,直接地或间接地为满足人类需要而存在。文化赋予人类一种生理器官以外的扩充,一种防御保卫的甲胄,一种躯体上原有设备所完全不能达到的在空间中的移动及其速率……人类文化的一切:物质设备、知识、语言、社会组织,都服务于人类基本的和衍生的需要。因此,文化成为对各种需求做出回应的一张复杂行为之网,它最终可以但并不总是追溯到个体。这种对"文化"的认识,显示在其对新几内亚东面的特罗布里恩德"库拉圈"的分析中,他揭示出,库拉的周转绝非纯粹的商业性交易,而是因为它满足了人们情感与审美的需要。

---

① 〔英〕爱德华·泰勒:《原始文化》,连树声译,上海文艺出版社,1992,第1页。
② 参见 Alfred Louis Kroeber, Clyde Kluckhohn, *Culture: A Critical Review of Concepts and Definitions*, Cambridge, 1952。
③ 〔英〕马凌诺斯基:《文化论》,费孝通译,华夏出版社,2002,第99页。

从功能的角度理解文化，马凌诺斯基实则强调了文化对人类生存的价值。

受结构主义的影响，人类学对文化特殊意义层面的一个最流行的假设是，文化就是一种体系。例如基辛（Keesing）将文化依次概括为"适应体系""认知体系""结构体系""符号体系""概念体系"。

将文化视为一种体系，其深层的含义是文化包含一种关系，具有相当程度的秩序性和有界性。这使得人类学家概括不同的文化模式、文化类型成为可能。

现在的文化定义，倾向于更明确地区分现实的行为和构成行为原因的抽象的价值、信念、世界观等。换一种说法，文化不是可观察的行为，而是共享的理想、价值和信念，人们用它们来解释经验，生成行为，而且文化也反映在人们的行为之中。[①]

这种界定，强调了文化对人而言的主体意义。以至于格尔茨干脆视文化为由人自己编织起来的复杂的意义之网。这样，对文化的分析不再是一种寻求规律的实验科学，而变成一种探寻意义的解释科学了。[②]

文化的复杂性，如上所言。尽管人们对它的界定似乎还难以达成一个一致的认识，但作为一种逼近真理的努力，其对我们理解文化及其自身而言，具有难以否弃的可借鉴性，对儿童文化的理解亦是如此。

依照文化哲学的"文化与人性的统一"的观点、人类学功能学派的"直接地或间接地满足人类需要"的文化观、解释人类学的"文化乃意义之网"之理解，我们尝试把儿童文化定义为："儿童文化是现实生成的、有序的儿童生存—意义体系。"

新的解释尝试

这一重新尝试的理解意味着什么？或者说，与已有的"儿童文化"的界定有什么样的不同？

如果综观前述所引的几种"儿童文化"概念，那么便可以发现其中

---

① 〔美〕威廉·A. 哈维兰：《文化人类学》，瞿铁鹏、张钰译，上海社会科学院出版社，2006，第36页。
② 具体参见格尔茨《文化的解释》，韩莉译，凤凰出版集团、译林出版社，2002。

两种界定均用"总和"来理解儿童文化的复杂性。然而"总和"一词容易带来"儿童文化不过是有关儿童的种种文化现象的相加而已"的误解，忽视了文化系统的整合性；而将"儿童文化"划分为"关于儿童的、为儿童的文化"和"儿童创造的文化"两大部分，其实质并未对"儿童文化"概念做出正面的回应，同样，单纯将"儿童文化"界定为"一种什么样的文化"，也还需要对"文化"做进一步的解释。

鉴于这些不足，我们提出儿童文化的新理解，其含义旨在强调以下几点。

第一，儿童文化不是预成的，而是现实性生成的。人的本质不是先验的，人的一切文化也不是先验的。人总是生活在具体的社会中，是一个活生生的能够思想与行动的存在，当我们这样描述和感受的时候，也就意味着，作为人的现实生活的过程或产物的文化，总是经验性的、现实性的、动态性的。儿童文化亦是如此。儿童文化从来不是一块铁板，不是预成的、先定的，而是儿童现实性生成的，它载有儿童的意愿、儿童的情感、儿童的审美、儿童的一切喜怒哀乐，是儿童"劳作"的田地，是儿童经验历程的呈现。

以"现实生成"来首先规定儿童文化，可看出"文化"的本意。

"文化"（culture）一词，拉丁语为 cultura，具有"耕耘""栽培"之意，文化等同于耕种土地、栽种粮食、饲养动物。18 世纪，文化被用来指精神、艺术和文明的培育。到 18 世纪末，特别是在 19 世纪，文化才逐渐有了它的现代意义，开始与人类追求完善的思想观念联系起来，包括培养、教育、修养等含义，以及作为一种物质、知识与精神构成的总体。

尽管"文化"一词演变复杂，但该词的最初含义仍然保留了下来，在牛津词典释义中依旧有"植物栽培"之意。

将儿童文化视为儿童现实生成的，符合"文化"一词的本意，儿童文化在此意义上，是儿童自身耕耘、栽培的，而成人们只不过提供儿童成长所需之适宜的空气、阳光、水分而已。

第二，儿童文化不单是"物质、精神生活的总和"，更是有序的整体。儿童文化包括各种与儿童生活相关的现象，譬如儿童堆积木、玩过家家游戏、斗鸡、玩过山车、把扫帚当马骑、儿童涂鸦、儿童文学、漫画小人书等,这些现象的纷繁复杂,使得人们认为儿童文化似乎总是杂乱无章的、无序的,儿童文化就像黑匣子一样,什么东西都可以往里放。这导致在大多数研究中,难以统观儿童文化的整体。

这种对儿童文化无序性的理解,往往与人们的儿童观有关。譬如社会学家涂尔干即把儿童视为一种有待驯服的威胁,① 这种对儿童无序性的强调,往往容易引起父母们的共鸣。

然而,儿童实际上与成人一样,其心智并非白板,他们有着对周围世界的有序追求和理解,而儿童文化为他们的有序追求和理解提供了一种必要的表达方式。

儿童对有序性的追求可以体现在儿童涂鸦中。对人的形象的描画,是儿童涂鸦常常表现的主题。人的形象在不同年龄的儿童的画笔下,可能有所不同。但只要当儿童对手和脚的位置有一定认识,他们就能清楚地分开,并对称地表现出来。在这种涂鸦表现中,儿童把他们对人的形象的认知化作可理解的类型。其中包含对方向、比例、上下、对称、重复等概念的理解,远远超乎我们成人的想象,它集知识理解、心理引导、社会连接等功能于一体,对儿童的身心发展有着至关重要的作用。

蕴含儿童有序追求的儿童文化,不是令人困惑的杂乱语言,它展现了儿童复杂而有序的内心世界。如果我们有心,就会从中解读出"童年的秘密"。

第三,不局限于"关于儿童的、为儿童的文化"和"儿童创造的文化"的二分理解,总体上看,儿童文化是儿童的一种功能性现实。作为生命体,儿童的第一要义是身体存在,围绕着儿童的一切,首先要满足儿童的肉身之需。为此,儿童文化必须为儿童的生命延续做准备。

这特别表现在"为儿童的儿童文化"中。自儿童诞生起,成人们就为儿童创建了各种各样的文化环境,包括儿童起居、喂养、哺乳、衣服、玩具、家具、影视、图书等,其具体的表现方法在不同的社会中有所不同。譬如,在美国,婴儿一般不与他们的父母睡在一起,而是放在他们自

---

① 具体参见涂尔干的《道德教育》(上海人民出版社,2001)一书中有关"儿童"的论述。

己的单独房间里。人们把这看作婴儿发展中的重要的一步,这使他们成为独立的个体、他们自己、他们自己能力的拥有者,而不是社会集体的一部分。这就形成一种区别于其他传统社会的个体取向的儿童文化。

当然,儿童的需要不限于身体存活,根据马斯洛的需要层次理论,人除了生理需要、安全需要、社交需要、尊重需要外,还有自我实现的需要。作为一种功能性现实,儿童文化能够满足儿童最高级的需要:儿童实现自我的需要。这是一种精神层面的需要,事实上,我们从儿童自发的游戏、艺术中可看出这种需要是多么真切,以至于人们常常可观察到,只要两三个儿童在一起,就能够产生儿童文化。

另一方面,需要注意的是,儿童自身所创造、为儿童所创造的儿童文化在满足儿童的需要当中创造了新的需要。儿童文化把儿童提升到动物之上,并不是由于文化本身,而是其中所蕴含的儿童的高度创造力、想象力、理解力所致。

第四,就主体性的层面而言,儿童文化是儿童编织的意义之网。毫无疑问,文化区别于自然的一种重要特征是文化打上了人类的烙印,是人类改造自然的结晶。本质上,文化为人类所创制,是人类精神的构成和外显,在某种意义上,一部文化史就是人类的精神史。因而,文化的符号、行为、价值、产物都相对于人类才具有意义,文化是人类自身制作的意义网络。

就儿童文化来说,儿童文化的意义之维,首先是面向儿童的。我们难以想象,如果这种文化对儿童没有意义的话,儿童仍然愿意将之创造出来。儿童文化中的一切,因儿童的存在,才具有了意义。

这种意义是儿童主体与他人、社会互动产生出来的。进一步说,通过有意义的社会交往与互动,儿童们得以用他们的智慧、知识对成人社会施加影响,如此既能不断地延续儿童文化,又能通过积极地参与成人文化而带来社会整体文化的可能变革。

毋庸置疑,意义是对主体而言的。对意义维度的强调,意味着探析儿童文化,需要从儿童文化"局内人"的角度才能做出最接近儿童本意的解释:因为这是他们的文化。在一定程度上,作为研究者的成人们,其对儿童文化的理解,不过是一种"再阐释"而已。

儿童文化的基本特质

对儿童文化基本性质的探讨，可以沿着儿童文化的外部、内部结构来进行。从外部看，儿童文化主要存在着与成人文化的关系问题，成人文化往往代表着人类的文化总体成就，对作为尚有待发展的儿童个体而言，它是居先存在的。因此，儿童文化首先需依凭成人文化，这就决定了儿童文化的习得性。另外，由于儿童的天性是好奇的、探索的，他们对自出生以来所遇到的一切都如初识，这使得儿童文化禀有经验上的原初特性。

文化是一个共享系统。就儿童文化内部来看，儿童文化是为儿童所共享的，以此而形成儿童同辈群体；儿童文化又是整合的，儿童游戏、涂鸦、歌唱等都具有功能上的统一性，只是为了比较和分析，理论家们才把儿童文化分解成各个区域、扇面、单位。

儿童文化的习得性

作为儿童的创制，儿童文化，不是生物赋予或先天遗传的，而是习得的。这一论断是从儿童文化与以成人文化为代表的人类总体文化的关联上着眼的。

就目前人类整个文明来看，代表人类文化最成熟形态的，显然是由成人创造的，而无论如何不太可能是儿童，譬如玛雅文明、古希腊文明、现代欧洲文明等，尽管儿童、儿童文化，在某些精神气质上可能更超越成人、成人文化，是值得我们学习的。当然，我们也无意否认儿童对思想与文化的贡献，特别是提及"智慧让我们回到童年"这种哲思之时。

但是，一个更需注意之处在于，当成人所创造的这些文化在历史上累积下来之后，实为我们所谓的儿童文化提供了基础。

的确，如果说创造不是无本之木、无源之水的话，那么，儿童文化的形成，必然需要一些基础的、物质的、精神的、制度的构件，就像我们建造房屋一样，既需要砖块、木料、瓦片，又需要与房屋相关的承重、垂直、通风、朝向等方面的力学与习俗知识。这些构件是由成人文化提供的，而从儿童文化自身看，这些构件是获得的。

一般而言，我们往往强调儿童文化的创造性，强调充满想象和创造、追求自由和平等的非功利精神是儿童文化的本质。① 确实，与成人文化在某些方面如想象力上相比，儿童能够表现出更高的智慧，在对待我们成人认为稀松平常的事情上，儿童们却每一天都有新的发现。

强调儿童文化的创造性自然没错，因为文化非自然产物。但同时，也不应忽视儿童文化的习得性、承继性，与成人文化相比，儿童文化在这点表现得更为明显。

儿童与成人的差异之一是，儿童对学习的需要性，因为儿童必须经过学习，才能够在一个具体的社会中存活。儿童的学习需要，决定了儿童文化较之成人文化突出的习得性特征。

对儿童游戏的分析，能够显示儿童文化的习得性特征。从儿童游戏的外在形式上看，儿童的游戏往往是随机、自发居多，一些初次见面的儿童很快就能进行一些游戏活动。这些游戏常为儿童文化学者所关注。

其实，如果我们稍微注意的话，儿童游戏实际上像成人游戏一样，包含着很多规则，这些规则，既有他人加入游戏的规则，也有游戏具体玩法的规则。当某一游戏正在进行时，另一儿童想参与进来，就必须要遵守这种规则。而这种规则的约定方法，实际上来自成人，并非儿童发明或创造的。儿童与父母、家庭成员及其他成人的互动，为儿童学习成人社会的规则提供了机会。

反之，如果儿童不能习得这些规则的话，将会被社会、群体判定为"不合群者""社会异己者"。这从另一个方面，潜在地决定了儿童文化内部语法的习得性。

此外，这一习得性特征与以成人文化为代表的人类文化成就的传递要求有关。无论哪个社会，每一代人都希望将自己的文化价值、标准、习俗等延续下去，这种想法的自然性，外在性地显示了儿童文化的习得性质。

在移民儿童文化及多元儿童文化中，这一习得性质表现得尤为突出。居住在北美的中国父母，常常为他们的孩子能否保持中国文化传统而忧心忡忡。一方面，他们已经习惯了国内的生活方式，认同中国文化的价值、

---

① 裘指挥：《理解儿童文化》，《学前教育研究》2003年第2期。

标准等,他们希望孩子们能够发扬中国文化的优良传统;另一方面,他们的孩子却迅速习得了美国个体主义取向的文化。父母与子女之间矛盾不断。

其中冲突的原因自然有待分析。最为明显的是,儿童在其中对中国文化与美国文化的习得行为,以不同程度展现出来。以至于我们可以说,美洲的儿童文化不同于中国的儿童文化,因为他们习得了不同的文化传统,具有不同的行为规范要求。

考虑到儿童的学习需要及跨文化的启示,人们应该毫不惊讶地支持这一观点:无论是就儿童文化的内部语法,还是就外在行为上看,在很大程度上,儿童文化都具有显著的习得性。

儿童文化的原初性

儿童文化的重要魅力之一,在于其显现的原初性。儿童来自另一个世界,儿童文化似乎也给我们带来一个新的世界,然而,略为遗憾的是,成人们总是或多或少地忽视了这个新世界,或者将其以化约的方法来看待,视为暂时性的、过渡性的。

近年来,随着儿童文化研究的深入,人们越来越意识到儿童文化具有"根"的特性和精神,并将其视为儿童文化原初性的内核之一。[①]

的确,儿童是人生的开端,童年时期的生活是人生的根,是原生的,人在童年中能寻得生命最深层、最根本的能量。

这种"原生""原初"而带来的能量,始自儿童对周身世界的"初体验"。

当婴儿来到这世上,所有的一切对他来说,都是新鲜的,都是从未见过、听过的。他对自然界的一草一木、风花雪月,所在社会中的人、事所能产生的反应,除了生物遗传所赋予他的生理机能外,都是没有先见的,没有固化认识的。所有的事物都等待他去赋予自己独特的意义。他第一次笑与哭,第一次与母亲的互动,第一次体验饥饿,第一次迈出自己的小脚,第一次叫爸爸妈妈,第一次经历离别,等等。这些无数的与成人世界

[①] 参见邓琪瑛《试论儿童文化的原初性与可塑性》,《浙江师范大学学报》(社会科学版) 2010 年第 3 期;刘晓东《儿童文化与儿童教育》,教育科学出版社,2006;等等。

的接触都是第一次的，对其自身有着我们无从知晓的重要的意义。

事实上，这种"第一次性"对所有生物而言，都是一样的。这种第一次性，特别表现在动物幼崽"印记现象"中。所谓印记（imprinting），是指某些动物在初生婴幼期间对环境最初接触的刺激所表现的一种原始而快速的学习方式，这些刺激源包括它们的父母、人和其他任何物体。动物习性学家洛伦茨（Lorenz）在1937年发表《鸟类世界的伙伴》一书中，首次报告其所发现的雏鸭印记现象。刚孵出就与母亲分开的雏鸭对环境中最早注意到的会移动的客体，会表现出跟随依附的行为，不管是粗糙的模型鸭，还是人，甚至是移动的玩偶，它都会跟随。印记现象，在某一种程度上与遗传相关，但仍属于一种学习现象。

类似于此，儿童的对世界的第一次经验，有着印记的特质。但有别于动物，儿童的印记有着丰富的情感、社会方面的含义。

譬如儿童对玩具的珍藏。我们常常发现儿童对某一玩具的特别依恋，可能是一只玩具熊或一个布娃娃。当父母整理房间而不经意间丢弃这些玩具时，儿童会表现出强烈的情绪。这些玩具实际上负载着儿童的情感初体验，对他而言有着特别的意义：这可能是妈妈送给他的第一件礼物，或是最喜欢的礼物。总之，它们值得儿童珍视。

儿童的这些初体验，不仅体现着动人的人性魅力，而且有着令人惊讶的深度。一位叫原宏的日本小孩，写了一首诗歌《星星》：

> 星星先生
> 出来了一位
> 我的爸爸
> 就要回来了[①]

尽管这首诗的作者只有两岁，但却非常出色地描写了儿童所体验到的儿童与父亲的关系以及对宇宙的原初认识。

上述这些，构成儿童文化"原初性"的具体面貌。另一方面，儿童文化的"原初性"，也表现在儿童的提问中。

---

① 〔日〕河合隼雄：《孩子的宇宙》，王俊译，东方出版中心，2010，第10页。

儿童是探索者，是"上帝的密探"，是世界的发现者。儿童天性好奇，喜欢提问，包括各种各样天马行空的问题。成人们往往只注重是什么样的问题，但却不怎么注意儿童提问的内在目的。事实上，儿童提出问题的方式常常能够告诉我们，他们遇到什么样的事情，他们心里在想什么，他们的情感怎样；等等。儿童们并不想简单寻求一个答案，更多的是希望能够与成人一起探索。

在"提问"中，蕴涵着儿童文化的创造性所在。这种创造性，是人类文化创造的源头。

诗人说，眼睛是心灵的窗户，儿童文化即是人类文化的窗户。透过儿童文化的"原初性"，我们可以发现"人类文化的本源面目"。当我们回到人类文化之源时，可以发现人类文化本来就是充满创造性的，就是美好的。这是儿童文化给予我们最重要的启示：像儿童那样去看待这个世界，原来世界可以是如此美丽、美好而应值得人类珍惜。

儿童文化的共享性

儿童文化是儿童群体的文化。儿童文化是儿童所共享的一套理想、行为准则、价值观等。儿童文化不仅为儿童所共享，在一定程度上也为成人所共享。

由于儿童文化的共享性，儿童们能够彼此之间进行有效的交流、互动，能够分享共同的乐趣、意义。尽管人类不同群体中的儿童及其文化，由于语言的不同，其共享程度有所差异。

儿童的一些核心理想为所有儿童共同期望，譬如对"自由玩耍""嬉戏""游戏"的期待，希望拥有更高程度的自主性、更自由的空间等。

其中的一些核心理想，甚至被成人以公约确立下来，《儿童权利公约》第三十条第一款即规定："缔约国确认儿童有权享有休息和闲暇，从事与儿童年龄相宜的游戏和娱乐活动，以及自由参加文化生活和艺术活动。"

的确，在当代，不论世界何地的儿童，都在共享或试图共享一个闲暇、快乐、幸福、拥有游戏和娱乐的童年。发达国家的儿童，可能拥有精美的芭比娃娃、泰迪熊或者是独立的房间，他们有着令成人羡慕的童年。

但是为儿童所共同渴望的并非玩具如何高级、复杂，而是这些玩具所带来的游戏的乐趣。事实上，非洲经济落后地区的儿童，同样有着快乐的童年，尽管他们的玩具可能是一个饮料瓶、一辆爸爸制作的铁丝推车、一只废旧的汽车轮胎或者干脆是一根可以荡秋千的绳子，尽管他们的童年以西方福利童年的观点看来，贫乏异常。

儿童文化的共享性，使我们认识到儿童文化内部语法规则的普遍性。这种规则，体现在儿童的日常交往中，能迅速地将儿童们"变生为熟"，而成为十分默契的老友。

下面这种现象十分常见：

> 妞妞与玫玫是两个素不相识的小女孩，某一个下午，她们都跟着妈妈来到健身房，于是在健身房的一角，她们有了一个小时的短暂相处。在相互确定了一个是大班小朋友、一个是中班小朋友之后，她们便亲热地以姐妹的角色开始了游戏。"姐姐，我们一起来玩这个吧。""妹妹，姐姐给你讲个花木兰的故事好不好？"她们还一会儿咯咯笑着在大人跳操的退伍后面追逐，一会儿学着健美操老师的样子做几个动作，一会儿又坐回地板上窃窃私语，讲着自以为有趣的事，讲到开心处，便哈哈大笑。最奇妙的是，当她们正跟着音乐且舞且跳时，玫玫突然停下来，对妞妞认真地说："姐姐，我饿了。"只见妞妞马上回答道："别急，姐姐给你做好吃的。"于是妞妞马上走到墙边煞有介事地作炒菜状，不一会儿，转身端了一盘"好吃的东西"给玫玫，说："做好了，快吃吧。"玫玫吧嗒吧嗒地吃了起来，还不时地点点头，说："真香！真香！"[①]

其中所体现的儿童思维及其想象行为表现，几乎在所有儿童的交往中都可发现。这亦可推知，人类文化在儿童阶段中存在某种规则的一致性，这在史前各地艺术的考察中已经得到证实。

从儿童文化和成人文化的关系看，儿童文化的共享性，意味着儿童文化与成人文化的一致性。事实上，如果把儿童文化和成人文化并置起来

[①] 边霞：《儿童的艺术与艺术教育》，江苏教育出版社，2006，第13~14页。

看，可以发现，儿童文化还共享着成人文化的一些价值标准，譬如对真、善、美的追求。我们常用"童言无忌"来描述儿童对真的追求。儿童像成人一样，同样希望能做到诚实，有美好的品质。没有哪一个成人喜欢欺骗、撒谎，儿童也是如此，即使是没有受过多少系统教育的儿童。

儿童文化的共享性，既针对儿童，也在一定程度上针对成人。儿童文化的规则、准则、行为标准，能够为儿童所共同理解，不分国别、年龄、性别、宗教；而全世界的儿童似乎对自然、艺术都有相似的偏好和认识。

儿童文化与成人文化之共通之处，一方面，使得成人能够在一定程度上理解儿童文化，进而以适当的方式介入儿童文化；另一方面，成人也可以向儿童文化学习，形成互哺互育的良好关系。

儿童文化的整合性

对儿童文化的分析，人们习惯上把儿童文化划分为具体的层面或方面。然而，这只是为分析和比较研究而言的。实际上，依据我们先前对于"儿童文化是有序的整体"的认识，儿童文化是有序的，儿童文化是一个系统，儿童文化的任何方面都细致地整合在一起。

儿童文化的整合性，包含两层含义：一是指儿童文化能够吸纳、整合有利于其发展的其他文化特质；二是指儿童文化的不同部分是相互作用的，共同构成儿童文化的完整系统。

儿童文化很容易吸收成人文化中的一些给定的价值观和道德规范。这是由儿童的认知图式所决定的。皮亚杰认为儿童是在与周围环境的相互作用的过程中，逐渐建构起其对世界的认识和理解，从而促使其自身的认知结构得到发展的。儿童与环境的相互作用涉及两个基本过程：同化过程与顺应过程。有机体把外部环境中的有关信息吸收进来，并结合到已有的认知结构中的过程就是同化过程。

这一同化过程，实际突出的是儿童的一种学习能力。儿童总是努力地去捕捉这个世界的意义，去不断地探索、学习。从学习的视角来看，儿童文化的形成过程通常是一个同化学习的过程：整合，并与复杂的人际环境、社会关系整体进行联结，进而掌握成人的语言规则、文化符号的管理（包括阅读、算术、写作、表达等），以及对周围世界规律、结构和功能意义的解读和理解。

另一方面，儿童文化作为一个系统，其各个层面、方面是相互作用的。游戏、音乐、绘画，对儿童而言，是一个统一体。让－罗尔·布约克沃尔德认为它们都是人类中每一个成员与生俱来的一种以韵律、节奏和运动为表征的生存性力量和创造性力量。①

除了儿童游戏、绘画、音乐等存在的内在的、让－罗尔·布约克沃尔德所谓的"本能的缪斯"的相关性之外，跨文化的视角，则最有利于从外部显示出儿童文化在物质基础、社会空间、行为表现方面的整合。在美国的儿童文化中，儿童很小就被给予独立的房间。从大的方面看，这当然与美国的国力、美国家庭的物质基础有关，然而需要注意的是，独立的房间具有潜在的十分重要的象征意义：独立的房间暗寓着独立的社会空间，而只有作为一个独立的个体，才会需要一个独处的空间。这与美国文化中对儿童个性的看重密不可分，那些张扬儿童个性、自主意识的行为表现，会得到支持和鼓励。这就形成个体取向的美国儿童文化特质。这显然不同于以集体为取向的中国儿童文化，尽管，中国儿童的具体养育方式，在接受西方影响之后，也越来越重视儿童个性的培养。

儿童文化中的这些不同方面，合理地组织在一起，形成儿童文化的整个系统。

当然，作为一个系统，人们可能会假设儿童文化的各个不同部分是和谐共处的。但事实上并非如此。

当社会变迁时，儿童文化的物质方面与儿童文化的精神方面，可能会产生种种发展的错位，甚至鸿沟。一般来说，儿童文化的物质方面在充分发展之后，儿童在精神上的需求会相应地得到提高。但是也存在相反的情况，即儿童物质文化富足，而精神文化疲弱。这就像一个高档的电动玩具也许不见得比一个简单的积木能带给儿童更富有的童年一样，一些发达地区的儿童文化发展，由于商业逐利因素的侵袭，越来越远离儿童文化的精神实质。这其中的复杂情况引发了一些令人关注的话题，譬如童年的消

---

① 参见〔挪威〕让－罗尔·布约克沃尔德《本能的缪斯——激活潜在的艺术灵性》，王毅等译，上海人民出版社，1997。

逝、童年之死等，这些还有待后文分析。

然而，这些无损于儿童文化，与成人文化相比，儿童文化仍然是一种极富有包容性、整合性的文化，特别是当我们注意到不同社会的成人文化之间可能存在冲突、优劣论调，甚至文化禁忌的时候。

复数的儿童文化

无论怎样定义儿童文化，最终仍然需要回到儿童文化的客观现实，而儿童文化的客观现实并不是单一的，也不是单维度的。在前工业社会，由于沟通、交流手段的限制，人们往往难以了解、知晓其他地区、国家的儿童文化。进入工业社会以来，随着新技术的出现，如网络、电话以及交往的便捷，人们越来越熟悉异国的儿童文化，东西方的儿童文化传播也日益频繁起来：在美国风靡一时的动画片，能够很快传播到中国；日本的圣斗士，同样为中国儿童所喜欢；中国的西游记，则被日本不断翻拍成影片，其中的孙悟空留着时髦的黄头发，淘气、爱冲动，形象不再单纯是英雄，言行举止也颇有搞笑色彩……

异国的、多维的视野，带来了我们对儿童文化丰富性的认识，同时，使我们认识到一种普遍一致的儿童文化面貌其实是不存在的，儿童文化总是扎根于本土实践，它的产生，有着当地文化的滋养，它的意义，只有在特定的背景下才能完全理解。

因此，我们必须把儿童文化现实性地理解成是复数的，其中每一种儿童文化都依存于特定的、有其历史积淀的生活方式，有它独特的组织构造、制度系统、行为模式。

儿童文化同质性的迷障

就儿童生命体的发展历程看，存在一个从简单到复杂、单维向多维发展的过程。这个过程对所有为人父母的家长们来说，是如此真切：孩子从咿呀学语，到发出第一个有意义的短语，再到一个完整的句子；从不会走路，到蹒跚学步，再到骑上脚踏车；从哭闹，到手势表情示意，再到夸张的鬼脸；等等。这些几乎所有儿童都会经历的类似过程，使得我们不由地假设儿童们起初居住在一个简单、纯真的世界中，这种假设，在如今已经作为一种观念的现实而存在。并且，我们也在努力地为儿童建构、延续着这个世界。

与这种对儿童世界的认识相一致的是，人们往往视儿童文化为简单的、单一的、单纯的、本真的，而因此是值得成人文化学习的。

的确，不可否认，儿童及其文化的一些优点是值得成人学习的。成人是成熟个体，但往往思维僵化、圆滑、墨守成规，生活于繁文缛节的刻板老套中，缺乏想象力，囿于偏见，过于现实，过着多少有些异化（而且难免异化）的生活。而儿童文化恰恰可以弥补成人文化刻板的一面。成人向儿童学习，从儿童那里感悟天性，感悟人性的自然层面并使之升华，保留孩子纯真的眼光和新鲜的感受能力，因而可以返璞归真，避免异化，使其个人的和社会的目的都符合人的本性。①

这种认识主要来源于儿童文化与成人文化的划分，在一定程度上强化了我们对儿童文化简单、单纯、单一性、同质性的感知。

然而，儿童文化的现实面貌并不如我们想象的那样单一、同质，尽管在理论上我们可以视儿童文化为一个有机的整体。

一般来说，儿童的天性是好奇的、爱追问的、富有创造力的，这是一种与生俱来的儿童身上的自然力量，这种类似于生命本能的力量，既可以通过社会教化以绘画、游戏、音乐、手工艺术等途径疏导、外化出来，也可以通过负面的形式体现出来，包括不为社会所倡导的不良行为如破坏公物、虐待动物等，以及儿童们乐见其行的恶作剧文化。对于儿童文化中优美的部分，由于为人们所肯定、欣赏、赞扬，对之关注自然较多，而儿童文化中丑的、不美的部分则不为人所注意，要么是略加批评而带过，要么视为儿童成长过程中的小插曲而将其合理化、自然化。实际上，对儿童文化中丑的、不美的甚至恶的部分的研究，可能将给予如何全面看待儿童文化以更有效的启示。

因此，只要我们稍微关注儿童文化的后一部分，就可以发现儿童文化其实并不是高度单一、同质的，它包含着多样性、异质性。有别于我们对

---

① 刘晓东：《儿童文化与教育》，教育科学出版社，2006，第 47~48 页。

儿童文化单一性、同质性认识的一个可视为儿童文化异质性内容的典型表现，是儿童的恶作剧。

当成人们回想童年的时候，会想到童年的一些"趣事"，这些趣事中常常包括对老师、对同学的恶作剧。

这是一篇儿童恶作剧的日记记录：

> 一天清晨，我背着书包高高兴兴地来到了学校。我到教室刚坐下，就发现同桌的桌肚里有一叠便利贴，顿时，一个坏主意在我脑海里闪过。我迅速掏出笔得意地在便利贴上写下"大笨蛋"三个字，然后就开始寻找起我的"目标"。我刚走到教室门口，就碰见了刚来校的同学小舟。我咧开嘴巴笑着对他说："看，天上有飞碟！"他转过身去看。我趁机剥下那张便利贴，飞快地贴在了他的背后。小舟一脸疑惑，说："没有啊，哪有什么飞碟？"我笑了笑走开了。小舟被我搞得莫名其妙，走进教室读书去了。直到大家笑着将写有"大笨蛋"的便利贴拿到小舟面前时，小舟才恍然大悟……①

恶作剧往往是一种捉弄人、使人难堪的行为，儿童恶作剧的目的主要是为了取乐。虽然有些恶作剧不乏奇思妙想，很具有创造性，但恶作剧行为的效果通常给人带来厌恶、反感、惊吓的消极反应，有时候，会带来很大的破坏性，甚至成为犯罪行为。

日本爱知县半田市某市立中学初中一年级的11名男生竟成立"让老师流产之会"，企图通过向怀孕的老师餐食中加入异物、调松座椅螺丝等恶作剧达到目的。幸好这名女教师身体状况并无大碍。校方及时发现并制止了他们的行为，学生也最终向老师道歉。经了解得知，原来是一些对座位安排不满和参加课外活动被批评的学生，拉拢其他学生一起实施了这起恶作剧。② 还有更严重的恶作剧。据媒体报道，广西来宾市兴宾区某地6岁的男孩黄强和几名同学在放学回家途中相约去码头游泳。在水中嬉戏时，由于黄强水性不好，所以游了一下便上岸休息去了。令他没有想到的

---

① 沈金池：《恶作剧》，《青少年日记》（小学生版）2011年第11期。
② 许明：《"整蛊"老师别过火》，《黄金时代》2011年第1期。

是，一个 8 岁的名叫张果的小伙伴见他游了一会儿就爬上岸休息，太扫大家的兴了，于是趁其不备，将他推入河里，张果则站在河边弯腰大笑。黄强毫无防备地被推入水中，吓得魂飞魄散，他企图挣扎着往岸上爬，却被张果用脚踩了下去。黄强往左游，想往左边爬，张果就跟着往左边跑，偏不让他上岸；黄强又往右边游，想从右边上，调皮的张果又跟着跑向右边，就是不让黄强爬上岸。他丝毫没有顾及到危险的存在，无论黄强怎么求救，张果都以为黄强在闹着玩。黄强终因体力不支而溺水身亡。①

当然，对不同年龄阶段儿童的恶作剧，需要具体分析。一些儿童可能是为了显露自己的才能，一些可能源于报复心理，但无论怎样，建立在别人痛苦之上的恶作剧，显然不是一种值得肯定的儿童文化现象，而是一种不良的儿童文化现象。

作为儿童文化中的负面部分，恶作剧的现象显示出儿童文化并不如成人所想象的那样单一、同质，也并不都是优美的、美好的、纯洁的，值得成人学习的。拨开儿童文化同质性的想象，可以使我们注意到儿童文化的复杂性，对"儿童文化是诗性的""儿童是值得我们成人学习的"等观点，亦会保持一定的反思空间，促使我们去思考这些论断的有效性及其背后的价值维度。

复数 VS 单数或简单化

儿童文化不是简单的，它包含着复杂、矛盾、歧义、不一致之处，简朴、鲜明、纯真的儿童文化形象只是我们的一厢情愿的不完全的想象，这表明，要么成人们对儿童文化的了解还不够，要么成人们只是简单把儿童文化当作一种过渡性的文化罢了，它总归会走上成人文化的正途。

避开儿童文化同质性的迷障，毫无疑问，将使我们充分意识到这一点：儿童文化不是单一的，而是复杂的。将这种复杂性置于当代全球化、跨文化、多元文化的视野之中，则更使我们明了一种复数的儿童文化的现实。

由于全球化的影响，当代儿童似乎共享着一个越来越相似的童年。中

---

① 叶青：《孩童玩起恶作剧 谁为"明珠"殒灭买单》，《公民导刊》2009 年第 8 期。

国的儿童像美国的儿童一样,常常在麦当劳庆祝生日;远在非洲的儿童,也同样喜欢喝可口可乐;法国的多美兹奶粉则为中国父母所追捧……儿童文化似乎呈现出相同的面貌。

这增强了人们对儿童文化的一致性的认识,似乎只存在"一种"儿童文化。

确实,全球化使得人们越来越联系紧密,信息的传递、资本的流通也更为迅速,商品运输更为方便,一种新产品的出现很快就会风靡全球。然而,这是否会导致产生一种单一的文化或使全球文化趋于单一化?

恰恰相反,全球化所带来的文化交流,更能激发人们的创造能力,使得包括儿童文化在内的人类整体文化异彩纷呈,这主要有以下两个原因。

其一,文化包括儿童文化在内,不是自然的产物,本质上是创造性的,是人类能动的产物。某些地区、国家的一些先进文化产品、理念,传播到其他地区、国家,并不必然导致该地区、国家文化创造力的衰减、丧失,即使在战争、侵略的情况下,也未必导致文化没落。当然,我们无意否认,文化发展包含一定的规律,某些文化可能会从内部逐渐瓦解,最后消失。但是,这不是正常文化交流的结果。

其二,全球化下的文化交流,打开了人们的视野,带来了一种新的观看、理解世界的方式,这种方式会促使人们思考,进而创造新的文化。如罗素所言,不同文明的接触,常常成为人类进步的里程碑。希腊学习埃及,罗马学习希腊,阿拉伯学习罗马,中世纪的欧洲学习阿拉伯,文艺复兴时期的欧洲学习东罗马帝国。[①] 正是人类之间的相互交流、学习,才创造了各自灿烂的文明。

全球化并不固然导致文化的扁平化。事实上,在某种意义上,全球化使我们更能发现自身文化的特殊性所在,因为我们发现世界上还有其他样式的文化。通过与这些文化的比较,我们能够取长补短、相互借鉴。

全球化在观念上的影响是带来多元文化的理念,这种理念要求我们意识到一种复数的儿童文化概念。

复数的儿童文化与单数的儿童文化相对。单数的儿童文化,强调儿童

---

① 沈益洪编《罗素谈中国》,浙江文艺出版社,2001,第338~339页。

文化的单一性，认为所有儿童文化都是相似的，都具有类似的特征。复数的儿童文化则强调不同地区、国家、时期的特定的儿童文化，并且关注同一地区内部所产生的不同的特殊的儿童文化。

就理论而言，特别是在儿童文化哲学的层面上，全世界的儿童文化，可能的确具有某些特征的一致性，譬如本真性、儿童性。这种理解自然具有一定的合理性。

但如果我们把文化理解成一种生活方式、一种意义体系的话，那么，我们就需要注意文化的实践与事实方面。

例如，在西非努尔人（Nuer）的儿童文化中，看管牛群是一项重要的工作。牛，不仅在家庭生活中，在儿童的生活中也扮演着重要的角色。儿童们平时须承担起放牛的任务，为牛群寻找草场，确保牛儿不会丢失。在同样的年纪，美国的儿童文化却是另一方特色，焦急的父母正在催迫着他们的孩子报名参加棒球班，或者参加其他社交团体。如何增强儿童未来的社交能力，是美国儿童文化的特色之一。

跨文化视域下儿童文化的这些不同面貌，提醒我们去关注儿童文化的非一致性、多样性。如果说，不同的群体的确如人类学家所言，存在不同的文化，那么，不同社会下的儿童群体，也应有着不同的儿童文化。这样看来，儿童文化必然不是单数的，而是复数的。这是跨文化的、多元文化的视角带给儿童文化的重要启示。

呼唤复数的儿童文化

对"复数儿童文化"的认识，一方面来自全球化、跨文化、多元文化的视野，这种视野使我们"发现"了儿童文化的多样性；另一方面，这与我们前述对儿童文化的界说，即视"儿童文化是现实生成的、有序的儿童生存—意义体系"有本质的联系，显然，这里强调了儿童文化生成的现实性，儿童文化总是根植于不同的历史文化传统、生存环境，这也就促成了各地不同的儿童文化。

事实上，只要我们不单单注意到全球化下的文化趋同现象，而且深入全球化的细部，深入儿童文化实践现场，就可以发现当代儿童文化其实不是一元的、单一的文化，而是多元的、复数的文化。

这种复数的儿童文化认识要求我们做到以下几点。

其一，关注儿童的本地实践。尽管由于全球化，当代儿童文化越来越受到来自遥远之地的种种影响，然而，儿童文化的根基仍然是依赖于地方情境的。不论怎样，作为儿童文化主体的儿童，总是生存于一个具体的地理与社会空间中，这个空间对儿童文化的形貌有着最基本的制约。全世界所有的儿童，拥有同一种儿童文化，这种假设令我们难以想象。

如果说文化不是纯粹虚构的，而是以一定的资源、手段创造出来的，那么，儿童文化也应是这样。儿童不可能凭空创造出儿童文化，而是需要创造的"材料"，这些材料中的很大一部分，来自儿童所生活的那个既定的社会群体及文化空间。一个地方有一个地方的文化，同样，也有一个地方的儿童文化。乡村的儿童文化，不同于城市的儿童文化；汉族的儿童文化，不同于藏族的儿童文化；日本的儿童文化，也区别于美国的儿童文化；等等。儿童文化不限于地理空间上差异而带来的不同，还有不同历史时期所导致的儿童文化的不同风貌。这些差异，都是儿童在不同时空中的实践所致。

因而，关注儿童文化即要关注儿童在具体时空下的本地实践，例如儿童们在某个具体社会时空下是如何游戏的、滚铁环为何在现代儿童文化中消逝、儿童连环画的文化价值、迪士尼文化，等等。

其二，欣赏、尊重其他民族、地区的儿童文化。儿童文化是丰富多彩、极其多样的。全球化的视野，使我们越来越意识到这一点。由于种种原因，某些地区的儿童文化可能比较强势，某些地区的儿童文化可能发展稍微迟缓。对此，我们不应该粗暴地做出价值上的优劣判断，认为某一儿童文化是好的、优秀的，其他儿童文化就是劣等的。

实际上，作为人类的创造产物，文化本身并无优劣之分，它们都是不同条件下人们生存智慧的结晶。对待不同地区的儿童文化，应该超越价值优劣论及意识形态上的藩篱，消除本地儿童文化的一些局限性、狭隘性，做到相互之间促进发展。

当代文化之间的联系性、依存性也表明，复数的儿童文化，必然是未来儿童文化的一个基本图景。

其三，弱化成人主义的文化观。儿童在社会中的位置是边缘化的，儿童常常被人们视为不成熟的个体,是"小不点儿""小屁孩""小型的大人"。不仅如此,在社会科学研究中,儿童研究也是一个颇为边缘的领域。这种认识造成在文化领域内忽视儿童文化贡献的作用。

这与文化的成人观有关。当我们归纳、总结人类的文化成就时,我们提及的文化产品基本上都是成人创造出来的,很少涉及儿童创造出来的产物。很显然,这种"儿童是没有文化创新能力的"认识潜藏其中。这也不难理解,文化研究很"热",但儿童文化研究却不那么"热"。

人们不仅对儿童是否有文化存疑,而且即使在面对儿童显而易见的文化创造时,也很少系统关注。

复数的儿童文化,一方面提醒我们关注世界各地儿童的文化贡献;另一方面,在一定程度上强调了要尽量弱化文化上的成人强势主义,去真正关注儿童的文化产物,如儿童自创的儿歌、自制的玩具、自发的涂鸦等。

其四,珍视和培育儿童的创造力、想象力。复数的儿童文化,实际上肯定了不同地区儿童的创造力、想象力,承认不同民族、社会情境下的儿童,都有文化创造能力,都能够凭借本地区的既有文化资源进行探索性活动,进而形成多样的儿童文化。

儿童不会因为肤色、民族、种族的不同,而在创造能力上有所不同。除先天的痴呆儿外,所有人类正常的儿童,都包含人类与生俱来的某种创造本能。对于这种创造本能,应该给予充分的珍视。其中,教育发挥着重要的作用。良好的教育会极大地激发儿童的创造力和想象力,僵化的灌输则不仅不能促进儿童的智力发展,而且还可能妨碍儿童创造能力的培育。

提倡复数的儿童文化,就是要提倡对创造力的呵护、培育,而当我们肯定儿童的这一创造潜能、能力时,实际上,也就承认了复数的儿童文化。在儿童文化的研究中,我们必须注意到这一点。

小　结

从"儿童"到"儿童文化"的转变,在历史的层面上,实为承认儿童在人类文化史上的地位、价值与意义,儿童不应该被历史或隐或现地遗忘,抑或作为成人史书写的注释、配角。儿童像成人一样,他们拥有成为历史书写主体的合理性，这也正被近代儿童史研究逐渐予以显现。

在具体观念上，从"儿童"到"儿童文化"的转变，要求我们认识到儿童是拥有文化能力的，而不仅仅是文化的容器或传承者。视儿童拥有文化能力，与承认儿童的主体地位是一致的。正是由于儿童拥有文化能力，那种为儿童自身所创造的儿童文化才得以形成。只要我们不把儿童文化贬低为依附于成人文化的存在，那么，我们便无法忽视儿童的文化能力。

作为研究者，描述、定义儿童文化是一个非常基础性的问题。即便是为了研究对象的设定，也需要划出一个相对一致的范围。这实际上也同时框定着研究者的运思空间。

文化包括儿童文化的问题，实是人的问题。卡西尔以人类文化为依据得出的人的定义提醒我们，人的本性并非如柏拉图所说的那样，是以大写字母印在国家的本性上，毋宁说，人的本性是以大写字母印在文化的本性上。在他看来，与其像亚里士多德那样认为"人是政治的动物"，不如说"人是文化的动物"。

依照文化哲学这一"文化与人性的统一"的观点、人类学功能学派的"直接地或间接地满足人类需要"的文化观、解释人类学的"文化乃意义之网"之理解，我们尝试把儿童文化定义为：儿童文化是现实地生成的、有序的儿童生存—意义体系。

对儿童文化基本特质的探讨，可以沿着儿童文化的外部、内部结构来进行。从外部看，儿童文化主要存在着与成人文化的关系问题，成人文化往往代表着人类文化的总体成就，对作为尚有待发展的儿童而言，它是居先存在的。

作为儿童的文化，不是生物赋予或先天遗传的，而是习得的。这一论断着眼于儿童文化与以成人文化为代表的人类总体文化的关联上。

儿童文化的重要魅力之一，在于其显现的原初性。通过儿童文化的"原初性"，我们可以发现"人类文化的本源面目"。而当我们回到人类文化之源时，可以发现人类文化本来就是充满创造性的，就是美好的。这是儿童文化给予的最重要启示：像儿童那样去看待这个世界，原来世界可以是如此美丽、美好而应值得人类珍惜。

儿童文化是儿童群体的文化。儿童文化是儿童所共享的一套理想、行为准则、价值观等。儿童文化不仅为儿童所共享，在一定程度上，也为成人所共享。由于儿童文化的共享性，儿童们能够彼此之间进行有效的交流、互动，能够分享共同的乐趣、意义。

对儿童文化的分析，人们习惯上把儿童文化划分为具体的层面或方面。然而，这只是为分析和比较研究而言。实际上，依据我们先前对"儿童文化是有序的整体"的认识，儿童文化是有序的，儿童文化是一个系统，儿童文化的任何方面都细致地整合在一起。

儿童文化的整合性，包含两层含义：一是指儿童文化能够吸纳、整合有利于其发展的其他文化特质；二是指儿童文化的不同部分是相互作用的，共同构成儿童文化的完整系统。

异国的、多维的视野，带来了我们对儿童文化丰富性的认识，同时，使我们认识到一种普遍一致的儿童文化面貌其实是不存在的。儿童文化总是扎根于本土实践，它的产生，有着当地文化的滋养，它的意义，只有在特定的背景下，才能完全被解读和有效理解。

考虑于此，我们必须把儿童文化现实性地理解成是复数的，其中每一种儿童文化都依存于特定的、有其历史积淀的生活方式，有它独特的组织构造、制度系统、行为模式。

儿童文化不是简单的，它包含着复杂、矛盾、歧义、不一致之处，简朴、鲜明、纯真的儿童文化形象，只是我们一厢情愿的不完全的想象。

拨开儿童文化单一性、同质性的迷障，毫无疑问，将使我们充分意识到这一点：儿童文化不是单一的，而是复杂的。将这种复杂性置于当代全球化、跨文化、多元文化的视野之中，则更使我们明了一种复数的儿童文化的社会事实。

第二章　不同视域下的儿童文化

> 在体验某种文化的时候，它总是部分未知、部分未实现的。
> ——〔英〕雷蒙·威廉斯

儿童文化的具体面貌，受到既有社会历史、传统、习俗、规范、观念、制度等各方面的制约和影响，在不同的历史时期、不同的社会、不同的民族中并不一致，这导致了儿童文化的差异性，也是我们前述强调儿童文化复数性的原因。

由于儿童文化很大一部分是成人为儿童建构的，自然，不同社会中成人关于儿童的种种认识，便成了影响儿童文化的重要因素之一。成人们如何设想儿童文化，儿童文化就可能朝那个方向优先发展。这种设想通过各种显在知识以及儿童组织机构而呈现出来。

就历史的视野看，存在一种儿童文化史。理解儿童文化史，在一定程度上便是理解历史上的成人怎么样看待儿童。在当代，儿童文化则呈现出新的面貌。

有关儿童的知识论

作为一种亚文化，儿童文化的整体面貌，自然受到特定社会情境的影响，这种影响通过既定社会关于儿童、童年的种种知识系统——一种关于儿童的知识论，而对儿童文化产生直接的作用。

其中一些知识，人们视为理所当然，以"常识"的形态运转，并通过制度确立下来；还有一些知识则是内隐的，并不会通过文字符号明确表达出来，也不会直接传递。后者构成一种迈克尔·波兰尼（Michael Polanyi) 意义上的"默会知识"或"缄默知识"（tacit knowledge）。

四种为我们所知的"儿童"

在我们研究儿童或儿童文化问题时，应当考虑"儿童"一词的知识库存。了解我们已有的知识遗产是如何界说儿童的。

对此，可以从已有的人们关于"儿童是什么"的众多描述、规定中，得出四种典型的看法。

第一种看法是，"18岁以下任何人"都是儿童。

这种认识，由于大多见于法律文书中，大致代表了法律界的看法，可由相关国际公约或地区性公约中推演出来。前所提及的1989年11月20日第44届联合国大会第25号决议通过的《儿童权利公约》第一条规定："儿童系指18岁以下的任何人，除非对其适用之法律规定成年年龄低于18岁。"作为各个国家或地区之间经过讨论达成一致意见并同意遵守的约定，《儿童权利公约》具有显而易见的法律拘束力，其对"儿童"的认识必须不能引起歧义。因而，由这个规定，可以逆推18岁以下的任何人都是儿童。

与此类似，1999年《非洲儿童权利与福利宪章》第一章"儿童的权利与福利"第二条"儿童的定义"是"儿童是指18岁以下的每个人"。[①] 2000年《欧洲儿童权利运用公约》第一章第一条第一款亦规定,[②] 该公约适用于儿童即未达到18岁的人。

可见，对"什么是儿童"，国际公约中基本的意思是一致的，即凡是18岁以下的任何人都可以称之为儿童。

实际上，这种看法是逐渐演变而来的，早期的国际文书并没有这样的规定。把18岁以下的任何人视为儿童，这种规定有利于公约条款的执行。因为人的年龄具有生物学的自然标准，它客观记录了一个人从出生时起到计算时

---

① 见 African Charter on the Rights and Welfare of the Child, CHAPTER ONE: RIGHTS AND WELFARE OF THE CHILD, Article 2: Definition of a Child, For tile purposes of this Charter, a child means every human being below the age of 18 years。

② 见 EUROPEAN CONVENTION ON THE EXERCISE OF CHILDREN'S RIGHTS, CHAPTER I, SCOPE AND OBJECT OF THE CONVENTION AND DEFINITIONS. Article 1, Scope and object of the Convention. 1, This Convention shall apply to children who have not reached the age of 18 years。

止生存的时间长度,这个长度是可以计算的,它不以人们的意志为转移。

简单、易统一,是这种看法的特点。但从另一个方面讲,这种做法也有局限性,因为这使对儿童的认识陷入了一种狭隘的界限中。

第二种看法是,处于童年期/儿童期的人是儿童。

把人的生命按照年龄划分一定的阶段、时期,进而以此来定义儿童,这与前一种看法是相同的。不同的是,这种看法不是将儿童与成人二分,甚至对立起来,而是更多地考虑到界定儿童的心理、生理、社会因素。

长期以来,希腊哲学家和医生都指出人类生命与自然界的四季有某种联系,将人的生命分为四个阶段,正与这种看法一致,其中分别对应童年期、青年期、成年期、老年期,处于童年期的人就是儿童。同时人类又有四种基本性格,人是水和火的统一体,四种性格来源于人这种体质。一位非常敏锐的炼金术士用这些要素来划分了人的性格和生命的阶段,并绘出一张对应表①(见表2-1)。

表 2-1 人的性格和生命阶段

春 季	夏 季	秋 季	冬 季
童年期	青年期	成年期	老年期
0~14 岁	14~25 岁	25~42 岁	42 岁以上
湿而热	干而热	干而冷	冷而湿
主要性格:多血质	主要性格:黄胆质	主要性格:黑胆质	主要性格:淋巴质
次要性格:淋巴质	次要性格:多血质	次要性格:黄胆质	次要性格:黑胆质

早期的这种认识,带有一种臆想成分,显得较为粗疏。心理学对发展的研究,使我们提出更为精细的人生阶段划分方法。国内学者彭聃龄主编的《普通心理学》一书,根据人一生的个体身心发展的主要任务,将人的一生分成八个阶段:产前期、婴幼儿期、儿童早期、儿童后期、青年期、成年期、中年期以及老年期,每一个发展时期的大致年龄以及身心发展的主要特点见表2-2②。

---

① 参见 E. 艾本的《古代社会的青春期》,引自让-皮埃尔·内罗杜《古罗马的儿童》,广西师范大学出版社,2005,第11页。

② 参见彭聃龄主编《普通心理学》,北京师范大学出版社,2004,第502~503页。

表 2-2　人生八个阶段年龄及身心发展特点

各个时期名称	时间段	主要发展任务与发展特点
产前期	受精~出生	生理发展
婴幼儿期	出生~2岁	身体成长和动作发展 社会性依附：亲子关系 初步的认知能力、语言发展
儿童早期	3~6岁	力量增加、粗大和精细动作发展 认知发展：创造力、想象力 社会化发展：自我意识
儿童后期	6~12岁	力量和运动技能发展 认知发展：有逻辑的具体思维、书面语言记忆 社会化发展：同伴关系、自我概念与自尊
青年期	12~20岁	生理发展：身体的迅速改变、生殖成熟 认知发展：抽象思维 社会化发展：人格独立、两性关系建立
成年期	20~40岁	职业和家庭 认知能力处于巅峰之后逐渐下降 社会化发展：父亲角色、社会职业角色
中年期	40~65岁	生理机能出现某些衰退、活力下降 认知技能复杂化：解决实际问题能力提高，但学习新知识的能力下降 社会化发展：性格有一定改变，对时间的取向改变
老年期	65岁以上	生理机能衰退 智力与记忆方面有些许衰退、反应变得缓慢 需调适多方面的损失（如身体机能的衰退、记忆力的下降、失去所爱的人、退休后收入减少等） 找出生命的意义、面对越来越近的死亡

对应此表，处于儿童早期和儿童后期的人是儿童。这种看法，从发展的角度对人生进行分期，本质上是将儿童视为处于人生发展某一阶段的人。该认识对儿童教育有着极为重要的意义。

第三种看法是，幼小的人是儿童。

这种看法往往将小孩等同于儿童，小孩在中性的意义上，就是指幼小的人、没有长大的人。

在中国古代，起初并没有"儿童"这个词，《孟子·尽心上》："孩提之童，无不知爱其亲者。"只有"童"字。《列子·仲尼》中有"在尧乃微服游于康衢，闻儿童谣曰：'立我蒸民，莫匪尔极。不识不知，顺帝不则'"之句，但这里的"儿童"不是一个词。唐朝诗人贺知章致仕还乡时所作《回乡偶书》其一云："少小离家老大回，乡音无改鬓毛衰。儿童相见不相识，笑问客从何处来。"此处"儿童"才是一个词语。但"儿""童"两字连用，始于何时，还另需考证。

"儿"字，在中国现存最古老的文字——甲骨文中，字形如图2-1所示。甲骨文是比较成熟的文字，它以象形、假借、形声为主要造字方法，该字形似将婴儿的头发分作左右两半，在头顶各扎成一个结，形如两个羊角，故又把幼儿称"总角"。李孝定《甲骨文字集释》："契、金文儿字皆象总角之形。"亦有另一种解释，认为上面像小儿张口哭笑。

图2-1 甲骨文"儿"字

许慎《说文》："儿，孺子也。从儿，象小儿头囟门未合。"可知"儿"的本义即指幼小的人。"童"字，据《释名·释长幼》："牛羊之无角者曰童。"与"儿"字连用，以"儿童"指幼小的人、小孩。

今人所编《汉语大字典》中，"儿"的第一释义便是小孩，如婴儿、幼儿、儿童。这种看法呼应了"什么是儿童"的最初认识，即视幼小的人、小孩为儿童。

如今关于儿童的一些认识，尤其是否定性的价值评判，实源于此种看法。

第四种看法是，"大人之胚胎"谓之儿童。

胚胎意指多细胞生物由受精卵开始的个体发育过程最初阶段的雏体，又用来比喻事物的开始或起源。把儿童视为大人之胚胎，其意是儿童包含着人的所有属性，只是未发达而已。这种看法，可见于儿童研究的倡导者周作人的相关论述。

有感于"中国还未曾发见了儿童"①，1913年周作人撰文《儿童研究导言》，认为"盖儿童者，大人之胚体，而非大人之缩形，如以初生儿与大人相较，理至易明。大人首长居全体八分之一，小儿则四分之一，其躯干之不相称犹是，则即以儿童各期发达，自有定级；非平均长发，与大人相比例也。世俗不察，对于儿童久多误解，以为小儿者，大人之具体而微者也，凡大人所能指能行者，小儿当无不能之，但其量差耳。"

这里提到两种对儿童的看法，一是"大人之具体而微者"，二是"大人之胚胎"。前者，认为儿童不过是小的大人、缩小的大人，与大人没有什么差异，只是力量不同。因此，"儿童"一词，没有什么独特的含义，不需要有专门研究儿童的学问。据法国历史学者菲利普·阿里耶斯（Philippe Ariès）的探索，在中世纪结束以前，小孩几乎一断奶，就被当作小大人看待，他们混入成人中间，与大人们一起劳动、玩耍。中世纪末期以来，父母才逐渐地开始鼓励小孩与成人的分离，以儿童及其教育为中心的新的家庭态度才发展起来。②

后者实际上是受到心理学家霍尔的影响。霍尔接受了进化论和复演说的思想，将其运用到个体心理发展的学说上来，他提出了应该把个体心理的发展看作是一系列或多或少复演种系进化的历史这一理论。他认为，从种系进化史的角度看，在个体生活早期所表现出来的遗传特性比以后表现出来的遗传特性古老，因此后者不如前者稳定和强大。他具体地分析了儿童与青少年复演种系发展的过程，胎儿在胎内的发展复演了动物进化的过程，儿童出生后个体心理的发展，则复演了人类进化的过程。

复演说将儿童与人类的演化联系起来，无疑极大地提升了儿童在人类历史上的地位。在这种儿童的认识下来研究儿童，可能可以就人类未来发

---

① 周作人：《儿童文学小论 中国新文学的源流》，止庵校订，河北教育出版社，2001，第57页。

② 参见 Philippe Aries, *Centuries of Childhood*: *A Social History of Family Life*, Translated from the French by Robert Baldick, New York, 1962。

展的某些问题获得深刻的洞察，譬如人类发展的可能性及其限度。

关于儿童的显在知识与默会知识

上面的四种关于儿童的认识，是存在于或并存于社会一定时期的显在的或潜在的知识，反映出人们对"什么是儿童"或"儿童是什么"所达成的某种程度的共识。但是这些认识的知识论意义的基础，我们却很少仔细考量，要么视为理所当然，要么想当然。我们关于儿童的知识来自何处？或者我们怎样"合理化"儿童的认识？

关于儿童的知识，范围不仅仅限于对"什么是儿童"或"儿童是什么"的认识，还涉及人们怎样对待儿童、养育儿童。

一般而言，我们的儿童知识来源于以下几个方面。一是个体的经验途径。儿童的日常行为举止、语言表达、肉身存在等，是儿童显现给我们的最直接的、可观察的外部特征。譬如，视儿童为弱小的、需要保护的、发育未完成的认识，即来自对儿童身体的观察。此外，曾经为儿童的成人的个体经验，也强化了对儿童的这一认识。更进一步，这种源自儿童身体的认识，很容易转化对儿童精神的认识。事实上，长期以来，生活中成人对儿童心智的忽视，并非不常见。二是专家系统，包括心理学、教育学、社会学等专业学科以及幼教、儿童看护方面的专业人员。通过实验室或自然状态下的研究，他们提出应该如何看待儿童、怎样养护儿童。这种来自专家系统的知识，是现代儿童知识的显著特征之一，它们对现代育儿实践产生深远的影响，以至于初为人父母的年轻一代，越来越多地求助于专家配备的育儿说明书。

这些可表达出的"客观"知识，构成一定社会或时期的显而易见的儿童显在知识。在当代社会，关于儿童的显在知识最大限度地、最为共识性地表现在《儿童权利公约》的条款中。

然而，就实践层面看，究竟有多少父母捧着育儿说明书，抑或按照公约的要求来照料儿童，也很难说。事实上，人们在现实中对待儿童的言行，更容易受到关于儿童的种种未言明的默会知识的影响。

众所周知，"默会知识"理论是波兰尼提出的。什么是默会知识？在《人之研究》这篇讲演中，他指出："人类的知识有两种。通常大家描述为知识的东西，如文字或地图，或者如数学公式所指之物，只是知识的一种；未成形的知识（例如我们做一件事之际对该件事所具有的知识），则是另一种知识。"① 前者就是我们通常所说的知识，称为显性知识（explicit knowledge），也称为明确知识、明言知识，即能够明确地表述的知识，后者则称为默会知识、隐性知识或非明言知识。

默会知识的主要特征是非言明的、潜在的、未表述的。它不以正规的形式传递，不是经由传统的、明确的推理过程来获得的，而是通过理性直觉或感官认识来获得的，是一种非批判性知识。

就个体的角度来说，关于儿童知识，除了显在的一部分，很大一部分是非明确表述的。事实上，一般人可以明确表述出来的儿童知识极为有限，也很少去反思自身对待儿童的方式。大量的对儿童的看法是以默会形态存在的。

这种默会形态的知识，最为明显地显示在父辈、祖辈照料儿童的冲突中。

毫无疑问，无论父辈还是祖辈，都始终默会地相信自己的儿童知识为真，特别是当得到同代文化群体认可时。这种默会形态的儿童知识很少为我们所意识到。祖辈们会坚持和延续他们的儿童知识，譬如在农村地区，老一辈的人们往往坚持"放养"的育儿模式，他们相信儿童会自然而然地长大、成人。这种认识并不会通过他们的言语明确表达出来，而是体现在对待孩子的未被表述的言行中，构成他们的默会儿童知识，潜移默化地型塑着他们的儿童实践。

而父辈们同样会坚信他们的儿童知识为真。他们相信儿童需要精心地、一步一步地培育，他们怀疑放养儿童能否获得成功。不管构成他们的默会儿童知识来自何处，当他们与祖辈的育儿方式产生矛盾时，才会意识到那些未曾言明的儿童观念。

---

① 〔美〕博蓝尼：《博蓝尼讲演集》，彭淮栋译，联经出版事业公司，1985，第5~6页，原文见 Michael Polanyi, *Study of Man*, The University of Chicago Press, 1958, p. 12。另一种译文为："人类的知识有两种。通常被描述为知识的，即以书面文字、图表和数学公式加以表述的，只是一种类型的知识。而未被表述的知识，像我们在做某事的行动中所拥有的知识，是另一种知识。"可参考郁振华《波兰尼的默会认识论》，《自然辩证法研究》2001年第8期。

事实上，我们的确几乎不会意识到关于儿童的种种默会知识，除非是在有意识地反思或面临实际代际或跨文化冲突的时候。它们支配着我们对儿童的最低程度但却最广泛的认识，主宰着我们对儿童最不明确却最强有力的行为预期。

关于儿童，我们所"知道"的远甚于所明言的。正是有关儿童的默会知识，自然化了我们对儿童的看法。

在当代社会，自然化、合理化规范儿童的大量默会知识来自制度，譬如各类学校、幼教机构等以及各种社会结构性因素。当我们言说儿童的时候，我们很自然会想到学生，认为儿童应该待在学校里学习，只有学校里的学生才是正当的儿童。然而，这种关于儿童的知识究竟来自何处，我们对此的关注还远远不够，很少有人像台湾学者黄武雄那样去质问："孩子为什么去学校？"

单就价值上看，上述种种儿童知识难以评论优劣。它们都有各自赖以形成的一定社会时期的整个背景，不能脱离这些背景来理解它们。比较这些不同的儿童知识，自然未尝不可，但更为重要的是，应该关注它们是如何塑造儿童及儿童文化的。

从知识到行动：塑造儿童文化

按照波兰尼的理解，默会知识往往是一种行动中的知识。它虽未明言，却拥有极大的行动力量。事实上，在一定情况下，所有的知识都具有行动的力量。人们关于儿童的种种知识，会直接或间接型塑儿童及其文化世界。

前文曾提及四种我们所知的"儿童"，是已经概括过的。关于儿童，不妨让我们注意有关儿童（孩子）的常见的一些表述。

（1）在每个爸妈的眼里每个孩子都是上天派给自己的天使。

（2）让孩子养成一个好的习惯，就是一种教育，比如让孩子看书，你可以给他一个看书的习惯，3岁很容易就被大人感染，还有讲卫生的习惯，讲礼貌的习惯；等等。

（3）少年儿童是祖国的花朵，是民族的未来和希望。今天的孩子，就是明天的建设者和接班人。

（4）7~8岁女性儿童最适合天真可爱学生发型。

（5）其实我也觉得不应该打孩子，可真是没办法啊，就是控制不住自己！

（6）小孩就是要让他玩，是我们应该注意的一点。

这些语句说明了成人们关于儿童知识的不同类型与形态：描述性的知识（(1)、(3)）、规范性的知识（(4)、(6)）、实践性的知识（(2)、(5)）。

关于描述性的知识。这些知识往往是我们的意愿直接相信的，是我们对对象的直接感知。我们每一个人都对世界的一切、我们自身、我们的思想等，有直接的和个体的感受。"我有一个小孩""我知道这是水""我今天身体不舒服""小孩是天使"这些知识是我们所熟知的知识，部分是经传统而来，不需要经过反思，而视为理所当然。人们认为这类知识是真的，或愿意相信它是真的、描述为真的。成人关于儿童的种种知识包括儿童身体方面的知识，有很多属于此类。譬如，人们常常认为小孩不懂事；小孩听不懂大人的话。这些来自生活中的知识往往为人们所愿意相信。

规范性的知识，是判断事物、现象之优劣、好坏、美丑的知识，此类知识追求事物、现象的价值。人们生活在一个价值世界中，所有的一切都被人类赋予不同的价值。在西方人的食谱上，由于文化禁忌，牛肉、鸡肉较马肉、狗肉更具有价值，尽管营养上也许并没有多大区别。而在东方，人们更倾向于肯定猪肉的价值。不仅食物如此，事实上，其他相同的事物对不同时期、不同社会的人们而言，也具有不同的价值。人们有关儿童的知识也是如此，一个社会坚持儿童从小就应该与父母分床睡觉，而在另一个社会中，人们更愿意与小孩相拥而睡。此类"应然"的知识，常常包含着对儿童及对待儿童之方法的道德、伦理、社会等价值的评判。

实践性的知识，是追求致用的知识，是对现象、事物采取行动的、践行的知识。工程、设计、教育等学科的知识多属于此类。实践性的知识常常用来指导人们的行动，或直接来自行动。一个人可能知道如何使用计算机或开飞机；木匠会制造家具；教师懂得如何教学。不同行业的人都具有一定的专业实践知识，普通人也有一般的实践性知识。我们知道如何做饭、洗衣，等等。就儿童知识而言，几乎每个父母都或多或少"知道"

如何养育小孩，都各有一套抚养小孩的方法。这类知识具有直接的行动力，能够迅速转化为某一实际行为。

上述这些为一定时期一定社会或特定个体所信奉为"真"的知识，不断地塑造着儿童及其文化世界，并与之进行着复杂地相互作用。

讨论知识、行动及行动者的关系，不是这里所关注的重点。但毋庸置疑，行动的合理性是以知识的合法性为基础并且与社会的结构性相互联接着的。对儿童领域的问题而言，这格外真切。成人们关于儿童的种种"描述性""规范性""实践性"知识，似乎天然具有合法性，很少有人追问这种合法性的基础，更不消说儿童自身了。它们往往能直接转化为塑造儿童文化的行动。

在这个意义上，可以说儿童文化世界实质上是由关于儿童的种种知识所决定的，如舍勒指出："所有知识——尤其是关于同一对象的一般知识，都以某种方式决定社会——就其可能具有的所有方面而言——的本性。"① 我们有什么样的儿童知识，就有什么样的儿童文化世界的本性面貌。

当我们相信儿童是带着原罪来到这个世界上时，那么，自然就会强调给新生儿洗礼的重要性；当我们相信儿童的本性是不羁的、需要驯服的，那么，就会发展起驯化儿童的具体措施；当我们认为儿童的本性是创造的，我们就会给予儿童更多的自由……这些知识，不论是言明的还是默会的，都界定、修改、建构着指向儿童的行动。

尽管知识的追求必然会导致对真理的需要，但就儿童知识来说，却难以找到放之四海而皆准的真理。不同的社会、不同的民族、不同的文化有着不同的儿童知识，它们构成儿童文化生成的约定情境。也正因为如此，这个世界才有着丰富多彩的民族儿童文化、悠远的古代儿童文化和解放性的现代儿童文化。

民族儿童文化

毋庸置疑，由于生存方式的差异，不同的民族拥有不同的知识系统，

---

① 〔德〕马克斯·舍勒：《知识社会学问题》，艾彦译，华夏出版社，2000，第58页。

这自然包括儿童方面的观念、行为、制度、信仰等知识。特定的知识系统塑造着特定民族儿童文化的地貌和区别于其他民族儿童文化的特异性。一般说来，在凸显民族的差异性时，我们常常更关注为成人所代表的民族文化，对民族儿童文化不免遗漏或忽视。事实上，如果我们注意到"传递"环节对文化存有、延续和创新的重要性，那么就不应该忽视儿童文化，因为其担负着承前启后的文化接续职责。

有鉴于此，民族儿童文化的重要性是不言而喻的，除了"族性"的文化更替功能外，其本身亦构成多维社会情境下儿童文化整体的一个组成部分。

儿童文化的"生境"

"生境"（habitat）是生物学术语，指生物个体、种群或群落生活所处地域的物理环境，包括必备的生存条件和其他对生物起作用的生态因素。这一术语后来为民族学所借鉴和运用。

民族学界对"生境"一词的理解，有一个发展的过程。早期的民族学家们仅仅把生境理解为纯自然的生存空间。随着民族学研究的深入，人们逐步意识到，围绕一个民族的外部环境并非是纯客观的自然空间，而是经由人类加工改造的结果。人类加工改造环境需要凭借社会的力量，加工改造的结果自然带上了社会性，于是，生境不再是纯客观的自然环境，而是社会模塑的人为体系了。① 这是与生物学理解生境上的重要区别。

如果说文化有着"自己的生命"，像人类学家克罗伯所谓的"超有机体"② 一样，那么，作为一种活着的、具有生命的儿童文化，便有其存活的生境。

事实上，每一民族中的儿童文化，都有不同的生境。其生境的具体构成，不仅取决于特定的自然生存环境，而且包括既有的民族文化传统遗产，如语言、传话、故事、歌舞、道德规范、价值观，等等。

就蒙古族儿童文化来说，"摔跤"（或音译为搏克）是儿童们所喜欢的一项传统竞技活动，其有一整套动作技术，并配以独特的服装。摔跤手

---

① 杨庭硕、康隆罗、潘盛之：《民族、文化与生境》，贵州人民出版社，1992，第 77 页。
② 参见夏建中《文化人类学理论学派》，中国人民大学出版社，1997，第 78 页。

一律穿着耀眼的摔跤坎肩，坎肩边缘饰有铜、银的泡钉，既增加了美感，又便于对方借力。下身穿肥大的白裤子，外面再套一条绣有各种动物和花卉图案的套裤。后背中间有圆形镜或"吉祥"之类的字，腰间系有红、蓝、黄三色绸子做的围裙，脚蹬蒙古靴或马靴。摔跤以巧取胜，一跤定胜负，只要身体有一处着地便算输了。据说，蒙古族的男孩从小开始就每晚在月下相互斗摔到天亮。[①]

摔跤之所以构成蒙古族一种独特的儿童文化样式，首先是由其特定的自然环境所决定的。内蒙古地处北方，蒙古族自古就繁衍生息在辽阔的大草原上。对摔跤而言，草原是一个很好的场地，不像在多山地区可能会受到一些限制，可随时随地进行。它适应草原民族游牧生活的环境条件。

其次，与蒙古族的生产生活有关。对蒙古族而言，传统的摔跤活动能使男性掌握战胜猛兽、制服家畜的力量和技巧，不仅展示了顽强勇敢的精神，而且显示了克敌制胜的信心。对儿童而言，参与摔跤是对未来生活技能的一种锻炼，有利于其成年后的生活。

此外，众所周知，蒙古族是一个十分喜爱体育运动的民族。长期以来，他们创造和流传下来许多富有民族特色的传统体育项目，其中有很多都受到人们的偏爱。摔跤最早与军事活动紧密相关。在古代，摔跤、赛马、射箭是蒙古民族的"男子三项竞技"，也是蒙古民族传统的"那达慕"大会的主要内容。在古代蒙古族社会里，受当时社会生产方式、战争生活的制约以及部落或部落联盟时期遗留下来的民主选举制度的传统观念影响，"男子三项竞技"占有很重要的地位，成为部落中选拔将领或推举首领时衡量英雄好汉的一项主要标准。[②] 这些民族传统塑造着蒙古族儿童文化的具体面貌。

不同的民族有不同的文化，也有不同的儿童文化。像蒙古族儿童文化，一切特色都是由该民族的自然地理条件、生产生活方式、历史传统、知识系统等具体的生境要素所决定的。

[①] 红峰、文兰：《青海蒙古族摔跤文化介绍》，《柴达木开发研究》2006年第3期。
[②] 荣丽贞：《蒙古族摔跤的历史发展及其改革趋向》，《内蒙古社会科学》（汉文版）1985年第4期。

文化生态学的先驱朱利安·斯图尔德（Julian Steward）曾指出，环境在人类世界中的地位过于被动，他进而探寻了一条比以往更为细致、更为敏感的生态研究道路。他认为，许多文化特征都是对周围环境进行适应的产物；在任何一种文化中，都会有某些特征比其他特征更为直接地受到环境的影响。[①] 按这一观点，我们可以说，特定的儿童文化是对特定的环境适应的结果。更进一步而言，我们赞同露丝·本尼迪克的观点，与其说文化是生物性的，不如说它是地域性的。

但是，如果我们不是仅仅出于对某一民族儿童文化生境的考量，而是以多元民族或跨民族的眼光来看，可以发现，受地域影响的"民族个性"自身恰恰是塑造儿童文化的最强有力的人文生境。

儿童文化与民族个性

就不同民族的视野来看，儿童文化涉及特定民族群体或成员用以思想、感受、行动的方式；涉及该民族的家庭结构、社会组织方式、亲属关系、经济再生产、语言、宗教信仰等。

同一民族中，人们看待儿童、训练儿童的方式大体上趋于相似，无论是对儿童的看护、哺乳、喂养，还是教育方面。但是在不同的民族，看待、训练儿童的方式却大为不同。例如许多民族用摇篮、学步工具来约束儿童，使儿童不能自己随处爬行，而在另外的民族中，母亲劳作时则常常把儿童放在一边，任由其自由活动，不加干涉。同样，母乳喂养可以在孩子因饥饿而哭闹时进行，也可在母亲方便的间隙中进行。有的民族，母乳喂养可以持续若干年，有的则仅仅维持几个月，或生来就不喂母乳。喂幼儿食物，则有的直接塞入婴儿口中，有的事先由大人咀嚼一下再喂。对儿童的卫生训练，有的从其六周时开始，有的往往拖至两岁以后，训练方法各不相同。有的以惩罚、嘲笑、凌辱等强制方式，有的以启发、模仿等无惩罚的方式进行。[②]

[①] 〔美〕麦克尔·赫兹菲尔德：《什么是人类常识》，刘珩、石毅、李昌银译，华夏出版社，2005，第202页。
[②] 〔美〕马维·哈里斯：《人·文化·生境》，许苏明译，山西人民出版社，1989，第282页。

不同的儿童文化，不仅受这些不同民族的儿童照料习惯所影响，而且与民族的人格、气质、个性等有关。

人类学家玛格丽特·米德注意到文化与性别、气质的关系。① 在阿拉佩什人的部落中，男人和女人一样顺从合作、没有攻击性，易于为他人的需求服务。与此相反，蒙杜古马的男人和女人却表现出同样的冷酷和残忍，带有强烈的攻击性，这里所有的男人和女人几乎都近似于一个人格类型，而这种人格类型在我们的社会文化中，只有在缺少教养、野蛮暴烈的男子身上才能发现。在德昌布利部落，女人则占统治地位，她们结成一个牢固的群体，群体集团丝毫不受个人情绪的影响，而男人则很少有责任心，并且多愁善感，容易依赖他人。

无疑，这里论及的这些部落以及其他族群、群体或民族的不同社会组织特征、性别关系，会直接影响人们照料儿童的方式，规约着儿童如何成长。

米德的例证，尽管我们现在可能无法重新验证，但是其中的事实却雄辩地证明了来自群体的对儿童的、强大的社会控制力量。

当把阿拉佩什和蒙杜古马部落的儿童做比较时，可以发现，每一个阿拉佩什儿童几乎都一致地表现出被动、温良的人格，而每一个蒙杜古马儿童几乎都具有性格暴戾、带有攻击性的人格，体现出了不同的儿童养育文化。

部落、群体、民族的个性、气质，会潜移默化地影响儿童文化，它们影响的方式就像默会知识一样，悄无声息却强劲有力。

从儿童文化的外在表现来看，不同地区儿童的服饰系统，能直接地显示出民族特性对儿童文化的影响或导致儿童文化的民族差异。

譬如，彝族传统文化中服饰寄寓着驱邪祈福的意义，特别是针对儿童服饰。楚雄地区的彝族认为，婴儿出生后若身体不佳，要缝制一件脐带圆领衣，俗称"讨饭衣"。即把婴儿的脐带缝在一个圆领衣的衣领内，让婴儿著此衣，以求逢凶化吉，日日平安。②

---

① 〔美〕玛格丽特·米德：《三个原始部落的性别与气质》，宋践译，浙江人民出版社，1988，第265~266页。
② 杨仲淑：《彝族儿童服饰：在风俗习惯中留存》，《中国民族》2009年第3期。

居住在岭南地区的客家人则认为，小孩肚脐部位最容易着凉，需加保护，于是小孩都穿用这种只围肚子的肚搭子。肚搭子的样式一般为三角形或扇形，用较细软的棉布制成，三个角缝上绳子，穿用的时候尖角或扇形的短边在上，用绳子套在脖颈上，下边两角的绳子在背部系紧打结，这样腹部就被裹得严严实实了。肚搭子一般选用较鲜艳的颜色，上面绣上牡丹、金鱼等表示吉祥富贵的花饰，大红色是最常用的肚搭子颜色，直至今日在福建龙岩地区还流行在孩子满月时送红色绣花肚搭子。①

儿童的服饰，当然远不止这些，还包括婴儿装、幼儿装、男孩装、女孩装、节日装等，它们不限于简单的保暖避寒，其颜色偏好、图案构成、款式等更反映出一个民族的审美特征。当代对儿童服饰的心理学研究表明，童年期穿用的服饰会对儿童的心理发展产生潜在长久的影响。

不幸的是，体现在诸如服饰、养育方式等之中的儿童文化的民族个性，却很少为我们所注意，且正在逐渐消逝。

其可能的原因在于以下几点，一是对于其他民族的儿童文化的历史，语言的差异可能使我们很不容易把握。的确，关于不同民族的儿童养育、看护、照料、管理方法非常之多，远远不能为我们全面掌握。二是现代性带来了生活方式的变迁。全世界人们的生活越来越建立在一种相似的技术基础之上。交通、信息、电视、网络等技术改变了传统的交流与交往方式，在民族地区，作为交流手段的山歌已经日益蜕化，为更多的选择方式所代替；而曾经作为多山地区主要交通工作的牲畜，则代之为摩托车、汽车。它们在带来便捷的同时，使得文化越来越有着同质化的隐忧。

关于儿童文化的民族个性，是否真的已然消逝，不是我们这里所能详细论述的，这涉及对文化发展的深层规律的研究。

但是，不论怎样，就目前而言，在儿童文化的研究中，我们应当平等地对待不同民族、群体的儿童实践，通过观察不同的儿童文化，我们看到许多不同的照看和训养儿童的方法，它们没有哪一种是绝对正确的，更为

---

① 陈东生、刘运娟、甘应进：《客家儿童服饰研究》，《武汉科技学院学报》2007年第12期。

重要的是需要在当地的情境下学习、理解他们的儿童文化实践的价值、意义。

作为地方性习俗的民族儿童文化

作为一种社会现象，文化是人类长期创造的产物，它涵盖着一个国家、地区、民族的历史、地理、生活方式、传统习俗、思维方式、价值观念，等等。就民族文化来看，差异最为凸显的是各民族的风尚、礼节、习俗、仪式。譬如，一说及傣族，人们就会想到"泼水节"。这一节日源于印度，是古婆罗门教的一种仪式，后为佛教所吸收，并随佛教传入中国云南傣族地区，与当地的民族神话传说结合成为一种民族习俗而流传下来。而"阔时节""刀杆节"则是傈僳族最隆重的传统节日，是傈僳族代代相传的古老风俗。

在这些习俗中，儿童文化是其中一个重要的组成部分。以出生礼仪（包括怀孕前后）来说，各个民族自有一套不同的规则。

摩梭人的社会相当重视婴儿的诞生。生儿育女代表家族有后，人口兴旺，故孕妇极受厚待。不让上山砍柴，不让干重活背重物，不吃外人送的食物，不吃刺激性的食品。天黑不外出，以免受惊或着凉。不赴丧事，以免哭泣或敲锣打鼓影响情绪。临近产期还必须请喇嘛与达巴为孕妇求石神与树神保护，若孕妇的八字较弱，会求石神保佑婴儿如石头般坚强结实；若孕妇的八字较硬，会求树神保佑孩子能像大树般粗壮挺拔，狂风吹不断，大雨打不弯。生育与生命被视作女人的事，从怀孕到摆满月酒都没有男人的份：怀孕期间的照料，由阿咪与姐妹们负责；临产前数天以至数星期，孕妇搬到男人不能进入的房间，住入一个纯女性的空间；产后孕妇的衣服由她的姐妹在河的下游清洗，丈夫不能接触；婴儿出生后，村里与远处的女性亲戚、邻居都会来探访，男人却不能探访……①

围绕着婴儿诞生前后，摩梭人形成一种有别于其他民族的孩童文化。这与摩梭社会"女本男末"性别结构有着极为密切的关系，表现为一种不同的养育习俗。

---

① 周华山：《无父无夫的国度？》，光明日报出版社，2001，第33~34页。

的确，并不是所有社会都遵循着同样的方式来迎接一个孩子诞生、进入社会，有时候还可能存在其他不同的若干形式。

在萨摩亚孩子出生前的几个月中，父方的亲属为怀孕的母亲提供食物，而母方的女性亲属却忙碌着用纯白的桑皮土布为孩子制作衣裳，用露兜树纤细的茎叶编织草席以当作孩子的垫褥及其他洗涤用品。身怀六甲的孕妇回娘家时，满载着夫家准备的食物。而当她分娩以后返回夫家时，则从娘家带回价值相等的草席和桑皮土布作为给夫家的馈赠。在孩子出生时，祖母或姑姑必须在场照料新生儿，而产妇则由接生婆和娘家的亲属照料。按照惯例，在孕妇分娩时，如果彻夜守护在房子里的二三十个人笑骂、嬉戏、玩耍的话，即将做母亲的人既不能当着人翻动，也不能叫喊，更不能呵斥。如果生的是女孩子，要把她的脐带埋在构树下，以保证姑娘长大以后能勤勉持家；如果生的是男孩子，要把他的脐带抛入海中，以使他能成为一个征服大海的渔民，或者把脐带埋在芋头地里，以赋予他耕耘稼穑的勤劳。①

显而易见，这些不同的儿童养育实践，是各民族、地区别具特色的地方性习俗之反映，它们构成独一无二的民族儿童文化。

此外，关于新生儿的命名仪式，也依不同民族、地区、国家而殊异。

婴儿命名仪式在非洲民族的仪式体系中占有重要地位。约鲁巴人（尼日利亚西部地区）的婴儿命名仪式，男孩在出生后第7天，女孩在出生后第9天，如果出生的是异性孪生子，则在第8天举行。该仪式以把婴儿展示给亲属们看开始（在此之前母亲、小孩都不离开产房）。人们向屋顶倒一罐水。其中一名最年长的妇女将婴儿放在水流下，在婴儿的哭声和聚集来的人们的赞许声中赠送礼品（一些部族在此时杀死所供的牲畜）。接着，当地的先知者给新生儿预言未来并为其起名，但不是起一个，而是一下子起三个名字，即"阿穆托伦瓦"——据认为，这是孩子的生名，"阿比索"——是在命名仪式所获的名字（主名）和"奥里基"——是名或诨名，是人生活和工作的名字。在一生期间，这三个名字都同样使

---

① 〔美〕玛格丽特·米德：《萨摩亚人的成年》，周晓虹等译，商务印书馆，2010，第41~42页。

用。一切都决定于人的命运如何,即名字在多大程度上符合他在社会上所处的地位、他的职业以及年龄,等等。①

给孩子取名在世界其他地区亦非常重要。在欧洲,姓氏或父亲的父名把初生的孩子同他的父亲联系在一起。这就确立了孩子的公民身份和继承权的关系。名字可以根据父母的喜好,或是根据词语的含义来选择——大量的人名都与基督的圣徒有关,因为这些名字是在洗礼时取的。②

这些不同的事实说明:尽管婴儿的诞生是一个生物学的事实,但是围绕着这一事实的所有礼仪以及其日后成长中的青春期仪式、各种入会仪式等,却是一个文化事实,由此而产生了不同的作为地方性习俗实践的民族与地区儿童文化。

在某一种意义上,我们可以说,民族儿童文化与民族特性是一体两面的。正是民族儿童文化的延续,一个民族的特性才得以彰显。因此,如果说不同民族关于儿童的种种习俗受到该民族文化的支持,那么反言之,这些实践本身也客观上强化了该民族的特性。

历史视野下的儿童文化

像成人文化一样,儿童文化同样是一种相当复杂的现象。如果要全面理解儿童文化,除了考虑民族情境外,我们还需要考虑历史的维面。在历史的不同时期,人们可能有也可能没有看待儿童的系统观念,可能有意识也可能无意识地形成对待儿童的种种行为,可能构成也可能没有构成特定历史下的儿童文化。

儿童是如何被忽视、记忆、遗忘、提取、遮盖、显现而与历史相连的,这可能是一个更为直接的问题。

存在一种儿童文化史

当我们把探索儿童文化的视野转向历史时,可能会自然而然地认为

---

① A. 乌瓦罗夫:《约鲁巴人的婴儿命名仪式》,《民族译丛》1989 年第 4 期。
② 〔英〕C. R. 巴伯:《人生历程——人类学初步》,王亚南、邓启耀译,云南教育出版社,1988,第 20 页。

"儿童文化"是有历史的。然而,颇为遗憾的是,从历史写作的角度看,我们却很少发现一部真正属于儿童的历史记述,除了近当代如菲利普·阿里耶斯、熊秉真、周愚人的一些研究外。

儿童或儿童文化究竟是否有历史?如果有,那么近世宣称"儿童的发现"意味着什么?我们应该如何理解作为历史现象或历史学科的儿童文化?

在解答第一个问题时,首先需要区分作为过去事实的儿童文化和作为历史文本记述主体的儿童文化。

对于作为过去事实的儿童文化,了解的恰当途径之一是考古学。众所周知,考古学是一门通过物质遗迹来研究人类过去的学科。其运用挖掘出的物质遗迹来梳理或描述古代的事件,解读那些事件背后的人类行为,以及认识过去的含义。①

作为考古学对象的物质遗迹,有些直接与儿童相关,譬如,据美国国家地理网报道,秘鲁考古学家 2010 年 10 月 20 日宣布,他们在首都利马附近的胡亚卡普拉纳(Huaca Pucllana)遗址的墓穴中发掘出 4 具历史长达 1150 年之久的木乃伊,这一发现为重建瓦里人墓葬群提供了重要依据。据胡亚卡普拉纳考古遗址地发掘工作负责人伊莎贝拉·弗洛伦斯·伊斯佩诺萨介绍,这 4 具木乃伊分别是一个成年女性和三名儿童,而这几名儿童可能被当作了墓主的陪葬品。瓦里文明建立于公元 700 年左右,分布于秘鲁中部沿海。在瓦里文化中,陪葬现象非常普遍,儿童和少女经常被选来陪葬,他们是瓦里人向大海和土地供奉的祭品。在胡亚卡普拉纳,他们先是取代了利马文化,接着又被印加文化取代。② 对这一过去事实的详细解读,将提供给我们那个时代人们看待儿童的观念。

有些则涉及儿童的玩具。据 2011 年报道,邯郸市文物保护研究所在对一处宋金墓葬进行发掘时,发现两个瓷塑禽鸟,初步鉴定为一千多年前的"儿童玩具"。③ 事实上,我们现在发现的最早的玩具出现在六七千年前的

---

① 〔英〕戈登·柴尔德:《考古学导论》,安志敏、安家瑗译,上海三联书店,2008,第 9 页。
② 《秘鲁发现 1150 年前陪葬儿童木乃伊》,http://tech.sina.com.cn/geo/history/news/2010-10-27/0911505.shtml,2013-08-05。
③ 《邯郸现千年前"儿童玩具"》,http://heb.hebei.com.cn/system/2011/07/26/011303837.shtml,2013-08-05。

新石器时代。

例如，余姚河姆渡出土的玩具，大都是小型陶塑和微型陶器。陶制的小牛头，牛角弯弯，嘴巴宽阔。还有形状小巧可爱的陶羊、陶猪、陶狗等。此外，在河姆渡遗址中还出土了一种石制的陀螺，顶上刻有美丽的花纹，和今天小孩子们玩的陀螺一模一样。①

考古学的这些发现，无疑表明儿童文化在过去是事实性存在的，尽管这些事实的细节本身还需要进一步解释。

但是，作为过去事实而存在的事物，并不意味着人们必然会赋予其意义，进而愿意书写它们的历史。这可以解释为什么很少有专门的史学家去为儿童撰写历史文本。

的确，我们很少发现这些文本。我们或可从老子那里，了解到关于儿童的一些蛛丝马迹。《老子》第十章："专气致柔，能婴儿乎？"；第二十八章："知其雄，守其雌，为天下溪。为天下溪，常德不离，复归于婴儿。"老子认为只有婴儿才能不被世俗的宠辱功利所困扰，好像未知啼笑一般，无思无虑，神气抱一，无私无欲，淳朴无邪。但老子这里描述的落脚点却不是婴儿，"婴儿"只不过是"朴"这个哲学概念的形象解说。

在孔子、孟子那里，也能找寻到一些有关儿童方面的描述，孔子以"老者安之，朋友情之，少者怀之"② 作为自己的政治理想；孟子则干脆指出："老吾老，以及人之老；幼吾幼，以及人之幼，天下可运于掌。"③ 这与孔子对大同世界的理解，"人不独亲其亲、不独子其子，使老有所终、壮有所用、幼有所长、矜寡孤独废疾者皆有所养"④ 是一脉相承的。这些儿童方面的思想，实质上主要反映的是他们的政治抱负。

事实上，除了这些只言片语之外，我们很少发现专门记述儿童的历史文本，当然这可能是由于历史久远而难以流传至今。

然而，如果儿童文化史可以归入历史学的话，那么历史学本身的确并没有把注意力放在儿童相关的人和事之上。或者，退一步说，假若历史学

---

① 蒋风主编《玩具论》，希望出版社，1996，第2页。
② 《论语·公治长》。
③ 《孟子·梁惠王上》。
④ 《礼记·礼运》。

没有特别忽视儿童的话，它也很少涉及儿童。

由此，我们可以说没有儿童文化史吗？答案是否定的。单单根据人类学、考古学的一些材料，我们即可以推定在很早以前，人们就有对儿童的各种态度、行为的探究，它们构成最初的儿童文化。在这种意义上，近世所谓的"儿童的发现"不过是一种观念上的发现而已，事实上，儿童早就在那里，儿童文化也早就在那里。我们所宣称的发现，只是对事实的再次确认。

作为过去事实的儿童文化，并不依赖以儿童作为对象的历史学的学科而存在。在专门的儿童史学诞生之前，儿童文化现象早已存在。因此，我们可以说存在一种不是历史记忆主体的儿童文化史，一种不是历史学主体的儿童文化史。更准确地说，这种儿童文化史的追寻，在很大程度上毋宁说是探索历史上的人们是如何有意无意遗忘儿童的。

在历史边缘处的儿童文化

严格说来，任何一种现象本身都具有历史，都可以追溯其历史，因为其总是在一定的时空中存在的。对作为人类社会现象的儿童文化而言，亦是如此，儿童文化也存在自身的历史，不论这种历史是曾经发生而不为我们所知的事实，还是为我们的作为学科的历史学所忽视的历史。

若是承认存在一种儿童文化的历史，那么儿童文化史是如何呈现的？或者说，我们通过哪些途径能够了解历史上的儿童文化？

对于作为过去曾经存活的儿童文化现象，我们只能依凭文献来间接了解。按熊秉真的理解，可有四种途径。

第一，思想家、哲学家等留下的涉及儿童的主张、观点。譬如前面提到的孔子、孟子的典籍。这些著作让我们了解古人是如何想象儿童的。其中形成了一些典型的育儿观念如"慈幼"的礼俗，在《礼记·内侧》中，即专门记载了周代王侯的生子、接生等一系列礼仪。妻子生子时，丈夫需要斋戒沐浴，以求神灵保佑母子平安。生儿子在产房左挂弓，表示日后从武，生女儿则在产房右边挂绢，表示将来从织。

第二，历史上一些"描述性""记录性"的材料，描述着小孩生活的情景与经验。历代留下的个人传记，开头时几行描述传主幼时的记忆事件；年谱中涉及撰者本人小时候的重要经历；士人写给亲人的书信，偶或叙及幼年的一些追忆……这些都可视为有关过去儿童、童年的珍贵记录，经过仔细分析整理，可成为追究、重建过去儿童世界的起点。

第三，一些可称"实证性"或"技术面"的信息，譬如"医书"，旧时幼科的医生，因需要照顾啼哭的小孩，常需要记录小孩的情况。他们记录中的孩子，有姓氏、有家长职业背景，说明籍贯、年龄，随而记载其临床资料，病前的饮食起居，出现哪些症状，经诊断后开的药方，所给予之药品，数天后复诊情况等。这些医书成为了解过去儿童生活实况的一种宝贵信息，尤其是过去多半医生终身在同一地区工作，数代行医，累积数百年的数据，形成一种描述性的生物统计。

第四，是"艺术性"或"想象性"的材料，如文学中的"西游记""目莲救母""哪吒""封神榜"等，是一些受小孩欢迎、某种程度上呈现儿童心态与性格的故事；"二十四史"中，各朝共留下了二百六十四首童谣，或是有意编造，或是流传民间，有时跟时政有关，或是对官员的讪笑。宗教材料中也有些与小孩的祸福有关，如"三太子""保生大帝""月姥姥""注生娘娘"等，或有专门保护小孩的神，或以人生阶段为影射的呈现如"金童玉女""妙善公主"。①

熊秉真这里所归纳的，主要着眼于儿童历史资料的收集途径。这些途径从涵盖的内容、范围上来看，的确是极其广泛的，几乎涉及人类历史文本遗存的方方面面。然而，并不能由此说明，历史上人们如何重视儿童文化，恰恰相反，这些为成人所有意或无意书写的儿童世界，表明的是人们如何注解作为历史副现象的儿童及其文化的。

在此，可以说如果存在儿童文化史，那么其无论如何不能算是历史书写的主体，而是位于历史的边缘处。

这一判断的依据，除了上述儿童史资料来源的繁杂、琐碎之外，史学界本身"发现儿童"的过程，也说明了这一点。

实际上，西方的儿童史研究不过刚刚走过了 50 年的历程。1960 年，

---

① 参见熊秉真《童年忆往——中国孩子的历史》，广西师范大学出版社，2008，第 9~13 页。

法国学者菲利浦·阿里耶斯发表了西方儿童史的第一本著作《儿童的世纪》。从那时开始，西方历史学家、心态史研究者们转而关注历史上儿童的命运，儿童史也因此逐渐成为对历史学家和其他社会科学家一个很有吸引力的研究领域，他们用各种方法和理论，试图揭示历史上的儿童形象，解释社会历史的变迁。①

然而，历史学对儿童或童年的兴趣不全在研究孩子本身，而是想追溯时光之流中所谓"心态"发展的历史，也即在一段较长的时程里，任何社会对人、事、物曾有的态度，及这类心态本身的转变过程。② 事实上，在史学中，发现儿童史的初始，其关注的焦点其实并不在儿童及其文化本身，而是其他一些问题。儿童远不是史学的中心。

尽管在20世纪的70年代和80年代，史学界对儿童议题的探讨热情逐渐高涨，但相对人类绵长的历史而言，这仍然改变不了儿童史总体弱势的格局，更不消说儿童文化史了。

视儿童文化位于历史的边缘处，这实际上是就传统的精英史观而言的。这种比照，有点类似于"大传统"与"小传统"的关系。以往成人所叙写的历史注重精英、大传统、大事件、大人物，而平民、小传统、小事件、小人物则不被关注。

但是，真实的历史除了前者外，还应该有一个关注后者的一般知识累积的"日常历史"，它们不易构成以往历史叙述的主线，然确是极富有血肉的。它们应该成为关注的重点。因此，在我们看来，儿童文化史不仅存在，而且是极其丰富的，其不仅存在于精英的历史视野，更存在于日常生活史的视野中。

如何看待历史上的儿童文化？

既然存在一种儿童文化史，那么，我们应当如何看待和理解过去的儿童文化？这首先涉及儿童文化史的呈现方式。

前述熊秉真曾提及四种资料来源，其分类的方法着眼于资料的性质，

---

① 参见俞金尧《儿童史研究及其方法》，《国外社会科学》2001年第5期。
② 熊秉真：《童年忆往——中国孩子的历史》，广西师范大学出版社，2008，第7页。

诚有道理。但还有另外一种看法，就载体本身而言，儿童文化史料也可分为两大类：一是文字，二是图像。也就是说，儿童文化的历史，既包括文字书写的文本史，也包括图像传达的形象史。

一般而言，我们倾向于更重视文字书写的历史。的确，文字作为人类交流的符号系统，是记录思想、事件、人物的重要形式，并且由于文字与语言的相互转换关系，文字能够表述相对准确的历史现场，因此，这种载体的史料易受青睐。然而，图像其实也可以当作历史证据来使用。图像如同文字一样，是历史证据的一种形式。它记载了历史目击者看到的当时的行动，是重回历史现场的最佳向导。它能够捕捉鲜活的历史悸动。事实上，对于有些历史学家来说，尤其是研究史前史的历史学家，图像是相当重要的，譬如，如果史学家不使用阿尔塔米拉和拉斯科斯的洞穴壁画作为资料，就无法写出欧洲的史前艺术史。

就儿童文化史领域而言，在重视有关儿童的各种文字的叙说、描述之外，还更应该关注能给我们提供丰富信息的儿童图像史。深有意味的是，童年史的开拓者阿里耶斯即把图像作为其研究的起点，可视的史料同档案馆的文献一样，成为其有力的研究依据。

对于什么构成儿童文化史的史料，正如荷兰历史学家古斯塔夫·雷尼埃指出，应当用保留至今的过去的"遗迹"的观念来取代"史料"的观念。① 遗迹的概念，来自考古学，不仅指建筑、物品、手稿，还包括各种图像、图片、壁画、照片、绘画，等等。

在这种情形下来理解儿童文化，表明儿童文化史不是一个简单的现象，除了与一定时期的儿童制度安排、看护行为、儿童观念相关外，还涉及各种相关儿童图像的背后的艺术史、宗教史、技术史等。

例如，或可关注儿童生活场景在艺术、风俗、年画等各类图像中的呈现方式。在西方宗教艺术画中，儿童往往或作为天使的象征，或直接呈现为圣子、圣婴，是神圣和圣洁的化身。在中国的年画中，儿童则被赋予吉祥的寓意，诸如送财、送子、多寿多福多子孙等。近代随着照相技术的发展，一些极为珍贵的相片提供给我们可视的儿童日常生活图像。这方面的

---

① 〔英〕彼得·伯克：《图像证史》，杨豫译，北京大学出版社，2008，第8页。

研究，不妨阅布鲁纳（Robert H. Bremner）主持编撰的《美国的儿童和青年：一部纪实史》①，其中照片被用于对文字资料的重要补充说明。对照相、网络、玩具制造等这些新技术的运用，越来越多地嵌入童年，使得我们在理解儿童文化时，越来越无法忽视它们。

然而，需要注意的是，儿童文化图像的这些选择性的呈现与表达，很大程度上并不是由儿童来选择的，而是由成人做出的。

因此，理解儿童文化史，实质上意味着理解历史上的成人如何理解儿童。这是解读儿童文化史的另一个重要维度。

如前面所说，每一社会都有着特定的儿童知识。一定历史时期，以成人为代表的既定社会所拥有的儿童知识，将影响儿童文化的形成，或直接构成一种"为儿童"的儿童文化。在古罗马时代，人们用四季来划分人生阶段，对应着童年时期的是春季，春天的来临就如同一个吸吮着母乳的稚嫩的婴儿的降生。这与当时的人们对生命的理解有关，生命被分为四个阶段：初期、恶化期、稳定期、后期。医生就用这些词语来描绘疾病的变化。这一认识造就了儿童不断进步的形象，它们身上有着美德的星星之火。

但就中国历史而言，一个更愿意被接受的看法是，儿童是不打不成器的。有很多相关的习语，如棒下出孝子、玉不琢不成器、乳臭未干、黄口小儿，等等。在这种认识之下，形成了一种极注重规训、讲究人伦教化的儿童教养文化。直到近代受西方人性解放思想影响之后，这种历史上主导的儿童训养文化才逐渐改观。

无疑，当我们试图理解这些儿童文化现象时，也就是在努力翻译特定时期的成人们所持有的儿童知识与观念。

人类历史不独是成人的历史，也包括儿童的历史。从人类整体历史看，儿童文化史是其中重要的组成部分，它与人类整体历史相呼应、相继和共生。因而，从古代弑婴的习俗向近代肯定儿童价值的转变，其所反映出的，既是一种儿童文化的变迁，也是一种人类文明的进步。

---

① Robert H. Bremner, *Children and Youth in America: A Documentary History*, Harvard University Press, 1974.

如果历史确实是建立在人类现实与其自身过去之间的基本而又原始的关系基础之上的话，如此理解儿童文化史才可能富有意义。

解放童年：现代社会中的儿童文化

随着社会的发展，新的技术的出现、新的儿童知识的构建带来了儿童文化新的面貌。区别于前工业社会中儿童文化相对降格儿童的认识，现代社会中的儿童文化，由于人的发现，凸显了儿童的主体地位。儿童文化不再仅仅被视为成人文化的附庸，其独立性被予以强调。

总体看来，相较传统儿童文化，现代社会中的儿童文化是一种解放的文化，其特质突出地表现为二条主线：一是重视儿童个体及个性特征；二是对儿童主体的强调所带来的儿童权利的赋予和增强。

儿童文化的现代图景

随着全球化进程的加深，型构儿童文化的总体图景已经决然不同于前现代社会了。知识的全球流动以及由发达地区向欠发达地区的经济流向，深深影响着各地儿童文化，譬如建立在西方价值观、儿童观基础之上的儿童福利与医疗体系，已经嵌入非洲儿童的日常生活，而大量跨国组织、机构正在不断践行着这种文化。

全球化的知识、童年的标准和种种实践的传播，带来了双重的影响。

一方面，导致本土儿童文化多样性的减少，特别是民间儿童游戏文化的消逝。

20世纪五六十年代，传统游戏曾呈现出一片繁荣的景象，渗透在人们的日常生活之中：从幼童时期的"老鹰抓小鸡""捉迷藏""丢手绢"，到少年时期的"跳山羊""踢毽子""打弹弓""抽陀螺""玩飞镖""滚铁环"，丰富多彩的游戏活动滋润着各年龄段孩子们的闲暇时光。有些儿童游戏的内容渗透着孩子们对社会的感受和理解，孩子们无师自通地把社会现象转为游戏内容，充分体现了他们的智慧、灵感和创造力，如官兵捉匪、红灯绿灯等游戏，表现了孩子们对社会生活的认识并将之融入游戏文化中的创造性与模仿力。与游戏相伴的游戏器具的制作也成为一项对孩子们有益的习作，如缝包、制拐、剪纸、造弹弓、削汉奸、削杀、编蚂蛉网、做空竹、制蛐蛐罩、糊风筝等，这些制作均需要相当的技艺，使孩子们变得心灵手巧。能够制作游戏器具的人成为众人羡慕与崇拜的对象。一些制作游戏如叠纸船、飞机、衣服、裤子、钱包、坦克履带等，都给孩子们带来极大乐趣。① 它们对儿童健康成长有着极为重要的作用。

然而，由于经济、文化等多层面的全球化的影响，这些具有丰富内涵的儿童游戏，其命运如尼尔·波兹曼所言，就像形式各异的服装，过去在城镇的大街小巷上随处可见的儿童游戏正在消失，就连"儿童游戏"这个想法也似乎正从我们的股掌之中流失。儿童游戏，言简意赅地说，已成为濒于灭绝的物种。② 传统的儿童文化何不如此？

取而代之的是以电视、网络等新媒介所带来的新的儿童文化，特别是随着多媒体技术的发展和个人电脑的普及，以数字化技术为基础的（掌上）电脑、网络游戏诸如反恐精英、帝国时代、星际争霸、劲舞团、三国杀等，已经成为儿童日常生活中重要的一部分。

德国马格德堡大学的 Johannes Fromme 教授带领的一个研究小组，历时一年时间，完成了对德国儿童使用电脑游戏情况和态度的综合调查。调查结果显示，超过一半（56%）的男孩和大约29%的女孩经常玩电脑游戏，大约38%的男孩和51%的女孩表示偶尔玩电脑游戏，约6%的男孩和20%的女孩表示从不玩电脑游戏。③

面对这种情形，也就不难理解人们为何宣称"童年消逝"，甚至"童年之死"了。然而，童年究竟会不会死亡，或只是被宣布为死亡，并不由成人们来定义，如果说童年是儿童的，那么，还应该注意到现代社会带来的解放儿童的力量。这是儿童文化现代图景的另一面。

现代社会区别于传统社会最突出的方式之一是信息传播技术的不

---

① 蒋佩春：《游戏，消失在童年》，《师道》2005年第6期。
② 〔美〕尼尔·波兹曼：《童年的消逝》，吴燕莛译，广西师范大学出版社，2004，第3~4页。
③ Johannes Fromme：《电脑游戏：儿童文化的一部分——由德国儿童电脑游戏调查报告引发的思考》，孙艳超、黄立冬、张义兵编译，《信息技术教育》2005年第3期。

同。原先主要通过书籍、报纸、杂志等途径传播知识，逐渐代之以电视、手机、网络等；而图像在儿童的知识汲取方面也越来越重要。这一方面极大地丰富了儿童的文化生活，另一方面，也赋予儿童解放自我的力量。

由网络革命带来的生活方面的变化，在促进全球知识、资本、信息的流动之外，同时带给人们巨大的个体选择自由和创造性。我们可以在本地，通过网络、视频、图片等方式消费来自世界各地的文化食粮。对于儿童同样如此。譬如 QQ/MSN 网络聊天以及博客、人人网等，对青少年儿童来讲已经不是什么新鲜事物，通过这些网络工具交友、发泄情绪、八卦同学消息，也已成为他们日常人际交往中越来越重要的组成部分，以至于有些儿童宁愿在博客上诉说自己的烦恼，也不愿与父母交流。

一般而言，我们往往想象儿童是网络世界的受害者，忽视网络能够帮助儿童学习，创造性地适应和学习虚拟交流技巧的有益方面。事实上，网络也给予儿童极大的展示自我能力的空间和机会。从网络游戏到网络聊天，从动漫到各种视频，从流行音乐到网络小说；等等，对于这些网络文化产品，青少年儿童不仅仅止于观看、消费、使用，他们也同样进行创造，他们会装扮博客、打造自己的空间、撰写网络小说，等等。

现代儿童文化的丰富性及所蕴涵的创造性，已经远非成人所能想象，以至于儿童文化在某种意义上已成为一种"后喻文化"（post–figuration culture），[1] 成人恰恰需要向儿童文化学习。

的确，现代知识传播方式的变化，已使得我们不能再以传统的眼光看待儿童，仅仅视儿童为成人的学徒。儿童本身就具有与生俱来的学习能力，现代知识赋予了儿童施展这一能力的武器。如果说知识恰如波普尔所言具有解放的力量，那么现代知识图景下的儿童文化实质上是解放、释放儿童的潜能。

---

[1] 美国社会学家玛格丽特·米德在《文化与承诺》一书中，将时代划分为"前喻文化时代，并喻文化时代，后喻文化时代"。所谓的后喻文化，就是年轻人因为对新观念、新科技良好的接受能力而在许多方面都要胜过他们的前辈，年长者反而要向他们的晚辈学习。

个体化的儿童

说现代儿童文化是一种解放的儿童文化,其重要表征之一是儿童越来越从以往的集体、家庭、国家的规约中解放出来,儿童拥有了更大的自由空间,儿童的生活越来越呈现出某种多样性。

如今,"童年不同样""童年志不同"这种现象已经司空见惯,甚或如安妮特·拉鲁①所说,童年可能并不平等。

拉鲁通过考察不平等的社会地位对教育方式的影响,使我们对社会整体性图景下的童年的复杂性有了另一种认识:家庭在社会结构中的位置有规律、有系统地塑造着孩子们的生活体验和人生成就,影响孩子们的童年,造就了孩子们不平等的人生机遇。

如何具体理解这种不平等的童年?一般而言,除了孩子自己的因素外,我们可能会用孩子所在学校教学水平的高低来解释,或者,用孩子家长的收入和财富、受教育程度和工作环境质量的差异等因素来解释。然而,拉鲁的解释却显然不同,其用日常生活中两种不同的教养孩子的逻辑或模式来解释这种不平等。这两种教养逻辑或模式,一是"协作培养"(concerted cultivation);二是"成就自然成长"(accomplishment of natural growth)。"协作培养"模式的核心是家长主动培养并评估孩子的天赋和认知技能。从协作培养的经历中,孩子们学到了各种将来进入工薪世界可能会大有好处的宝贵能力。"成就自然成长"的核心是家长照顾孩子并允许他们自己去成长。在这种模式中,孩子们体验到长时间的闲暇时光、自发的嬉戏,拥有更"像孩子"的生活。前者为中产阶级所推崇,后者则往往是工人阶级和贫困家庭所乐于践行的。

这两种不同的童年模式,价值上并无孰优孰劣,两种模式各有千秋。但是拉鲁却给我们道出了现代童年高度分化的发展趋势以及现代社会对儿童个体的重视。它们其实都是现代高度个体化发展的结果,给儿童开启了不同的成长途径。

的确,与以往相比,儿童们拥有了更大的选择范围,儿童个体在行

---

① 参见〔美〕安妮特·拉鲁《不平等的童年》,张旭译,北京大学出版社,2010。

为、经验、心理特征方面也呈现出越来越大的多样性，儿童们越来越倾向于走上为自己做决断的独立个人的道路，他们的自我意识、个性追求正在增加。"秀出自己"，我的地盘我做主，做自己想做的事情，"just be yourself!"，这是现代儿童文化的写照。对儿童而言，这不再是一个大写的"我们"的时代，而是一个强调个性的"我"的时代。

这一现代社会儿童个体化及个性化的进程，并不是一蹴而就的，而是经历了一个漫长而复杂的过程。大致看来，伴随两个重要过程。

第一，现代社会分工导致阶层的出现，从而取代了传统社会中的等级。19世纪的工业革命，带来了机器的大规模应用，导致工人阶级的出现。在马克思那里，市民被区分为两大阶层，一是无产阶级，二是资产阶级。他用"贫困化"这个词来描述与资产阶级相比日益加剧的工人阶级的贫困化过程。这一过程更多涉及经济上的不平等。与马克思试图把社会分层简化为阶级不同，韦伯则关注阶级、地位和政党作为社会分层独立存在的方面，以及它们之间复杂的相互影响，这三者的彼此作用使社会产生了多种可能的社会位置，而不是简单地归结为阶级划分。

尽管对阶层理论，人们依然争论不休。但是与传统社会中已然注定的等级区分而言，这无疑是一个巨大的进步，因为个体的地位不再因习俗所确定的世袭地位而无法改变，至少在某种程度上是可以争取和获得的。

在这种非等级的分层制度下，对儿童而言，其命运在出生时并非一定注定，通过个人的努力在阶层中上下流动，较之传统社会要容易得多。这也使得人们越来越注重个体儿童的发展，极力通过让儿童赢在起跑线上以及日后对儿童的精心培育，让他们获取学业、事业、人生的成功。

第二，现代家庭结构的变化，带来对个体自主性的重视，而家庭是与儿童直接相关的。在现代社会，完整的核心家庭的规模已经大不如前了。如今，在大多数社会中，未婚先孕、分居以及离婚，已经很少与耻辱联系在一起了。决定一个家庭组合或分离的理由，已经逐渐成为一种个体选择的结果，而不是源于社会的期待或迫于社会的压力。现代的人们更多地依赖自身而生存。

与此同时，传统的大家庭结构中长幼尊卑、人伦辈分等伦理道德规制也大为减弱。隐私的观念开始确立和逐渐传播开来，人们也开始尊重儿童的秘密。

这些家庭结构、家庭观念方面的变化,导致人们给予儿童越来越大的独立性,越来越重视儿童的需求;因而,在现代社会,儿童的生命历程越来越变得多变和丰富了。

上述这两个过程,存在一定的关系,这一问题不是这里讨论的重点。然而,正是伴随着这些过程,现代社会"个体化的儿童"及他们的文化才得以塑造。而现代社会,恰如鲍曼所言,"把社会成员铸造成个体,这是现代社会的特征"。[①] 这亦是现代儿童文化的重要特征,其表现是:儿童从成人紧密编织的既定的网络中"解放"出来。

从无权到赋权的现代儿童文化

现代儿童文化作为一种解放的文化,从权利的角度看,可以得到法律上的支持。

儿童是否具有权利,甚至人是否具有权利,在古代并不是一个问题,因为"权利"是一个相当晚近的概念,是伴随着现代民族国家的产生才出现的。作为现代政治法律中的一个核心概念,一般而言,权利是指公民或法人依法行使的权力和享受的利益。

且不论古代,就近代一些人类学文献,可以发现在很多土著社会中往往存在杀婴、弃婴的习俗,儿童们常常处于弱势地位,甚至作为宗教活动的祭祀品。在这种情形下,根本无从谈及儿童的权益。

儿童具有权利的概念之基础是对儿童独立性价值的认可。

历史上,随着18世纪"儿童的发现",对儿童的认识从"原罪说""白板说"到儿童成了真正意义上的人,人们才开始意识到儿童具有独立的存在价值,其代表人物是法国思想家卢梭。尽管启蒙时代的这一儿童观影响巨大,然而,这个时期还尚未诞生"儿童权利"的观念,在18世纪,认为国家有权成为儿童的保护者的观念不仅新鲜,甚至激进。

1919年英国救助儿童会成立,这是一个为实现儿童权利而奋斗的国

---

① 〔英〕齐格蒙特·鲍曼:《个体地结合起来》,参见乌尔里希·贝克等著《个性化》,李荣山等译,北京大学出版社,2011,序言。

际慈善机构，由埃格兰泰恩·杰布（Eglantyne Jebb）女士创建，倡导在当时具有革命性的"儿童权利"的理念。1923年，埃格兰泰恩·杰布拟定了《儿童权利宪章》，认为儿童应有自己的权利，这一观点被救助儿童国际联盟所接纳。1924年，国际联盟的成员国一致通过将《儿童权利宪章》作为《儿童权利宣言》，即《日内瓦宣言》，这是世界上第一份儿童权利宣言。

法律上儿童权利逐渐确立的过程，在儿童文化的现代转变中得到相应的反映。日常生活中儿童们的一些权利得到增强。

譬如对儿童隐私权的尊重。以往，由于儿童正处于成长阶段，家长、老师认为他们对社会认识不清，只能按照自己模糊的好坏标准来判断是非，这种判断可能是不准确的，很容易受到伤害。因此，很多成人喜欢翻看孩子们的日记，悄悄查看他们的通信记录、信件等，但这一举动却引起孩子的反感，毕竟孩子也有自己的独立的空间。这种做法，现在已经得到反思。《未成年人保护法》第四条规定："尊重未成年人的人格尊严。"第十五条规定："学校、幼儿园的教职员工应尊重未成年人的人格尊严，不得对未成年学生和儿童实施体罚、变相体罚或者其他侮辱人格尊严的行为。"第三十条规定："任何组织和个人不得披露未成年人的个人隐私。"第三十一条规定："对未成年人的信件，任何组织和个人不得隐匿、毁弃；除因追查犯罪的需要由公安机关或者人民检察院依照法律规定的程序进行检查，或者对民事无行为能力的未成年人的信件由其父母或者其他监护人代为开拆外，任何组织和个人不得开拆。"

又如，对儿童文化消费、选择等权益的尊重。较之从前，现在的家长们更多地会考虑儿童们自己的兴趣爱好，在对衣服、玩具、文具的选择上，儿童的个性需求得到尊重，在家庭大件物品的购置方面，家长们会询问儿童的意见，在可能的条件下，愿意做出妥协。对于较大的儿童，更会直接采纳他们的建议。

在这些转变中，可以看到儿童的主体地位、自主性以及儿童的权利受到了高度的重视。历史上儿童无权的状况得到极大的改善，尤其是随着《儿童权利公约》的推进，人们越来越意识到儿童应当享有基本的权利。

近年来关于青少年儿童的"赋权""增权"（empowerment）的探讨，

显示了这方面的最新发展。

简单说来，增权就是增加权力和控制感。港台学者尤其是社会工作者多将增权概念放进传统社会工作强调社会功能的理念中，将增权等同于"使能"（enabling）、"增强"（strengthening）或"个人成长"（personal growth）。大陆学者则多将增权理解为提高个人能力和改善及重新调配资源的分布。① 对于儿童而言，增权可以理解为增加、强化儿童的权益，保障他们健康地成长。具体既包括有形的权益，如人身安全、衣食住行等，也包括无形的权益，如成熟的认知能力、健康的自我概念、支持性的社交网络，等等。

就现代儿童文化而言，赋权/增权体现为个体层面和集体层面。

个体层面，一方面表现在法律文书对儿童各项权益的规定中，就国内来看，基本建立起以《未成年人保护法》为核心的儿童权益保护体系；另一方面，表现在日常生活中，如上述提及的对儿童隐私的保护、尊重儿童的兴趣和爱好、给予儿童更多的选择权，等等。集体层面，表现为儿童专门保护机构的建立，儿童教育体系的完善，儿童文化设施诸如儿童博物馆、儿童游乐场所、儿童图书馆等的建设。较之历史，人们从未像当代社会这样重视儿童，可以说，当今时代，在某种意义上已经是一个儿童的世纪。

从无权、限权到放权、增权的转变，极大地促进了现代儿童文化的发展，儿童文化不再仅仅是成人文化的附庸，儿童文化越来越显示为"儿童"本身的文化；儿童文化也越来越向我们展示出创造性、多样性的一面，诸如儿童动漫、儿童涂鸦、儿童博客、儿童沙画，等等。

小　结

在不同的历史时期、不同的社会、不同的民族中，儿童文化受到既有社会历史、传统、习俗、规范、观念、制度等各方面的制约和影响，从而导致儿童文化具体面貌的差异性。

---

① 黄肖静：《青少年增权研究述评》，《中国青年政治学院学报》2007年第3期。

这种差异性，与人们已有的知识与观念库存有关。

在我们研究儿童或儿童文化问题时，应当考虑"儿童"一词的知识与观念库存。在已有的知识遗产内，我们究竟是如何界说儿童的。

从已有的人们关于"儿童是什么"的众多描述、规定中，可以得出四种典型的看法：

第一种看法是，"18岁以下任何人"都是儿童；

第二种看法是，处于童年期/儿童期的人是儿童；

第三种看法是，幼小的人是儿童；

第四种看法是，"大人之胚胎"谓之儿童。

这些关于儿童的认识，是存在于或并存于社会一定时期的显在的或潜在的知识。它们反映出人们对"什么是儿童"或"儿童是什么"所达成的某种程度的共识。但是，我们却很少仔细考量，我们关于儿童的知识来自何处？或者，我们怎样"合理化"对儿童的认识？

事实上，我们的确几乎不会意识到关于儿童的种种知识，除非是在有意识地反思或面临实际代际或跨文化冲突的时候。这些知识，特别是那些在波兰尼意义上的种种有关儿童的"默会知识"，支配着我们对儿童的最低程度但却最广泛的认识，主宰着我们对儿童最不明确却最强有力的行为预期。

在一定意义上可以说，儿童文化世界，实质上是由关于儿童的种种知识所决定的。

如果说文化有着"自己的生命"，像人类学家克罗伯所谓的"超有机体"一样，那么，作为一种活着的、具有生命的儿童文化，便有其存活的生境。

事实上，每一民族中的儿童文化，都有不同的生境。其生境的具体构成，不仅取决于特定的自然生存环境，而且包括既有的民族文化传统遗产，如语言、传话、故事、歌舞、道德规范、价值观，等等。

在儿童文化的研究中，我们应当平等地对待不同民族、群体的儿童实践，通过观察不同的儿童文化，我们看到许多不同的照看和训养儿童的方法，它们没有哪一种是绝对正确的，更为重要的是需要在当地的情境下学习、理解他们儿童文化实践的价值、意义。

大量的人类学事实说明：尽管婴儿的诞生是一个生物学的事实，但是围绕此进行的所有礼仪以及其日后成长中的青春期仪式、各种入会仪式等，却是一个文化事实，由此产生了种种不同的作为地方性习俗实践的民族儿童文化。

在某种意义上，我们可以说，民族儿童文化与民族特性是一体两面的。正是民族儿童文化的延续，才使得一个民族的特性得以彰显。因此，如果说不同民族关于儿童的种种习俗受到该民族文化的支持，那么反而言之，这些实践本身也客观上强化了该民族的特性。

像成人文化一样，儿童文化是一种相当复杂的现象。如果要全面理解儿童文化，除了考虑民族情境外，我们还需要考虑历史的维面。

需要区分作为过去事实的儿童文化和作为历史文本记述主体的儿童文化。

作为过去事实的儿童文化，并不依赖以儿童作为对象的历史学的学科而存在。在专门的儿童史学诞生之前，儿童文化现象早已存在。因此，我们可以说存在一种不是历史记忆主体的儿童文化史，一种不是历史学主体的儿童文化史。更准确地说，这种对儿童文化史的追寻，在很大程度上，毋宁说是探索历史上的人们是如何有意无意遗忘儿童的。

儿童文化史的呈现，就载体本身而言，可分为两大类：一是文字，二是图像。也就是说，儿童文化的历史，既包括文字书写的文本史，也包括图像传达的形象史。在重视前者有关儿童的各种文字的叙说、描述之外，还更应该关注能提供给我们丰富信息的儿童图像史。深有意味的是，童年史的开拓者阿里耶斯即把图像作为其研究的起点，可视的史料同档案馆的文献一样，成为其有力的研究依据。

图像的视角将可能会使从前不被看见的儿童为我们所见。然而，需要注意的是，历史上的儿童图像的呈现与表达是具有选择性的，并且很大程度上不是由儿童来选择的，而是由成人做出的。

因此，理解儿童文化史，也就意味着理解历史上的成人是如何理解儿童的，也就意味着去努力翻译特定时期的成人们所持有的儿童知识与观念。

区别于从前，现代社会中的儿童文化，由于人的发现，凸显出了儿童的主体作用。儿童文化不再仅仅被视为成人文化的附庸，其独立性被予以强调。

总体看来，现代社会中的儿童文化是一种解放的文化，其特质突出地表现为两条主线：一是重视儿童个体及个性特征；二是对儿童主体的强调所带来的儿童权利的赋予和增强。

关于前者，这一现代社会儿童个体化及个性化的进程，并不是一蹴而就的，而是经历了一个漫长而复杂的过程。大致看来，伴随两个重要过程：

第一，现代社会分工导致阶层的出现，从而取代了传统社会中的等级；

第二，现代家庭结构的变化，带来对个体自主性的重视，而家庭是与儿童直接相关的。

关于后者，突出体现为对作为权利主体的儿童的强调。现代儿童文化作为一种解放的文化，从权利的角度看，可以得到法律上的支持。儿童具有权利的概念之基础是对儿童独立性价值的认可。

法律上儿童权利逐渐确立的过程，在儿童文化的现代转变中得到相应反映。日常生活中儿童们的一些权利得到增强，如隐私权、文化权利等。

在这些转变中，可以看到人们对儿童的主体地位、自主性以及儿童的权利给予了高度的重视。历史上儿童无权的状况得到极大的改善，尤其是随着《儿童权利公约》的推进，人们越来越意识到儿童应当享有基本的权利。

近年来关于青少年儿童的"赋权""增权"（empowerment）的探讨，显示了这方面的最新发展。

第三章　儿童与作为儿童的文化

> 人们对儿童一无所知。若是对他们的观念错了，那么就越做越错，愈走愈入歧途。
>
> ——〔法〕让-雅克·卢梭

儿童文化应当是儿童的文化，是具有儿童性的文化，不论这种文化是否是由成人社会为儿童创造的。要知道，当我们把儿童文化划分为"为儿童的文化"和"儿童创造的文化"两部分时，实际上，这是基于不同的视角来看待的。从儿童的角度看，并无这种截然分明的区分。在儿童看来，一切与其相关的，都可以视为他们的文化或其构成部分。

如何看待作为儿童的文化，这需要我们转变对儿童的看法，关于儿童，除了传统的认识外，还可能是什么。

在一定程度上，儿童文化意味着儿童的一种日常生活，儿童所有的创造、想象都赋予其中，解析儿童文化即需要在寻常的日常生活之中读解儿童文化的独特之处。这种分析，可以让我们了解儿童文化究竟是如何生成的。

作为行动者的儿童

作为儿童的文化意味着什么？在儿童主体的意义上，首先即意味着承认儿童是能动的主体。这种关于儿童的认识，经历了长期的历程，并在新童年社会学（new sociology of childhood）那里被进一步推进：儿童被视为积极的社会行动者。

儿童能是什么

前述关于"儿童是什么"的四种概括,无疑从历史和现实两方面揭示了儿童概念的复杂性。固然,这一简单的回顾可以使我们稍稍对儿童概念有一个大体的了解。然而,如果从建构主义儿童观的角度看,更为重要的不是"什么是儿童"抑或"儿童是什么"这类问题,而是"儿童能是什么"的问题。"儿童能是或可能是什么",反映出"儿童"本质之可能的新的认识。

"儿童像科学家一样"[①],儿童是"摇篮里的科学家"

像科学家一样,儿童具有天生的好奇心,他们是带着提问和寻找答案的天性来到世上的。年幼的儿童在4岁左右,他们的好奇心就会膨胀从而提出问题。随着语言能力开始发展的年龄的到来,他们几乎对每一件事情都有疑问。也许是因为儿童的天真烂漫,也许是因为我们从未深入思考,有一些问题既有趣又可爱。"为什么狗总是追着猫?""为什么球会弹跳?""为什么鸡不会飞?",当大人时间似乎很紧张而要完成的事又很多时,儿童们提出的问题就会让人恼火,"为什么我一定要洗澡?""为什么我现在必须去睡觉?""但是,为什么我一定要睡觉呢?",通常情况下,这些问题被看成是孩子们拖延时间的战术,而事实也许正是如此。然而,儿童也在尝试对重复发生的事情做出解释。儿童知道洗澡是什么或睡觉是什么,但是仍然不明白为什么要洗澡或睡觉。而有些问题对于那些要回答这些问题的成人而言,则是智力上的挑战:"为什么长颈鹿有长脖子?""为什么下雨的时候会打雷?""为什么人会死?"[②],这些"为什么"的问题,与其说儿童希望要的是解释,不如说是儿童对问题的发现,因而他们也不会简单满足听问题的人给予一个答案。

一些发展心理学家最近已提出,儿童所做的事情与科学家们所做的事情惊人地相似。科学家也会就一些令人困惑的问题提出为什么,并试图一

---

① 〔美〕克里斯汀·夏洛、劳拉·布里坦:《儿童像科学家一样》,高潇怡等译,北京师范大学出版社,2006。

② 〔美〕本特利等:《科学的探索者——小学与中学科学教育新取向》,洪秀敏等译,北京师范大学出版社,2008,第142页。

探究竟。而所谓的科学探究①是处在运动变化中的：它描述了一个创造的过程，其基础是诸如询问、发掘、审视等所有处在运动变化中的活动。科学探究的本质是对各种变量进行操作：这个管用吗？或许它管用。我来测试一下，看看会发生什么。哦，它不起作用。我想知道我试试用这个来代替它，又会发生什么？

"以探究为导向"的科学家与儿童的"为什么"问题之间的这种类似性，形成人们对"儿童能是什么"的一种新认识，即视儿童为"摇篮里的科学家""科学的探索者"。

表 3-1 提供了关于"儿童的科学"和"科学家的科学"这两种类型的科学的描述和比较的资料。通过这个列表可以发现，与大多数关于周围世界的自然探索相比，科学家的科学只是更为复杂而已。

表 3-1 儿童的科学与科学家的科学②

儿童的科学	科学家的科学
基于证据的观点	基于证据的观点
有时是从观察中做出解释	从原有理论和观察中做出解释
解释有时候是用来说明观察结果	观察是用来检测解释的
凭借缺乏指导的感官能力来观察	用复杂的仪器设备来观察
没有观察到就认为不存在	观察不到的可以通过仪器检测
以自我为中心或以人为中心	寻求客观的看法

对儿童和科学家相似的认识，促进了科学教育的改革。美国《国家科学教育标准》（National Science Education Standards）（国家研究理事会，1996）将培养全体学生的科学素养作为其主要目标。科学教学标准主张以探究为基础的科学教学，其内容标准描述了从幼儿园至四年级、五至八年级、九至十二年级的儿童学习的期望水平。它包括八个方面的内容：(1) 统一的概念和过程；(2) 作为探究的科学；(3) 物质科学；(4) 生命科学；(5) 地球—空间科学；(6) 科学与技术；(7) 个人和社会视野

---

① 〔美〕沃泽曼、伊芙妮：《新小学科学教育》，宋戈、袁慧译，北京师范大学出版社，2006，第 6~7 页。
② 〔美〕本特利等：《科学的探索者——小学与中学科学教育新取向》，洪秀敏等译，北京师范大学出版社，2008，第 85 页。

中的科学；(8) 科学的历史和本质。①

显然，《国家科学教育标准》的理念支撑是视儿童为"摇篮里的科学家"。

"儿童就是一个哲学家"②

"哲学"一词，源自希腊文 philosophia，是由 philo 和 sophia 两部分构成的词组，其中，philo 是动词，指爱和追求，sophia 是名词，指智慧。philosophia 意即爱智慧，因而，哲学是指一种爱智慧的活动，是一种探索世界、认识自我的活动。这种"爱智慧"的追求是人的一种天性，是人的本来面目，尤其是儿童们，他们总是提出很多成人不能回答或不会注意的问题，尽管这些问题被成人视为或稀松平常或稀奇古怪而不予重视，但它们却表现出儿童最初的智慧探索活动，这是儿童的哲学探究活动，是儿童理解世界的哲学方式。

哲学离儿童并不遥远，雅斯贝尔斯说："我们常常能从孩子的言谈中，听到触及哲学奥秘的话来。"③ 美国哲学家马修斯探讨了大量富有哲学意趣的儿童言论，而李普曼则把儿童作为哲学家来进行思维训练。

儿童从出生开始，就运用各种感官探索这个新奇的世界，试图了解这个世界，当他们具备语言表达能力之后，不断地以"这是什么""那是什么""为什么"等一系列问题来向周围的一切事情发出疑问，并通过向他人提问或自己的探索求得合理的解释。当他们这样做的时候，可以说，儿童已经是小小的哲学家了。

如果说哲学像柏拉图所说，是始于惊奇的话，那么作为哲学家的儿童就诞生在儿童对自我和世界的困惑中。

哪一部分我是真正的我？

约翰正仔细地在思索这个事实，除书本、玩具、衣服之外，他有两条

---

① 〔美〕大卫·杰纳·马丁：《建构儿童的科学》，杨彩霞等译，北京师范大学出版社，2002，第15页。
② 参见刘晓东《儿童精神哲学》，南京师范大学出版社，2003，第85页。
③ 〔德〕卡尔·雅斯贝尔斯：《智慧之路》，柯锦华等译，中国国际广播出版社，1981，第2~3页。

手臂，两条腿和一个脑袋。这些都称之为他的玩具，他的手臂，他的脑袋等，他问道："哪一部分的我，算是真正的我？"①

苹果是不是活着的？

大卫担心苹果究竟是不是活着的。他断定苹果在地上时是活着的，但带进了室内便不是活的了。②

这些疑惑，每一个儿童都或多或少有过，它们构成儿童哲学的最初起源。美国当代哲学家马修斯于1980年出版的《哲学与幼童》一书正是对这些问题的思考与回答。作者列举大量的案例，意在证明儿童也是哲学家，他们具有应用哲学的能力，哲学是人类与生俱来的一种活动。③

儿童有自己的哲学，或者说，儿童就是一个哲学家。一些学者已经明确地支持这种认识，认为儿童的哲学是儿童时代的反映，它在儿童与周围世界交互作用过程中形成和发展。儿童的哲学，至少具有以下几种特点或规律。

（1）"儿童的哲学"这一概念是"流动的""燃烧的"，它在儿童主体那里运动着、发展着。

（2）儿童主体与客体关系的演进，即儿童主体的发育程度影响着儿童的哲学的运动变化。

（3）儿童的哲学最初具有浓厚的生命色彩。

（4）教育对儿童哲学的发展有着重要影响。

（5）儿童的哲学是儿童主体外部和内部因素共同作用的结果。

（6）不同的环境对儿童哲学的具体内容会产生直接的影响。

（7）儿童的哲学在其断面上至少有纯朴、浪漫幻想、易受情绪影响、自由创造的性质。④

---

① 〔美〕加雷斯·皮·马修斯：《哲学与幼童》，陈国容译，生活·读书·新知三联书店，1989，第103页。
② 〔美〕加雷斯·皮·马修斯：《哲学与幼童》，陈国容译，生活·读书·新知三联书店，1989，第7页。
③ 巫秋云：《哲学与幼童——儿童是个哲学家》，《当代学前教育》2008年第4期。
④ 具体参见刘晓东《儿童精神哲学》，南京师范大学出版社，2003，第89～90页。

"儿童都是艺术家"①

儿童是天生的艺术家,儿童通常在 2 岁左右,便会在纸上自发地随意涂抹。不少学者将这一段儿童特定的时期称为涂鸦期。这是儿童与生俱来的艺术表现的创造力。

挪威学者布约克沃尔德认为儿童和艺术家有着同一血脉,都是缪斯本能的承载者,他们都本能地感受到能够激起缪斯天性的内在迫切冲动。本能的缪斯是人类每一个成员与生俱来的一种以韵律、节奏和运动为表征的生存性力量和创造性力量。儿童以整体的方式生存、思考、感觉、行动,他们是具有缪斯天性的人。

儿童的自发歌唱,表明儿童具有某种共同的缪斯性的母语。在儿童每天所做的不计其数的活动中,从系鞋带到孩子间的嘲弄或沙箱内的天真玩耍,自发的歌唱作为一个基本因素进入这一切之中。它处于儿童文化中运动、语词、歌唱这种缪斯性"恩戈麦"的中心,它为他们的游戏带来了节奏,为他们的运动带来了形式,为他们的词语带来了暖意。对儿童来说,掌握自发的歌唱是至关重要的,因为这是儿童文化中的普遍性语码,给儿童的表达和成长一把特殊的钥匙。这是一种不需要成年人鼓励就自发涌现出的歌唱。② 基于这些发现,布约克沃尔德早在 1985 年就发表了研究成果《儿童的自发歌唱:我们的缪斯性母语》。

的确,人的很多艺术能力是与生俱来的,在儿童那里表现为一种待发现的缪斯潜能,换言之,儿童就是天生的艺术家。对儿童和艺术家关系的研究,也证明了这一点。

艺术大师毕加索曾经说过:"学会像一个 6 岁的孩子一样作画,用了我一生的时间。"③ 例如他的著名作品《海滩边玩球的泳者》——一幅极富有天真意味的绘画,就是他在 46 岁时创作的。

这一事例表明了一个成熟的艺术家与儿童天性深刻的相关性,儿童缪

---

① 该观点代表学者有布约克沃尔德、边霞、刘晓东等。
② 〔挪威〕让-罗尔·布约沃克尔德:《本能的缪斯——激活潜在的艺术灵性》,王毅等译,上海人民出版社,1997,第 63 页。
③ 〔挪威〕让-罗尔·布约沃克尔德:《本能的缪斯——激活潜在的艺术灵性》,王毅等译,上海人民出版社,1997,第 270 页。

斯潜能赋予其天生的艺术能力。

研究者朗辛判断说，刚进入一年级接受教育的儿童能表现出艺术家的特征，因为他们具备了如下这些技巧：

> 用自己可理解的符号代表概念；
> 传达情绪反应；
> 创作一个与自己所意欲表达的经验范畴相联系的外形；
> 安排视觉符号，以产生使人愉快的结构；
> 知觉到那种含有使人愉快的技能的符号；
> 独立达到表现目的；
> 认出并指明形式因素；
> 认出那种特别反感的构成；
> 向对象的含义与特质做出应对；
> 向形式特质做出应对；
> 在艺术中认出各种风格；
> 谈及艺术的特征；
> 运用基本的艺术词汇。[1]

都克[2]甚至认为，不能画画的儿童是不正常的，而在6~10岁的孩子中尤其如此。正是在6~10岁这个期间内，个体天性的癖好开始显露，并开始朝向自我实现的方向发展。

正是通过儿童与成人艺术家的比较，国内学者边霞提出："儿童都是艺术家"，这不仅是一个命题，更是一种诗意的描述，它并不是指要在儿童与艺术家之间简单、生硬地画上等号，而更多地是指，在儿童、一般成人和成人艺术家之间，儿童与成人艺术家在内在精神、生活态度、创作手法、创作状态和创作结果上都有更大的相似性和可比性。[3]

---

[1] 〔美〕H. 加登纳：《艺术与人的发展》，兰金仁译，光明日报出版社，1988，第293~294页。

[2] 〔美〕H. 加登纳：《艺术与人的发展》，兰金仁译，光明日报出版社，1988，第294~295页。

[3] 参见边霞《儿童的艺术与艺术教育》，江苏教育出版社，2006，第135页。

除了上述"儿童像科学家一样""儿童就是一个哲学家""儿童都是艺术家"外，对"儿童可能是什么"的认识，还有"儿童是个心理学家"[①]"儿童是道德哲学家"[②]"儿童是'探索者'和'思想家'"[③]"儿童是'梦想家''游戏者'"[④] 等。

这些对儿童的认识，显然已不局限于对"儿童是什么"的字面或概念含义的理解上，而包含着对儿童作为人的潜能的可能性的一种测定。"儿童"不是一个单纯的年龄限度的概念，也不是一个生理阈限的范围，儿童是一个真正的人，对儿童的认识负载着人们对人所能达到的发展限度的展望。在儿童身上所能展现的一切，在某种意义上，呈现出人自身的可能命运。

新童年社会学的认识

把儿童视为科学家、艺术家、哲学家等，显然表明人们已不再仅仅视儿童为社会的被动存在了。儿童不仅是一个社会的学习者，同时能够参与到社会的探究与创造活动中去，能够影响成人及整个社会。儿童是积极的社会行动者。

对儿童的这一明显有别于以往的认识，特别体现在新童年社会学研究中。

新童年社会学是20世纪后期欧美特别是在英国、丹麦、挪威等国兴起的一场童年研究运动，它致力于改变社会科学对童年的忽视或仅限于从发展心理学和教育学的角度看待童年，认为童年问题应当是当代社会学的中心议题之一。区别于旧式以"社会化"为核心的童年或儿童社会学理论，其对童年研究的新发展，突出特征是视儿童为"如其所是"的人类存在（human beings）而非"等待中的成人"（as adults – in – waiting）或"形成中的人"（children as becomings），进而去研究儿童、童年问题。这

---

① 参见杜燕红《儿童是个心理学家——心理理论及其启迪》，《上海教育科研》2005年第7期。
② 参见周东苏《儿童是道德哲学家》，《教育导刊》（幼儿教育）2008年第4期。
③ 刘晓东：《儿童文化与儿童教育》，教育科学出版社，2006，第7~10页。
④ 刘晓东：《儿童文化与儿童教育》，教育科学出版社，2006，第10~12页。

种儿童的新观念，对童年研究产生了深刻的影响。

经典社会化理论毫无批判地吸收了心理学模式中的二元论思想。在这种理论中，儿童被认为是不成熟的、非理性的、无能力的、反社会和反文化的，而成人是成熟的、理想的、有能力的、社会的、自主的。儿童是不同的物种，社会化就是从一种物种到另一种物种的过程，核心是把一个反社会的儿童转变为一个社会性的成人。儿童的本质被假设为与成人是不同的；为使这种社会化模式能够运作，亦必须这样假设。儿童被描述为，像一只实验老鼠在受到不断的刺激：被动的和顺从的。儿童迷失在社会的迷宫中，需要成人提供方向。儿童——像老鼠一样做出反应，最后通过成为一个社会人、成为一个成人，而获得奖赏。由于儿童被建构为没有能力去进行社会交往，这样，儿童的本质便在根本上不同于成人。这导致了社会化理论与儿童日常实践相疏离、脱节的问题。

在对上述传统社会学相关儿童认识的反思下，新童年社会学认为儿童不是消极的、被动的存在，儿童在社会领域中，是一个积极的主体而不仅仅是遗传和环境的产物，用英国新童年社会学学者普劳特（Prout）的话来说："儿童在他们自己的社会生活、他们周围人的生活以及他们所生活的社会中，发挥着积极的建构性作用。儿童并不是社会结构和社会过程的被动对象。"[①]

这种认识，显然不同于传统社会化理论基于儿童—成人的二元论划分对儿童的论断，而是认为儿童与成人一样，他们拥有能力、会思维、能做出决定，是积极的社会成员，由此，儿童的主体性被凸显出来。可以说，正是新童年社会学的视野使我们真正确认了儿童的主体地位和价值。

新童年社会学吸收社会建构主义的理论优势，通过确认儿童积极介入他们自己的社会生活，围绕着其他人生活以及对更大的他们所生活的社会的建构，肯定了童年和儿童文化的独立价值。

无疑，传统社会化理论基于儿童—成人的二元论视野，以成人的思想、视野来评估童年、儿童文化的存在价值，是从一种成人权力的立场来

---

① Allison James & Alan Prout, *Constructing and Reconstructing Childhood: Contemporary Issues in the Sociological Study of Childhood*, London: Falmer Press, 1997, p. 8.

看儿童、童年问题的。由此，儿童的社会关系、儿童文化被降格为成人、成人文化的依赖物。新童年社会学学者认为，与成人及成人文化一样，童年和儿童文化本身便值得研究。童年是儿童的童年，它真切地构成儿童现实的生活、生命、生存活动，它不是未来成人生活的预演，也不是以往成人生活的翻版。对儿童而言，童年经验具有格外重要的精神生存意义：赋予自身生活以独特的价值。

正是由于新童年社会学对童年和儿童文化价值的强调，20世纪最后几十年，社会科学领域中童年研究的重要性以及作为一种亚文化样式的儿童文化的重要性，已经逐渐为诸多学者所意识到。

从新童年社会学来看，无论是社会化理论还是心理学的儿童研究，其所谓的研究，都是视儿童为研究测定的对象：评估儿童的社会化程度以及向完全成年期发展的情况。这种研究是更广泛地界定儿童社会本质的社会倾向的一部分，即将儿童界定为社会结构中的附属品和不完全的成员。

鉴于此，新童年社会学主张对童年重新概念化，这不仅挑战了成人—儿童关系的偏见，也导致对成人研究者和儿童被研究者之间关系的重新评估。其中一个显著的转变是强调从"研究儿童"（researchen）到"与儿童一起研究"（researehnith）或"为儿童的研究"（neseanl for）[①]："儿童"不再是代表了研究认知形式或社会化发展是否"正常"的一种实验对象，这种实验对儿童本身并没有什么意义。这就反映出一种与以往截然不同的关注：去直接聆听儿童的声音、倾听他们的观点、关注他们的独特兴趣和作为现代公民的基本权利。

这种研究转向，亦引发了一种新的对儿童和童年的知识论兴趣：关于儿童、童年的知识及理论话语，并不仅仅是成人的建构，而是成人与儿童一起建构的共同产物。

新童年社会学给予的启示有以下几点。

首先要突破"成人—儿童"的二元区分，转变儿童的传统观念，不再仅仅把儿童当作"小大人""缩小的成人"，将其视为被动的、消极的存在，而要认识到儿童总是积极地参与到社会活动中，他们是主动的、有

---

① William A. Corsaro, *The Sociology of Childhood*, London: Pine Forge Press, 2005, p. 45.

参与成人世界能力的独立个体。

其次,传统的儿童观点是压抑性的,否认了儿童有表达自我和培养能力的机会。应借鉴新童年社会学的儿童观念,确立儿童的主体位置和思想,捍卫儿童作为人的基本权利,尤其是在学校教育中。需要意识到对儿童的负面态度可能对儿童参与社会进程是一个潜在的障碍,应当相信对于会影响到他们的一些决策,儿童能够提出有价值的、值得行动的意见,而不是仅由成人来决定这些事关儿童利益的所有事务。

本质上,向现代儿童观念的转变,需要我们抛弃那种视儿童为无能和无助的主导性认识,儿童不是被动的社会化接受者或文化承递的传声筒,儿童主动、积极地掌握、阅读、辨识和理解来自成人世界的信息,我们应该帮助儿童意识到自己的潜能,从而使他们更加独立、更加健康地发展。

儿童参与阶梯

将儿童视为社会行动者的认识,带来一种理解:儿童应当被视为建构其周围世界的参与者。马修斯(Matthews)进一步认为,作为社会的完全成员,儿童有权基于他们的能力、理解水平和成熟度,来参与社会的各项活动。[1]

然而,儿童如何参与社会进程?很显然,即使是基于年龄的不同,儿童也并不可能参与所有层面的社会活动。作为社会行动者,儿童的参与程度与其发展状况有适切性。为此,罗杰·A. 哈特(Roger A. Hart)专门设计出一种参与阶梯来显示儿童参与的不同程度,这种阶级有八个等级,包括操纵;装饰;象征参与;指定但告知;咨询和告知;成人发起,与儿童共同决定;儿童发起,由成人指导;儿童发起,与成人分享决定。[2]

其中"操纵"处于参与阶梯的最低部。常见的例子是有关影响儿童社会政策的政治海报。如果儿童们不能理解这些问题及相关行为,那么这就是对儿童的一种操纵。这样的操纵,并不是一种让儿童参与社会民主进

---

[1] Matthews. *Children and Community Regeneration: Creating Better Neighbourhoods*, London: Save the Children, 2001. p. 9.
[2] 参见 Roger A. Hart, *Children's Participation: from Tokenism to Citizenship*, Florence: UNICEF International Child Development Centre, 1992。

程的恰当方式。另一种操纵情况是儿童被咨询但却没有任何反馈。譬如，成人研究儿童图画，收集并询问儿童的想法以供其分析。但是在分析过程中，成人不会告诉儿童他是如何得出结论的，并且作为图画作者的儿童们也并不知道他们的想法如何被使用。

第二层阶梯是"装饰"，例如在一些场合组织儿童唱歌或跳舞，但儿童自身不知道这些场合意味着什么。儿童参与其中，是因为感到表演有趣，而不是因为事件本身的意义。与操纵不同的是，成人不会掩盖他们受到了儿童的启发，他们只是以一种相对间接的方式利用儿童来实现目的。

所谓"象征性参与"是指这样一种情况：儿童被给予发出声音的权利，但事实上却很少自己去选择交流的主体和方式，因为他们基本没有什么机会表达自己的意见。由于儿童养育的进步思想被误解，这种矛盾现象在西方似乎特别普遍。象征性参与，体现在儿童如何参与会议。儿童们被成人选中参加会议，但对议题却没什么准备，同伴之间也少有讨论。如果没有人解释那些儿童代表为何会被选中、是如何选出来的，以及代表着什么样的儿童观点，那么这不能算是儿童的真正参与。由于儿童并不像我们想象的那样"天真"，儿童会知道这些参与是假的。

从操纵到象征性参与的三个阶梯，都属于非参与性模型，而后五个则属于参与性模型（见图3-1）。

"指定但告知"阶梯，属于真正的参与。真正的参与，具有四个特征：

（1）儿童理解项目的意图；

（2）儿童知道谁做决定及为何做此决定；

（3）儿童起到有意义的作用（而不是装饰）；

（4）清楚告知项目后，儿童志愿参与其中。

以会议为例，儿童可"操纵""装饰"或"象征性"地介入其中。拿世界儿童峰会来说，邀请儿童真正介入是相当困难的，但是组织方不仅仅是将儿童作为年龄群体的代表，还发挥了儿童的参与能力。例如，儿童被安排到每个世界代表那里，他们提醒、引导代表准时到某个会议室参与会议。在整个过程中，儿童发挥着重要的作用。儿童有机会与各位领导人合影。儿童们自身也为能够服务这样的重要盛会而感到自豪。

"咨询和告知"阶梯。儿童有时候作为成人的咨询者而出现。一些项

阶梯示意图（从下到上）：

1. 操纵
2. 装饰
3. 象征性参与
4. 指定但告知
5. 咨询和告知
6. 成人发起，与儿童共同决定
7. 儿童发起，由成人指导
8. 儿童发起，与成人分享决定

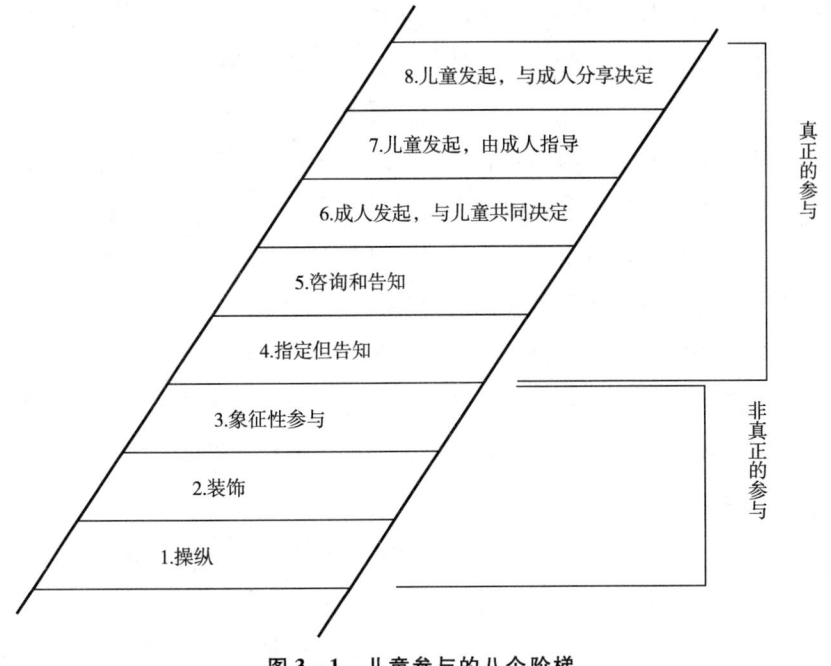

右侧标注：1—3 为"非真正的参与"，4—8 为"真正的参与"。

图 3-1　儿童参与的八个阶梯

目是由成人设计的，但儿童的意见被给予重视和严肃对待。一个有趣的例子是纽约尼克国际儿童频道——一个电视公司，其一些新的想法往往来自儿童。当儿童批评某方案时，公司会根据儿童专家小组的意见重新修改。

第六层阶梯，"成人发起，与儿童共同决定"是一种真正的参与，因为尽管项目或活动是由成人发起的，但成人却与儿童共同做出决定。这体现在一些社区项目中，如社区设施的建设等。

"儿童发起，由成人指导"，这种参与的例子在儿童游戏构想方面较多。即使是较小的儿童也能参与其中，成人则充当指导和保护的作用。成人的支持性参与，表现在幼儿园里儿童游戏活动中，教师不会直接干涉儿童的游戏活动。

最上层的阶梯是"儿童发起，与成人分享决定"。哈特举了一个美国公立学校的例子。两个 10 岁的男孩曾看到过哈特将另一个班级的儿童带到树林中，从一个隐蔽处观察动物行为。这两个男孩，模仿哈特观察动物行为的方式，在教室里从桌子下面来观察其他儿童的行为。他们的老师发现并支持他们改进设计。这种活动对儿童了解自己非常有用，能够有助于学校解决冲突,并且提供了一种班级组织和管理的方法。当然,这个例子来自教师的细心洞察。令人遗憾的是,这一最高阶段的参与,一般来说是很罕见的。

上述八个阶梯的参与形成,呼应了新童年社会学对儿童作为社会行动者的认识。当然,这一参与阶梯本身,并非没有瑕疵。譬如,最后一个阶梯,事实上是相当难以实现的。但是,毫无疑问的是,儿童参与阶梯的提出,肯定了儿童参与社会进程的能力。

从诸学科对儿童作为科学家、哲学家、艺术家等的认识,到视儿童为社会行动者,再到提出具体的儿童参与阶梯,这一有关儿童认识的发展脉络,清晰地显示了人们越来越意识到儿童的社会行动潜能。

儿童文化与儿童的日常生活

对儿童文化而言,仅仅视儿童游戏、儿童绘画、儿童艺术等为其组成部分是不够的。没有哪一种儿童文化能脱离儿童的日常生活活动。换言之,儿童文化总是与儿童的日常生活相互联系着的。日常生活中形成的一定的观念、信仰、价值观、规范、思考方式等作用于儿童文化。因此,在一定程度上,可以说儿童文化即儿童的日常生活实践。

寻常的儿童文化

如果按照把文化视为一种全部生活方式来理解,那么可以发现,作为一种生活方式的儿童文化是如此稀松平常。

晚上我和妈妈在外面玩,我被蚊子叮了好几口!回家洗澡的时候,特别痒痒,我边挠边气呼呼地说:"我要把咬我的女蚊子都打死!让它们再来咬我!"妈妈很奇怪地看着我,她问我:"宝宝,你怎么知道是女蚊子咬你呢?"我说:"女蚊子只吃人的血,男蚊子就吃草。"妈妈说:"是吗?妈妈都不知道,宝宝真聪明!"洗完澡妈妈帮我查书,我才知道,女蚊子叫雌蚊子,男蚊子叫雄蚊子,喜欢吸血的都是雌蚊子,雄蚊子从来不吸血,它只爱吸花蜜或果汁,喜欢生活在野外树丛中里，很少飞进人们居住的房间里。原来是这样呀，真好玩！①

当我们"寻找"儿童文化时，没有什么比这更普通的了。在儿童的日常生活中，常常展现着类似的场景，它们是如此平常而不会令人注意，其中一些根本不值得我们关注。例如，每天早上 7：30 小孩被送去学校或乘校车前往，然后参与学校的早读及其他活动，9：40~10：00 加餐，之后继续进行教学活动；中午短暂休息；下午，进行类似的活动；之后放学，被家长接回家；回家后，吃完晚饭，然后看电视、玩耍、跟爸爸妈妈聊天；之后上闹钟睡觉。无数的琐事，构成了极其寻常的儿童文化日常景观。

这些体验，对大多数儿童而言，都是相对程式化的，每个儿童都有着类似的经历，其相似性使得每日的儿童文化活动显得"平凡""熟悉""单调"而令人视而不见。事实上，这种经验不仅为儿童所有，也为大多数成人所分享。

对日常状态平凡的、单调的、百无聊赖的体验，是与现代性相关的。而如果"现代性可以被看作是产生了某种新颖独特、与众不同的时间经验的话，那么，在很大程度上，这些经验是和一个制度化了的工作世界和组织化了的教育联结在一起的"。②

无疑，当机器的工作节奏取代手工劳动的节奏时，人们的生活也必然需要重新组织和安排。日出而作、日落而息的休息—工作，逐渐由标准一致的世界时间标定，而随着时间的现代标准化，现代日常生活也被一并格式化了。

现代日常生活就建立在分分秒秒的世界时间的同步基础之上。在城市中，我们每周一至周五都按照一定的时间上班、下班，周末则休息，这已经是城市日常生活中的基本构成，很少有人去思考这种生活的特别性。要知道，把时间单位标准化的机械钟表不过出现在 14 世纪，相较人类的历

---

① 张桀：《幼儿口述日记——家园合作新举措》，《学前课程研究》2008 年第 4 期。
② 〔英〕本·海默尔：《日常生活与文化理论导论》，王志宏译，商务印书馆，2008，第 11 页。

史是何其短暂。

重复、轮回、相似，是日常生活的时间特征，它使人们的生活形式整齐划一、无聊乏味。

也许正如劳里·兰鲍尔所言，与这一特征相同而又最为常见的东西就是单调的流水线。在一篇探讨日常生活的文章中，劳里·兰鲍尔写道："日常的城市生活中的百无聊赖和流水线上的百无聊赖并无二致，无分彼此，就好像锁定在一个永远也不会有什么实质性的进步的无限系列中的两部分：它越是花样迭出，它就越是万变不离其宗。"①

与时间趋于空洞性的体验相伴的，是日常生活的扁平化、趋同化或同质化。

如果有人问我们，每天做了什么有趣味的或者值得记忆的事情，我们可能搜肠刮肚也想不起来，因为每天的生活是那么相似、程序化，实在没有什么好说的，听的人也可能会觉得无趣无味。

事实上，有很多父母就会这样问自己的孩子。

> 我问他："今天在幼儿园都干什么了，宝贝？"他说："写字了。""谁是第一个写完的？""是我呀。""老师给判了吗？""我得了优！"然后他自己开始说了："×××写的第二名，他光在那儿玩，写得很慢，可是他得了优+。"每次都是在我询问下，振振才慢慢说起幼儿园的事情，只要引导他，他就开始说一些。"那个×××呀真是太坏了！"我问他："为什么呀？"他说："他掐×××的脖子。""那你管了吗？""我管了，我不让他掐。"我问他："那你今天当班长了吗？""对呀，我当班长。""那你是个负责任的班长，真的很棒！"最后我表扬了儿子，在幼儿园表现不错，写字也有进步，妈妈为他感到高兴。②

儿童的这些日常活动，相当琐碎，甚至连儿童自己都不想告诉父母，

---

① 〔英〕本·海默尔：《日常生活与文化理论导论》，王志宏译，商务印书馆，2008，第13页。
② 《记录幼儿园生活的一天》，http://home.babytree.com/u/u1480071056/j/3432474，2013-09-07。

觉得无趣。也难怪日常生活视角下的儿童文化是如此平常了。

当我们去描述儿童文化时，尤其会有如此感受，不仅对于什么是儿童文化现象的界定是模棱两可的，而且我们似乎很难用准确的语言去复述理所当然的日常生活行为。实际上，儿童自身也不确定要告诉我们什么，以及如何去表述。

日常生活中儿童文化的寻常之处，即在于对其中的绝大部分，我们都不曾留意，也无法给予确定的解释。儿童就喜欢那样的过家家、捉迷藏游戏，喜欢想象自己是一个超人，喜欢看动画，我们就给儿童那样穿着，买那样的玩具给儿童……这些都是儿童日常生活中的一部分。很难说，儿童为什么要这样，大人们为什么要那样做，只能说，它们就在那里，我们就这样做了而已。

寻常之外

若儿童文化的日常生活给我们的展现如前所述，是如此琐碎、格式化、平凡的话，那么为什么我们还要关注？答案在于，儿童日常生活比我们所认为的要更有意义。

尽管日复一日的儿童游戏如此普通，几乎每一个儿童都有类似的经历，这使得儿童文化过于"简单""单一"，但是在个体的意义上，儿童的每一次文化活动都是独特的，对其自身而言，可能具有特别的意味。

理解日常之中的非寻常之处，需要人类学的一种"变熟为生"（defamiliarization）的视角转变。所谓"变熟为生"，是一种人类学的研究策略，即对习以为常的认识予以陌生化，将熟悉的事物置于陌生的环境中，"逃离"常识，从外部来观察理所当然的行为、观念等，从而取得更深入的认识。

就一般人而言，对自己熟悉的事物似乎往往"视而不见"，感到已经足够理解和把握了，不会像初次进入某个社会当中的人一样满怀好奇心地观察、体验，因而，人们很少会对熟悉的事物进行深入的探究，因为头脑中已经有相对固化的认知图式了。

然而，借鉴人类学的"变熟为生"，使得我们能够看到平常之中的不寻常，甚至奇怪之处。就像用筷子吃饭的人初次看到用手抓饭的人一样，或者像民国时期人们第一次看到西方的汽车一样，感到十分新奇。去熟悉化，意味着我们视为理所当然的东西，并非一定是"自然的""合理的"，意味着我们的日常生活不一定是"平常的"，而只是一套可能方式序列中的某一种而已。

不妨以现代幼儿园为例考察现代儿童的日常生活。下面是湖南省某一幼儿园的生活制度。

（1）将儿童一日生活的主要内容如睡眠、进餐、活动、游戏和学习等每个生活环节的时间、顺序、次数和间隔给予合理的安排。

（2）保证幼儿有充足的户外活动，正常情况下，整托儿童每天保证不少于3小时户外活动。日托儿童每天不少于2小时的户外活动，其中有组织的体育锻炼不少于1小时。

（3）每餐间隔在3个半小时以上，进餐时间不少于20分钟，不提前和延迟开饭时间。

（4）午睡保证不少于2个小时。

（5）集体教育活动每日小班15~20分钟，中、大班30分钟左右。

（6）除安排的集体喝水外，幼儿可根据需要随时喝水。

（7）保健人员每周对各班儿童执行一日生活制度的情况进行有目的的检查，及时发现问题并予以纠正。

这是现代社会所视之"自然"的儿童生活日程。对如今城市的双职工而言，是再平常不过的了。我们不会认为把年幼的儿童交给称为"学校"的机构，有什么不妥之处。所以，我们对此也不会去质疑。然而，在世界范围内，幼儿园的诞生，从福禄培尔算起也不超过200年的时间，而幼儿园制度在中国的普及，也不过是最近一个世纪的事。

对于中国传统社会中的人们而言，想来这种制度是相当新奇的。在那个时代，幼儿主要接受私塾形式的教育，教育的内容没有"集体喝水""组织体育锻炼"，也没有专门的保健人员。其主要任务是练习写字、背诗和写文章。等到学成了，就直接去参与科举考试，而不是升入小学。

当我们这样并置不同时代的儿童生活时，就会发现现代的育儿制度并非理所当然。没有被某个时代所体验到的东西，并非不能感知，只不过平平常常罢了。

通过借不同的时代之眼或站在不同群体的角度思考的方式,在本文化中探究日常儿童文化世界,虽然困难重重,但也不是不会产生可能的洞见。

而儿童的视角,相对于成人而言,本身即是一种极有效的"变熟为生"的方法。以儿童的眼睛来看这个世界,将会发现习以为常之世界的不同之处。

在这方面,艺术家的文字、画作最能鲜明体现儿童世界的魅力。譬如丰子恺《阿宝两只脚,凳子四只脚》。一天早上,阿宝朦朦胧胧醒来,似乎来了灵感,看到凳子光着四只脚怪难看的,便把自己的鞋子给它穿上,又把妹妹的一双新鞋也给凳子穿上。阿宝站起身来一看,真有趣!不由得叫起来:"阿宝两只脚,凳子四只脚!"

儿童世界是一个充满想象和创造的世界,并非如我们习以为常地看到的那样,是一种程式化的生活。儿童无时无刻不在探索周围的人、事、物。他们择取最常见的生活用品,却能呈现出自己最丰富的、超越成人的想象力;他们通过游戏来寻找日常生活的意义和趣味。在成人看来"无聊"的游戏,却正是儿童生活的不寻常之处。

如果我们愿意观察儿童平常生活中的点滴,那么就会发现,程式化的生活只是一种外在的表象。不仅对儿童个人而言,每一天的生活都是不一样的,而且对某一个群体而言,其日常生活也有十分不同的内容和意义。

日常生活除了列斐伏尔所指出的,是"生计、衣服、家具、家人、邻里和环境……如果愿意,你可以称之为物质文化之外,作为重复性的、数量化的物质生活过程",日常生活还具有一种"生动的态度"和"诗意的气氛"。[①]

与成人文化相比,这种"生动的态度"和"诗意的气氛",对儿童的日常生活而言却是格外真切的。正是儿童充满诗意的丰富生动的生活,才使得"儿童是成人之父""儿童有一百种语言"这样的言论,被无数教育工作者奉为圭臬。

---

① 吴飞:《"空间实践"与诗意的抵抗——解读米歇尔·德塞图的日常生活实践理论》,《社会学研究》2009年第2期。

作为日常生活实践的儿童文化

社会学的日常生活转向,使得人们逐渐关注日常生活的性质。一些社会学家视日常生活是唯一最重要的社会实在(social reality),认为任何与现实社会秩序相关的研究,都必须到日常生活实际及共同的日常实践中去探究。

以此理解儿童文化,日常生活无疑是一个重要的视角。一切与儿童有关的社会学研究,均需要考虑儿童的日常生活实践。

如前所述,儿童的日常生活实践,既呈现为寻常的表象,又包括不寻常之处。

理解此,需要区分以下概念:"日常"(the everyday)与"日常性"(the everydayness)不能简单地等同于"日常生活"(everyday life)或"每日生活"(daily life)。后者通常指常规性的一天又一天的生活的本性,而不是用于批判性地特指每天生活中的异化、干巴巴的"日复一日"的特征。借安东尼·吉登斯的话来说,一个是现代社会单调乏味的机器般的有节奏的日常生活(everyday life),另一个是古代社会的充满着具体而丰富意味的每日生活(daily life)。①

就日常性的层面看,儿童的日常生活的确具有上述单调性的一面。特别是从幼儿的情况来看,初为人父母的人们会感觉到这一点:每天定时给小儿哺乳,逗小儿玩,观察排泄,照料休息……这些日复一日的事情令大人们烦不胜烦。儿童们每日的活动也非常有限,睡觉、饮食、玩耍是他们生活的基本内容。

这些程式性活动使得儿童的生活显得单调,然而这只是日常生活的一面。事实上,从人类学的视角看,即使是最普通的、最平常的日常生活形态,也可以传达出丰富的文化信息,它是一个社会中既有观念、信仰、价值体系等的传递和表达。

显然,儿童选择何种方式实践,并不是天生的,基因赋予了儿童成为人的可能性,但是并没有就如何成为人拟定说明手册,因而,儿童的日常生活实践,并不必然以某种方式呈现出来。儿童的行为及反应取决于具体

---

① 刘怀玉:《西方学界关于列斐伏尔思想研究现状综述》,《哲学动态》2003年第5期。

的社会群体的观念、价值、态度,等等,特定群体长期形成的种种实践规范将影响儿童的表现。

这就意味着在不同社会情境下儿童对同一件事情的认识及反应方式可能不一样,甚至截然相反。世界上所有的儿童,都必须与父母建立亲密关系,但是亲密的态度和方式则依不同的社会与文化情境而各不相同。在一些文化中,儿童与父母同睡,以示父母之爱,儿童被亲切地以小名称呼。在另一些文化中,儿童则从小就与父母分床睡觉,父母与儿童之间可以直接称呼彼此姓名,而不视为不尊重。

当人们进行跨文化接触时,常常遇到诸如此类的"文化冲击",这种种冲击充分表明,不同社会中的群体包括儿童在内,其做事、行动、思考的方式,不是先定的,而是后成的。

因此,从这个角度看,作为日常生活实践的儿童文化,在其程式化表象的背后,实际上有着异乎寻常的意义:传递一个群体思考、交流、感情表达的方式。

下面是一个跨文化的实例对比。

【国内场景】有一天,一位年轻的妈妈带着从幼儿园接回的孩子往家走。她家住在4楼,每天都需要爬楼梯。这天孩子特别兴奋,和妈妈边上楼梯边大声唱着刚刚学会的儿歌,发出"咚咚"的脚步声,完全不顾及是否影响到周围的邻居。

【美国场景】一位美国母亲带着4岁的小女儿上楼梯。小孩子走路总是习惯把地踩得"咚咚"响,这个小女孩也不例外。可还没走两步,就听到母亲说:"孩子,你不能这样走路,在我们这幢楼里,有一个3岁的小弟弟,还有许多的爷爷奶奶,如果你走路的声音很大,小弟弟会被吓着的,而且爷爷奶奶也受不了噪声,他们会很难受的。"听了妈妈的话,小女儿眨着一双大眼睛说:"哦,妈妈,对不起,我忘了,我会注意的。"于是,母女两人轻轻地往楼上走去,尽量不发出声音。[1]

---

[1] 梁秋丽:《父母决定孩子的未来》,中国纺织出版社,2006,第135页。

面对同一事件，中美家长的不同处理反映出不同的待人处事方式。美国的父母比较重视培养儿童尊重他人的品性，这与美国文化中尊重个性、强调隐私、提倡不影响他人的自由有关。因此在教育孩子时，一般会要求孩子不要去影响别人。中国父母则对孩子的吵吵闹闹习以为常，甚至一味容忍孩子，不注重发展儿童的社会协助能力，这固然一方面与中国父母溺爱有关，另一方面也与"视儿童为小儿"的儿童观有关——因为不把儿童视为一个独立的人，认为儿童的理解能力不够，所以以低标准看待儿童的行为。

鉴于这一粗略比较，即可发现不同社会情境下这些有关儿童的日常生活实践有着丰富的文化意涵，看似普通的儿童日常生活，实则深刻地传达出某一社会群体的价值取向、人伦道德、习俗观念等。

这样的认识，主要着眼于总体上的日常生活。如果从个体的角度看，可以发现有节奏的每日日常生活具有特殊的独一性。这种独一性来源于个体与他人及世界的即时互动。对儿童而言，每日的互动都是鲜活的，不是重复的，不是无意义的。儿童的每日生活，都充满着生气，他们每日不断地蹦跳、嬉戏、自语，不断地尝试通过各种感官、各种方式来探索其周围的世界。

对儿童而言，其日常生活如舒茨所言，不仅仅是他们行动的背景，而直接是他们行动的对象。他们通过生活表达着他们独一性的儿童文化，既相容于所在社会群体的种种道德与行为规范，回荡着深层的社会结构，同时，又不会简单地为社会对他们的期待所化约，而是"个性化""创造性"地彰显自己。

但是，作为儿童日常生活实践的儿童文化的生成，其影响因素不是单一的，如果说文化是有序的话，那么这种有序绝不是自然生成的，它有着更重要的社会制度因素：教育。这是需要我们继续探讨的。

儿童文化的生成

在探究儿童文化如何生成时，一种观点认为，"儿童文化是儿童群体自己建构的文化，是儿童群体特定的生活方式，它普遍存在于儿童的交往、游戏与生活之中，包括幼儿园一日生活、家庭生活、社区生活等等"。① 另一种互补性的观点认为，儿童文化的一部分是"关于儿童的和为儿童"的文化，具体包括由成人为儿童而创造和设计的儿童教育、儿童文学、儿童艺术、儿童游艺、儿童心理等。②

这两种解释，虽不乏重要的启示性和建设性，但存在一个共同的问题，即在探究儿童文化的生成问题时，立足于儿童文化是由哪些群体创造的，偏向于对儿童文化主体的强调，而缺乏对儿童文化问题与人类整体文化的全盘性思考。应当把儿童文化的生成，置于儿童文化诞生的总体社会文化土壤中去。

人类学的观点

事实上，只有在人类社会文化的总体中，才可能正确勾勒、描画出儿童文化发生、发展的脉络。作为一门"用历史的眼光研究人类及其文化之科学"，③ 人类学的视野可以给予我们重要的启示。

1. 儿童文化的生成是一个文化传递的过程

一般而言，在探寻包括儿童文化在内的各种具体的文化样式的产生时，我们会自然地找寻这种文化的创造主体，把该类文化样式归结为某一个群体创造的产物。这种观点呼应了文化哲学把人作为文化创造者的基本认识。的确，人是一切文化的创造者，儿童亦是儿童文化的创造者。

然而，这种观点对儿童文化的生成问题而言，实际上只呈现出部分的、局部的真理或真理的某个方面。从文化创造主体的角度看，如果文化总能表现出某种实存形态的话，那么，儿童能否及如何创造出作为一种文化样式或亚文化类型的儿童文化，这是首先需要应答的一个问题。

当代生物人类学的研究告诉我们，相比于其他哺乳动物，人类的儿童是虚弱无助的，直到出生后一个月，婴儿才能在俯卧时抬头，到了两个月

---

① 程丽英：《解读儿童文化——兼析童年真的消失了吗》，《当代学前教育》2008年第3期。
② 谢毓洁：《晚清：儿童文化研究的新地带》，《湖南城市学院学报》2007年第4期。
③ 林惠祥：《文化人类学》，商务印书馆，1991，第6页。

时，他才能用手支撑使胸部离开地面。三个月大的婴儿才能举手触摸悬垂的物体。① 这就导致人类漫长的未成熟期，而"人类婴儿期所特有的延长的未成熟性决定了与其他灵长类动物相比，人类需要父母更多的养育"。②

如果这一认识是合理的，那么，可以大致推定，儿童个体一开始是不太可能创造出文化来的——无论是物质文化还是精神文化，若是没有先在的文化滋养与支持的话。因此，如果儿童文化确乎存在的话，那么，对儿童文化生成问题的解答，不妨先转向儿童文化与社会整体文化的相关性之探寻。

人类学文化传播学派，把文化现象看成是独立自在的东西，认为每一种文化现象如物质文化、社会制度和宗教观念等，都是在某个地方首先产生的，一旦产生出来之后，便会以发源地为中心向外扩散，恰如在水池中投入石块时出现的波纹现象。各个文化现象传播到各民族中以后，便在那里与当地已有的文化结合起来，形成一定的"文化圈"。各民族文化是相似的，各族人民并不是自己创造了自己的文化，而只是从世界上到处传播着的各种文化现象中"借用"了某些现成的东西，这种文化"传播"和"借用"的过程，便是"文化历史"的基本内容。尽管关于是否存在文化传播，人类学在一段时间内曾展开过激烈的争论，然而，正如 H. 盖尔德因指出，所谓传播主义绝非必须遵从的教条，而是一种可以解释文化现象的方法。③ 若此，如果用传播学派的观点解释儿童文化的话，可以发现，儿童文化在此意义上实是以成人为代表的既有社会文化向儿童个体或群体传播和承递的产物。

需要提醒的是，把儿童文化视为文化传递的产物，并非要否认儿童作为儿童文化创造者的作用，亦不是否认儿童文化自身蕴含的创造性，而是更多地强调儿童文化与以成人为代表的社会文化之间存在深刻的承递性和延续性。如任何创造活动都离不开一定的条件一样，儿童创造的儿童文化必然首先需要既有文化传统的滋养，这是儿童文化之生成的制约性前提，

---

① 〔英〕德斯蒙德·莫利斯：《裸猿》，何道宽译，复旦大学出版社，2010，第114页。
② 〔美〕罗哈特：《婴儿世界》，郭坪等译，华东师范大学出版社，2005，第11页。
③ 〔日〕绫部恒雄：《文化人类学的十五种理论》，中国社科院日本研究所社会文化室译，国际文化出版公司，1988，第22页。

儿童文化首先只能是文化传递的产物，只有在这个条件之下，儿童文化才有可能发展起来。

2. 儿童文化的生成是一个习得的过程

"文化意指由社会产生并世代相传的传统的全体，即指规范、价值及人类行为的准则，它包括每个社会排定世界秩序并使之可理解的独特方法。"① 这个"传统的全体"对儿童而言，是居先存在的。如果儿童文化包括儿童行为的规范、价值和准则的话，那么，这些规范、价值和准则首先是通过"传统的全体"而获得的，这决定了儿童文化的生成必须有一个习得的过程。

儿童文化的习得性质，表现在儿童的语言、行为、价值观念等的形成过程中。文化以符号为基础，"文化的最重要的符号方面是语言——用词代替对象"，② 语言能够使儿童从累积的、共享的经验中学习，没有语言，儿童无法形成一种属于他们自己的儿童文化。一般来说，我们视语言为按各种规则把声音组合起来产生意义的话语，然而，语言是文化环境中的语言，美国人类学家沃尔夫指出，语言并不只是把我们的观念和需求转化为声音编码的过程，确切地说，它是一种塑造力量。③ 语言提供日常的表达惯例，每一种社会中的不同语言预先安排儿童以某种方式看世界，继而引导着他们的思维和行为，形成不同地区不同风格的儿童文化。

另一方面看，儿童文化的习得性质，是由儿童对文化的内在需要性所决定的。儿童一出生就处在一个文化环境中，儿童所需要的一切都是文化的。儿童天生就是文化的、受文化影响的和需要文化的生物，这一点本身就是儿童原初形象的最基本标志之一。儿童对文化的需要，不是外在的，而是内在的。人们常常把这理解为儿童具有一定的缺憾，这就是说，儿童来到世上，是如此无能为力，他只有通过文化培育才具备生存能力，但是，正是由于儿童的这一缺憾，使儿童成为自身不断完美起来的生物。儿

---

① 〔美〕罗伯特·F. 墨菲：《文化与社会人类学引论》，王卓君、吕迪基译，商务印书馆，1991，第23页。
② 〔美〕威廉·A. 哈维兰：《文化人类学》，瞿铁鹏译，上海社会科学院出版社，2006，第43页。
③ 〔美〕威廉·A. 哈维兰：《文化人类学》，瞿铁鹏译，上海社会科学院出版社，2006，第115页。

童习得既有文化的精华，儿童又创造了新的文化。

事实上，不仅儿童文化是习得的，所有文化都是习得的而不是生物学遗传的，人类学家拉尔夫·林顿把这称为人的"社会遗传"。儿童文化是儿童的社会遗传，儿童在社会文化环境中成长，因而形成了自己的文化。

3. 儿童文化的生成是一个濡化过程

从文化代际层面看，在社会文化的许多方面这一代都趋同于下一代，儿童文化与上一代社会文化之间亦存在着连贯性，既有文化的生活、精神和行为方面的这种延续性部分地通过人类学称为濡化的进程而保持，这一进程实即儿童文化的孕育、渐成与发展进程，换言之，儿童文化的生成是一个濡化过程。

濡化是部分有意识、部分无意识的学习过程，儿童靠老一代指示、引导或强迫青年一代接受传统的思想和行为方式。所以，中国儿童使用筷子，而不使用刀叉，讲汉语，不善食牛奶，原因在于他们濡化的是中国文化而不是美国文化。①

就儿童文化的生成而言，这一濡化过程反映在其与成人文化的关系上。一些儿童文化理论家，认为儿童文化与成人文化之间是一个互补互哺的关系，一方面，儿童的成长是依赖于成人的；另一方面，儿童朴素的天性又对成人的心灵和文化具有反哺的功能。成人文化和儿童文化可以而且应当在互补与互哺中共同成长，相互拯救，只有如此人类才能拥有更为美好、更为文明的未来。② 的确，尽管儿童不同于成人的精神成长的特殊矛盾决定了儿童世界、儿童生活、儿童文化与成人世界、成人生活、成人文化之间的根本差异，然而，它们都属于人类整体文化的一部分，它们之间可以在互补与互哺中相得益彰，其中成人文化对儿童文化的哺育，是一个接受既有文化传统规范、价值、行为方式的濡化过程。

该濡化过程便是儿童文化生成最直接、最自然的过程。以成人文化为代表的既有社会文化，是儿童文化诞生的土壤，是儿童文化生成的酵母，

---

① 〔美〕马维·哈里斯：《人·文化·生境》，许家明译，山西人民出版社，1989，第7页。
② 刘晓东：《论儿童文化——兼论儿童文化与成人文化的互补互哺关系》，《华东师范大学学报》（教育科学版）2005年第2期。

如果说儿童文化是不断"转变的生长的"、"是复演的但又是创新的",[①]那么,其创新的基源无疑深深扎根在以成人文化为代表的既有社会文化中,在此意义上,也可以说,成人文化是儿童文化之父。

儿童通过濡化,获得了作为一个社会成员应当具备的思维能力、行为标准、道德准则等,这个过程,在本质上既是儿童习得既有文化传统的过程,同时,又是新的儿童文化渐成的一个过程。

濡化:儿童文化的生成性特征

儿童文化,是儿童共享的价值、信仰和对世界的认识,儿童用既有的文化图式解释经验、赋予生活以意义,而且反映在他们的行为之中。儿童对既有文化的理解和应用,在社会文化整体的视野中同时是一个接受、习得、分享其所在社会文化意义的过程,这个过程是一个濡化过程。濡化不仅是儿童文化的生成性过程,同时也构成了儿童文化最显著的生成性特征。

关于儿童文化的特征,目前理论界的认识有以下几种:"儿童文化是一种整体性文化""儿童文化是一种诗性逻辑的文化""儿童文化具有形象性、非功利性""儿童文化具有过渡性、非正规性""儿童文化的精神实质上就是游戏精神"[②],等等。

上述诸特征主要着眼于对儿童文化特征的静态归纳,而忽视了对儿童文化的过程分析。儿童文化是不断发展和变化的,对儿童文化的研究,应当不仅限于对儿童文化本质的归纳,儿童文化的过程探究应当成为当前儿童文化研究的核心议题之一。

如果我们暂时从上述静态的儿童文化的分析转向儿童文化的过程分析,那么我们就会发现,濡化即社会文化从一代向另一代转递的过程,构成了儿童文化生成的突出特征。儿童首先通过濡化,才逐渐生成了属于他

---

① 刘晓东:《儿童文化与儿童教育》,教育科学出版社,2006,第35页。
② 参见裘指挥《理解儿童文化》,《学前教育研究》2003年第2期;边霞《论儿童文化的基本特征》,《学前教育研究》2000年第1期;申晓燕、陈世联《儿童游戏·游戏文化·儿童文化——基于文化学的探讨》,《重庆师范大学学报》(哲学社会科学版)2008年第3期;杜晓利《走向儿童文化》,《教育科学》2001第3期;等等。

们自己的文化——儿童文化。

儿童文化是儿童主体的文化，濡化涉及儿童文化的主体即儿童。

一方面，濡化作为儿童文化的生成性特征，从主体内在方面看，体现为既有文化对儿童精神、心理和情感的形塑作用，儿童对自我的认知、个性的发展都受到既有文化观念、习俗、制度的影响。

人类学家哈维兰认为，濡化是随着自我的自觉意识——把自己当作客体进行识别、对自己做出反应和自我鉴定或估价的能力——的发展而开始的。[①] 尽管这种能力并非是与生俱来的，但它对个人在社会中的生存却是必不可少的，正是自我意识才使一个人能为其行为负责，懂得对他人做出反应，并扮演不同的角色。自我意识的一个重要方面是对有利于自我的正面因素之依恋。这对于激发个人去做那些有利于自己而不做那些不利于自己的事是必要的，而单独的个体，不足以做到这一点。

作为儿童主体的精神内核，其自我及自我意识的发展环境本质上是文化性的，从幼儿出生始，这种环境对儿童自我感知的濡化就开始了。"我是谁？"这个问题是儿童一直到成年都要面对的，儿童所构建的文化在相当一部分领域都在以某种方式寻找该问题的答案。但是，什么是自我以及儿童自身如何融入社会，并不是能通过感官直接体验的实在，它有着两个方面的相互作用：一是儿童认知的发展水平，二是外在环境经验的遭际。随着儿童的成长，儿童在自我意识上更有能力，自我的某些特定方面逐渐被看成个人的，儿童变得意识到自己的自我意识，并开始有意识地相信自己的体验，把自己视为一个有自身存在和自我特性的单独的人，同时，为了使自我意识发生作用，与自我相互作用的外在环境是必不可少的。儿童心理学的研究表明，儿童在人生早期阶段具有非常大的可塑性，他们当时从环境中吸收的经历具有基础性的作用，对其以后的整个人生有着极为重要的意义。因此，儿童必须认识自我以外的客体世界即相对于自我的外在客观环境，而这种客观环境是以既有文化来组织，并通过语言象征符号来传达的。

---

① 〔美〕哈维兰：《文化人类学》，瞿铁鹏、张钰译，上海社会科学院出版社，2006，第130页。

有鉴于此，可以说，儿童是通过既有的"文化之镜"来感知世界、发展自我的，正是有了这个"文化之镜"，儿童文化才得以生成。

另一方面，濡化作为儿童文化的生成性特征，就儿童的语言运用、行为模式等外在方面看，突出地体现为既有文化给予儿童的养育模式。文化习俗会影响儿童的养育，使得不同社会的儿童文化显示出差异。在一项跨文化研究中，美国文化发展研究学者巴巴拉及其同事详细分析了来自不同文化传统的四个地方的母亲和儿童是如何开始合作解决问题的。[①] 这四个样本来自危地马拉、美国、印度和土耳其，其中危地马拉和美国的样本差异最大。这点可以从对他们玩新奇东西的方式中看出。与美国的母亲不一样，危地马拉的母亲不把自己看成是孩子的玩伴，她们认为这种角色让她们难堪，所以她们喜欢让另一个大点的孩子来陪小孩子玩，自己在旁边指导大孩子去帮助小孩子。这些母亲基本上把自己看成是导师和指导者，她们不是不参与孩子的活动，而是示范应该怎么玩，然后把东西交给孩子。危地马拉与美国的样本在游戏情境中的气氛也不一样：危地马拉的母亲对孩子的帮助是一种正式的方式，维持着他们与孩子之间地位的差别，不像美国的母亲那样，把这个活动当成是与儿童一起游戏。

类似的跨文化比较还有很多。这些事例表明，在不同社会中特定的亲子交流行为模式使得儿童受到不同的濡化影响及结果。

这里，亦明确显示出，以成人为代表的既有文化是儿童文化生成的外部关键性因素之一，而不同社会的既有文化差异除体现该社会养育儿童的具体方法外，亦显示出特定社会中儿童文化濡化方式、途径的独特性。这种独特性，在思想层次上受到儿童观的影响。

一个社会的儿童观表现在很多方面，除了上述例子涉及具体的养育行为外，特别表现在对儿童本身的认识上。不同社会中人们对儿童的认识有所差异，即使在同一社会中，也有差异。作为濡化的一个重要影响因素，父母对于儿童特质和自身在儿童成长中所扮演之角色的认识，有着某些先入为主的观念，这些观念对儿童文化的生成和形貌有着直接的

---

① 参见〔英〕鲁道夫·谢弗《儿童心理学》，王莉译，电子工业出版社，2005，第319~320页。

型构作用。

其中对儿童天性和教养的认识，构成儿童观念体系的核心。处在一端的人们认为儿童生来就会在不同的阶段发展出不同的特点，成人在这一过程中的作用微乎其微。因而他们认为自己的作用在于为儿童创造出能够让儿童发展内在潜力的机会，除此之外，他们认为自己没有任何积极的作用，而且事实上在事情不能按预想发展时也毫无办法。在另一端的人们认为儿童在最初的阶段只是等待成人雕塑成型的陶土，他们确信无论何种儿童的特征都是抚养方式和儿童经历的结果，因而，在儿童发展的过程中，其决定因素在于父母、老师、同伴和电视等外在方面。[1] 这些观念体系，决定了儿童接受既有文化濡化的方式，从而影响着儿童的发展，规约着儿童文化所呈现出的面貌。

无论是从儿童文化的主体即儿童对自我的感知，还是从这个主体所作用的环境、被养育的方式以及成人对儿童的观念来看，儿童文化的生成，都包含"人类个体适应其文化并学会完成适合其身份和角色的行为的过程",[2] 这个被人类学家称之为文化濡化的过程。这个过程对儿童而言，既是一个社会化的过程，即通过学习和接受所在社会的文化价值、习俗与规范，融入这个社会的过程，同时又是让儿童形成一个自我感知和显示自己独特特性、形成由他们自身所创造和赋予意义的儿童文化的过程。

作为高级濡化活动的教育

从与既有文化传统的延续性关系看，儿童文化的生成，是一个濡化过程，这个过程受到诸多因素的影响，其中作为"一种高级的濡化活动"[3]，教育是该过程中的关键之一。事实上，儿童文化无论表现为何种形态，它都必须通过教育来促进和发展。兰德曼说："每一人类个体本身的生成，只是因为个体参与了超个体的且为整个群体共有的文化媒介。"[4] 对儿童文化的生成而言，亦恰乎如此。显然，正是通过教育，儿童参与到"整

---

[1] 〔英〕鲁道夫·谢弗:《儿童心理学》，王莉译，电子工业出版社，2005，第48页。
[2] Wrnick, Charles, *Dictionary of Anthropology*, Totowa, N. J.: Littlefield, 1984, p. 185.
[3] 郑金洲:《教育文化学》，人民教育出版社，2000，第115页。
[4] 〔德〕兰德曼:《哲学人类学》，彭富春译，工人出版社，1988，第268页。

个群体共有的文化媒介"中，进而才可能创制出一种新的文化样态——儿童文化。

"文化是历史上所创造的生存式样的系统"[①]，从某种意义上说，儿童文化实系成人为儿童创造的生存样式的系统，这个系统是通过濡化得以传承的。从这个角度看，儿童文化的生成过程同时是一个掌握社会技能、习得社会价值、培育道德信仰等的过程，而这个过程已经通过早期的家庭教育开始了。

就儿童文化的主体即儿童的生命历程看，最初是婴幼儿期，此时最重要的濡化机构是家庭，其中父母、其他长辈等对儿童的成长影响极大，在不同的社会中促成了不同风格和取向的儿童文化。我们可以看看不同社会中的父母是怎样谈论它们的孩子的。譬如，来自美国城市的父母和来自肯尼亚乡村的父母。美国父母被问及她们的孩子时，通常更倾向谈论他们的认知能力：有悟性、聪明、有想象力等词汇会经常出现，另外描述他们的独立和自立的表达也经常被使用。非洲父母则侧重于孩子的服从和对自己有帮助：心肠好、待人有礼、让人放心、诚实等词语最经常出现在他们对孩子的描述中。很显然，肯尼亚乡村的父母与美国父母有着不同的价值观：他们关于儿童对环境的适应力的强调体现了对于一致性和为共同需要服务的重视，而不是希望自己的孩子具有和他人竞争的特征。[②]

上述两种以父母为核心的不同的家庭教育方式，导致了以强调个人独立性为特征的儿童文化和注重相互依赖关系为特征的儿童文化。

确实，如人类学家的研究所显示，在所有社会中，濡化发生作用的第一个动因是儿童所出生的家庭中的成员。首先，家庭中最重要的成员是父亲和母亲，还包括其他成员如同胞兄弟姐妹、祖父母等，他们都会马上对濡化过程起作用。当孩子长大成人以后，家庭以外的人也被带进该濡化过程之中，这些人可能包括其他亲属。[③] 通过此过程，儿童接受文化濡化的作用。

一般认为，濡化的核心是人及人的文化获得和传承机制。作为一种有

[①] 〔美〕克莱德·克鲁克洪：《文化与个人》，高佳等译，浙江人民出版社，1986，第6页。
[②] 〔英〕鲁道夫·谢弗：《儿童心理学》，王莉译，电子工业出版社，2005，第42页。
[③] 〔美〕哈维兰：《当代人类学》，王铭铭译，上海人民出版社，1987，第295页。

意识的濡化过程，不同于家庭或社会教育的潜移默化的濡化，学校教育对儿童接受既有文化濡化的内容、方式以及自身形成学习能力具有强制规定性的功能。教育的文化功能，充分体现出对儿童及儿童文化生成的显在的规范性影响。

国内一些学者认为教育的文化功能包括教育的文化生成积淀功能、教育的文化传递功能、教育的文化选择功能、教育的文化创造功能。[①] 其中教育的文化传递功能最能体现濡化的核心意涵。事实上，濡化的本义即包含文化适应和文化传递之意。

具体而言，教育的文化功能对儿童文化生成的影响是指"教育"系统地提供给儿童一套维果茨基所说的"文化工具"。儿童借助这些工具，继承了前人已有的智力、物质、科学和艺术等各方面的成就，并对之加以发展、完善，形成一种新的文化，再传递下去。文化工具，包括技术上的，也包括心理上的：一方面包括像书籍、钟表、自行车、计算器、日历、钢笔、地图这样的物质工具；另一方面还包括像语言、文化、数学、科学理论这样的概念和符号，以及速度、效率和力量这样的评价。[②] 习得和掌握这些工具并非仅仅意味着获得某些特殊的技能，更重要的是可以帮助儿童以社会认同的方式来生活，同时培养儿童关于理解世界如何运作及对自身意义的思维方式，而这种思维方式对儿童文化群体气质的形成有着至关重要的影响。

其中，作为一种具体的儿童文化形态，现代学校儿童文化或校园儿童文化的出现，显示了教育特别是学校教育对儿童文化生成的直接影响。

现代学校教育不仅提供给儿童一个整合已有文化的平台，在这个整合过程中儿童逐渐习得和适应社会的规范，儿童群体形成可能的、新的与文化培育相应的文化价值意识和目标取向，在此，教育已经不仅担负了文化传承的功能，而且具有了创造新的文化的功能，这种新的文化，在儿童群体那里，即一些学者称为"校园文化"的儿童文化。校园文化是以学生为主体，以课外文化活动为主要内容，以校园为主要空间，以校园精神为

---

① 参见冯增俊《教育人类学》，江苏教育出版社，2001。
② 〔英〕鲁道夫·谢弗：《儿童心理学》，王莉译，电子工业出版社，2005，第296页。

主要特征的一种群体文化。校园文化本质上是一种情感的、审美的精神文化，具有非强制性、中介性、渗透性等特点，有极大的审美育人功能。①就儿童而言，这种文化的形成，显然是受教育影响的。

教育的这一功能，一方面，显示出儿童文化与既有社会文化的延续性，儿童文化与以成人为代表的既有文化不是分裂的，儿童文化的生成不仅是儿童创造的成果，同时也是儿童继承、发展已有社会文化的结晶；另一方面，显示出作为高级濡化活动的教育在儿童文化生成中的关键性位置，它帮助儿童规范自己的行为，内化社会的主流文化价值，使儿童以此掌握儿童文化创制的"文化工具"。

如果说在文化代际的意义上，人类文化的生成，具有本尼迪克特所说的"传递、转变、改造"的基本演进路径，那么，儿童文化的生成就必然存在一个接受既有社会文化的濡化过程，而在这个过程中，教育设定了儿童文化的基本面相，恐怕也正是由于此，一些学者才认为成人社会的文化危机最终只有通过教育来解决。

儿童文化圈

从文化的地理空间看，儿童文化自然受到空间上的制约，尽管全球化加速了文化信息的流动，但是儿童文化的根基仍然建立在一个相对具体的空间、组织与人文环境中。

相对于儿童主体感知而言，依照空间（包括自然空间、心理空间、社会空间）的疏密，儿童文化形成一定的圈层结构，首先最核心的是同辈文化，其处于儿童文化圈的最内层。其次是与现代社会结构形式极为相关的家校文化。再次是位于外圈的村社文化，也可以说是一种一定区域的本地文化。三种圈层结构，均呼应于儿童日常生活的地理空间距离。

同辈文化

众所周知，儿童不是在一个孤立的环境中成长的。在儿童成长的过程

---

① 易健：《论校园文化（上篇）》，《湖南教育学院学报》1996年第6期。

中，由于兴趣、爱好、性格、家庭背景、年龄等主观或客观的原因，作为单个个体的儿童会常常聚在一起，自然形成一种小规模的群体。这便是社会学上所谓的同辈群体或同侪群体。"同辈群体"（peer group），又称同龄群体或伙伴群体。它是由地位相近，年龄、兴趣、爱好、价值观和行为方式大体相同的人组成的一种非正式群体。①

由该群体所形成的亚文化即同辈文化。

对同辈文化的分析有很多角度。如果从一定时期的总体角度看，同辈文化近似于代际文化。生于不同时代的人由于受到养育、成长、文化环境等因素的影响，其在价值观念、行为表现、道德伦理、心理状态等方面存在着差异。譬如出生于70年代的人，相较80年代的人，可能更重视传统的道德标准，不太追求时髦，重视勤俭节约，对事业有规划意识；等等。"90后"则少有这些观念与行为上的束缚，大方、朴素为追求潮流取代，敢说敢想，在消费方式上由量入为出变为"月光族"，在交友方面，则较多依赖网络，朋友多为泛泛而交，在现实生活中，则喜欢"宅"在家里，不善人际交往。这些不同的代际群体，形成一定时期不同的群体文化。

这些基于代际而形成的文化，也显示在儿童群体中。显然，不同时代的儿童，其所生成的同辈文化是不一样的，即使是同一时代，不同区域、社会下的儿童同辈文化也可能不一样。

从代际的角度谈论儿童同辈文化，能够从宏观上把握儿童文化的历时演变。然而，儿童同辈文化的意义远不限于此，如果从儿童个体及个体社会化的角度看，儿童同辈文化更值得我们重视。

基于这个角度，我们更愿意把儿童同辈文化理解为伙伴文化。它是一种小群体文化。究竟什么是小群体文化，需要理解"小"字。如克特·W. 巴克所言，② 所谓"小"，是指小到能使所有成员同时相互作用、相互交谈或起码相互认识。另一个条件，要有自己属于该群体的起码信念，能够分清群体成员的"我们"和"他们"。离开这种小群体文化，更大群体层面的儿童文化要么难以实质形成，要么是极其松散的。

---

① 周晓虹：《现代社会心理学》，上海人民出版社，1997，第136页。
② 参见〔美〕莫里斯·罗森堡、拉尔夫·H. 特纳《社会学观点的社会心理学手册》，孙非译，南开大学出版社，1992，第331页。

从儿童日常生活观察看，儿童的小群体文化是很常见的。譬如以家庭居住地、就读学校、兴趣业余小组等为基础而形成的儿童同辈文化。这些基于不同机缘形成的伙伴文化，有不同的取向。由于就读同所学校而形成的小群体文化，其成员往往会结成学习伙伴，一起做作业，玩耍等。由于居住在同一个小区而形成的儿童小群体，其成员则并不一定在同所学校就读，常常是放学后的玩伴。有些儿童同辈文化则是由于父母相互熟悉而形成的。

儿童同辈文化的形成机缘各不相同，但具有一些相似的特征。

第一，儿童同辈之间非层级关系，而是呈现出平等的关系。儿童之间相互熟悉、认同，进而形成一种伙伴文化，其不是基于强制性原因，而是在具体的社会组织结构下自然而然形成的。个体之间不存在领导与被领导的关系，即使在同辈文化中某些儿童可能呈现出服从的意向，但大多数看来都是基于自己的意愿进行交往的，并没有上下级那种强迫性的服从关系。对于具体的活动，大多以相互协商为主。源此，同辈群体的解体，也是相当自然的。

第二，儿童同辈文化的自由性。儿童同辈文化本来就是自然形成的，它是基于儿童心理认同的需要，在相似处境下的儿童更容易形成小群体。他们所谈论的话题，较之亲子关系下的话题更为自由。一些不愿意与父母谈论的秘密，他们更愿意与同伴分享，可以自由地发表言论。这使得儿童同辈文化显现出不同于成人文化的一面。

第三，儿童成员间极强的互动性。儿童同辈之间的平等关系，带来儿童交往的高度互动性。一个话题会引发成员间的热烈反应，而且话题涉猎内容十分广泛，譬如衣着、玩具、动漫、偶像等。在日常生活中，我们常常可发现几个儿童在一起，叽叽喳喳说个不停，远比成人间的交流频繁得多。即使是初见面的儿童，也能够迅速熟悉起来，共同参与某项活动。

作为儿童文化圈的最内层，儿童同辈文化不是可有可无的，无论从社会学还是心理学的角度看，其对儿童的个体成长均具有十分重要的意义。

第一，作为社会化的重要途径，儿童同辈文化对儿童良好社会行为的养成具有直接的影响。由于社会结构的变化，当代独生子女家庭越来越多，儿童成为家庭的中心，家长们更是对儿童宠爱有加，这样，往往导致儿童自私自利、随心所欲的不良行为。而通过加入同辈文化，儿童会意识到其他儿童的不同需要、愿望，会学会从他人的角度思考问题，形成良好的社会行为。日本幼儿教育专家山下俊郎在其《独生子女》一书中指出："儿童是在同别的儿童的交往中开始从'自我中心'的'壳'中解脱出来，了解自我与他人的区别，了解集体中每个成员的权利与义务，培养出各种各样的道德品性的。尊重他人，理解行为规范、协作精神、服务精神这一类品性，不是靠成人的说教，而是靠儿童在游戏活动与社交实践过程中形成的。"[1]

第二，儿童同辈文化能满足儿童对情感、自我实现、他人认同的需要。作为社会人，儿童是一种社会性存在。儿童除了需要父母、家庭的温暖和肯定外，还需要作为他人的伙伴的社会交往。同一群体儿童之间的理解、关心、支持，可满足儿童对交往、群体归属及尊重的需要，避免心理发展上的扭曲，促进身心健康发展。另一方面，作为同辈文化群体的成员，儿童会体验到群体意识和精神，这给予其重要的群体认同感、身份感，对儿童的个性养成具有重要的作用。

第三，儿童同辈文化能够促进儿童优良品质的形成。儿童同辈文化是自由的，同辈之间的交往常常是自发的。这能发挥儿童的积极性、主动性以及参与互动意识。通过与其他儿童的相处，儿童会学会相互协作、彼此宽容体谅、尊重他人、真诚待人、遵守规范等优良品质。心理学研究表明，处于同辈群体中的儿童，其在自主、同情、爱憎、合作与竞争等方面都有积极的发展。

此外，儿童同辈文化还对儿童兴趣的促进、传统文化的继承与创新、儿童的人生观与价值观形成等方面有积极的影响。

家校（家庭—校园）文化

按照个体社会化的理解，儿童成为社会人的过程同时是一个接受教育、内化社会规范的过程，任何一个社会中的儿童都需要接受某种形式的

---

[1] 张丽华：《试论同辈群体对儿童社会化的影响》，《渤海大学学报》（哲学社会科学版）1998年第4期。

教育，不管这种形式是散漫的、非正式的，还是强制性的、标准化的。它们往往要么发生在家庭中，要么是在现代学校中。其围绕着"教育"或"教化"之名而形成一种特别的儿童文化：家校文化。

简约而言，家校文化即家庭—校园文化的复合体。从物质文化层面看，其包括学校的各种硬件设施、教室空间布置、校园环境、建筑风格等，也包括家庭的儿童玩具、家具陈设、房间布局等；从精神文化层面看，包括学校教学风格、校园各项制度、教学组织形式、学校办学宗旨与追求、教师业务能力等，也包括家长与儿童的交流方法、语言选择、家长抚养儿童的方式等。

不同的社会及历史时期，家校文化呈现出不同的面貌。在我国历史上，家校文化往往表现为私塾文化，其历史悠久，在殷墟出土的卜辞中，就有多处提到了私塾。私塾是我国古代社会开设于家庭、宗族或乡村内部的民间幼儿教育机构，围绕着私塾形成了以传授儒教思想为核心"为儿童"的文化。在当代社会中，家校文化则显著表现为具有制度正式性的"学校"文化、追求儿童快乐成长的家庭文化。

这种现代儿童家校文化的产生，与学校制度、家庭结构的变迁是分不开的。菲利普·阿里耶斯认为，一种延长了的现代童年概念的起源，是与家庭、现代学校把儿童从成人世界中逐渐分离开来的社会结构变化相一致的。17世纪的道德家和教育者受15世纪巴黎大学改革者的影响，将后者所认为的一种延长的童年概念，归因为教育机构及其实践。到18世纪末，学校已经非常像19世纪的学校。因上学时间的延长，儿童受到逐渐严格和有效的训练，这些训练将儿童与自由的成人区分开来。这样，童年扩展至整个学校圈，进而导致现代家校文化的萌发。[1]

毋庸置疑，作为儿童成长的人文环境，家校文化对儿童的身心发展有着十分重要的作用，在此不必赘述。

然而，就当前现实看，人们对家校文化的理解往往各执一端，要么偏于强调学校或校园文化，要么侧重于家庭文化。着眼于儿童成长，实应将

---

[1] 参见 Philippe Aries, *Centuries of Childhood: A Social History of Family Life*, Translated from the French by Robert Baldick, New York, 1962。

两者理解为一个整体。

譬如对当代农民工子弟校园文化的理解，应当结合儿童家庭文化环境来解读。当我们试图建设这类学校的校园文化时，也应该考虑如何改善儿童家庭文化，只有这样，才能有效促进儿童的健康发展。

家庭、校园文化是一体两面的。事实上，不同学校的校园文化背后，往往能够折射家庭的文化氛围。而家长们的择校行为，也支持、强化着不同文化取向的校园文化建设。贵族学校儿童的家庭经济状况显然不同于一般市民家庭，更不同于边远山区的儿童家庭，他们在不同的学校接受教育，也反映出各自的家庭文化背景。

实际上，理想的家校文化，其在精神内核上是一致的，都是为了追求儿童的全面发展，是一种"为儿童"的文化。这对当前校园文化建设的启示有以下几点。一是校园文化建设需要考虑学生家庭的文化背景，来自不同家庭的儿童，其文化需求可能并不一样。学校应该尽量提供多样性的文化活动，满足不同学生的需要。二是校园文化与家庭文化的互动问题。儿童的教育既离不开学校，也离不开家庭。学校和家庭各有优势，学校重文化知识传授，家庭重行为养成、品质培养，两者之间良好的互动，将可极大提升校园文化对儿童影响的深度和效度。

总体上看，与儿童同辈文化相比，家校文化的圈层范围更大，影响儿童的范围也更为广泛。既涉及家庭中的长辈、小辈们，也涉及学校教师、管理者等；既涉及儿童的生活起居、日常活动，也涉及儿童的学习、交友、娱乐，等等，其所显示出的一般性特征包括以下几点。

第一，侧重"为儿童"。如果说儿童同辈文化往往是自发的，那么儿童家校文化则常常是自觉的，是成人们有目的、有意识为儿童创建的文化环境。这种"为儿童"的文化，尤其体现在校园文化的建设上，一些设施会特别考虑儿童的需要。在一些家庭中，父母们也会注意为儿童营造和谐的父母关系、良好的家庭氛围。在一些遇到婚姻问题的家庭中，父母们更会关注于此。

第二，具有较强的规范性特征。儿童成为某个社会群体所认可的成人，必然需要接受一定形式的教育，无论是在学校中还是在家庭中，内化既有社会的种种行为、道德规范等。这就使得以学校、家庭为组织基础的家校文化呈现出较强的规范性特征,它按照一定的标准塑造着儿童的身心结构。这种文化中,儿童的自由自主不仅是有限度的,而且受到社会制约。

第三,儿童在文化结构上处于下层。在家校文化的结构中,成人与儿童构成两大主要群体,其中儿童处于下层,接受成人世界的指导,这可以从其经典社会化的特征中反映出来。尽管在现代社会中,随着解放儿童的呼声越来越高,人们越来越注重发展儿童的主体性、能动性,但仍然改变不了儿童在社会文化结构中的弱势地位,这有生理的自然差异基础。这样看来,家校文化是向儿童输送成人优势的文化。以此,不难理解儿童快快长大的愿望。

村社文化

在学校、家庭之外,村社构成儿童生活的自然的更大范围,但村社不仅是儿童成长的一个自然环境,同时更是儿童成长的一个文化空间。这种空间形成另一种"为儿童"的文化——村社文化。

事实上,村社文化的众多方面都与儿童相关。譬如村社民俗文化中,在村民日常生活方式及其艺术化表达的礼仪、节庆活动、岁时节令、饮食、习惯、婚丧嫁娶、戏曲等方面,都有儿童的参与。在村社影视娱乐中,儿童往往是最积极的。鲁迅笔下的"社戏"是鲜活的例子。尽管这些活动并不直接指向儿童,但是一种无意为之却对儿童深有意义的文化行为,构成一种往往不为我们所注意的"为儿童"的文化。村社中宗族、人伦关系、伦理观念,也与儿童有极为密切的关系,儿童的长幼有序、尊老爱幼的道德规范,即是在其中潜移默化习得的。

就地理空间而言,村社文化既包括农村地区的村落文化、小镇文化,也包括城市地区的社区文化。两者的区别表现在建筑格局、人际关系、交往模式等方面,虽然后者对成人来说,更多的是属于一种陌生人文化,但以儿童视界来看,两者均是一种有限规模的熟人文化。

不同地区的村社传统是不一样的,如俄罗斯村社传统与东正教文化也保持着相当的一致性,农民是居民中最笃信基督教的阶层,农民"крестьянство"一词来源于基督徒"христианство"。村社集体主义与东正教文化的"Соборность"——"教会集体主义"是相互契合的,他们都强调平等、强调统一、强调整体，把个人视为共同体的附属物而否定其独立人格。用东正教神学权威霍米亚科夫的话说就是"在多样性中保持统一"，索洛维耶夫更进一步提出"一切统一"（всеединство）来突出它的结果一致性。村社居民因此在情感上注重邻里关系，反对突出个性。①

不仅村社文化的很多方面与儿童有关并影响儿童，而且儿童也积极参与村社的社会活动，它们构成一种特别的儿童村社文化。

第一，与家校文化相比，具有较强的自然性。村社文化是自然形成的，很少具有人为性，不是一种专门"为儿童"的文化。因而，其对儿童的影响是自然而然的，其影响的方式与途径往往是非正式的，有别于校园文化的有意为之。在村社日常的文化秩序中，儿童接受潜移默化的熏陶，所谓一方水土养一方人，一方村社亦培育一方儿童文化。这种情形的儿童文化，更接近文化的自然形态，是儿童能够自然参与其中的文化。

第二，儿童村社文化具有复杂性的一面。村社文化，不像同辈文化关系那样简单，其中包含亲戚、邻里、其他儿童在内的众多关系。面子、人情往来、荣誉、权威、礼物流动等复杂地交织在村社文化中。对儿童而言，这是一个更复杂的社会。譬如村社环境下儿童游戏伙伴的选择，可能会受到家长的干预；儿童的行为会受到其他年龄儿童群体或成人的制约。

第三，与儿童具有天然的亲和性。儿童成长需要一个相对合适的地理空间，这种空间既不是巨型的，也不应局限于核心家庭，而村社恰恰提供了这一适宜的空间。所谓"培养孩子需要一个村庄"（It takes a village to raise a kid）②，足矣。不同于巨型城市文化，儿童村社文化的规模一般不大，儿童之间大体相互熟识，呼朋引伴极为方便，这非常适合儿童的活动，因而，与儿童具有亲和性。事实上，在儿童文化的样态中，儿童村社文化是儿童最乐于参与其中的一种。

儿童村社文化的这些特点，使得其对儿童的重要性，不同于同辈文化、家校文化。首先，儿童村社文化是儿童日后完全参与社会文化的中介

---

① 张男星：《俄罗斯高等教育变革与传统的村社文化》，《华东师范大学学报》（教育科学版）2004年第2期。
② 参见〔美〕希拉里·罗德姆·克林顿《举全村之力》，曾桂娥译，上海三联书店，2009。

和适应途径。儿童不可能一开始就适应复杂的社会文化，需要一个逐渐熟悉、学习的过程，而村社文化则提供了一个适合的途径。村社是儿童"进入"社会的起点。在一定程度上，村社是巨型社会的缩影，通过此，儿童日后能更好地融入成人社会。

其次，儿童村社文化为儿童提供自然成长的途径。儿童生活在村社中，儿童村社文化是儿童成长的人文自然环境，它不是有意为之的，也不具有外在的强制性。儿童生于斯，长于斯，学于斯。无疑，尽管通过规范的学校教育，儿童掌握了各种科学文化知识，但这些知识主要是书本形态的，社会行为规范、道德习俗、价值观的养成，还需依赖良好的非书本知识形态的村社文化。培养孩子不仅需要一个物质的村庄，更需要一种适宜其成长的村社文化。从学习的效度上看，儿童村社文化也是儿童有效习得社会规范的最佳途径之一。

此外，儿童村社文化在培养儿童的某些品质与行为方面具有重要影响。譬如儿童的社区参与意识、与不同年龄层次的人的交往礼仪、儿童的家乡认同感，等等，这些不太容易通过学校教育而实现，但村社文化却能提供极好的平台。

以上是儿童文化圈的三大组成，当然还有其他更大的圈层譬如国家文化，这里主要是着眼于儿童生存的地理空间范围与人文环境而言的。

儿童文化圈是一个整体，是儿童健康成长的人文环境，每一圈层都不可或缺。就目前来看，三个圈层中，人们似乎更重视家校文化，而对其他两个圈层关注不够，特别是由于经济发展、人口流动而导致儿童村社文化的衰落，其对儿童成长造成的不利方面，还有待人们的重视。另外，城郊接合部的儿童社区文化的建设问题，也亟须关注。这些圈层的恢复或更新，需要考虑作为儿童生存环境的文化的内在联系性与整体性。

小　结

不论是"为儿童的文化"，还是"儿童创造的文化"，在儿童看来，一切与其相关的，都可以视为他们的文化或其构成部分。如何看待作为儿童的文化，这需要我们转变对儿童的看法，在传统的认识外，儿童还可能是什么。

对"儿童可能是什么的"认识，除了"儿童就是一个哲学家""儿童像科学家一样"、儿童是"摇篮里的科学家""儿童都是艺术家"外，还有"儿童是个心理学家""儿童是道德哲学家""儿童是'探索者'和'思想家'""儿童是'梦想家''游戏者'"等。

这些对儿童的认识，显然已不局限于对"儿童是什么"的字面或概念含义理解上，而包含着对儿童作为人的潜能的可能性的一种测定。"儿童"不是一个单纯的年龄限度的概念，也不是一个生理阈限的范围，儿童是一个真正的人，对儿童的认识负载着人们对人所能达到的发展限度的展望。在儿童身上所能展现的一切，在某种意义上，呈现出人自身的可能性。

显然，这些认识表明人们已不再仅仅视儿童为社会的被动存在了。儿童不仅是一个社会的学习者，同时能够参与到社会的探究与创造活动中去，能够影响成人及整个社会。儿童是积极的社会行动者。

对儿童的这一明显有别于以往的认识，特别体现在新童年社会学那里。

区别于旧式以"社会化"为核心的童年或儿童社会学理论，新童年社会学对童年研究的新发展，突出特征是视儿童为"如其所是"的人类存在（human beings）而非"等待中的成人"（as adults-in-waiting）或"形成中的人"（children as becomings），进而去研究儿童、童年问题。这种对儿童的新观念，对童年研究，产生了深刻的影响。

新童年社会学主张对童年重新概念化，这不仅挑战了成人—儿童关系的偏见，也导致对成人研究者和儿童被研究者之间关系的重新评估。其中一个显著的转变是强调从"研究儿童"（research on）到"与儿童一起研究"（research with）或"为儿童的研究"（research far）："儿童"不再是代表了研究认知形式或社会化发展是否"正常"的一种实验对象，这种实验对儿童本身并没有什么意义。这就反映出一种与以往截然不同的关注：去直接聆听儿童的声音、倾听他们的观点、关注他们的独特兴趣和作为现代公民的基本权利。

作为社会行动者，儿童有权基于他们的能力、理解水平和成熟度，来参与社会的各项活动。罗杰·A. 哈特（Roger A. Hart）设计出一种参与阶梯来显示儿童参与的不同程度，这种阶级有八个等级，包括操纵；装饰；象征参与；指定但告知；咨询和告知；成人发起，与儿童共同决定；儿童发起，由成人指导；儿童发起，与成人分享决定。这呼应了新童年社会学对儿童的认识。

儿童文化总是与儿童的日常生活相互联系着的。日常生活中形成的一定的观念、信仰、价值观、规范、思考方式等作用于儿童文化。在一定程度上，可以说儿童文化即儿童的日常生活方式。

儿童寻常的日常生活，除了列斐伏尔所指出的，是"生计、衣服、家具、家人、邻里和环境……如果愿意，你可以称之为物质文化之外，作为重复性的、数量化的物质生活过程"，日常生活还具有一种"生动的态度"和"诗意的气氛"。

因而，作为一种日常生活实践，儿童文化既呈现为寻常的表象，又包括不寻常之处。

对儿童而言，其日常生活不仅仅是他们行动的背景，而且直接是他们行动的对象。他们通过生活表达着他们独一性的儿童文化，既相容于所在社会群体的种种道德与行为规范，回荡着深层的社会结构，同时，又不会简单地为社会对他们的期待所化约，而是"个性化""创造性"地彰显自己。

从人类学的观点看，儿童文化的生成是一个文化传递的过程；儿童文化的生成是一个习得的过程；儿童文化的生成是一个濡化过程。

其中，濡化构成了儿童文化最显著的生成性特征。一方面，濡化，作为儿童文化的生成性特征，从主体内在方面看，体现为既有文化对儿童精神、心理和情感的形塑作用，儿童对自我的认知、个性的发展都受到既有文化观念、习俗、制度的影响。

另一方面，濡化，作为儿童文化的生成性特征，就儿童的语言运用、行为模式等外在方面看，突出地体现为既有文化给予儿童的养育模式。

从文化的地理空间看，儿童文化自然受到空间上的制约，尽管全球化加速了文化信息的流动，但是儿童文化的根基仍然建立于一个相对具体的空间、组织与人文环境中。

相对于儿童主体感知而言，依照空间（包括自然空间、心理空间、社会空间）的疏密，儿童文化形成一定的圈层结构，首先最核心的是同辈文化，其处于儿童文化圈的最内层。

其次，是与现代社会结构形式极为相关的家校文化。

再次，是位于外圈的村社文化，也可以说是一种一定区域的本地文化。

儿童同辈文化的形成机缘各不相同。但具有一些相似的特征：儿童同辈之间非层级关系，而是呈现出平等的关系；儿童同辈文化的自由性；儿童成员间极强的互动性。作为儿童文化圈的最内层，儿童同辈文化不是可有可无的，无论从社会学还是心理学的角度看，其对儿童的个体成长均具有十分重要的意义。

与儿童同辈文化相比，家校文化的圈层范围更大，影响儿童的范围也更为广泛。既涉及家庭中的长辈、小辈们，也涉及学校教师、管理者等；既涉及儿童的生活起居、日常活动，也涉及儿童的学习、交友、娱乐，等等。其所显示出的一般性特征是：侧重"为儿童"；具有较强的规范性特征；儿童在文化结构上处于下层。

至于儿童村社文化，则在培养儿童的某些品质与行为方面具有重要影响，诸如儿童的社区参与意识、与不同年龄层次的人的交往礼仪、儿童的家乡认同感，等等，这些不太容易通过学校教育而实现，但村社文化却能提供极好的平台。在一定程度上，村社是巨型社会的缩影，通过村社文化，儿童日后能更好地融入成人社会。

第四章　儿童文化：感知、认同与权利

> 文化是倾听力争被说出来的东西，文化是给那些没有发言权但在寻求它的人以发言权。
>
> ——〔法〕利奥塔

从作为儿童的文化角度看，儿童文化具有重要的功能，它们超越于单纯的作为儿童的成长环境，而对儿童自身具有卓越的意义。

儿童文化反映出儿童们如何感知这个世界。其中特别是儿童对性别的感知，值得关注。毋庸置疑，性别负载着丰富的社会意涵。面对当下的中性化风潮，需要我们反思性别化的儿童文化之优劣，或者说究竟怎样认识性别在儿童文化中的作用。

儿童文化包含着儿童对"我们是谁"或"我们不是谁"的认识。在一定角度上，儿童文化表达出儿童的自我及群体认同，其中凸显的主体意识体现在当代的儿童权利话语中。

儿童文化的功能属性

儿童文化对儿童而言，不是可有可无的。一方面，儿童文化构成儿童生存的现实，另一方面儿童文化自身又构成儿童对现实生存的理解、叙述和表达。

儿童文化的这一双重图景，在功能属性上显现出儿童文化与儿童生存之间复杂的关联。其中，游戏是最充分、最明显的体现，可以说，只有当儿童参与游戏时，他才是儿童。

儿童文化的生存功能

不同群体、部落、社会的知识、信仰、艺术、道德、法律、风俗等之间是存在差异的。按照英国人类学家爱德华·泰勒对文化的定义,[①] 可以推定人类社会不同群体或亚群体都有标识自身特性的文化,儿童群体也有属于自身的文化。有学者认为,儿童文化是儿童表现其天性的兴趣、需要、话语、活动、价值观念以及儿童群体共有的精神生活、物质生活的总和。[②] 另一些学者认为可以把"儿童文化"理解为,儿童所特有的身体、生理、心理和情感形态,形成他们的生存、生活内容和生存生活方式,即形成它们特有的文化。[③]

尽管对儿童文化的这些观点本身还是具有争议的,但是儿童文化在儿童的世界中占有非比寻常的地位则是无可争议的。作为"儿童自己在与同伴交往的过程中形成的,儿童之间相互认可的文化,是一种以儿童自己的思想和行为来决定其价值和标准的文化",[④] 儿童文化对儿童及儿童存在而言究竟意味着什么,在实质上儿童文化是如何嵌入儿童的发展历程并被赋予意义的,这是一个在"童年的消逝"[⑤] 因而需要"捍卫童年"[⑥] 的时代异常急迫而亟须回应和解答的问题。

就儿童文化研究而言,单纯地在理论上呼喊"走向儿童文化"是远远不够的,如果考虑儿童文化总体语境的话。与儿童在成人社会中"被"发现一样,儿童文化在社会中的位置往往是"被"设定的,是"被"解释的,它们对于儿童存在的实际独特性,它们在儿童发展中更为广泛的精神性意

[①] 爱德华·泰勒在《原始文化》第一章《关于文化的科学》中,提出文化的定义,经常被许多学者沿用或征引:"文化……是包括全部的知识、信仰、艺术、道德、法律、风俗以及作为社会成员的人所掌握和接受的任何其他的才能和习惯的复合体。"
[②] 刘晓东:《论儿童文化——兼论儿童文化与成人文化的互补互哺关系》,《华东师范大学学报》(教育科学版) 2005 年第 2 期。
[③] 张晓玲:《教育视野下的儿童文化研究》,硕士学位论文,华东师范大学,2005,第 5 页。
[④] 杜晓利:《走向儿童文化》,《教育科学》2001 年第 3 期。
[⑤] 出自 Nell Postman 的 *The Disappearance of Childhood*,初版于 1982 年,中文译本参见〔美〕尼尔·渡兹曼《童年的消逝》,吴燕莛译,广西师范大学出版社,2004。
[⑥] 参见卜卫《捍卫童年》,《读书》2000 年第 3 期;孙云晓《捍卫童年》,江苏教育出版社,2007。

义却被忽视了。儿童群体的社会结构、儿童角色的社会认知、儿童文化需求等的复杂性要求我们对儿童文化和儿童实践之间的关联，放弃简单主义的认识，转而关注作为主体的儿童在儿童文化生成中的关键性位置。也正是源于此，才有学者强调"儿童文化是儿童群体自己建构的文化"。①

因此，既然儿童文化是儿童群体建构的文化或者说把"儿童创造的文化，即把儿童看作文化的参与者而进行文化创造的结果，如某些儿童发明的游戏、童谣等"作为儿童文化的两个方面之一，② 在学术界大体是一个共识，尽管这一共识还过于简单、笼统，那么应当追问儿童或儿童群体何以需要"建构"或"创造"这种文化，也即被成人世界命名为"儿童文化"的文化。

在与理论范畴的"文化"相反的意义上，"文化代表一种具体的、有限的由信念与实践构成的世界"。③ 这种意义上的文化属于一个"社会"或者某个可以清晰识别的亚社会群体，或者说与之同构。如果儿童或儿童群体是具有文化的，那么这一"文化"应该是具有意义的。这个意义不应当是针对成人世界的，在笔者看来，与其在"儿童—成人"的二元视角上定义或探究儿童文化，不如直接接触儿童、儿童存在、儿童实践本身，由此解析儿童文化的深度图景：儿童文化既构成儿童生存的现实，又是其对现实生存的理解、叙述和表达。

在功能属性上，把儿童文化理解为儿童生存的现实及对现实的理解和表达，显现出儿童文化与儿童生存之间复杂的关联。如果说，儿童不是"微型的成人""小大人""小写的人"，而是与成人共享人的属性的话，那么对儿童来讲，生存问题首先意味着如何在成人世界寻求有效的途径和方式，来使自己的生活具有意义。与生存密切相关的如艺术、语言、符号等，是居先性地由既有的文化所赋予的观念、系统提供的。然而，这并不妨碍儿童对既有的文化系统或资源譬如传统文化、成人文化等做出重新解释或赋予新的意义，从而生成一种属于他们自身的具有"儿童性"的文

---

① 程丽英：《解读儿童文化——兼析童年真的消失了吗》，《当代学前教育》2008年第3期。
② 谢毓洁：《晚清：儿童文化研究的新地带》，《湖南城市学院学报》2007年第4期。
③ 〔美〕理查德·比尔纳其等：《超越文化转向》，方杰译，南京大学出版社，2008，第6页。

化,这种亚文化类型按照一些学者的分类,包括了为儿童创造的文化和儿童自身创造的文化。

一般而言,对于儿童文化,学者们是把它视为一个"对象"予以科学地、客观地研究,譬如采用社会学的方法,对某一区域或地区的儿童文化现象或现状进行调查。这方面的例子如上海市少年儿童文化现状研究,[①]研究者使用自编的《上海市少年儿童文化状况调查问卷》,从"媒体接触""偶像崇拜""同龄群体文化""学校、少先队文化""家庭、社区文化"五个方面对当前上海市中小学生的文化状况进行调查。一些港台学者则将调查深入到儿童和青少年的媒体文化中,如台湾政治大学传播学院吴翠珍(Sophia T. Wu)的《变动的媒体、变动的青少年——2008年台湾地区青少年媒体行为调查》[②]对台湾地区的青少年媒介行为进行了多方面的调查,希冀能对青少年媒体使用现状有更深一层的认识。这一调查,从一个侧面表明媒体素养教育介入青少年流行文化的必要性。

然而,这种研究"技术"本身不是没有弊端的,当把原生态的儿童文化以一系列数据、表格、图表等呈现出来时,生活在特定状态下的儿童的价值取向、生活风格、行为方式、审美趣味等则被潜在地排除了,研究者的"科学之刀","肢解"了被研究者的整体世界。儿童文化研究自身的魅力应当不在于此,它的理论目的也并不在于建立一个依附于一个理论框架或一套方法论原则的子学科。作为一个研究对象,无法还原至某个理论视野的儿童文化的自主性成分或因子是值得我们分析的一个重要焦点。

另一些学者采用哲学家的思辨和诗人的情怀,描述儿童文化的形貌,在精神层面上,这种研究路数表现出来的气质更加接近于儿童的精神原质,但是这种成人的"接近",在成人视角的置换下,实质上却"替代"了儿童自我,从而更深刻地表露出成人是如何记取、遗忘和重构童年的。

上述两种研究路数分别代表了两种不同的研究偏向,两者有一个共同的特点,即缺乏儿童文化"内部持有者"即"儿童"或"儿童群体"的

[①] 《上海市少年儿童文化现状研究》系上海市"儿童心声"课题组对2004年上海市中小学生文化发展状况的调研报告,由左丽华和朱晓慧主持。
[②] 该文载《中国儿童文化》(第五辑),浙江少年儿童出版社,2009。

声音，或者说这种"声音"存在着"实践主体和叙述主体的错位"①。

如果要避免这一弊端，不将儿童默认为没有表述能力的"小大人""小不点儿"，那么就需要一种核心的转变，选择一条相对于科学主义的人文主义道路，最大限度地贴近被研究者的生活和思想世界。人类学家格尔茨说："用他人看我们自己的方法看我们自己，这件事情会让人大开眼界；把他人当作他者跟我们共享一个品质的人，承认他人的品质和我们一样，叫最起码的礼貌。比较困难的是，在他人当中看我们自己，特别是把我们自己的生活方式当成是和其他人的生活方式在一块的一种。"② 对儿童文化而言，若是按照格尔茨的意思去接近儿童世界，那么就需要"最起码的礼貌"，把儿童当作是我们当中的一员，而不是成人的缩小版本、未完成版本。

这样，我们就形成了这种观点：儿童文化并非是成人文化的表现、测定和副产品，而是他们对自己生活及生存状态的理解。格尔茨解释人类学研究的重要启示表明了从儿童文化"内部持有者"的角度把儿童当作跟我们一样来理解儿童文化的必要性。事实上，如果我们愿意放宽控制，那成人与儿童之间就只有一个差别需要注意：儿童缺乏必要的经验，因而无法发展出成人所能达到的那种理解力。③ 尽管理解的能力有差异，然而，这丝毫不影响儿童对其自身及世界做出合乎其发展阶段的理解，因此而生成了一种称为"儿童文化"的文化，而该文化在构成儿童的生存理解的外化的同时，具有维护儿童、赋予儿童生存意义的功能实质。

儿童文化的游戏功能

作为儿童喜好的一种特殊的艺术或文化样式，游戏最能充分显示儿童文化作为儿童生存理解的功能实质。尽管随着社会发展，一些传统性的民间游戏对今天在电视机前长大的孩子们是遥远而陌生的，已逐渐淡出人们的视野，

---

① 何卫青：《消逝的儿童文化——传统儿童游戏引发的儿童文化思考》，《中国青年研究》2006年第4期。
② 参见王铭铭主编《中国人类学评论》第9辑，世界图书出版公司，2009，第35页。
③ 〔加〕佩里·诺德曼、梅维丝·雷默：《儿童文学的乐趣》，陈中美译，少年儿童出版社，2008，第155页。

然而，儿童游戏在形态上或多或少的变化并非说明游戏在儿童生活中已经消失了，恰恰相反，如果去观察儿童的日常生活，"游戏，作为儿童生活和儿童文化的一个自然而重要的组成部分，……它实际上是儿童存在的一种形式，是儿童生存的一种状态。"① 游戏在儿童生活中随时随地地发生。

> 在幼儿园里，把桌子搬进搬出是孩子们经常的工作，但当他们一边搬桌子一边快乐地喊着"乐百氏健康快车来了！"时，搬桌子这件事便不再是单纯的工作了。妈妈叠衣服时请妞妞帮着把衣架挂回原处，妞妞搬来一张小板凳，站在上面开始工作，只见她踮起脚跟，很认真仔细地挂好了两个衣架，这时第三个衣架从她手上脱落，刚好挂在了前两个衣架上，如果是成人，多半会把它取下来重新挂好，妞妞却好像发现了新大陆，她停了片刻，在前两个衣架上又挂了一个，并把剩下的衣架也三三两两地接着挂了下去。最后，她拎着一串衣架对妈妈说："妈妈，我请你吃葡萄。"②

的确，对儿童来说，游戏是儿童真实生活的一部分，游戏本身就是一种生活，然而，儿童何以需要这种"游戏生活"或者为何以"游戏的态度、精神"来对待生活，这对儿童文化的把握是一个核心性的问题，尤其当我们做出这样的论断，认为儿童文化是"诗性的、游戏的、童话的（或神话的）、梦想的、艺术的，是好奇的、探索的"，③ "儿童文化的精神实质上就是游戏精神"，④ "儿童文化的核心是游戏精神"，⑤ "儿童的世界是游戏的、艺术的、幻想的、非功利性的世界"，⑥ 等等。

如果恰如上述学者所言，那么游戏在儿童生活中的关键性位置有力表明，游戏对儿童而言，绝不是可有可无之物，亦不仅仅是成人眼中的

---

① 边霞：《论儿童文化的基本特征》，《学前教育研究》2001年第1期。
② 边霞：《论儿童文化的基本特征》，《学前教育研究》2001年第1期。
③ 刘晓东：《论儿童文化——兼论儿童文化与成人文化的互补互哺关系》，《华东师范大学学报》（教育科学版）2005年第2期。
④ 杜晓利：《走向儿童文化》，《教育科学》2001年第3期。
⑤ 边霞：《论儿童文化的基本特征》，《学前教育研究》2001年第1期。
⑥ 申晓燕、陈世联：《儿童游戏·游戏文化·儿童文化——基于文化学的探讨》，《重庆师范大学学报》（哲学社会科学版）2008年第3期。

"娱乐活动"或"戏谑",游戏具有巨大的生存效应,它本身即儿童生存理解的精巧的探索性活动。儿童对世界的各种探索和看法在游戏中都有所体现,譬如操作积木材料进行物体造型的积木游戏,游戏中儿童通过感知日常生活环境中的生活用品、建筑物、道路、交通工具、人、物等,然后运用积木去表现周围事物或自己记忆中已形成的各种不同表象;在鬼节装扮起来,用绳子等玩牛仔和印第安人的游戏,玩具手枪、小骑兵、用碎木头和纸板拼成城堡等。① 此类游戏深受学龄前儿童喜爱,这是由儿童的思维特征和儿童实践的试验性要求决定的。

国内外的一些儿童心理学家,通过实验和观察证明,在整个幼儿时期,其思维特点是具体形象思维占主导,这导致儿童对经验的体验不同于成人。皮亚杰曾注意到,"前运算阶段"的儿童有一种"自我中心"的思维心理特征,但他没有说明这种特征产生的原因。这种特征正是自我体验模式突出作用的表现。这时儿童的行为和语言往往以"自我体验"为中心,常常把许多自然对象生命化、人格化。② 游戏即儿童的生命的外化,在游戏中,儿童的想象、情感、理解融为一体,游戏的过程也就成了一个极富有人性化的探索和心理过程。人们之所以在成年后无比向往儿时的游戏,原因在于,成人视为"休闲之物"的儿童眼中的游戏,实质上是一个融合着巨大生存理解容量的文化世界,是一个真正属人的世界,也正是在这个意义上,儿童或儿童文化才能说是成人或成人文化之父。

游戏可以说是儿童最普遍、最广泛、最通用的语言,所有儿童,不论其文化情境、家庭背景、发展阶段等的差异,都在游戏着。儿童的游戏实践包含着动作、行为、交往等,游戏激发着儿童的动机,儿童的兴趣引导着游戏而儿童的激情引导着他探索、尝试、试验新的方式去表述和理解世界。游戏实践的这些特质,显示出它对儿童的生存现实所具有的不可或缺的精神性意义,构成了儿童文化的核心特征之一。

对儿童游戏的观察,能够提供有关儿童文化的功能性信息,使我们可

---

① 〔美〕托尼·W. 林德:《在游戏中评价儿童》,陈学锋等译,华东师范大学出版社,2008,第25页。
② 刘文英:《原始思维机制与原始文化之谜——兼论儿童思维机制与儿童的世界图景》,《文史哲》1988年第1期。

以基于儿童的特点采取个别化的发展和教育措施。荷兰文化史学者胡伊青加认为游戏比文化更古老，游戏具有文化的生成功能，即文化一开始是以游戏的方式来进行的，他进而断定，文明是在游戏中作为游戏而产生和发展起来的。① 这一论断自然包括儿童文化，当儿童文化以游戏的方式进行时，儿童的精神空间是极为宽广的，因为游戏并不是一个固化了的文本和实物形态，而是不断显现和探索儿童自身存在方式和存在状态的动态世界，正是儿童不断的实践活动，才促成儿童文化的内在生成。儿童的一次次游戏，在演示着其生存态度和生存理解的同时，也构筑起真正属于他们的文化或人文世界。

实际上，如果我们不单单把游戏看作文化的表征或者试图从某种不言自明的范畴来演绎、解释实际的儿童游戏与文化，而是回到作为事实的儿童文化自身，那么从功能层面可以发现，儿童文化本身恰恰是最富有游戏意味的，儿童文化也只在此意义上，才可能真正属于儿童或儿童群体并构成最深切持久的影响。

应该指出，对儿童文化而言，胡伊青加关于文化和游戏的关系的认识是异常深刻的，然而，胡伊青加主要视游戏为一种文化现象与因素而予以探讨其本质和意义，他并没有正面涉及儿童文化或在相对于一般性文化而言专属于儿童群体的文化中去理解儿童文化所具有的意义与功能。在儿童文化中，有某种植根于生存需要和将意义赋予儿童文化实践的意旨。这种意旨，即表现在作为儿童文化的游戏中。换言之，从某种程度上说，诚如Fuchs所言，儿童文化可以被看作是适应儿童存在方式的游戏。② 以该种形式存在的儿童文化，在成为儿童生存理解的特定物的同时，成为儿童对人的生命的占有的一种独特方式。

美国学者古德曼认为，儿童文化研究就是去描述儿童在观察他们置身于其中的世界时看到了什么，即用儿童的视角看世界。当以这样的视角看待儿童文化时，Fuchs的观点可以被这样理解，即只有当儿童文化具有某种被儿童所认可的游戏功能意旨时，它才与儿童的生活真正地结合在一

---

① 〔荷兰〕胡伊青加：《人：游戏者》，成穷译，贵州人民出版社，1998，第5页。
② Fuchs, Dieter, Training and Continued Edcuation – Children's Culture, *European Education*, Summer 94, Vol. 26, Issue 2, p. 8.

起,在此,可以说,只有当儿童游戏时,他才是儿童。这种群体所生成的文化才是儿童本位的文化,更宽泛地讲,它构成了儿童生活经验的主要形态:儿童思考、感知和认识的方式,这些令儿童的生活富有意义,并或多或少地具有了秩序感。以此,我们对"儿童文化更是游戏的文化"①这样的论断有了更清晰的把握,潜藏在儿童文化中的游戏功能,对儿童的生存理解具有卓越性的意义。

儿童文化的确证功能

虽然儿童文化按照人类学中性意义的"文化"定义,它包罗万象,涉及儿童的艺术、语言、符号、行为等诸个环节和领域,然而,作为儿童对自己生活及生存状态理解的外化,儿童文化不是拼凑物,在生存理解所实现的秩序化方面,集中显现为儿童对自我及其"属人"属性的确证。

关于自我,心理学在论述时往往把它作为一种孤立的元素,某种可以认为是独立存在的实体来看待,然而,如果说自我是具有心灵的有机体,心灵是在社会过程中、在社会性相互作用的这个经验母体中通过语言、动作、姿态、行为等而产生出来的,那么,自我产生的过程就不是一个静态的过程而是一个动态的社会过程,它意味着个体在社会内的相互作用。根据社会学家米德的社会行为主义理论,一个完整的自我,是主我和客我的统一,所有他人的态度组织起来并被一个人的自我所接受,便构成作为自我一个方面的客我,与之相对的则是主我。"主我"既召唤"客我",又对"客我"做出响应,它们共同构成一个出现在社会经验中的人。自我实质上是凭借这两个可以区分的方面进行的一个社会过程。②

若是按照米德关于自我的基本结构即主我和客我的认识,那么,在对儿童的生存理解的秩序化方面,作为儿童发展和成长及为其自身所创造的生态环境——文化,其现实生成,则不仅是儿童不断探索世界、寻求理解

---

① 申晓燕、陈世联:《儿童游戏·游戏文化·儿童文化——基于文化学的探讨》,《重庆师范大学学报》(哲学社会科学版)2008年第3期。
② [美]乔治·H.米德:《心灵、自我与社会》,赵月瑟译,上海译文出版社,1992,第158页。

的过程，同时是儿童对主我和客我力量的确证，是对作为一个社会人的所有"属人"力量的最初的和具有始源性意味的确证。

当前儿童文化理论界的研究成果表明："儿童文化现象最重要的特征是古而常青：它有悠远历史但却是从头开始生长的，是复演的但又是创新的，它是新和旧的和谐统一，它是历史与现实、文化与自然的和谐统一。"① 在儿童文化中，儿童寻求自我确证的过程亦是一种人类历史的整体复演，它包含着丰富的原初性信息，它代表人类整体文化中"最本质、最核心、最基础、最具活力的一面"。因此，儿童文化，对人类来说，尤其是对现代人来说无疑是一笔巨大而珍贵的资源。

确实，儿童文化给我们提供了有关人类如何理解自身、认识自我，并把这些理解有序化或秩序化的最淳朴的证据。

在理解自身、认识自我的"主我方面"，儿童文化所表达的那种自我确证的主要表现是在自我和世界的关系中展开的对人、物、事的感受和理解。虽然就发生学意义上看，我们无法知道儿童文化究竟是在"哪个时刻"产生的，这个问题至今仍旧是一个谜，但是这并不妨碍我们在对"儿童文化"取得既有共识的基础上，通过儿童文化探究"儿童"对生存现实所做出的独特理解。作为儿童文化整个系统中两种最重要的文化现象之一，② 儿童艺术为我们提供了儿童感知、表达、呈现并确证自我的方式的一些信息。儿童身上似乎具有从事艺术活动的天生倾向和卓越的艺术表现能力，5岁的阿亚娜自发的绘画作品具有非常典型的儿童画的特点。她的大多数作品都画了花朵和人，她对这些形象非常感兴趣。阿亚娜6岁时生病了，腹部膨胀，被诊断为瘤，这一时期阿亚娜很少画花，随着病情的发展，其画风发生变化，阿亚娜在生病前仅仅画过一些表征性的形象和主题，现在却画出了一系列具有网状结构的东西，她着重描绘网状结构的中心，好像象征着被困住的情感，描述了一种无法逃离的状况。她的图画通过一种扭曲的人物形象表现出一种隐喻性的效果，从身体中心放射出去的斜线代表了爆裂。这些图画表明了阿亚娜无法用言

---

① 刘晓东：《儿童文化与儿童教育》，教育科学出版社，2006，第35页。
② 边霞认为儿童是一个整体文化系统，在这个系统中，儿童的游戏和艺术是其中两种最重要的文化现象，它们是儿童文化的有机组成部分。

语表达的绝望以及由混乱带来的威胁。① 她以一种高度浓缩的方式传递其对周身世界的理解。

在这些儿童艺术中，儿童向我们传达出选择什么、如何表达才是最重要的，这恰切地表明，儿童对自身生存的肯定性或否定性理解已经蕴涵着某些抽象的精神性质素。可以说，在儿童文化的整体中，儿童对自我的"主我"方面意识的增强，甚至对自我力量有限性的感知，在很大程度上，离不开包括儿童艺术在内的儿童文化作为生存理解的外化和人的确认这一功能属性，正是凭借于此，儿童才确立起真正属于自身的文化。

"客我"体现着代表共同体中其他人的那一组的态度，当个体采用他人的态度时，他才能使他自己成为一个自我。② 在理解自身、认识自我的"客我方面"时，儿童文化所表达的那种自我确证的主要表现是在自我和同伴及他人的关系中展开的。这方面生动的例子表现在儿童的"幻想式"角色游戏中。以"木头过电"来说，一些学者认为，幻想式角色游戏最大限度地体现了儿童的自主自愿性，体现了我们称之为"游戏精神"的那种精神——自由、想象、创造、平等，一种过程本身就是结果的非功利的精神。他们把这类"幻想式"游戏所代表的角色游戏作为原生态的、儿童在其中最大限度地彰显着主体性的"儿童文化"的"实物形态"。③

这类角色游戏对儿童的重要性在于，它完全处于儿童自己的经验内，儿童组织其所扮演的不同角色并对此加以明确的控制，他不断表现其所扮演角色的态度，尤其是扮演那些在某种意义上控制他、为他所依赖的人的角色。儿童投入了角色游戏，而游戏提供了一种他能完全进入的社会情境。儿童喜欢加入这类游戏或活动，这是一个儿童喜欢有所归属的社会过程，他通过扮演他人的角色成为"幻想"社会情境中的一个起作用的自

---

① 参见〔美〕Claire Golomb《儿童绘画心理学》，李甦译，中国轻工业出版社，2008，第171~173页。
② 〔美〕乔治·H. 米德：《心灵、自我与社会》，赵月瑟译，上海译文出版社，1992，第172~173页。
③ 何卫青：《消逝的儿童文化——传统儿童游戏引发的儿童文化思考》，《中国青年研究》2006年第4期。

我，因而势必在他和他所属的群体中的关系中确定自身，进而内化社会规范。正是由于此，儿童的自我才获得完善。通过这些游戏，一方面，儿童对社会规范、文化传统、生存意义等的理解有序化了、条理化了，另一方面，儿童在自身与作为角色的他人的关系中通过有序化而完善和确证了自我，这使他在社会性上迈向成人。

可以说，包含儿童艺术、儿童游戏等在内的儿童文化是一本打开了的有关儿童本质力量的书，是感性地摆在我们面前的儿童精神现象学。透过艺术、角色游戏等异常丰富的儿童文化现象，我们可以十分真切地感受到，儿童文化源出于儿童现实的生活、生命、生存活动，它不是拆卸了的"七宝楼台"，不是成人文化的未完成版本、缩小版本，它是一个完整、多样、丰富的儿童世界，这个具有自足性的世界在儿童生存理解的秩序化方面，显现为儿童对自我力量的确证和对所属共同体的认同。在儿童向成人演变的过程中，儿童与其生存现实之间不断发生新的关联，儿童文化本身将继续发挥重要的功能属性。

性别感知与儿童文化

作为儿童们的文化，儿童文化与儿童性别的关系是一个绕不开的问题。很显然，女童（孩）文化有别于男童（孩）文化。一方面，性别化的儿童文化强化了儿童的性别感知。

另一方面，性别往往与权力及由此带来的资源分配有关，它彰显和确证了一个社会的性别权力关系和体现这一关系的象征符号体系。从这个角度看，需要我们反思性别化的儿童文化之优劣，或者说究竟怎样认识性别在儿童文化中的作用。

儿童的性别感知

一般而言，性别有 sex 和 gender 之分，分别指生理性别和社会性别。前者是生物学意义上的概念，指一个种群的男性或女性成员的生理解剖与遗传性特征，其是由染色体、性腺和激素决定并维持的，不受社会文化影响。后者则是社会文化意义上的概念，具体是指与男性和女性相关的社会、心理特征，包括一个社会对男性、女性的观念理解、行为要求、外在特征，等等，是多种社会文化因素作用的结果。①

相应地，人们的性别感知也分为生理性别感知和社会性别感知。生理性别感知是指个体对自身的生理特征及功能的感受、认知、接纳，包括理解性别的恒常性、稳定性、生物学基础，知道男女生理性别上的差别。社会性别感知，是指个体对社会性别期待与要求的直觉和信念，其包含更丰富的内涵，不同的社会对男性与女性的性别标准是不一样的，与性别标准相一致的行为将得到鼓励，反之，则受到区隔和制裁。

儿童的性别感知有一个过程，从发展时间上看，可以分为三个阶段：性别差异的观感；性别稳定性的认识；性别恒常性的认识。从感知的程度上看，一般会经过无知、好奇、害羞、理解等不同的认识过程。

一岁半到两岁的儿童，对"我是谁"已开始有一定的感受，一般会用"我""我的"来指称自我或属于自己的东西，有些儿童则用自己的名字来代替"我"，表达自己的意图。这个阶段，儿童对性别差异的认识也开始出现。但儿童与成人对性别差异的辨识的侧重点不同，成人一般会从声音、第二性征、服饰等来区别性别，儿童则通过头发、胡须、衣服、称呼等认清自己或他人的性别。例如幼儿会从别人的服装、头发、胡须等方面认清他是"叔叔"或"哥哥"；通过辨别"阿姨"或"姐姐"的服饰、头发、体型等与"哥哥"或"叔叔"的不同，进而掌握男与女的性别差异。

性别稳定性是指儿童对自己性别以及他人性别的认识不随其年龄、情境等的变化而改变，一般在3~4岁形成。我国学者②研究表明，达到性别稳定性的儿童一般是4岁左右，到5岁时，绝大部分儿童已经能认识到，随着年龄的改变和时间的变化，自己和他人的性别是稳定不变的，即具有性别稳定性的认识。他们开始能从性别的本质属性方面来理解性别。此外，儿童性别稳定性的获得并不是一蹴而就的，而是有一个逐渐发展过程，儿童首先理解在近期将来人的性别是稳定不变的，然后再理解中期将来和过

---

① 参见马川《文化发展心理学视野下的性别认同——以青春期女生为例》，上海人民出版社，2011，第45页；钱诚：《中学男生性别角色特征发展研究》，硕士学位论文，华东师范大学，2007，第2页。

② 参见范珍桃、方富熹《学前儿童性别恒常性的发展》，《心理学报》2006年第1期。

去人的性别是稳定不变的，最后儿童才理解在远期将来性别是稳定不变的，性别稳定性的发展顺序为：近期将来—中期将来—过去—远期将来。在性别稳定性发展的后期，儿童已经开始发展出性别一致性。

性别恒常性，由科尔伯格（Kohlberg）提出。其将皮亚杰的观点运用于社会认知领域，把性别恒常性定义为对性别基于生物特性的永恒特征的认识，它不依赖于事物的表面特征，不会随着人的发式、衣着、活动的变化而变化。只要儿童认识到这一点，就表明其获得性别恒常性认识，一般在 6～7 岁。性别恒常性是性别类型活动的前提条件，只有在获得性别恒常性认识之后，儿童才会表现出相应的性别类型活动。

儿童性别感知的上述三个阶段，主要是从认知心理学的角度着眼的。但认知的角度往往是从单一个体的角度考虑的，未能充分考虑性别感知的动态过程，而社会文化的角度则可以与其形成互补。

个体的性别感知，不仅面向身体，而且也包含着丰富的社会文化因素，这些因素通过人际交往而得以辨识、接受和内化。儿童对性别的认识是通过与同性、异性个体或群体的交往、比较而逐渐形成的。

从婴幼儿期、学龄期到青春期，儿童的性别感知的发展都与个体本身的性别及其所接触的同性、异性群体密切相联系。观察表明，幼儿园里的儿童正是通过与异性的交往，而逐渐发展出自己的性别意识，譬如儿童会观察到另一位置小朋友留着长发，他自己却没有，由此而掌握性别的外在特征。对于性别生理器官的区别，儿童也会很快从异性尿尿姿势的不同中觉察出。

除了儿童自身的观察外，同性群体交往在强化儿童的性别意识方面，也起着重要的作用。

在托幼机构中，2 岁的女孩就表现出同性别交往倾向，更喜欢与其他女孩玩而不喜欢吵吵闹闹的同班男孩。到了 3 岁，男孩就明显地会选择男孩而不选女孩作为伙伴。

国内一些研究显示，5 岁儿童在选择"最喜欢和谁玩"的玩伴时，男孩和女孩都倾向于选择与自己同性别的儿童，但在选择"最不喜欢和谁玩"的玩伴时，并不存在同性别选择倾向，男孩女孩都更多地选择男孩作为"最不喜欢和谁玩"中的对象。这跟性别角色知识与概念的发展密切相关。随着性别角色知识与概念的发展，儿童的性别角色行为也随之发展起来。从 3 岁开始，儿童就偏好选择相同性别的伙伴一起游戏，并且随着年龄的增长而愈趋强烈，直到青春期。这种游戏活动中的性别分离（gender segregation），既显示出儿童性别感知的发展成熟度，同时又增强了儿童的性别认同意识。[1]

当然，儿童的这类社会交往，不限于游戏活动，还包括体育活动、学习互动、同性或异性友谊，等等，它们强化了儿童个体的性别角色的身份感，这一方面有助于避免性别感知模糊紊乱，促使性别意识健康发展，另一方面，对自我性别和同性或异性他人性别的认知，为两性交往奠定了良好的互动模式。

性别化的童年：女童文化、男童文化

儿童文化像成人文化一样，是复杂的，并非铁板一块。从性别的角度看，可以发现，一定社会中女孩与男孩的文化行为表现是不一样的，这就形成了儿童性别文化。

儿童性别文化在实际生活中较为常见。譬如，男孩常常与足球、爬树、汽车飞机模型、军事玩具等联系在一起，而女孩则往往和毛绒玩具、过家家、丢手绢、织毛衣等活动联系在一起。围绕着儿童日常生活活动，形成各具特色的男童（孩）文化、女童（孩）文化。

然而，这种具有性别分离特征的被人们视为平平常常的儿童文化究竟是如何形成的，其中的原因值得分析。

从形成机制上看，儿童性别文化可以分为两类：一是基于生理性别感知而形成的性别文化，或称自为的性别文化；二是在一定社会中，由成人为儿童所建构的性别文化，或称为他为的性别文化。

无论性别如何被不同的社会所建构，性别的生理差异都是客观存在的。男女两性的生理差异，始于人类胚胎发育中性器官及相关组织的分化。这种分化大约从怀孕后第 7 周开始，男性的原始性腺开始向睾丸方向

---

[1] 参见叶晓璐《儿童同伴关系的性别特点及教育启示——基于 150 名 5 岁儿童样本调查分析》，《山西青年管理干部学院学报》2010 年第 3 期。

发育，女性的原始性腺则向卵巢方向发育。婴儿出生后，男女在骨骼、肌肉等方面都存在着明显的生理差异。

在发育过程中，女孩大脑左半球神经细胞树突的成长和神经髓鞘的形成比男孩领先，而男孩大脑右半球的发育较领先。成年后，男女两性大脑两半球在偏侧性功能和专门化的发展方面有所差异。男性性激素会抑制左脑发育，因此大脑右半球比较发达，而女性则是大脑左半球比较发达一些。在骨骼和肌肉方面，男性较女性发达。比如，男性的颅骨较大并且较重，骨壁较厚，颅腔容积也较大；女性的颅骨则较小且较薄、较轻，颅腔容积小。男性骨盆整体粗实，骨盆腔高且窄；女性骨盆整体小，骨盆腔浅而宽阔。肌肉差别则更加明显，男性肌肉发达，粗壮有力；女性的肌肉纤细，脂肪组织比男性发达。男性属于肌肉型，女性属于脂肪型。此外，男性的胃容量和心脏体积比女性大，一般情况下，肺活量也比同龄女性要大。①

显然，这些生理性别上的差异是令人无法忽视的，而儿童很小就感受到了男女的不同。当儿童问"为什么幼儿园的哥哥站着尿尿，而小妹妹却蹲着尿尿？"这样的问题时，表明儿童已经意识到了男女有别，并会通过伙伴们得到确认，这就促成了儿童性别文化的自然形成。

这种文化往往没有成人太多的介入或有意为之，是儿童基于性别的生理差异，通过与同性、异性的自发交往而逐渐形成的，它是自为的。

与自为的性别文化相比，成人为儿童建构的"性别文化"则更为重要。儿童能否融入这种他为的性别文化将决定一个社会在何种程度上接纳他。从婴儿出生起，成人就开始为儿童营造具有性别区分的环境了。他们为婴儿准备不同颜色的衣服、装饰不同风格的房间、准备"适合"的玩具。给男孩的衣服上，不会是绣花的、粉色的；女孩的房间，则以温馨、可爱的风格为主；不太会给男孩购买一堆毛绒玩具。在为婴儿的起名上，也显示出差异，男孩子的名字常常包含"军""国""伟""民""勇""虎"字等，女孩子的名字则包括"芳""淑""丽""莉""静""美"字等。这些名字，传达出成人对儿童的不同性别的行为期待：希望男孩勇

---

① 伊微琳：《男女有别——漫谈两性生理差异与能力倾向》，《生命世界》2010年第9期。

敢、坚毅、虎虎生威……；女孩温柔贤淑、美丽大方、文静甜美……

"为儿童"的性别文化，最强有力地表现在观念层次上。这在社会学中被称之为性别刻板印象。

根据社会学词典的解释，刻板（stereotype）指："在任何社会群体或社会中一种见解广泛流动的倾向。例如，人们可能倾向于认为犹太人比较聪明或美国人比较富有。……本词也可以表示一种见解在内容上的过分简单化，以及人们坚持一种与事实证据相反的见解的倾向。"① 按照这一理解，性别刻板印象（gender stereotype）可理解为一定社会中人们对男性、女性的一些定型化看法，这些看法过于简单化而可能是不准确的，与事实证据不一定相符，甚至是错误的。

但是性别刻板印象，不是一朝一夕形成的，它受到社会传统文化的影响而很难改变。以下是具体列示（见表4-1）。

表4-1 被刻板的认为是男性的以及女性的个性特点②

男性特点	女性特点	男性特点	女性特点
积极	意识到其他人的感情	在压力下能很好地支撑下去	和蔼
行为像领导者	独立	喜欢小孩	
体贴			
爱冒险	易哭	容易做出决策	优雅
攻击性	自身致力于其他人的事情	不容易受影响	需要赞同
有抱负	情绪化	坦率	被动
有竞争性	在危机中易受伤害	粗鲁	机智
不会轻易放弃	感情容易受伤害	有自信心	理解他人
支配性	温柔	表明态度	与他人的关系融洽
感觉优越	重家庭		

性别刻板印象的成因一直备受争议，其中最主要的两种主张分别是本质主义派和建构主义派，本质主义者（essentialist）认为男性、女性的性

---

① 〔英〕G.邓肯·米切尔主编《新社会学词典》，上海译文出版社，1987，第372页。
② 参见〔美〕劳拉·E.贝克《儿童发展》（第5版），吴颖、吴荣先译，凤凰出版传媒集团、江苏教育出版社，2002。

别差异是自然的、先天形成的。建构主义者（constructionist）则认为两性的差异是社会文化建构出来的，是环境造成的。然而，成人所持有的这些性别刻板印象，无疑会影响到他们如何抚育儿童，决定着儿童的性别世界如何被建构，进而促成了不同的儿童性别文化。

当前，儿童性别文化出现了一些新的趋势如中性化风潮，对此究竟如何评价，需要我们进一步思考。

儿童性别文化省思

如前所述，如果说儿童性别文化是一个客观社会现象，那么究竟如何审视儿童性别文化？这个问题，不妨分为以下几个方面来讨论。

1. 儿童性别文化，在何种意义上，构成一种社会现实？

上文曾谈及儿童性别文化的形成机制，认为存在两类儿童性别文化：一类儿童性别文化是成人建构出来的，另一类是自然生成的。其讨论的前提实际上已经确立了儿童性别文化的实存性。

作为实际存在，儿童性别文化现象在日常生活中人们对待男孩、女孩的不同的行为要求与道德标准中表现出来。因此至少在日常行为的层面，是存在儿童性别文化的。这样的例子很多。事实上，不论任何时代、任何社会，人们对于男性、女性的期待均是不一样的，尽管现代社会中是那么强调男女平等——人们常常将该主张的法律含义不假思索地推至其他领域。

当我们倡导男女平等时，不应当忽视男性、女性的生理差异的存在，否则，男女平等极易滑落为权力的符号。男性、女性的生理差异是儿童性别文化赖以形成的物质基础，这是无法回避的。如前引述，整体而言，男性、女性在体格、力量方面的差异是客观存在的，其不依赖于社会文化因素而改变。这些差异，虽然不会直接转化为男性、女性文化的差异，但无疑是导致其不同的一个极为重要的因素。毕竟，我们很难想象女性群体会形成基于体能的狩猎文化，而男性却从事纺织文化。在这种意义上，不能不说性别文化只能现实地存在着。

因此，至少在实际无法超越的日常生活层面以及无法忽视的生理组织与构造差异上，我们说，儿童性别文化构成一种社会现实。

2. 儿童性别文化与儿童发展的相关性。

儿童性别文化是一种正常的社会现象，其与儿童发展有密切的关系。儿童总是出生在一定的文化中，儿童的发展依赖于既定的文化，离不开它。因此，不仅成人世界的一般文化环境会影响儿童的发展，而且成人世界的性别文化也会影响儿童的发展。

如果按照社会学对社会化的理解：一般将社会化理解为一个人学习、适应、内化社会标准、价值的过程。对于个人来说，社会化就是通过个人和社会的交互作用，适应社会并吸收社会的文化，从而成为社会一分子的过程。对于社会来说，则是维持代际关系、延续文化遗产、形成社会创造力的过程。① 那么，儿童要适应所在社会的文化，也自然要适应社会的性别文化遗产。

这样看来，儿童性别文化，实际上是儿童社会化的重要表现及途径之一。这里，包含两层意思，一是儿童性别文化，不论是儿童群体自然形成的还是人为建构的，由于负载着成人文化信息，在某种意义上可以说是儿童内化既定社会习俗、行为规范、道德标准等的成功表现，是一个社会得以延续的必要前提。二是儿童性别文化本身就是儿童社会化的途径之一。实际上，儿童要成功适应社会，也必须要适应社会对男性、女性的不同行为期待。儿童性别角色游戏就是儿童社会化的显著实例。

角色游戏的基本构成要素包括角色外表形象、角色语言和游戏体验等几个方面，其中的一部分即来源于性别文化所建构的男女两性的行为标准、性别特征。儿童在角色扮演中所履行的角色内部规则无不以社会性别文化的要求为基准。② 这些游戏，是社会化不可或缺的途径。

一些例子则从反面表明性别文化对发展的重要性。这些例子的主要问题显示出儿童性别认知偏差将会导致诸多发展障碍。显然，"娘娘腔"的男孩较之社会所认可的"小男子汉"，将会面临更多的问题。这里不再赘述。

3. 儿童性别文化，仅仅分为男孩文化、女孩文化吗？

一般说来，谈到性别问题，人们自然会区分为男性、女性两种。因

---

① 薛素珍、柳林：《儿童社会学》，山东人民出版社，1984，第35页。
② 张咏：《儿童角色游戏的社会性别文化分析》，《教育导刊·幼儿教育》2005年第3期。

而，性别文化也自然地划分为男性文化、女性文化两种。但是，会不会存在一种中性文化？

近年来，这种中性文化已经在青少年流行文化中得到体现。特别是受到超级女声的影响，"中性风"已经成为一种时尚。中性风的出现有很多原因，它是在传媒、教育、传统文化等多重因素的作用下引发的。事实上，早在30多年前，美国著名未来学家阿尔文·托夫勒就曾预言过世界发展的十大趋势，其中就包括性别的中性化。如今，中性文化已经成为一种世界范围的文化现象。

中性文化之所以引起关注，原因在于其对传统的性别文化观构成了挑战。一般来说，在传统性别文化观念中，如刻板印象所示，男性通常是坚强的、有毅力的、有事业心的、容忍的，女性则表现出可爱的、温柔的、娇弱的、妩媚的、爱哭的特质，这种差别外显为社会认可的、特定的性别行为。中性化模糊了这些差别，呈现出男性女性化倾向和女性男性化倾向，因而引起人们的思考。且不论中性化的利弊，这一风潮的出现，确已表明性别文化并非一定区分为男性文化、女性文化。

从青少年心理的角度看，中性化则是展示他们自我能动性和个性的一种方式。在青少年阶段，个体或多或少会表现出一定的反叛心理。对于社会中普遍存在的男女两性不平等的现象，青少年往往会通过性别角色偏常行为来表达自己的想法和观念，表现为女性也可以像男孩子一样打扮、言行，同时具有男性的性格和气质。① 因此，没有必要对中性文化过于担忧，只要我们注意加强青少年儿童的性别文化教育即可。

4. 儿童性别文化教育的急迫性

儿童性别文化的形成有自然的、文化的因素，也有更为重要的社会引导与学校教育的因素。相应于现代社会性别文化变迁，应加强以下几方面的教育。

首先，加强性别知识教育。

传统教育中，往往不太重视性别知识教育。儿童性别知识的获得途径极为有限，要么是通过自己的观察，要么是通过媒体、父母间接获得，很

---

① 赵雷：《青少年中性化现象及其应对策略》，《中国青年研究》2009年第9期。

少有正式的途径。儿童对性别始于好奇，但成人们对儿童的这类提问，总是遮遮掩掩，这样难免会导致儿童性别认知出现偏差的情况，这种情况在单亲家庭中表现得尤为突出。

为此，学校应将性别知识教育纳入统一的课程体系，让儿童了解男性、女性在生理结构、组织功能上的差异，了解男性、女性在发展阶段上的不同特征。

其次，引导儿童建立恰当的性别观念。

一般3岁左右，儿童就能正确地指出自己的性别，并逐渐形成男性、女性的认知。在儿童性别观念形成的过程中，家长、学校应注意给予积极的引导。譬如，在外在的衣着装扮上，避免将男孩打扮成女孩，或给男孩留辫子，这可能会导致同伴性别认同的障碍，不利于儿童的成长。

在性别观念的培养中，其中最重要的是树立儿童的性别平等观念。不论生理如何不同，男性、女性在人格、权利上是平等的。应教育儿童既要认识到自己性别的优势，也要认识到异性性别的优势，相互尊重。只有建立在此基础上的发展，才是健康的发展。

再次，尝试"因性施教"与"双性化"兼顾的教育模式。

既然男性、女性的差别是客观存在的，那么不妨在考虑双性优势的基础上，实施不同的教育模式。

因性施教和双性化教育，不是矛盾的，而是互补的。前者侧重两性之间的不同，主要针对不同性别特点而进行有针对性的教育。譬如对女孩的青春期教育，应该加强自身保护知识与技能的传授。

后者则强调不应是只针对某一性别进行教育而忽视了另外一个性别的教育。在培养女孩的竞争、独立上进意识的同时，应更进一步加强男孩独立意识的发展。在教育男性温柔、细心的同时，应进一步教育女孩更好地保持这种优势。盲目培养异性优势人格，忽视发挥自身性别优势的做法是不可取得。单一培养某一性别良好个性的同时，忽视另一性别的进一步发展也是不科学的。[①]

[①] 逄伟：《青少年中性化述评》，《中国青年研究》2009年第9期。

总之，在儿童性别文化的发展中，我们应当积极介入，担负起教育和引导的责任，共同为儿童营造适宜的成长环境。

儿童文化认同问题

作为研究者的我们把与儿童相关的一些现象称为"儿童文化"，这一界定主要是从成人主体的角度做出的。但是，从儿童主体的角度看，儿童是否愿意自己的文化被如此命名并给予其相对于成人文化的有部分"矮化"之嫌的内涵，这是很有意味的问题。

无疑，较之儿童性别感知与认同，儿童对自我身份及文化的认同要复杂得多。其中包括个体自我层面的认同、同辈群体文化的认同、成人文化的认同，等等。此外，需要考虑儿童文化认同与成人文化认同，究竟有什么样的不同。

"儿童反儿童化"与"儿童成人化"

一般而言，人们将未满18岁的未成年人统称为"儿童"。然而，被归入其中的那个群体是否认可这一名称及相关行为的归类，不太受到人们的关注，毕竟在现代儿童观的影响下，人们更自然地倾向于把儿童当儿童看待。

尽管如此，从目前的一些现象，却常常可见儿童不愿被视作儿童的行为表现。例如，我们经常会听到，当大人们问某儿童："你会玩那个游戏吗？"这位儿童却不屑地回答："那是小孩子玩的，我才不玩呢。"这种情况在儿童同辈交往中比较常见。笔者曾带一个2岁的女孩去玩跳跳床，玩了一会儿，她就不想玩了，问她为什么不玩，她回答道："这里小娃娃多，不好玩。"其实，她自己才是小娃娃呢。

儿童文化中的这些现象，不仅在生活中存在，在儿童文学艺术领域中也存在。儿童文学作家班马对此早就有概括，其在1984年提出了"儿童反儿童化"观点和"小人读大书"现象。他说儿童是"反儿童化"的，正因为在儿童身上存在着许许多多的"小"，才促使儿童渴望着许许多多的"大"。正因为儿童身上存在着许许多多的"弱"，才导致儿童追求许许多多的"强"。也正因为儿童本身状态的"幼稚",才产生出儿童的精神投射强烈地指向成人化的"成熟",指向窥探成人社会生活的未来实践。① 他认为"吸引儿童读者的魅力所在,并不在对儿童状态的反映,而恰恰在于对儿童状态的摆脱"。② 儿童通过阅读和想象来扮演自己心仪的伟大人物,以弥补现实中自己能力不足带来的遗憾。儿童在阅读中通过想象扮演"英雄",从而"改变世界"。在儿童文学的阅读中,若有兴趣对现实少年儿童行为做一番社会学的考察,则可以处处发现他们身上的种种"反儿童化"的征象——任取一个班级,对其绰号系统做一统计分析,即可看出大都为成人化倾向。③

从心理层面看,儿童对儿童状态的摆脱,意味着儿童不仅已经具有"我是谁,我们是谁"的自我身份意识,而且对自身的儿童状态并不认同,反而希望自己能和成人一样。

更加凸显这一特征的是当代"儿童成人化"现象。如小女孩描眉化妆,强烈要求母亲为其购买化妆品,无奈中的母亲最终还是满足了女儿的要求;再如儿童间攀比名牌消费;儿童交际呈成人化取向,如同学间乃至师生间请客送礼;有的孩子过生日宁愿只邀请自己的朋友、同学很讲排场地聚餐庆贺也不愿父母长辈们现场参与;还有儿童拍写真照片,浓妆艳抹,摆出"明星"风范的姿势,穿着吊带衫、迷你裙……等等。④

这种现象已经引起诸多担忧。有论者认为儿童的这一在思维、心理、语言及行为等方面超越了其实际年龄及生理界限,表现出近似成年人的倾向,从教育社会学的角度看,对儿童身心的健康成长不利。其一,儿童不适当地靠近成人心态,处事圆滑世故,失却儿童的率真原色,这对其健全优良品格的养成,弊大于利。其二,成人的既往经验与思维定式等,会给儿童的创造性思维产生抑制性的负面影响。其三,成年人的某种实用主义的势利价值观与是非观,可能对儿童产生误导,妨碍他们正确的世界观、

---

① 班马:《中国儿童文学理论批评与构想》,湖北少年儿童出版社,1990,第33~34页。
② 班马:《中国儿童文学理论批评与构想》,湖北少年儿童出版社,1990,第36页。
③ 班马:《前艺术思想——中国当代少年文学艺术论》,福建少年儿童出版社,1996,第539页。
④ 方敏:《"儿童成人化"与儿童社会化》,《家长》2006年第2~3期。

人生观的确立。①

的确，儿童过度成人化，会产生种种弊端。那么，究竟如何看待儿童成人化？对此，我们需要辩证分析。

无论是"儿童反儿童化"，还是"儿童成人化"，从认同理论的角度看，均表明儿童对成人为他们建构的文化身份及文化特质持不认同感。

作为认同理论之一的身份妒羡论（status envy theory）指出：儿童的认同过程包含暗中践行他所羡慕地位者的角色，经由想象或游戏活动演习学习某种角色，并不一定是实际上的表现，此为羡慕特权地位者之动机所引发，为弗洛伊德恋母冲突理论的再解释。儿童若对楷模的身份或地位妒羡越强，则认同该者的动机就越强。② 按此理论理解，儿童向往成人状态，是妒羡成人地位的角色。这种理解特别适合于解释儿童角色游戏，例如，一些儿童扮演成人对其他儿童发号命令，指派做某些事情。

但是这一理论对儿童心理特质的考量明显不够。人类儿童具有天生的好奇心和模仿欲望，他们具有高超的模仿能力。儿童心理学的研究表明，任何一个健康的儿童都具有这种能力。新出生的婴儿就能模仿母亲的笑容做出回应，尽管他们可能还不理解笑容的意思。1 岁左右的儿童，就会自言自语地模仿成人的发音、词汇。当成人说一句话时，他们会自觉或不自觉地重复。

正是这一心理特质奠定了儿童向往成人状态的最低限度的基础。

当然，模仿不是单纯的重复再现，其中包括儿童的学习。通过模仿，儿童逐渐习得了成人社会的规则、标准等，以此融入社会。这样看来，这其实同时是一个自我进行社会认同、内化社会角色的过程。这同时是儿童的发展需要，是儿童社会化过程中的正常现象。

因此，对成人而言，重要的不是担忧"儿童反儿童化"与"儿童成人化"现象，而是需要分析儿童的自我意识，通过发展他们自己的文化，来满足他们的认同需要。当儿童文化不能充分实现这一需要时，儿童就会转向成人文化。

---

① 参见胡俊生、李期《当今儿童的成人化倾向》，《社会》1997 年第 11 期。
② 陈声健、杨敏：《儿童对电视卡通人物的认同研究》，《曲靖师范学院学报》2010 年第 5 期。

一些论者，从儿童与成人的不平等关系来解释"儿童成人化"现象，认为这一现象实系儿童向往成人的权力、自由、自主，但这只是问题的一方面。另一方面，这实际上是儿童对"我是谁，我们是谁"的一种体认，其中儿童与同辈群体、其他年龄群体之间的复杂性关系，需要继续分析。

儿童文化认同的复杂性

人类的文化是非常复杂的，其多样的形式是由文化发展的环境所决定的。以跨文化的视角来审视，将会发现文化的千姿百态。事实上，即使在一个国家、民族内，也会发现文化的复杂性。这其中所包含的种种差异，反映出一个群体对自身价值的持有和认同。

儿童文化也是这样，无论是儿童自己建构的文化，还是成人为儿童建构的文化，都从某个角度反映出儿童对该文化内价值的一种意向性态度和取向。

一般而言，文化认同（cultural identity）是指对某个群体或某个文化的身份认同（感），或者是指个人受其所属的群体或文化影响，而对该群体或文化产生的一种认同感。依此，可以从两个角度来探讨儿童文化认同：一是儿童对同辈群体文化的认同；二是儿童对其受影响的成人文化的认同。

儿童同辈文化是儿童日常生活中的常见现象，往往是自然形成的，并非成人有意为之。来自不同家庭、地区的儿童，常因为就读同一所学校、父母间的友谊、社交活动等而相互熟识，形成一个兴趣、价值取向相似的同辈共同体。这种同辈之间的认同，是儿童对"我们是谁"的最初探寻。

儿童的这种同辈文化，由于其形成具有自然性、自为性，因而具有很强的凝聚力。其用来标示这一文化的一般方式是"游戏"，这是对儿童而言最有吸引力的认同方式。只要一个儿童发现其他儿童在游戏，他就会不自觉地想加入进去。而借助着游戏，儿童很快就会打成一片。有些论者，就直接视"游戏性"为儿童文化的本质之一，宣称儿童文化是一种游戏性文化。

认同来自差异和比较。当只存在一种文化的时候，人们可能不会产生自我同一性的反应。只有面对不同的群体，人们才会意识到认同的潜在力量。儿童对自我文化的认同也是如此，它受到其他年龄群体文化的影响，譬如教师群体的文化、老年群体的文化等。

此外，性别感知也是其中的一个重要因素。基于生理性别功能的差异，男孩对其所属群体文化的意识，有别于女孩对其所属群体文化的意识。一个男孩群体常常会取笑某位男孩像女孩子一样胆小、哭鼻子，而女孩群体则往往会抱怨"野小子"似的女孩。这其中包含着行为模式、情感表现方式、价值标准等的不同。它们之间的相互区别是促成儿童认同感形成的基本要件之一。

相较于儿童对同辈文化的认同，儿童对成人文化的认同，则远非单一的，而是充满矛盾，甚至对立的。

一方面，儿童对成人及其文化充满向往，希望能够以成人的规则、价值标准来行动。由于成人常常限制儿童的某些活动，规定儿童的行为表现，譬如要求儿童按时睡觉、做完作业才能看电视、不准随便乱花钱购买零食、要遵守纪律，等等，儿童不满于此，因而想摆脱儿童状态。故产生前述"儿童反儿童化""儿童成人化"的现象。

对儿童而言，成人或成年代表着力量、独立、自由、自主、理性。迈向成年是儿童时期永恒的梦想。当大人们对小孩说"你这个小屁孩懂什么"的时候，每一个小孩都会在心里想着要快快长大，想独立完成自己的事情，想去理解父母，学会照顾自己，学会独立……

譬如儿歌《快快长大》中儿童的发问：

> 为什么要挨打？
> 为什么要挨骂？
> 为什么小孩要听大人的话？
> 带着疑惑问妈妈，
> 妈妈说要等你长大。
> 我还是不明白，
> 带着不解问爸爸。
> 爸爸说长大以后你就明白啦。①

---

① 《快快长大》，http://www.cnycgc.com/thread-61001-1-1.html，2013-09-08。

儿童的这种内心体验，促使儿童试图摆脱儿童状态，寻求对成人社会文化的认同感。这与传统的"儿童—成人"的二元对立模式有关。这种模式的一端是儿童，另一端是成人，儿童被认为是依赖的、被动的、需要照顾的、无能的、非理性的……而成人则是主动的、积极的、有能力的、理性的、成熟的……这种二元论的模式不仅长期主导人们对儿童的认识，而且也极大影响着儿童"快快长大"的心态。

在具体途径上，儿童对成人文化的认同，可以直接表现为模仿成人的行为，如打扮、吸烟喝酒；或者模仿成人的言语表达；或者出现"小人看大书"现象；或者模仿成人的处事方式；等等。

另一方面，儿童对成人文化的认同，会呈现出对立的形式。儿童向往成人世界，却不喜欢成人的方式。他们会对成人的要求说"不""讨厌"，出现抵触情绪，甚至表现出反社会行为。

心理学上把这些行为归结为儿童的逆反心理，并视为非正常现象。逆反心理特别表现在青春期阶段，由于自我意识的发展，他们认为自己已经长大成人，应当自己决定自己的一切。对家长、父母的教化，会有意无意地表示不满，产生抵触感。事实上，早在儿童很小的时候，就存在这种现象。譬如两三岁的小孩，就会要求用与大人同样的碗吃饭，而不喜欢用小碗；上楼梯时，要求自己爬楼，不要妈妈搀扶；玩游戏要自己独立地玩；等等。父母们出于关爱小孩的考虑，自然地替小孩做出决定，但这往往会引起小孩的抵触。

实际上，儿童的这些逆反心理与表现，并不总是负面的，其中包含着许多积极的内在品质，如能反映出儿童的探索意识、创新潜能、独立能力等。

逆反，内在地看，也并不表示儿童是反抗成人文化的，只不过以一种对立、对抗的方式，呈现出对成人文化的迂回认同。表面看来，儿童似乎在对抗成人文化，实质上却是通过内化成人世界的行为模式、规则、处事方式等建构着由他们自身赋予意义的文化。

这传达出儿童文化认同的矛盾之处。儿童所认为的他们的文化，成人们认为太过成人化了；而成人所认为的儿童的文化，却不为儿童认可。这种矛盾可能是导致代际文化差异的重要原因之一。

如何处理这一矛盾，需要分析、思考儿童文化认同的关键特质。

儿童文化认同的可塑性

从心理层面看，认同是主体寻求归属感的过程，它将他人或群体的期望、标准、价值、观念等，内化于个人的行为和观念之中。无论是儿童或成人，其文化认同均涉及这一过程。

但是儿童文化认同与成人文化认同，存在一个显著的差异，即儿童文化认同具有巨大的可塑性，而成人文化认同则相对稳定得多，因此不同社会的成人文化之间也更易产生冲突。

后者特别反映在移民的文化冲突中。每一代外来移民，都会自觉或不自觉地感受到两种文化的冲突，体验到本土文化与异域文化碰撞带来的种种问题，甚至引起激烈的斗争。个中原因在于彼此早已熟悉、认同了其所出生于其中的社会文化规范、价值、标准，而难以做出适应性的改变。事实上，很多第一代移民，虽然身处异国，仍然想方设法地维持本土文化，按照本土文化行事，强调对子女的母语教育。这也促成了诸多移民聚居区的出现。

有别于不同社会、民族中成人文化群体之间碰撞、冲突甚至战争，不同社会、民族的儿童文化之间的冲突则小得多，如果不考虑语言上的障碍。一个维吾尔族的小孩会很快会与汉族的小孩交上朋友，谈论彼此不同的饮食爱好，并相互欣赏；看到西方白皮肤、金发的小孩或黑皮肤的非洲小孩，中国的小孩不会斥之为"黄毛"或"黑鬼"，除了感到惊奇之外，更愿意去了解、结识新的玩伴……

这些现象显示出，儿童之间并不像成人那样，存在众多"先见"，儿童对本社会、本民族文化规范、价值、标准等的认知、认可、认同还处于生成之中，受外界影响的可能性更大，具有更强的可塑性。

事实上，儿童文化认同之所以可塑性更强，是由儿童的发展可塑性决定的。

尽管成人也具有一定的发展可塑性，但是儿童的发展可塑性，特别是在大脑发展上面，仍与成人有一些基本的差异。

首先，相比成人脑，新生脑拥有多得多的神经元和突触，其中大部分仍未专属于特定的回路或功能。因而，儿童具有更强的适应性和灵活性。就人类被试而言，有关大脑可塑性的研究起初是在一些脑损伤患者身上发现的。许多研究发现，当脑损伤患者因为各种缘故大脑受损时，它们相关的认知功能会受到影响，但是随着时间进程的推移，他们的大脑皮层会表现出可塑性的重组过程。① 但是儿童大脑的可塑性更强。例如，如果一个儿童大脑的语言中枢不幸受到了损害，他仍然可以重新学会说话，因为在几个月内，他的大脑可发育出另一个语言中枢。然而，如果成年人的语言中枢受到类似的伤害，就会比较难以恢复，因为成年人的大脑已经失去了最初的那种可塑性。

其次，差异也存在于系统或行为水平上。如婴儿神经回路发育的一个基本目标是为某些行为服务。然而，在成人中这些系统早已存在，只是为着一个不同但相关的目的而简单地重构，诸如获取第二语言。第二语言学习事实上可能与第一语言学习有本质的不同。对前者而言，"脚手架"已经搭好，而后者则无。自然地，第二语言的学习可能涉及回路重组或将已经存在的神经回路向一个新的、相关的领域延伸，而第一语言学习则涉及新回路的构成。②

显然，作为一种自我意识现象，认同感的产生和形成受到脑的发育程度及特质的影响。相对于成人，儿童脑的更大可塑性，既是儿童文化认同产生的基础，同时又决定了儿童文化认同的可塑性。

强调儿童文化认同的可塑性，并不是说，作为个体的儿童可以接受任何社会的文化价值——处于成长关键期的儿童，若被置于多元文化环境下，可能会带来潜在的心理冲突问题，导致儿童无所适从——而是说，儿童更容易接受既定社会中的文化价值，被其所塑造。跨文化的例子显示儿童比成人接受异文化价值的程度更高；而老年人则较难接受、认同新的文化规范。

儿童文化认同的这一特征，提醒我们要积极介入儿童文化观念的形成过程。其中一个重要的途径便是教育。如今，很多国家都将教育视为捍卫

---

① 王亚鹏、董奇：《脑的可塑性研究及其对教育的启示》，《教育研究》2005 年第 10 期。
② 参见卢英俊《儿童发展的神经可塑性及教育启示》，《幼儿教育》（教育科学版）2010 年第 10 期。

民族文化认同的重要手段。通过对儿童各个阶段的教育来加强传统文化的继承。实际上，适当的教育也能够引导儿童同辈文化的健康发展，促进与其他文化群体的和谐发展。

儿童文化认同的可塑性，是多通道的，也是多层面的。不仅教育能够影响它，而且生活中的重要他人、现实或幻想的偶像都会影响它。其中儿童崇拜的偶像，对其自我认同的发展影响巨大。很多儿童同辈文化群体，即基于此而形成。

认识到这些，将可能部分地有助于我们理解儿童文化与成人文化在代际上的矛盾。儿童喜欢新颖的事物，喜欢尝试与试验，喜欢跟随潮流……这是因为儿童的自我意识还在发展之中，儿童们的文化还远未定型，他们对"我们是谁"的文化感知还处于渐成之中。成人文化由于可塑性的降低，则不免墨守成规，倾向于维持已有的行为规范、价值标准，等等。这之间产生的矛盾，不是主观造成的，而是各自的文化特质所自然呈现出来的。

儿童文化与儿童的文化权利

作为现代儿童的儿童文化，其蓬勃发展伴随着一个对儿童赋权或增权的过程。儿童权利的扩展或增加，不仅表现在一般司法环节，而且也表现在具体的法律文书中，影响着儿童的文化生活。在一定意义上，保护儿童的权利特别是文化权利，实即保护儿童文化。

从另一方面看，儿童文化生活的日益丰富，实则呈现出儿童文化权利的保障水平和实现程度。但遗憾的是，关于儿童的文化权利问题，目前学界的思考还显不足。这方面的探讨，可能会促进儿童文化的更优化发展。

作为权利主体的儿童

权利是现代政治法律中的一个核心概念。一般而言，权利是指公民或法人依法行使的权力和享受的利益。儿童作为权利主体的地位，是在20世纪才得以确立的。

其中关于儿童权利的关键性国际文书有三个：一是1924年9月26日，国际联盟的成员国一致通过将《儿童权利宪章》作为儿童权利的宣言，即《日内瓦宣言》；二是 1959 年 11 月 20 日联合国大会第 1386 号决议宣布的《儿童权利宣言》；三是 1989 年 11 月 20 日第 44 届联合国大会第 25 号决议通过的《儿童权利公约》。

《日内瓦宣言》是众所周知的第一份《儿童权利宣言》。宣言中规定所有国家的男女都应承认人类负有提供儿童最好的东西之义务。同时不分种族、国籍或信仰的差别，让所有儿童在下列各种事项中，都能获得保障，并承认这些事项为自己的义务。其条款如下。

（1）必须提供儿童正常发展所需之物质上与精神上的各种需要。

（2）必须提供食物给饥饿的儿童，并提供生病的儿童必要的治疗。身心发展迟缓的儿童，要获得适当的援助。对不良行为的儿童要给予改过自新的机会。孤儿和流浪儿亦应获得居住的场所，并得到适当的援助。

（3）遇到危难时儿童应优先获得救济。

（4）儿童有独立维持生计的地位，因此要避免受到任何形式的压榨。

（5）儿童必须获得适当的培育，使其才能够对全体人类有所贡献。

该宣言关于儿童权利的主张，结合了对儿童生理、精神的认识及人道主义的伦理情怀。一方面，它认为基于儿童正常发展所需之物质和精神上的各种需要，儿童应当受到保护，而对于饥饿、发展迟障、不良行为、被迫流浪、遇险等各种状态和情况下的儿童，则应予以人道主义的援助。另一方面，就儿童对全体人类的贡献而言，儿童需要接受适当的培育，以便儿童日后具备作为成人世界参与者的能力。该点实际上将儿童定义为未来社会的接替者，儿童期对儿童本身的意义还没有显现出来。

1945 年 6 月 26 日，来自 50 个国家的代表在美国旧金山签署了《联合国宪章》。该宪章于同年 10 月 24 日生效，联合国亦正式成立。《联合国宪章》的制定和联合国的诞生是现代国际关系史上的一件大事，客观上，它为儿童权利的保护奠定了国际组织基础，而 1946 年 12 月 11 日创建的联合国国际儿童紧急救助基金会，则可视为保护儿童之观念深化的显著成果之一。

1948年12月10日，联合国大会通过并公布《世界人权宣言》，以"人人生而自由，在尊严和权利上一律平等"为起点，对儿童的关注从20世纪初的工业领域扩大到普遍人权的范围，涉及儿童为维持健康和福利所需的基本生活水准，包括食物、衣着、住房、医疗和必要的社会服务等极为广泛的领域。儿童保护向着多种向度延伸，不再是单一的生理保护，而是意味着一系列以家庭、社会等表现出来的综合保护以及基于儿童个体独特性的精神保护。

就20世纪前半期而言，国际公约或组织对儿童的认识，经历了一个单纯从儿童劳动价值可有限利用到儿童开始被当作"保护对象"的阶段。随着儿童观的演进，儿童从工业生产领域中逐渐退出，取而代之的是源于人权的儿童权利主体地位的隐约显现。然而，对儿童究竟如何保护？这一时期公约的具体条款所基于的理念，仍然基本是外在于儿童本身的。

联合国及其他地区组织的成立，促使人们形成了对于人权和各项基本自由的深切信仰。1950年11月4日签订于罗马的《欧洲人权公约》，延续了《世界人权宣言》的一些条款，重申"任何人的生存权应当受到法律的保护"，"人人享有自由和人身安全的权利"，"人人有权享有使自己的私人和家庭生活、家庭和通信得到尊重的权利"；等等。这支持了"儿童是需要保护的"观点，尽管只是基于人权的普遍性而言的。

伴随着这一时期对基本人权和人格尊严与价值的强调以及对儿童发展更为深入的理解，人们认识到鉴于儿童因身心尚未成熟，在其出生以前和以后均需要特殊的保护及照料，包括法律上的适当保护。这些应当以文书规定下来。1959年11月20日联合国大会第1386号决议宣布的《儿童权利宣言》，是儿童保护方面一个非常重要的文书，它扩充了25年前的日内瓦《儿童权利宣言》，不仅有助于改变社会对儿童单一的保护态度，而且使儿童问题开始真正进入国际文书视野，成为重要的转折点。

这份世界上第二份《儿童权利宣言》，是国际社会提出"人类应将其最宝贵的赋予儿童"这一原则的初步尝试。[①] 这一原则由十条具体原则构成，其中第二条原则规定："儿童应受到特别保护，并应通过法律和其他

---

① 韦禾：《儿童的权利——一个世界性的新课题》，《教育研究》1996年第8期。

方法而获得各种机会与便利，使其能在健康而正常的状态和自由与尊严的条件下，得到身体、心智、道德、精神和社会等方面的发展。在为此目的而制定法律时，应以儿童的最大利益为首要考虑。"显然，这一规定所传达的儿童观念，较《儿童权利宪章》更为丰富。"儿童需要保护"的认识，由简单的生理或物质的关怀，向以儿童最大利益为核心原则的身体、心智、道德、精神和社会等五个方面的特别保护转化。

本质上讲，现代国际文书中儿童观的一个核心是儿童权利主体地位的确立。这种观念，在前述《儿童权利宣言》已有所体现。然而，各种关于儿童的宣言，严格来讲并不是具有法律拘束力的国际条约，儿童作为权利主体观念直到1989年的《儿童权利公约》通过才得到真正落实。《儿童权利公约》是现代国际公约中儿童观的集中反映，儿童在法律意义上，不再单纯被视为一个被保护的对象，而是一个有着权利的主体。儿童是主体的思想似乎是陈词滥调，但是在今天的现实生活中依然没有得到应有的呵护和尊重，而这正是该《公约》所致力改善和改变的。

《儿童权利公约》对儿童的年龄上限，首次予以明确规定。所谓儿童"系指18岁以下的任何人"。这一对儿童观之"儿童"的认识，看似简单粗浅，却奠定了儿童的国际公约保护最广泛而明确的年龄标准，此前虽然在最低年龄公约中，有类似18岁工作年龄的限定，然而，依各国各地区情况对15年龄童工仍部分地予以保留。

更为关键的是，现代儿童观的核心——儿童作为权利主体的观念在《儿童权利公约》中得到鲜明而具体的体现。儿童是主体，是权利主体，拥有一个人的全部权利，包括经济、社会、文化、公民和政治各种权利。其中，该《公约》提到的儿童权利多达几十种，如姓名权、国籍权、受教育权、健康权、医疗保健权、受父母照料权、娱乐权、闲暇权、隐私权、表达权等。其最基本的权利可以概括为以下四种。

（1）生存权——每个儿童都有其固有的生命权和健康权，包括有权接受可达到的最高标准的医疗保健服务。

（2）受保护权——不受危害自身发展因素影响的被保护的权利，包括保护儿童免受歧视、剥削、酷刑、虐待或疏忽照料，以及对失去家庭的儿童和难民儿童的基本保证。

（3）发展权——充分发展其全部体能和智能的权利，儿童有权接受正规和非正规的教育，以及儿童有权享有促进其身体、心理、精神、道德和社会发展的生活条件。

（4）参与权——参与家庭、文化和社会生活的权利，儿童有参与社会生活的权利，有权对影响他们的一切事项发表自己的意见（表达权）。

上述这些国际文书，无疑呈现出儿童权利主体地位的确立过程。事实上，对儿童权利主体地位的确立，并不局限于国际层面，而是已深入并落实到了具体的国家操作层面。譬如，我国《未成年人保护法》中"儿童优先"的保护理念。该法第三条规定"国家根据未成年人身心发展特点给予特殊、优先保护，保障未成年人的合法权益不受侵犯"。除立法外，我国政府和相关部门还将"儿童优先"原则贯彻到司法、行政和其他措施中，对儿童予以优先保护。在1992年发布《九十年代中国儿童发展规划纲要》之后，2001年又制定《中国儿童发展纲要（2001～2010年）》，动员全社会认真实施该纲要，在各项工作实践中贯彻"儿童优先"原则，保护所有儿童的合法权益。这些法律措施，既是对儿童权利的保护，又是对其权利主体地位的确认。

儿童文化权利的构成

儿童不仅具有作为人的基本权利，同时还具有文化权利。关于文化权利，有学者认为文化权利是人人享有的基本权利之一。人的文化权利包括人人有参与文化生活的权利；享受科学进步及其应用产生的福利的权利；作者对其本人的任何科学、文学或艺术作品所产生的精神上和物质上的利益，有享受保护的权利；科学研究和创造性活动所不可缺少的自由；等等。[1] 另有学者认为文化权利作为一种基本权利，是与政治权利、经济权利平等的公民权利，进而认为实现公民文化权利，保障人民群众的文化权益，是社会文明与进步的标志之一。[2] 还有学者认为文化权利是一个需要不断被丰富的概念，它虽是人权的一部分，但相对于其他类型的人权，比

---

[1] 参见李军鹏《论文化权利与文化公平》，载李景源、陈威主编《中国公共文化发展服务报告》（2007），社会科学文献出版社，2007。

[2] 韩永进：《切实保障人民的文化权益》，《文艺报》2009年2月19日，第7版。

如公民权、政治权、经济和社会权利而言，在范围、法律内涵和可执行性上最不成熟，因此主张除了在法律的层面谈论文化权利外，可以将其延伸至整个人类文明的历程。①

对权利或文化权利概念的理解，较为关键的是把握权利的要素。据一些学者的研究，权利包含五个要素：利益（Interest）、主张（Claim）、资格（Entitlement）、力量（Strength）、自由（Freedom）。② 这些要素对在法律上确立权利是很关键的，然而，文化权利还不限于此，它关系到一定社会的道德、习俗、民族传统等因素。基于这些认识，我们倾向认可这样的关于文化权利的一个界定，文化权利是个人或群体被法律、政策、道德、习俗所认可和认定为正当的文化方面的利益、主张、资格、力量、自由。儿童的文化权利即由一系列法律、政策或社会道德、习俗等所赋予的文化共有、参与、创造、尊重和保护的权利。

儿童的文化权利是儿童的基本权利之一，这是国际社会公认的基本观念。在1990年9月2日生效的《儿童权利公约》(*Convention on the Rights of the Child*)第三十一条中明确规定：

> 1. 缔约国确认儿童有权享有休息和闲暇，从事与儿童年龄相宜的游戏和娱乐活动，以及自由参加文化生活和艺术活动。
> 2. 缔约国应尊重并促进儿童充分参加文化和艺术生活的权利，并应鼓励提供从事文化、艺术、娱乐和休闲活动的适当和均等的机会。

结合该公约和我国学者的认识，我们认为，儿童的文化权利一般包含四个方面：第一是享有既有文化资源的权利；第二是参与文化活动的权利；第三是进行文化创造的权利；第四文化成果受保护的权利。

儿童权利是从视儿童为权利主体的角度提出的。儿童不同于成人，联合国《儿童权利公约》中的规定是0~18岁，中国的《未成年人保护法》等法律的规定是0~18岁，医学界则以0~14岁的儿童为儿科的研究对象。尽管在法律及某些学科中，"儿童"与"成人"的年龄区分是一个仍

---

① 参见艺衡、任珺、杨立青《文化权利：回溯与解读》，社会科学文献出版社，2005。
② 夏勇：《中国民权哲学》，三联书店，2004，第311页。

然是可以争论的问题，然而，儿童与成人存在差异是一个基本的共识，其在生理上与成人的不同，如发育未完全、无照料自己的能力、力量弱小，等等，导致我们需要一定的法律来保护他们。儿童与成人的不同，也体现在除生理之外的语言表达、社会交往、行为方式等各个方面，这亦需要相关的法律来保护，儿童的文化权利与此是密切相关的，是与一定的儿童的发展特点相适应的，是以维护儿童尊严和儿童发展为基本前提的。

对文化权利的更早规定，被称为联合国人权两公约之一的联合国大会1966年12月16日通过的《经济、社会及文化权利国际公约》（*International Covenant on Economic, Social and Cultural Rights*）第十五条第一款是这样表述的：

> 本公约缔约各国承认人人有权：
> （甲）参加文化生活；
> （乙）享受科学进步及其应用所产生的利益；
> （丙）对其本人的任何科学、文学或艺术作品所产生的精神上和物质上的利益，享受被保护之利。

这里规定的权利涉及文化参与权、文化享受权、文化成果保护权三个方面，包含了我们上面所指儿童的文化权利四个方面中的三个方面。这实际上是儿童文化权利的一般性特点，也就是与成人共享或共有的文化权利。然而，无论是生理学、儿科医学、生物人类学、精神发生学等，均表明儿童是一个特殊的存在。在教育界，一般认为儿童一开始就是需要接受教育的，具有可教育性，只有接受教育才能从自然人转化为成熟的社会人。

儿童的文化权利必须兼顾儿童生理、心理、精神的特定特征，在一定程度下，形成儿童文化权利的"为儿童"的特性，不同于一般性的文化权利，儿童文化权利的法规与政策必须保证儿童对既有文化的以下可能。
（1）可接近性（accessibility）[①]。在尽可能的条件下，允许和确保儿童可

[①] 此处借鉴了杨成铭对《经济、社会、文化权利公约》的评论，认为各国教育应体现如下四个基本观点：(1) 可得到性；(2) 可进入性；(3) 可接受性；(4) 可适应性。本文做了一些改变，新增删两点。可参见杨成铭《受教育权的促进和保护》，中国法制出版社，2004。

以接近各种优秀的文化资源,提供给他们接触人类文化遗产的机会。(2)可接受性(acceptability)。保证为儿童所接触的文化以儿童可接受的方式提供,在呈现形式、表达内容、组织方式上充分考虑到儿童的心理发展水平、精神发展阶段、思维特点、审美能力等。(3)可选择性(selectivity)。提供给儿童的文化必须尽可能丰富和广泛,在时间跨度上应该包含古代文化和现当代文化,在地理空间上,应该涵盖本文化和异文化、其他民族或少数民族文化等,以此给予和培育儿童的文化包容和理解力。(4)可适应性(adaptability)。根据儿童的不同地域、地区、社会、教育背景等,提供给他们一种适应他们多元需要的文化,提供给他们创造新的文化的契机和"脚手架"。在满足文化需要的同时,给予、促进和保护文化创新的权利。

对儿童文化权利的保护,取决于一定社会或时期对儿童的观念即儿童观。儿童观是人们对儿童的总的看法和基本观点,或者说,是人们在哲学层面上对儿童的认识。[①] 有关儿童文化权利的观点,受制于儿童观。由于人们儿童观念的变化,儿童权利保护的内涵和范围会发生变化。

儿童文化权利保护的中国实践

保护儿童的文化权利根本上是在尊重儿童的前提下保护儿童文化,使儿童的发展获得一个良好的文化环境。就我国当前儿童文化政策而言,其对儿童文化权利的保护是全方位的,取得的成绩是有目共睹的,极大地提升了儿童的文化生活质量,推进了儿童文化发展。其中已经取得的一些经验需要总结,遇到的一些问题值得我们思考。

第一,儿童的文化资源享有权利方面。

这方面的政策,是我国相对说来做得比较健全的一块。文化资源是指人类在改造自然的实践过程中所创造的物质文化、精神文化和制度文化的总和。文化资源包含多方面的内容,譬如民族文化传统、民族精神、文化产品、文化产业、体制建设和民主法制建设,等等。对儿童而言,在这诸多内容中,以物质文化和精神文化为最重要的文化资源,其中传统精神文

---

① 刘晓东:《儿童教育新论》(第二版),江苏教育出版社,2008,第1页。

化资源受到高度的重视，这首先主要体现在国家对青少年思想道德建设的立法中。国家先后在《中华人民共和国教育法》《中华人民共和国未成年人保护法》等法律的相关条款中，规定作为与儿童相对的成年人需要提供有利于未成年人（儿童）健康成长的文化出版物和其他各类文化产品。

其次，由于儿童对文化资源的辨识和选择偏向感性及文化资源本身的复杂性，国家出于保护儿童的目的出台了一些法律，集合全社会的力量以避免儿童接触不良文化资源。典型的如《中华人民共和国预防未成年人犯罪法》，其预防未成年人不良行为及犯罪，很重要的一个途径便是通过办各种形式的讲座、座谈、培训等文化活动来防止和矫正，这可以视为对儿童的文化预防和文化支持。

再次，在文化资源的可接近方面，针对儿童，我国已经推行了一些具体的做法，如博物馆已逐步建立减免费开放制度；图书馆、科技馆、文化馆、美术馆、体育馆（场）等社会公共文化体育设施，以及历史文化古迹和革命纪念馆（地），对教师、学生实行优待，为儿童接受文化熏陶提供政策上的倾斜。

除以上取得的成绩之外，在儿童文化资源的可接近方面，尚存在一些不足，譬如民族民间文化、地方文化资源等，这类具有本土气质的文化资源，儿童似乎对它们有一种天生的亲和性。尽管在《国家"十一五"时期文化发展规划纲要》中列有"民族文化保护"规划，但是在我国的儿童政策中，对儿童这方面的文化支持鲜有予以明确表述的。

第二，儿童的文化参与权利方面。

丰富的文化资源，是儿童文化权利实现的前提条件和基本保障。相比文化资源的提供，在法律上确保儿童文化活动的参与是对儿童权利的进一步确认和保障。儿童文化活动，可以分为家庭、学校、社会三个板块，其中为法律、法规、条例等优先确认的是学校板块。

学校既是儿童参与文化活动的一个主要场所，同时也是儿童文化权利实现的一个核心途径。这方面国家出台的法律法规较多，在国家根本大法《宪法》中，与其他公民一致，儿童同样被赋予文化活动参与的自由。《未成年人保护法》则明确规定，学校、幼儿园应当从有利于未成年人健康成长的角度，安排未成年人参加集会、文化娱乐、社会实践等集体活动,以此为他们提供充分的文化活动空间。一些关于教育、学校教育、艺术教育等领域的法律法规,也涉及了较多的儿童文化权利,如《义务教育法》《幼儿园教育指导纲要》等。

儿童文化参与应当涵盖家庭文化生活。除在《未成年人保护法》所列"家庭保护"一块有所涉及之外,关于保障儿童在家庭领域中的文化权利的立法工作,我国还相对欠缺。儿童文化参与权利在家庭中的保护情况,存在复杂的因素。一些家长存在文化消费的攀比意识,这可能会导致儿童文化参与权利表面上被保护,实质上却被抽离的情况;另一些家长,则可能由于经济条件的限制,无法提供儿童文化参与的机会;还有一些家长,在文化活动中以自己的意识行事,代替儿童选择和决定,变相剥夺了儿童文化参与的权利。对这些现象,我国法律上的保护还存在很多空白,亟须探索。相对家庭这一块,社会力量对儿童文化权利的支持要充分些。在我国很多法律、条例、规章中有很多条款规定,文化生产和管理机构、部门有鼓励、支持、协助儿童文化活动开展的义务和职责。总的说来,我国儿童参与文化的空间,还是比较宽广的。

第三,儿童的文化创造权利方面。

儿童具有文化创造的权利,他们拥有自己创造的文化——"儿童文化"。这已为目前儿童文化理论界所确认。从一般的意义上说,儿童文化包括关于儿童的或为儿童的和儿童创造的文化,其中儿童创造的文化,即视儿童文化为以儿童作为文化的参与者进行文化创造的结果,对儿童的成长而言具有十分重要的意义。[①] 因此,儿童文化创造的权利非常值得我们保护。

我国这方面的专门法律不多,主要散见于一些条款中,如《宪法》中规定公民有"文学艺术创作"的自由,文学艺术属于文化范畴,这表示儿童与成人都有文化创造上的自由。有些规范性文件如《关于开展少儿歌曲创作推广工作的通知》(2005)强调了儿童歌曲的创作和推广工作,并专门制定相关规划,创作和征集原创少儿歌曲作品,建立和培训少儿歌曲创作队伍,积极维护儿童的文化创造和创新权利。

---

① 谢毓洁:《晚清:儿童文化研究的新地带》,《湖南城市学院学报》2007年第4期。

相比《儿童权利公约》第十三条第一款规定："儿童应有自由发表言论的权利；此项权利应包括通过口头、书面或印刷、艺术形成或儿童所选择的任何其他媒介，寻求、接受和传递各种信心和思想的自由，而不论国界。"我国在这方面对儿童权益的保障，缺乏条理，存在着明显不足，其立法工作及制度建设需要尽快开展并完善。

第四，儿童的文化成果保护权利方面。

这涉及儿童文化产品的保护、儿童的著作权利等。《儿童权利公约》第十四条规定："缔约国应遵守儿童享有思想、信仰和宗教自由的权利"，其中儿童享有思想的权利，显然涉及儿童文化成果的保护。我国在《未成年人保护法》中，明确规定："国家依法保护未成年人的智力成果和荣誉权不受侵犯"。这显示我国这方面对儿童权利的保护正逐步走上与国际接轨的道路。

在儿童知识产权保护的方面，我国相关法律法规基本是空缺，除了一些关于科技方面的如《全国青少年科技创新大赛组织管理条例》（2005）之外。事实上，已经有很多儿童参与到文化创造的过程中，譬如文学创作，对儿童作家版权的保护主要是参照成人作者的权利来予以实施的。实际上，儿童所创造的文化产品远不限于文学作品，还有如儿歌、儿童画、儿童发明等，我国政府在这方面的保护意识还比较薄弱，该方面的立法工作，亟须进一步开展。

小　结

作为儿童的文化而言，儿童文化对儿童具有重要的意味。一方面，儿童文化构成儿童生存的现实，另一方面儿童文化自身又构成儿童对现实生存的理解、叙述和表达。

儿童文化的这一深度图景，在功能属性上显现出儿童文化与儿童生存之间复杂的关联。只有当儿童游戏时，他才是儿童。潜藏在儿童文化中的游戏功能，对儿童的生存理解具有卓越性的意义。儿童文化是一个完整、多样、丰富的儿童世界，在生存理解的秩序化方面，它显现为儿童对自我力量的确证和所属共同体的认同。

作为儿童们的文化，儿童文化与儿童性别的关系是一个绕不开的问题。很显然，女童（孩）文化有别于男童（孩）文化。同时，性别化的儿童文化也强化了儿童的性别感知。

从形成机制上看，儿童性别文化可以分为两类：一是基于生理性别感知而形成的性别文化，或称自为的性别文化；二是在一定社会中，由成人为儿童所建构的性别文化，或称为他为的性别文化。

当前，儿童性别文化出现一些新的趋势如中性化风潮，对于现代社会性别文化这一变迁，不妨加强以下几方面的教育：

首先，加强性别知识教育；

其次，在一定的年龄阶段，引导儿童建立恰当的性别观念；

再次，尝试"因性施教"与"双性化"兼顾的教育模式。

总之，在儿童性别文化的发展中，我们应当积极介入，担负起教育和引导的责任，共同为儿童营造适宜的成长环境。

作为研究者的我们把与儿童相关的一些现象称之为"儿童文化"，这一界定主要是从成人主体的角度做出的。但是，从儿童主体的角度看，儿童是否愿意自己的文化被如此命名并给予其相对成人文化有部分"矮化"之嫌的内涵，这是很有意味的问题。

其中，特别表现为儿童文化中的"儿童反儿童化"与"儿童成人化"现象。一些论者，从儿童与成人的不平等关系来解释"儿童成人化"现象，认为这一现象实系儿童向往成人的权利、自由、自主。但这只是问题的一方面，另一方面，这实际上是儿童对"我是谁，我们是谁"的一种逐渐觉醒了的主体身份和文化认同意识的反映。

儿童文化认同既具有复杂性，又具有可塑性。儿童文化认同的可塑性，是由儿童的发展可塑性决定的。儿童文化认同的可塑性，是多渠道的，也是多层面的。不仅教育能够影响它，而且生活中的重要他人、现实或幻想的偶像都会影响它。其中儿童崇拜的偶像，对其自我认同的发展影响巨大。

作为现代儿童的儿童文化，其蓬勃发展伴随着一个对儿童赋权或增权的过程。儿童权利的扩展或增加，不仅表现在一般在司法环节上，而且也表现在具体的法律文书中。

儿童权利的扩展尤其在《儿童权利公约》中得到鲜明而具体的体现。在该《公约》中，被提到的儿童权利多达几十种，如姓名权、国籍权、受教育权、健康权、医疗保健权、受父母照料权、娱乐权、闲暇权、隐私权、表达权等。其最基本的权利可以概括为四种，即生存权、受保护权、发展权、参与权。

在这些权利中，儿童的文化权利是儿童的基本权利之一。儿童的文化权利一般包含四个方面：

第一是享有既有文化资源的权利；

第二是参与文化活动的权利；

第三是进行文化创造的权利；

第四文化成果受保护的权利。

对儿童文化权利的保护，取决于一定社会或时期对儿童的观念，即儿童观。

保护儿童的文化权利根本上是在尊重儿童的前提下保护儿童文化，使儿童的发展获得一个良好的文化环境。就我国当前儿童文化政策而言，其对儿童文化权利的保护是全方位的，取得的成绩是有目共睹的，极大地提升了儿童的文化生活质量，推进了儿童文化发展，但同时也存在一些不足。

第五章　儿童文化呈现：作为成人的文化

> 所有社会的整合都依赖这样一个事实：它们的成员是在共同文化造就的结构化的社会关系中被组织起来的。
>
> ——〔英〕安东尼·吉登斯

儿童文化固然是属于儿童的文化，但是儿童文化的呈现却并不必然仅仅面向儿童。儿童并不生活在真空中，儿童生活在一个与成人交织的世界中，自然，儿童文化与成人文化也有着千丝万缕的联系。不仅如此，在一定意义上，儿童文化还构成了成人文化特别重要的一部分，甚至构成了成人文化的生命机制。这恐怕是许多有识之士倡导向儿童文化学习的深层次原因。

儿童文化是多面的，可以从多个角度来看，不同的角度可能看到不同的面貌。从作为成人的文化角度来看，我们有可能认识到儿童文化的另一种价值与意义。

对成人而言的儿童文化

有别于儿童的视角，成人是如何看待儿童文化的？这是一个值得探讨的问题。尽管成人曾经是儿童，但他们回看儿童文化时，其视角已然不同于儿时了。这就需要我们重新思考对儿童文化的种种实际情感态度。

对儿童文化的向往

美学大师朱光潜在《谈美》中，谈到一些很有趣味的事实。他的寓所后面有一条小河通莱茵河。他常于晚间到那里散步，形成了习惯，总是沿东岸去，过桥沿西岸回来。走东岸时他觉得西岸的景物比东岸的美；走西岸时恰好相反，东岸的景物又比西岸的美。对岸的草木房屋固然比这边的美，但是它们又不如河里的倒影。同时一棵树，看它的正身极为平凡，看它的倒影却带有几分另一世界的色彩。这些经验，常为世人所有，甚至进而构成人们所想象的一个乌托邦的世界，譬如"桃花源""蓬莱仙阁"等，在各种文学作品、神话传说中到处流传。①

实际上，走到河的对岸所看到的现实，也许跟原来差不多，既不是理想之地，也不是想象中的样子。然而，由于日常世界的平凡、了无生气、烦闷，人们常常情不自禁地生出对"对岸世界"的向往。这可能是人类求知本源的一种冲动，这种冲动寓含在人们对儿童文化的接触中。

每一个成年人看到可爱的儿童时，常常会产生一种重新回到童年的渴望。这种渴望包含着由时空流逝带来的距离的美化，由此带来成人对儿童及其文化世界的向往、羡慕。成人对儿童文化的向往，应该如何解释？

从心理学的角度看，这种心态是由心理距离产生的。前述朱光潜谈及的有趣事实，其"美"的感受就是由于适当距离产生的。事实上，日常生活中，人们也常常有距离产生美的感觉。人们对于现在和过去的态度也有不同的区分，经过一段时间的洗礼，本来很辛酸的遭遇，往往会变成很甜美的回忆。小时候，生活或许很清贫，因为挨饿而到邻居家偷吃的经历，现在回想起来却有所留念。在很多作家、艺术家的童年回忆中，常常有这些类似的场景。

之所以从前的遭际甚至不幸，会转化为美好的记忆，这全然是受到时空所造就的适当的心理距离的影响。如同我们审美一样，如果太执着于实用，则只能引起欲念，而从一定的距离来看，则更可能欣赏到事物可能的美。

人们对童年时代儿童文化的向往、羡慕，常常源于这种"推远"的距离所带来的心态改变。需要指出的是，也只有成人才可能会真正懂得欣赏儿童文化。生活于其中的儿童，却往往并无此心态，他们希望的却是"快快长大"，因而，只有在他们失去儿童文化之后，才会回味自己的美

---

① 参见朱光潜《谈美书简二种》，上海文艺出版社，1999，第102页。

好童年。这其中的矛盾，值得思考。

当然，就个体来看，并不是每个成年人都向往童年，欣赏儿童文化。特别是那些身体残障、处于单亲家庭及其他不利处境下成长起来的儿童，他们长大之后，其童年留下的多半是伤痛与遗憾。但总体上而言，这并不改变现代社会中人们对"回到童年"的向往。

人类学的视野，可以提供人们对儿童文化向往的另一种理解。

众所周知，人类学最初是表述异文化的，是随着西方殖民开拓需要而逐渐发展起来的。正是由于殖民统治者需要了解殖民地社会的人民与文化，并处理与原住民之间的矛盾冲突，才使得对异民族社会文化的研究逐渐发展成为一门学科。19世纪，欧洲殖民主义大肆扩张，迫切需要有关殖民地部落的民族及其文化知识。在这种历史背景下，早期的人类学者主要为殖民者提供有关原住民风俗、习惯等方面的知识，或者帮助培训殖民地官员，以避免殖民者因为对殖民地社会的无知而造成与原住民之间的对抗和冲突。应用人类学家在殖民政权下的这种角色及其与原住民的关系后来受到激烈的批评，同时也引起了人类学家的自我反省，从而激发他们追求新的研究目标。[①]

当代人类学的研究目标已不再服务于殖民政权，而演变为试图对人类的差异提供合情合理的、客观的解释。换言之，当代人类学更关注的是发现并理解人类社会的各种相异之处。实际上，对其他文化的关心不仅表现在人类学学科中，也表现在考古学、历史学、文学等领域中，譬如体现了异域风土人情的《大唐西域记》《马可波罗游记》。可见，当人们接触到与自己文化不同的事情，自然就会产生兴趣。只能认为，这是人类本性的一种萌动。人类学对"异文化"的关心，也许是对"异世界"向往的本性萌动的表征。

在某种意义上，成人们在向往儿童文化时，潜在地包含着这种人类学式的眼光，他们把儿童文化视为不同于成人文化的"异文化"，期待从儿童文化中找到或寻回自己所没有的或已经失去的东西。这种对缺乏之物的渴求欲望是他们对儿童文化感兴趣的一个重要原因。

[①] 董建辉、石奕龙：《西方应用人类学百年发展回顾》，《国外社会科学》2005年第5期。

这种用渴求、憧憬的眼光看待作为异文化的儿童文化的现象，鲜明地体现在玛格丽特·米德的《萨摩亚人的成年》一书中。米德通过展示萨摩亚的儿童，向我们生动而明晰地描述了那些生活在和我们迥然相异的文化中的年轻人所经历的痛苦和欢乐。撰写该书，她的基本期望是："青少年们将不必再生活在这个由西方社会制造的充满压力与约束的时代之中；成长可以变得更自由、更轻松和更简单；而我们也能够或多或少地推崇我在萨摩亚发现的那种简单明了的生活——不那么紧张、不那么个人主义，也不那么被生活所深深卷入。"[1] 在这里，我们能够感受她对其他社会中儿童文化的一种向往。

在此，可以发现，并不是一种社会够发达，其文化就一定是值得向往的，即使是处于边缘地区所谓"落后"民族的文化，人们也可能从中发现长处和优势。类似的，对于仍在发展中的儿童及其文化，人们萌生憧憬、心生向往，这并非是不可能的事情。

轻蔑：另一种态度

诚然，儿童文化是一种十分复杂的现象。如同儿童文化现象本身一样，人们对儿童文化的认识也是复杂而不一样的。在不同的社会或历史时期，人们看待儿童可能有着截然不同的甚至对立的观点。当一部分人在欣赏、赞扬儿童的文化时，另一部分人却在极力贬低儿童。

因而，除了前述对儿童文化的欣赏、向往甚至崇拜之外，轻蔑、贬低与忽视，可谓构成另一种典型的对待儿童的态度。可以说，这两种态度是人们对待儿童世界的两大基本态度。

对儿童及其世界的轻蔑、贬低、忽视，在各个时代都有鲜明的体现。在这方面，中国古代的一些成语或可反映出人们对儿童的这种态度。其中如"黄口小儿"，常常用来讥讽他人年幼无知。可见人们对小孩的轻蔑。鲁迅在《华盖集续编·古书与白话》有具体运用："其中自然有古典，为'黄口小儿'所不知。"还有用来形容人幼稚不懂事理的成语"乳臭未干"，也是一种表达轻蔑情感的十分贬义的说法。罗广斌的《红岩》

---

[1] 〔美〕玛格丽特·米德：《萨摩亚人的成年》，周晓虹等译，商务印书馆，2010，第19页。

中这样使用该成语:"成瑶,量她一个乳臭未干的黄毛丫头,逃不出我的手心!"实际上,这些成语也常常为今人所用。此外还有形容对事情不重视的"视同儿戏",比喻幼稚见解的"儿童之见",比喻见闻浅陋的"儿童走卒"。

作为熟语的一种,有关儿童的一些歇后语也表现出人们对儿童某种程度的轻蔑态度,诸如"孩儿脸——说变就变""小孩子过家家——一会儿好,一会儿坏""女孩子打架——抓小辫子""小孩放烟火——天花乱坠""小孩穿大鞋——提不得",等等。

上述这些成语、歇后语,传达出儿童在古代中国的地位。人们很少试图去反思这些语言中的成见,而只是简单地认为儿童不是成人的楷模,所以儿童的一切都是低劣的,儿童文化不值得去关注和探索。

事实上,对儿童的这种极端态度,不独古代存在,在当代社会生活中也大量存在,特别表现在父母、教师的语言行为中。譬如在许多家庭中,父母在批评、训诫小孩子的时候,常常自然不自然地流露出一种轻蔑的态度、不耐烦的语气。

"你到底是怎么一回事儿!你是头脑有毛病,还是疯子?我早就料到会有这个结果了。"

"我已经说了无数次了,你就是不听,你是聋子吗?你有没有耳朵?你为什么不听话?我不都是为你好吗?你看爸爸妈妈这么辛苦工作,不都是为了你吗?"

"你真笨!你上学上到哪里去了,这个题目都不会做。"

"你这个小屁孩,你看你干得好事!"

……

在具体的语境下,人们常常难以意识到这些语言所暗含的态度,但是当我们从儿童—成人的关系视角来看,可以十分清晰地发现,日常生活中的这些语言,潜在地包含着成人对儿童世界的不屑。

对儿童的轻蔑,带来了一种否定性的儿童观,而这种观点,在西方也有绵长的历史。古罗马塞维利亚的伊西多尔(Isidore,576~636年)指出,医生认为疯子这类缺乏理智的人血液较冷,而理智的人血液较热,因此,老年人的血液已经变得较冷,儿童的血液尚未变热,这两类人没有中青年人理智。老年人因为上了年纪，儿童则由于柔弱的体质及固有的天性而发谵妄。① 在这里，儿童被贬低为缺乏理性，不能控制自己的情感。持这种观点的人，要求人们对儿童进行精心严格的教育，重塑他们的身体和性格。

中世纪，儿童被赋予原罪。基督教义声称，儿童是带着"原罪"来到人世的，故生来性恶。即使是刚出世便死去的婴儿，虽然还没有任何罪过，但因为他有与生俱来的"原罪"，所以也仍然是一个罪人。教会不仅要给刚出生的婴儿施洗礼，还要严格控制儿童的欲望。基督教认为，人的灵魂带有神性，是上帝赋予、主宰着人的肉体，而人的肉体则是人罪过的渊源。人的肉体生活在现实世界中，具有各种欲望，是罪恶产生的温床。因此，基督教宣传"肉体是灵魂的监狱"，只有实行严格的禁欲，对肉体不断地进行惩罚和摧残，才能摆脱邪恶的引诱。认为人生来就是有罪的，人的错误行为是"原罪"的反映，是性恶的证明。体罚能驱除儿童内在的恶性。② 在这种观念中，儿童没有什么价值，轻视、贬低、斥责儿童更是常见的行为。

无论在西方还是东方，与轻蔑的情感态度相关的是一种儿童观念，即视儿童为成人的未完成版本，是成人简单的缩影。如史家舒尔兹（James A. Schultz）指出，在西方的语境下，对于某些史学家而言，从上古时代到18世纪，儿童只被当成"不完整"的"成人"。③ 直到19世纪，浪漫主义者将儿童当成一种上帝祝福的生物，人们才意识到儿童有他们自己特有的看法、见解和感情，才开始真正在"把儿童视为儿童"的意义上关注儿童。

尽管我们已经意识到儿童的独立价值，但是轻蔑、忽视仍然构成人们对儿童的一种典型态度，何以如此？这背后形成的原因是什么？这是需要我们进一步分析的。

探索定型化态度的缘由

当然，人们对儿童文化的态度，细分起来，并不止上述两种，但向往

---

① 〔法〕让-皮埃尔·内罗杜：《古罗马的儿童》，张鸿、向征译，广西师范大学出版社，2005，第65页。
② 参见姚伟《儿童观及其时代性转换》，东北师范大学出版社，2007，第65页。
③ 〔英〕柯林·黑伍德：《孩子的历史》，黄煜文译，麦田出版社，2004，第9页。

与轻蔑构成其中突出的两大态度。这两种态度，在视儿童为天使或恶魔的经典对照中，亦可以得到一定的体现。当把儿童构想为天使的时候，人们对儿童总是极力赞美而生出向往之情；相反，当儿童成为堕落的恶魔之象征时，人们对儿童唯恐避之不及。

为何人们会产生对儿童及其文化的向往或轻蔑的定型化态度呢？

首先需要关注这种定型化态度的特征。定型化态度的特征是对某种特定的群体或其文化的一种简单、固化认识，这类似于心理中的"刻板印象"。"刻板印象"在心理学上是这样界定的：

> 对某个群体及其成员概括而固定的看法。在同一地域或文化背景中的人的相似性被概括地反映到人们的认识中并固定化时产生。其特点：具有高度的稳定性，难以改变，即使遇到相反的事实出现，人们也倾向于坚持它，并以之去否定或"修改"事实。一般含有真实的成分，可以在一定程度上帮助人们了解和应付环境，简化人们的认识过程，起执简驭繁之效，但也会导致人们认识僵化，阻碍人们接受新事物、新经验，常会造成认识上的过度概括化。[①]

如其所述，就儿童文化看来，定型化的看法固然能简化人们的认识，却也导致僵化的态度。一提到儿童，人们要么认为是可爱的、天真的，要么是不懂事的、爱调皮的、闹腾的。似乎除了这两类儿童之外，没有其他类型的儿童。

产生这一定型化态度及认识的原因较为复杂，主要原因有以下几个。

其一，对儿童文化的肤浅了解。文化是相当复杂的，儿童文化也同样如此。对一国、一地区、一群体的文化的了解，由于探索得不够，人们往往有简单化的倾向，只凭借一些非常间接的二手信息去想象。譬如对法国文化的认识，可能仅仅限于对埃菲尔铁塔的图片或者某次在橱窗里看到的法国高级香水，抑或偶尔看了一部法国电影，而坚定地认为法国是浪漫而美妙的，但事实上可能并非如此，法国文化有多样性的一面。之所以人们依然将浪漫与法国等同起来，这实是人们的一种定型化态度。

[①] 黄希庭、杨治良、林崇德主编《心理学大辞典》，上海教育出版社，2003，第687页。

对儿童文化的认识，也存在这种强烈的倾向。我们常常会谈论一些与儿童有关的话题，认为现在的儿童与过去的儿童相比，怎么样怎么样，但大多数时候，这种认识可能只是来自某次偶然看到的儿童生活事件。换言之，我们仅仅把有限的印象当作儿童的群体形象。也许因为某次获得儿童的好感，你感动不已而想象回到童年；也许因为儿童某次难以宽恕的行为，而从此令你对儿童备感厌烦。

事实上，如果愿意去全面了解儿童及他们的文化，会发现他们的世界与我们的世界是同样复杂的。他们有与我们一样的情感，也有与我们一样多样形态的文化存在。

其二，当代大众传媒的助长。定型化的策略表明，人们总是倾向于选择自己最容易接受的方式去认识对象，而大众传媒则极大助长了这一趋势。

比如，电视广告中的儿童，往往是非常令人怜爱、喜欢的形象，同时配以优美的音乐，而建构出一种美好而令人向往的儿童世界，似乎这是一个与成人世界截然不同的世界。但实际上儿童世界并非如此，特别在边远地区，儿童生活可能相当艰辛，儿童的形象也不那么天真可爱。

又如，中国的家长们往往认为美国儿童养育文化尊重个性、注重培养独立性、自主性，而因此对其十分向往。他们关于美国儿童养育文化的知识，主要来自报刊报道、新闻媒体、影视作品等中的美国儿童形象，其本人并无国外生活或研究的经历，但其实美国儿童养育也十分注重人际关系、合作精神等集体性品质的培养。

由于传媒的影响，人们会羡慕儿童或向往世界某个地区的儿童生活，而忽视了传媒呈现儿童世界的方式。但这实际上是一个非常重要的问题：大众传媒呈现的儿童文化中包含了对儿童及其世界的一种定型化倾向的再生产。

其三，合理儿童观的缺失。定型化是最简便的认识事物的方法，但却会导致以偏概全之错误，这反映出人们对事物的认识尚停留在表面。

就人们对儿童文化的定型化态度而言，深层次地传达出人们正确儿童观的缺失。儿童是什么，我们很少去思考这个问题。只是凭借自己曾经是儿童的经历不求甚解地看待儿童。小时候父母怎样训斥自己，长大后就依葫芦画瓢地对待自己的小孩。这种潜意识深深塑造着我们的儿童观。

当我们理解儿童时，需要警惕这种定型化的认识，应对其提出质疑，然后仔细探寻它的依据，进而真正把儿童当作人来理解，而不是简单地当作教化的对象。

对儿童及其文化的定型化认识，潜藏着种种弊端，消除它们，就如同消除刻板影响一样，应探索出控制它们的具体可行路径。其中一条路径是以树立无偏见信念策略来抑制刻板印象的产生。在这种策略下，我们应该像看待成人及其文化一样来看待儿童及其文化。

另外一条路径，则我们不妨从儿童—成人的关系角度来统观彼此的文化。

儿童—成人关系下的儿童文化

一般意义上，儿童总是相对于成人而言的。对儿童文化的观察，在一定程度上，也是从成人的角度来定位，其中包含着儿童与成人的关系。这种关系往往由于过于显而易见或理所当然而不为人们所关注。

儿童文化是一种纯粹的、独立的文化吗？

如果单纯就研究者的角度来看，儿童文化似乎能够被视为一种纯粹的文化。因此，我们可以通过某种方式来限定儿童文化的基本研究范围、研究对象等。对某个阶段的研究而言，这样做未尝不可，抑或很有必要。但若由此而宣称儿童文化是独立的、纯粹的，则是需要存疑的。

尽管上文我们引述过很多对"儿童文化"的界定，或也对"儿童文化是什么"做出了自己的认识，但这并不妨碍我们在一种关系的视角下继续追问儿童文化是如何呈现的，这一关系视角即目前被广为接纳的儿童与成人的关系。引入这一角度，可以发现儿童文化并不是一种纯粹的、独立的文化。

事实上，世界各地的文化本身就不是纯粹的、独立的存在。以中国传统文化来说，人们常常将佛教视为华夏文化的重要内核之一。按佛教的说法，人有"过去""现在""未来"或"前世""现世""来世"。凡为善恶，必有报应，所以人在世时，要"广种福田"。对一般中国人而言，除了做善事外，还把符合伦理道德的事情，如赈济、忠厚、孝敬、忍辱，等等，都算在善行之中。这种思想广为传播而为普通民众接受，因而今人论述起来，总是自然地视之为中国传统文化的一部分。但事实上，佛教是从印度传入中国的。从现有的资料看，大约从公元前1世纪起，从西域、南海、西南就陆陆续续有佛教的消息传来，有一些来贸易的商人可能是佛教徒。到了2世纪，就有很多资料证明佛教在中国普遍流传开了。[①] 由此可见，哪怕是在古代，各种文化之间也不是孤立的，而是与其他社会保持着交流。因此，不可能存在所谓的纯粹的、独立的文化。每一种文化总是在与其他文化的接触中不断地变化着、发展着。如此，也就不难理解人类学中的"文化传播学派"了。

儿童文化也是这样，总是处于与其他文化的不断接触中。这里的其他文化，包括青年文化、成年文化、老年文化等。我们难以想象一种没有其他年龄群体共存的儿童世界会是什么样子，亦难以想象孤立不变的、静止的、纯粹的儿童文化是如何存在的。可以推定的是，这样的儿童世界及其文化，要是能够存在，那也一定是苍白的、单调的甚至难以为继的。

儿童文化本身是依赖于其他文化而存在的。这一点，可以从儿童文化的内部层次结构特性上得到说明。

在人类学中，文化存在着所谓"大传统"和"小传统"的二元划分法。这是1965年由美国人类学家罗伯特·雷德菲尔提出的一种二元分析的框架，用来说明在复杂社会中存在两个不同文化层次的传统。大传统是指以城市为中心，社会中少数上层人士、知识分子所代表的文化；小传统是指在农村中多数农民所代表的文化。[②]

在我们看来，儿童文化的内部层次结构中，也存在着类似于此的"大传统"与"小传统"。所谓儿童文化的大传统是指以学校为代表的、由成人所掌握的书面文字文化传统。儿童文化的小传统则是指儿童群体内

[①] 葛兆光：《中国古代社会与文化十讲》，清华大学出版社，2002，第95页。
[②] 郑萍：《村落视野中的大传统与小传统》，《读书》2005年第7期。

部形成的、以口传等非正式途径来传承的口语文化传统。两个传统之间是相互作用的。

儿童文化的大传统，表现在很多方面。譬如在学校系统中由成人为儿童所创设的文化环境，包括可以呈现给儿童的知识、向儿童传递的社会规范、行为标准等。从儿童的角度看，某种意义上，它们是居先存在的，儿童不可能改变它，只能适应它，这是儿童生存的先在条件之一。

文化具有符号基础。儿童文化的大传统以书面文字符号为主。在儿童未能掌握这种符号之前，儿童的文化只能依赖成人世界。由成人世界向儿童世界输送养料。在这个层面看，儿童文化不是独立的文化，而是一种依存于成人文化的文化。

但是，由此而否认儿童文化的独特性却很难令人信服。回到儿童文化的事实，我们可以发现儿童文化有别于成人文化的独特性质。很多学者都已经述及儿童文化的诗性逻辑、整体性、游戏精神等，这些实际上正构成儿童文化小传统的特征。

作为小传统的儿童文化的这些特征，不是自儿童外部形成的，而是儿童群体内部或不同儿童小群体之间自发生成的，其间并没有成人的介入。我们可以从儿童自发的游戏行为中，观察到儿童文化这一特征的原生性。在很多儿童集体游戏中，会形成一定的内部游戏规则，这些规则是他们自己协商的，体现出平等、互惠的精神。尽管一些儿童游戏研究者指出儿童游戏有模仿成人世界规则的成分，但儿童却赋予这些规则以新的活力。在此意义上，它们完全是属于儿童文化的，是儿童文化的小传统。

不同于儿童文化的大传统，儿童文化的小传统主要以口语为媒介，更多的是一种口语文化，是儿童之间互动形成的。从这一层面看来，儿童文化是一种独立的文化。

基于此，对于儿童文化是不是一种独立的文化这个问题，便可以进行更细致地解答。从儿童文化的大传统这个方面看，儿童文化不是一种独立的文化，而是依存于成人世界而存在的，因为很多儿童文化产品，都是由成人生产、提供的。儿童无法独立满足自身的需要。从儿童文化的小传统这个方面看，儿童文化是儿童群体自身生成的，具有其独特的性质，是一种独立的文化。

儿童文化与成人文化的代差

如果儿童文化在某种意义上是独立的，并且同时地存在一种成人文化的话，那么，儿童文化与成人文化有什么样的关系呢？

根据国内学者的概述，儿童文化与成人文化之间的关系可以分为三种。一是冲突关系说。该说认为儿童文化与成人文化之间存在着许多差异，二者之间的文化冲突亦是必然的，在一定程度上表现为强势文化与弱势文化的冲突。儿童文化属于弱势文化，成人文化属于强势文化。成人文化压抑儿童天性，漠视和压制儿童文化，阻碍儿童文化的生长和生成。譬如美国学者沃勒认为学校文化包含两种对立的文化：教师所代表的成人社会文化与学生所代表的同辈团体文化。学校存在着文化冲突，即以教师为代表的大社会文化与以学生受其影响的地方社区文化之间的冲突，及以教师为代表的成人文化与学生同辈文化之间的冲突。

二是共生关系说。该说认为儿童文化与成人文化之间可以沟通交流、互惠互利，互相补充、互相哺育，互相学习、互相滋养，是一种紧密联系，共栖共存的文化状态。如刘晓东指出，儿童文化是演进着的，其目的地是成人文化，任何成人文化的目的地又是儿童文化。成人文化是在儿童时期所建构的身心水平基础上持续进行的经验重构，成人中的伟大人物都是像儿童一样的人；成人通过与儿童的交往而将成人文化传递给儿童，其中部分成人文化被儿童所吸收，成为儿童生命和生活中的内容。儿童和成人可以而且必须在互补和互哺中相得益彰：一方面，只有儿童与成人在一起，向成人及其所代表的文化学习，儿童才能在成人引导下成长，在成人文化的熏染下逐步成熟；另一方面，儿童的心灵、儿童的世界、儿童所具有的自然天性又对成人的心灵和世界具有反哺的功能。

三是对立统一关系说。该说认为儿童文化与成人文化之间存在着不对等的关系，即存在着冲突的一面，但这不是儿童文化与成人文化关系的全部内容，儿童文化与成人文化之间也有共生共存、互补互哺的关系。这种观点既认识到了儿童文化与成人文化冲突和对立的一面，也认识到了共生和统一的一面。如边霞认为儿童文化与成人文化分属两种文化,二者的标准、感受方式和思维方式不同,当二者相遇时,冲突是不可避免的。成人文化与儿童文化冲突的结果主要表现为成人文化对儿童文化的压制。然而,儿童文化与成人文化并不是完全对立的,他们处在一个连续体上,成人文化要向儿童文化学习,儿童文化也必然会向成人文化发展和演进。[①]

以上三种关系,大体可以涵盖目前学界对儿童文化与成人文化关系的基本认识。然而,在两者关系的背后,遮蔽了另一个值得探讨的问题,即儿童文化与成人文化之间的代际问题。实际上,儿童文化中的很多问题往往是由代际差异造成的。

在社会学中,"代"是指一定社会中具有大致相同年龄和类似社会特征的人群。不同代的人由于所处的社会文化环境不同,他们在价值观念和行为方式上存在不同,这种差异构成一种"代差"或"代沟"。"代"具有自然和社会两重性。从自然属性上看,"代"就是指人的辈分关系。人类一代一代的繁衍生息,自然而然地形成子辈、父辈、祖父辈的关系。然而,"代"又具有社会属性,在不同的时期,其被赋予了不同的社会和文化内涵。

每一时代的独有的儿童文化总是基于该时代的儿童而形成的,其有着自然的"代"的基础,而与以父辈为代表的成人文化的自然的"代"的基础有所不同,因此,这带来儿童文化与成人文化之间文化意义上的代际差异,即子辈文化与父辈文化的不同。这实际上是儿童文化与成人文化关系的一种更为直接的表现形式。

一般来说,代差的形成需要一定的社会条件。在传统的变迁缓慢的社会中,不会或很少出现代差,因为一切道德伦理、社会规范、行为准则等都是不可挑战的、是神圣不可侵犯的。儿童只需要向长辈学习就可以走向未来的社会。在这种情形下,作为儿童的子辈大体可以预知他们将来可以成为什么样的人,因而,其与父辈之间不存在严重的冲突与对立。

然而,在社会巨变的情况下,当新的一代面临着急剧变化的社会,或

[①] 参见王任梅《冲突与共生:儿童文化与成人文化关系研究述评》,《上海教育科研》2011年第2期。

全然不同的新社会，而从前从父辈那里学习的经验不足以应对时，他们就不得不在同辈中寻求与之不同的知识、经验，这就使他们与父辈们形成"代差"或"代沟"。

当代社会变迁迅速，各种文化现象层出不穷。在代际的视野下来看，儿童文化与成人文化的关系，已不再仅仅是一种儿童—成人的简单关系，而是包含着代际差异的复杂关系。综合这两种视角，可以发现，儿童文化与成人文化的关系，具体至少涉及以下三种。

一是作为某一"代"的儿童文化与作为某一"代"的父辈文化的关系；

二是作为某一"代"的儿童文化与作为某一"代"的祖辈文化的关系；

三是作为某一"代"的儿童文化与作为某一"代"成人文化构成的儿童文化之间的关系。

在儿童文化与成人文化的关系中，人们往往关注第一个方面，例如前面述及的它们之间的三种关系，大致是基于此而未能充分考虑到与祖辈文化的关系。诗人们常用诗句描述出儿童与老人之间的惊人相似之处；河合隼雄认为老人与孩子有着不可思议的亲近性，两者都与另一个世界相近。然而，儿童文化与祖辈文化的关系，却依然很少得到探索。

对儿童文化与成人文化的关系问题，无疑需要我们更细致的分析，特别是在儿童文化越来越显示独立性的时代，我们需要追问其与成人文化之间的关系是否有其他理解方式存在。

熔炉理论的启示

从儿童—成人关系的两个端点看，似乎儿童文化与成人文化是各自自成独立的系统。实际上，在前述的探讨中，我们的确也格外注意到儿童文化独立性的一面。在谈及儿童文化与成人文化的关系时，亦已经设定了它们彼此的独立性。然而，各个群体之间的文化并不是截然对立、不相往来的。

如果儿童—成人的关系在理解儿童文化、成人文化时无法绕过的话，那么有没有其他的理解方式与途径？关于这个问题，民族学中的熔炉理论也许会给予我们一定的启示。

"熔炉"理论形成的时间，要定一个确切的年代似乎很难。不过，从已有的资料来看，早在美国独立革命前后，这一理论的思想雏形就已出现。但"熔炉"概念真正移入学术领域，被用来解释美国的历史和文化，却是19世纪后期的事情。[①]

其中最具有影响的学者是特纳。在分析边疆对美国历史的意义时，他指出，对美国人民而言，边疆促进了一个混合性民族的形成。在边疆的熔炉中，移民被美国化，被赋予自由，并被融铸成一种混血的种族。这一种族无论在特征上，还是在民族性上，都不是英国式的，这个过程从早期到现在一直都在进行。

更重要的是，特纳认为美国中西部民主的特性，不单单局限于生物学意义，也在文化方面鼓励混合。在他看来，中西部地域发展神速的原因在于，当地人是由许多来自不同文化背景、地域和种族的人所组成的，尤其重要的是，这些成分不是作为置身于已有秩序之下的孤立的、互不相连的成分而存在，如新英格兰突出表现的那种情况，而是一切都被吸收了。一个正在形成中的社会，它的那些混合性组成部分具有创造性和吸收性。所以说，中西部民主强调的不是民族敌对，而是民族优势的互补。一种更新、更丰富的文明，其产生不在于保持不变或者把原有组成成分封闭起来，而在于消除隔离，把个体的生活融于共同的生成体，该生成体是一种新的产物，承诺着世界友好的诺言。[②]

尽管特纳并没有就熔炉说做出更为系统的阐释，但我们可以理解他的基本认识，即美国是一个民族大熔炉，移入美国的各个民族集团也融合成了一个统一的民族。在这种相互融合的过程中，各个民族集团的文化都做出了自身的贡献，形成了一种不同于任何一个民族集团的文化而又包括它们全部在内的新的美国文化。

可以说，特纳的这一观点，揭示了不同民族或群体文化间的交融及其所蕴涵的创造新质。对于理解儿童文化、成人文化而言，具有重要的洞见。

---

① 黄兆群：《熔炉理论与美国的民族同化》，《山东师范大学学报》（人文社会科学版）1990年第2期。
② 参见〔美〕弗雷德里克·杰克逊·特纳《美国历史上的边疆》，引自黄兆群《熔炉理论与美国的民族同化》，《山东师范大学学报》（人文社会科学版）1990年第2期。

第一，没有必要过度强调儿童文化、成人文化的独立性、独特性，而更应该关注它们可以如何进行优势互补，进而创造出新的共同文化。

毫无疑问，儿童文化、成人文化都有各自的优点、缺点，有很多学者早已指出它们的独特性，譬如儿童文化是偏向感性的、情感的、整体性的，是一种酒神气质的文化，成人文化则是偏向理性的、理智的、思维分割的，是一种日神气质的文化。但是，这些特性并不能成为它们相互区隔的理由，相反它们更需要彼此学习，以促进新的文化的发展。

第二，儿童文化的发展并不是最终被成人文化所同化，而是熔铸成一种新的文化。

就群体的角度而言，一般来说，当一代儿童成年后，他们那一代的儿童文化自然会消逝，为新一代的儿童文化所更替。这一方面造就了具有不同时代特征的儿童文化，20世纪70年代的儿童文化不同于80年代的儿童文化，也不同于21世纪的儿童文化。这特别表现在儿童玩具文化的变迁上：电子游戏取代户外游戏；卡通玩偶代替了自制玩具；等等。另一方面，这带来儿童文化被成人文化侵蚀的表象，以至于要捍卫童年、守护童年。这实际上不过是社会发展变化而导致了儿童文化变迁，进而形成了一种新的文化（既包括儿童文化也包括成人文化）而已。

至于这种新的文化是既保留了各自的优点又扬弃了各自的缺点，还是相反。这是值得探讨的一个议题。

第三，从儿童文化的生成来看，儿童文化可能一开始就具有混合性，它是一种混合文化。

儿童诞生在成人的社会中，儿童文化形成于成人文化之中。儿童在一开始就不可能离开成人而存在，如果儿童能够拥有自己的文化，那么他们建筑文化的构件，只能来源于成人世界。因此，从这个角度看，儿童文化一开始就已经混合了成人文化的构件。没有成人文化的依托，儿童文化便是无源之水，无从生成和发展。

从意义维度上看，所有文化都是具有意义的，儿童文化也是这样。然而，儿童文化的意义并不首先来自于儿童，而是儿童通过成人文化而获得的。儿童必须先要学习成人的文化符号，才能够建构自己的文化意义世界。

事实上，儿童文化不仅从形成过程看是一种混合文化，而且它本身就是一种混合文化。如果的确是这样，那么我们就可以推定成人文化也具有混合性。这正是我们下面要分析的。

作为成人文化构成的儿童文化

在我们看来，一切文化都具有某种程度的混合性，这是由文化的包容本性所决定的。无论哪一种文化，都不是一种严格意义上"纯粹、独立的文化"，实际上，我们也无从找到这样类似于生物标本的文化。就儿童文化而言，其总是嵌入在成人文化系统中，受到成人文化的种种影响。毋宁说，儿童文化业已是成人文化构成不可缺少的一部分。那么，怎样来理解作为成人文化构成的儿童文化，便是需要我们探讨的问题。

儿童文化是成人文化系统的一部分

任何文化都是一个系统，都由系统内部各个要素构成。对于文化系统的理解，可以从不同的角度或层面着眼。

一种理解认为，文化是人类行为的因果，而人类行为表现为个体性与群体性。个体与群体之间是密切相关的，在一个群体之中，个体的行为具有共性和相似性。这样，构成个体的行为共性的就是群体性，这种群体性就是一种文化群体行为，这种文化群体行为就是一种文化系统。文化系统是人类行为的因果。也就是说，人的行为构成了文化系统，同时又受到文化系统的某种影响或束缚。每一个人的人生都是在某种文化系统中或多种文化系统的互动中的人生。个人无法脱离文化系统，群体、社会等也是如此，文化系统是无处不在的。离开了文化系统，孤立的个人、群体和社会是根本不存在的。反之，文化系统也不可能脱离了个人、群体和社会而自行构成。总之，人的行为构成了文化系统，文化系统也影响了人的行为。[①] 这种认识主要围绕着作为文化创造主体的个体、群体与文化行为之间的关系而展开，强调了它们之间的互动性。

---

① 曾小华：《论简单与复杂的文化系统》，《中共浙江省委党校学报》2004年第4期。

另一种是从文化结构的视角来理解文化系统。文化结构是指文化系统内部诸多要素相互联系、相互作用的方式与秩序。文化结构的不同，决定了文化系统的不同类型、性质与功能。这种理解认为文化系统由四大部类组成：物质文化、精神文化、制度和行为文化、信息文化。其中文化系统的表层是物质文化，它是在人与自然的交互作用中产生的、可触知的文化事项，包括人类的物质生产活动及其产物。文化系统的中层是制度和行为文化，即人与社会交互作用的产物，如风俗习惯、行为规范、组织形式等。文化系统的里层是精神文化，它是人与自我意识关系发展的产物，在人类的社会实践和意识活动中发展进化，如价值观念、思维方式、道德情操、审美趣味、宗教感情、民族性格等，是文化的核心部分。贯穿文化系统表里的是信息文化，如语言、文字、姿势及其他信息符号，它们是人类用来创造、保存、积累和传播文化的媒介。[1]

两种对文化的理解有所差异。区别于前一种理解侧重文化系统的形成这一角度，后一种理解展示了文化系统的内部构成。在后一种理解看来，文化是一个复杂的大系统，其中包含着各种子系统，每一个子系统由若干更小的文化要素和文化特质组成。美国学者托马斯·哈定等人所著《文化与进化》中说："一种文化由技术的、社会的和观念的三个子系统构成。技术系统是决定其他两者的基础，技术发展则是一般进化的内在动因。这样，我们就可以视一种文化为三个层次的序列：技术层为基础，观念层最高，社会层居中。"[2] 这种理解与文化的"系统观"有类似之处。

结合上述这些认识，对成人文化系统可以做如下理解。

首先，成人文化系统是成人文化行为的产物。成人文化行为，并不单纯涉及成人群体自身，同时也涉及儿童群体。譬如，一些儿童组织的建立是成人的文化行为，但却是一种"为儿童的文化"。反言之，这种儿童文化实际已经嵌入成人文化系统，成为其中的一部分。

其次，从文化最活跃的要素——人来看，成人文化系统由三大关系形成：成人与自然的关系、成人与社会的关系、成人与自我及他人的关系。

---

[1] 陈建宪主编《文化学教程》，华中师范大学出版社，2004，第17页。
[2] 〔美〕托马斯·哈定等：《文化与进化》，韩建军等译，浙江人民出版社，1987，第38页。

成人改造自然的结果是创造了成人物质文化，它满足了成人生存和发展的需要，包括建筑、饮食、交通、生产工具、服饰、城市等。成人与社会交互作用，则产生种种风俗习惯、行为规则、社会规范、制度体系等。成人与他人的关系则产生属人的情感、价值、性格、气质、思想等精神层面的文化。

成人文化的后两种子系统即制度和行为文化、精神文化中，可以发现成人文化系统中无处不在的儿童文化。

譬如，围绕儿童生活、生存、发展需要而形成的儿童养育文化，便是基于儿童特性基础之上的一种特别的成人文化，具体包含儿童出生习俗、儿童医疗系统、儿童家庭看护支持体系、儿童教育体制，等等。在不同的时代或不同的社会中，这些儿童文化各不相同。从儿童的角度看，它们属于"大传统"的儿童文化，是儿童文化的重要组成部分，而从成人的角度看，它们显然是由成人主导的，属于成人文化系统的一部分。

显然，儿童不可能脱离成人而存在，同样，儿童文化能力的展开也不可能离开既有成人文化资源的支持。无法想象存在一种"纯粹"的儿童文化，其与成人文化无关，因为儿童及其文化的生成，除了自身的条件之外，需要依赖整个成人文化系统。在这个意义上，可以说儿童文化早已深深植根于成人文化系统之中，是其中的一部分。

人和人的关系是文化系统得以形成、运转、维持的重要原因。毋庸置疑，成人文化系统中一种重要的关系便是成人个体或群体之间的互动关系，借由相互交流而产生出亲属关系、人际交往规范、态度、个性、价值观、道德等。

然而，其中常为人们所忽视的是成人与儿童的关系。成人文化中一些相当重要的部分是奠基于这种关系的思考之上。譬如对疾病、战争等行动的应对，常常会根据"儿童的最大利益"来考量。

从这些方面可以看出，儿童文化在成人文化系统中无处不在，其已经构成成人文化系统的一个组成部分。

至于儿童文化作为成人文化的具体构成，至少可以表现在两大方面：一是作为成人物质文化的一部分；二是作为成人精神文化的一部分。

成人物质文化场域中的儿童文化

在成人的物质文化场域中,儿童文化现象到处存在。我们在电视广告、户外广告、影视等传媒上会看到儿童形象的展示;在去展览馆参观的时候,可以看到作为装饰的儿童绘画;在六一儿童节,可以观察到展演的儿童歌舞;在服装、饮食、家具、玩具等行业则可以感觉到儿童文化产业的影响,而成人们甚至为之制定出相关的产业支持政策。

这种种儿童文化现象,对一般成人而言似乎视而不见,但却真切地存在着。也许是它们如此自然、切适地嵌入成人文化系统中,而令我们熟视无睹;也许它们早已成为成人文化中的一个有机构成部分,我们已经将其与成人文化视其为一体,而没有必要再关注有着独特性质的儿童文化。

从文化的物质层面看,可以说儿童文化已经成为成人物质文化的一部分了。这体现为以下两个大的方面。

一是"为儿童"的文化设施、文化产品、文化产业等。儿童文化设施包括儿童图书馆、儿童游艺场、儿童博物馆、青少年活动中心、少年宫,等等。以著名的波士顿儿童博物馆为例。该馆建于 1913 年,是美国最悠久的博物馆之一。在这个博物馆里,孩子们可以走上一张巨型的书桌,桌面上陈放着五英尺长的铅笔和两英尺长的回形针;他们可以登上一座三层楼房,这座房子是一个被"解剖"开的切面;他们学习编播电视新闻;他们脱掉鞋子步入一座包括厨房、浴室和庭园的、地道的日本住宅;他们尝试着使用假肢、轮椅和盲人打字机;他们在超级市场的出口处收款记账;等等。孩子的梦想在这里得到了实现。博物馆的活动适合不同年龄的儿童。有供八九岁儿童游玩的设施,也有为刚刚学步的孩子们设计的城堡,里面有滑梯、隧道、爬梯和楼塔,孩子们走进去,就像进了迷宫一样。[①] 另如隶属于妇联的中国妇女儿童博物馆,该馆展出大量与妇女儿童生产生活相关、具妇女儿童特色的实物、图片、文化艺术作品。

"为儿童"的成人文化产品包括儿童动漫、儿童影视、儿童文学、儿童日常生活用品等。其中经典的儿童文学有《神笔马良》《宝葫芦的秘

---

① 王云志:《波士顿儿童博物馆》,《世界文化》2006 年第 2 期。

密》《小兵张嘎》《木偶奇遇记》《金银岛》《绿野仙踪》《五个孩子和一个怪物》等;儿童影视有《猫和老鼠》《艾丽斯梦游仙境》,儿童文学改编的《小熊维尼》及《白雪公主和七个小矮人》等;儿童用品有儿童服饰、儿童食品、儿童寝具等。

儿童文化产业特别是玩具产业,在当代受到成人们的重视,为此我国出台了相关标准,如国家标准化管理委员会于近期发出国家标准公告,国家质量监督检验检疫总局、国家标准化管理委员会批准《玩具适用年龄判定指南》、《充气玩具通用技术要求》和《玩具产品中富马酸二甲酯含量的测定气相色谱—质谱联用(GC-MS)法》发布。[①]

按照把儿童文化划分为"儿童自己创造的文化"与"为儿童的文化"的认识,从文化社会学的角度看,上述这些"为儿童"创制的儿童文化已构成成人文化生产系统中的一部分。它们与成人文化交融在一起,无法与成人文化分割开来。

二是成人文化中对儿童形象、儿童文化元素的运用。对儿童形象的运用最为典型地体现在新闻、摄影、年画以及各种装饰中。譬如在揭示部分社会成员陷入贫困、遭到歧视与饥荒等社会现象时,常常运用"饥童"的孩子形象。凯文·卡特所拍摄的荒漠中皮包骨头的濒临死亡的孩子、兰格所拍摄的移民母亲……各种各样的非洲贫困儿童的照片在全世界的媒体中广为流传。人们用这些照片来激发群众的道德义愤,批判社会的不公;慈善机构和各种非政府组织用这些照片来争取人们的同情和怜悯,以换取募捐;环境保护组织则用这些照片来说明地球和人类社会所面临的整体危机。今天,饥饿瘦弱的非洲孩子的形象几乎已成为表现人类深重灾难和深刻危机的最具有代表性的图像。[②]

在当代平面杂志、户外媒体及电视广告中,常见的则是纯真无邪的儿童。例如嘉宝莉油漆广告中运用一群儿童来宣传儿童专用漆,其中配以儿歌"你拍一,我拍一,嘉宝莉儿童专用漆;你拍三,我拍三,清水调漆没污染;你拍五,我拍五,能抓能咬多呵护;你拍七,我拍七,儿童漆用

[①] 具体规定参见全国玩具标准技术委员会网站,http://www.tcst.org.cn/。
[②] 陈映芳:《图像中的孩子——社会学的分析》,山东画报出版社,2003,第29~30页。

嘉宝莉。"又如步步高点读机广告中的小女孩拥有夸张的笑容、极其饱满的自信，因为她有了复读机之后，妈妈再也不用担心她的学习了……

与"饥饿儿童"形象的目的取向不同，在利益驱动下，这些媒体借助儿童天真形象所传达的更多的是商业信息：这些商品是值得购买的。儿童形象只不过是一种商业符号而已。

实际上，在现代社会中，儿童形象、儿童文化元素在成人文化系统中比比皆是，到处可见其被运用于成人文化的生产、传播、消费等各个环节，尽管这些运用可能是趋利的或者指向善意目的的。

然而，儿童文化作为成人文化系统的构成，意义还远不止于此，其不仅在物质文化的层面融入成人文化世界，为成人所接受、消费、展示、装饰，还对成人文化的精神层面产生重要的影响，在某种意义上或潜或显地构成了成人文化的不可或缺的信念、至高无上的道德尺度、崇高的价值追求等基本精神质素。

作为成人精神文化构成的儿童文化

作为成人精神文化构成的儿童文化，并不只是简单地组成成人文化世界的一部分，它还融入成人文化的精神层面中，成为一种精神与思想资源。

古代，人们即视儿童及其相关的特质、状态为成人社会努力追求的目标之一。例如，把"复归婴孩"当作一种人生理想，是老子的核心思想。在《道德经》第五十五章里，老子说："含德之厚，比于赤子。"在其心目中，体现"厚德"的，可与"赤子"相比，也就是像初生的"婴儿"一样。

明代李贽在《焚书》中提出著名的"童心说"。他说，所谓"童心"就是"真心也。若以童心为不可，是以真心为不可也"。"绝假纯真，最初一念之本心也"。这种"本心"是最纯洁的，没有受到任何污染的，因而也是最完美的、最美好的、最值得保持的。他进一步解释："童子者，人之初也；童心者，心之初也。"儿童，是人生的开始；童心，是心灵的本源。心灵的本源怎么可以遗失呢！"若失却童心，便失却真心；失却真心，便失却真人。人而非真，全不复有初矣。"如果丧失了这种"童心"，那么，人就失去了本真，人就不再能回到当初的真实状态了，就永远丧失了本来应该具备的完整的人格。

对李贽而言，"童子""童心"成为他批判当时成人社会中虚伪道学教育的武器，是对那个时代僵化的社会理性、严酷的伦理道德的一种抗争。从这里可以看出，儿童的一些原初特质成为成人文化所追求的一种文学、美学、社会标准。

一些教育家更是对儿童原初精神力量极度推崇。例如蒙台梭利提出"精神胚胎""有吸收力的心智"的概念，指出儿童虽然弱小，但却蕴藏着一种强大的精神能量和潜能。她认为，儿童不是一个事事依赖我们的呆滞生命，不是一个需要我们去填充的空容器。相反，"儿童具有一种未知的力量，这种力量可以引导我们进入美好的未来。如果我们真的想革新这个世界，教育就必须将发展儿童的潜能作为目标。"① 在这里，儿童成了成人之父。

进一步，当代的理论家提出"儿童是成人之师"的命题，认为童心可以疗治异化了的成人生活。因为儿童的生活不像成人那样刻意追求规律，不受规律束缚。儿童的生活是听任自然的，所以是合规律的，因而儿童能够天真烂漫，自由自在。儿童的生活不像成人那样追求功利，而是率性而动，所以事事有收获，天天有长进。儿童的生活不追求目的而又暗合了人生的大目的。在一定意义上，儿童是成人生活的导师，儿童的生活里蕴藏着人生的种种真趣、真谛。②

这些观点，一方面显示出人们对儿童及其文化的认识程度；另一方面则显示出儿童对成人社会的重要价值：儿童文化越来越成为成人社会精神文化构成的一种不可或缺的质素。

实际上，这也反映在当代社会中人们对儿童价值认识的转变上。对此，美国社会学家维维安娜·泽利泽（Viviana A. Zelizer）③通过分析 19

---

① 〔意〕玛利亚·蒙台梭利：《有吸收力的心灵》，高渊、韩杰译，中国发展出版社，2006，第 2 页。
② 参见刘晓东《儿童精神哲学》，南京师范大学出版社，2003，第 398~405 页。
③ 具体参见〔美〕维维安娜·泽利泽《给无价的孩子定价：变迁中的儿童社会价值》，王水雄等译，格致出版社，2008。

世纪 70 年代到 20 世纪 30 年代之间儿童的经济价值和情感价值的根本转型，指出当代儿童对父母而言经济上是"无用"的，而情感上是"无价"的。

的确，现代父母养育一个孩子的总成本相当高。作为这一花费的回报，一个孩子被期待为父母提供爱、微笑和情绪上的满足而非金钱和劳动力。

换言之，人们养育儿童不再是为了满足经济价值或传统的传宗接代之需，而是一种精神上需要。

在一些艺术家、诗人那里，儿童、童年等直接被当作一种创作的主题、源泉、动力，儿童的思维方式、认知模式甚至被崇拜。

以儿童作为创作主题，一个典型的例子是诗人泰戈尔。其 1913 年出版的诗集《新月集》就是一部充满儿童生活情趣的散文诗集。在这部诗集中，诗人以俏皮、清新、隽永的艺术之笔，把我们带到了一个奇妙的儿童世界，刻画出一幅幅儿童生活的图景，歌颂了儿童的纯真和可爱。其中诗作有《孩子天使》《孩子的世界》《孩童之道》《海边》等，充分体现了诗人对儿童深厚的爱，以及对理想世界的追求和向往。

这些诗作所呈现给我们的是，儿童已经与泰戈尔的精神世界融为一体，化身为一种理想、寄托、追求。

画家马蒂斯则声称："艺术家……不得不像孩童时期一样去看待生活，倘若他失去了这一能力，那他就不能用独创的——个人的——手法去表达自己了。"[①] 在这里，像儿童那样思考、观察世界，应成为艺术家的基本思维条件。

另一些艺术家更将儿童视同天上的神明与星辰。丰子恺在《儿女》一文中写道："天地间最健全的心眼，只是孩子们的所有物，世间事物的真相，只有孩子们能最明确、最完整地看到。我比起他们来，真的心眼已经被世智尘劳所蒙蔽，所斫丧，是一个可怜的残废者了。"

丰子恺赞扬儿童纯洁无瑕的心灵，赞扬他们心口一致的态度。他说："我企慕他们的生活天真，羡慕他们的世界广大。觉得孩子们都有大丈夫

---

① 〔美〕加登纳：《艺术与人的发展》，兰金仁译，光明日报出版社，1988，第 28 页。

气,大人比起他们来,个个都虚伪卑怯;又觉得人世间各种伟大的事业,不是那种虚伪卑怯的大人们所能致,都是具有孩子们的大丈夫气的人所建设的。"①

上述这些艺术家、诗人的亲身践行,表明儿童文化不仅仅单纯地存在于成人物质文化中,而且已经熔铸到成人的精神文化层面,成为成人文化生命的一部分。

作为成人文化生命机制的儿童文化

文化总是不断发展着的、变化着的。任何一种社会中的文化都是如此,文化因此才得以延续、更替和创新。成人文化亦是如此,其会随着社会总体状况的改变而蜕变、衰败或向前发展。

无疑,影响成人文化发展、变迁的因素较多,其中既有技术的因素、经济的因素,也有政治的因素、制度的因素,还有文化发展自身的规律。其中,令我们关注的是,儿童文化对成人文化发展有没有影响或者有什么样的影响。

文化生命机制的理解

历史学家汤因比在探寻文明的起源时,先试着从种族角度去考察,然后又考虑环境的因素。他发现这两种解释都难以令人满意,因为从这两种角度来看,生机勃勃的生命与死气沉沉的物质没什么两样,均要受无情的自然规律的支配。因此他转而试图寻找一种适合于生命的解释。②

汤因比的这一理论取向表明,文明在其看来,是具有生命的或至少具有一种类似生命的机制,因而文明会成长、衰落、解体。

事实上,作为人类生命存有模式的一种转述,文化亦如此,有其发展与更新的机制。这里暂且不论起源学意义上的文化源头。

毋庸置疑,不同的时代,不同的社会,其文化也不一样。在某一个时

---

① 丰子恺:《我们这些大人》,中国青年出版社,2010,第36页。
② 参见〔美〕阿诺德·汤因比《历史研究》,刘地成译,上海人民出版社,2005。

期，文化可能繁荣昌盛，在另一时期，文化可能衰败没落，甚至消亡。这似乎就像动植物的生命一样，如果不能维持、延续的话，就只能走向死亡。就整个人类历史来看，文化如列维斯特劳斯所言，有强势文化与弱势文化之分。这也许带给我们一种真实的幻想：强势文化的生命力更强大，弱势文化的生命力则相对纤弱。

当然，这样的联想或许有点过。但是其中却有一个值得我们追问的问题，即文化究竟是如何延续、更新、发展或退化的呢？

有关文化的一般定义可给予我们直接的启示。

文化乃是人类创造的不同形态的特质所构成的复合体。……首先，文化是人类创造的，而不是天生的、地造的。①

尽管这是一个非常简单的定义，但是却指出了文化产生、发展的最重要的因素：人类。文化是人的文化，文化的背后是人。离开人类，无所谓文化之说。

确实，人是文化生命机制最关键的部件之一。在此意义上，可以说，成人是成人文化生命机制最为重要的因素之一。这主要是着眼于人类文化的整体史及文化起源的角度。若是具体到人类整体文化中的某一时期、社会、群体的文化，那么，考察文化的生命机制还需要研判其他的必备因素。

在探讨该问题之前，先需要对人和文化之间的关系进行一定的厘清：人创造了文化，但文化不是单个人独自创造的，而是人类社会交往的产物。在文化的结构中，作为个体的人仅仅是文化网络的一个节点。实际上，说文化是人的产物，只有在文化哲学的语境下才有意义。因而，这种说法的进一步推论结果即人能够改变、创制新的文化，但必须在一定的条件下才能达成。

事实上，文化一旦产生，就具备自身的规律，已经不再完全依赖于文化的创造者。即使创造者消亡，其文化产品、气韵、精神、风范等依然会以新的形式呈现出来。

就文化社会学的角度看，对文化生命机制的理解，除了考虑人的因素

---

① 司马云杰：《文化社会学》，山西教育出版社，2007，第7页。

外,还需要考虑到文化体自身的因素,尤其在面对某一时期、某一群体的文化时。

首先,一种文化的产生、发展与变迁受到自然的"物"的因素的制约。文化不可能凭空产生,尽管文化是人的创制,但其需要"物"的基础、需要自然环境的支持。在濒临海洋的国家,才会产生海洋文化,而内陆国家是绝不可能的。因而有学者认为希腊文化即属于海洋文化,而中华文化则属于陆地文化。

在人类学中,亦常常会有山地文化、平原文化、草原文化之指称。这些名称都直截了当地表明了文化所依赖的自然基础。

当代,我们对儿童文化、妇女文化、成人文化等的区分,实际上同样有着性别、身体等各方面的自然差异基础。

反之,当一种文化的物质遗存完全消失了,在一定意义上,即代表了该文化的消失。之所以我们现在可以谈论玛雅文化,是因为发现了关于这一文化的种种物质遗存,若是所有关于这一文化的"物",从来没有被发现或从此消失,那么就无从探讨该文化。

因此,文化的生命机制必然离不开物,离不开物—人的相互作用。

其次,从历时性上看,文化的生命机制离不开传承的环节。当然,我们可以探讨文化起源的理论,但这不是本研究的重点。我们要问的是:当一种文化产生之后,其是如何延续下去,并维持生命力的?

就像生物种群的更新一样,每一种文化的新生需要新一代人的承继、发展和创新。这种文化之间的接续最明显地表现在儿童文化与成人文化的关系中。从代际的角度看,一代有一代的儿童文化,这造就了一代不同于另一代的成人文化。就历时的角度看,19世纪的成人文化必然不同于20世纪的成人文化。

在这一点上,文化的更替最终依赖于人,需要发挥人的主动性、能动性。可以说,儿童怎样,儿童文化即会怎样,未来的成人文化即会怎样,由此带来了整个社会文化的更新。

再次,从共时上看,某一文化的发展与创新,常常受到其他文化的影响。各种不同文化之间的关系,不是非此即彼的,而可能是"和而不同"的,甚至是可以相互激发的。

譬如，佛教对中国文化的影响。佛教并不如一般人所想象的，其影响只限于宗教，而是于宗教领域之外如思想、文学、绘画、风俗、雕刻等，均有非常显著的影响。

而中国文化对日本文化的影响更为广泛、深入，汉字、书法、儒学、律令制度、艺术等是日本吸收中国文化的主要内容。正是在中国文化的巨大影响下，日本才于公元 4～5 世纪脱离野蛮时代，进入了文明时代。

这些案例充分说明，某一社会或时期的文化的发展，常常需要来自其他社会的文化养料。

当然，文化的生命机制，其影响因素较为复杂。这里的论述并不是人类整体文化意义上的，而是仅限于某一社会、群体、时期文化的意义而言的。

儿童文化：成人文化的生命潜源

如果说文化可以被视为一种具有生命特质的有机体的话——事实上有些人类学家将文化视为一种"超有机体"——那么成人群体的文化是如何发展、更新的？

依照上述对文化生命机制的理解，除了可以从文化的创造者进行探讨之外，不妨考虑文化的外部关系、不同文化类型之间的关系等，譬如成人群体的文化与其他年龄群体的文化之间究竟存在何种关系。

在儿童—成人视角下，可以发现儿童文化、成人文化是相互依存的，是彼此需要的。一方面，儿童文化需要向成人文化学习，以适应社会生活；另一方面，成人文化由于存在过于理性、单纯追求逻辑、缺少生气、形式化等缺点而需要不断地回到儿童文化，向儿童文化学习。对后一方面更进一步的理解是，在某种意义上，可以说儿童文化构成成人文化不能割弃的生命潜在源头。

从成人文化的角度看，毋宁说，这是成人文化的一种生命机制。这可以从以下几个方面予以理解。

第一，在某种程度上，成人文化是由儿童文化演化而来的，儿童文化的更新将带来成人文化的更新。

一般而言，人们似乎更赞同成人文化是成人创造的产物，就像一位母亲孕育一个新生命一样，是成人赋予成人文化以生命的。这种观点，是从文化的始源上解释文化的特质。然而，成人文化的产生还具有另一面：其是由儿童文化演化而来的。

这种认识来源于文化创造主体即人类生命更新的自然性。儿童总是自然地成长为成人，除非我们不认同儿童—成人的区分。在这一过程中，儿童文化亦会自然地演变为成人文化。

在上文中，我们曾论及文化产生、发展与变迁的自然的、客观的"物"的因素。儿童文化向成人文化的转变，同样遵循该因素的制约。因为一代儿童群体总会转化为一代成人群体，这个群体的文化，必然不再被称为"儿童文化"，而被称为"成人文化"。在这个意义上，成人文化必然由儿童文化演化而来，除此之外没有其他任何途径。

同时，这意味着儿童文化的更新将带来成人文化的更新，进而出现不同时代的成人文化。也可以说，不同时代的儿童文化造就了不同时代的成人文化。如果将文化比喻成一条河流的话，那么，儿童文化便是成人文化的源头。

第二，成人文化的延续是建立在儿童文化基础之上。

毋庸置疑，成人文化的延续首先是建立在既有的文化传统基础之上的。这对所有的文化而言，是同样真切的。如果没有原有的文化养料的话，不但新的文化形式难以形成，而且可能会带来文化的倒退、衰落。

这是由文化的本性之一即文化的习得性所决定的。文化不是突创的，是累积的，是积淀的。成人文化的延续，实质上不是单纯的重复性接续，而是包含着新质的累积与积淀。这其中除了既有的文化传统之外，还包括另一种重要的养料：儿童文化。

由于旧式儿童观的局限，人们常常忽视儿童文化作为成人文化的根基的作用。事实上，成人文化的延续，从引入文化创造者的层面看，是建立在儿童文化的根基之上的。除非，我们不承认儿童们拥有独特的文化。

退而言之，如果儿童群体没有他们的文化，其成年后，又如何有所谓的"成人文化"呢？在这个意义上，可以说成人文化的延续必然离不开儿童文化。

要知道，文化总需要人来维持。儿童文化的维系者即儿童，其意识、精神、审美、趣味、道德、规范等各个方面将会融入未来的成人文化中，构成一种或进步或倒退的社会文化风貌。如此可见儿童文化的重要性。

第三，成人文化的发展，离不开儿童文化。

从文化生态的角度看，每一种文化的发展都会或多或少地受到其他社会文化的影响。这种影响往往会非常深远。如前述所举例。

一个健康的生物群落，是由多种生物群体构成的，它们之间形成了一种至关重要的平衡。一种生物的强大或消失，必将对整个群落造成致命的影响。因此生物群落中的每一种物种都值得珍视。对于世界上各种文化，同样应作如是观。不管某种文化暂时是强势的还是弱小的，均应赋予其平等的地位。一种文化的消失，对人类来说，将是不可弥补的。

值得欣慰的是，当代人类已经越来越意识到文化多样性的重要性。已经出台了相关国际文件，来倡导人们关注。

对文化多样性的重视，反映出人们对文化相互依存才能更好发展的认识。这对成人文化与儿童文化的关系而言，有一定的借鉴意义：成人文化的发展，离不开儿童文化；缺失儿童文化，成人文化将成为无源之水。

当然，这里也关系到儿童文化自身生态的问题。下文将进一步进行讨论。

以上主要从三个方面，展现了儿童文化如何构成成人文化的生命潜源。成人文化在演化、延续、发展方面均需不断地回到儿童文化，向儿童文化汲取养料，其中考虑到了儿童向成人过渡的自然性基础、儿童与成年之间的代际维度、儿童与成人生存的相互依存性。

捍卫儿童文化便是捍卫成人文化

针对目前童年生态的现状，国内一些有识之士提出"保卫童年""捍卫童年"的主张。对于这一主张，我们是很赞同的。进一步，我们认为不仅童年需要捍卫，与童年相关的儿童文化亦需要捍卫。

何以需要捍卫童年及儿童文化？

这是由童年及儿童文化对儿童身心发展的重要性所决定的。童年时期是人成长过程中一段极为重要的时期。在这一时期所形成的情感取向、性格特征、气质等将影响个体的一生。弗洛伊德基于机械进化论的观点，认为一个人在5岁之前的早期经验对终生具有影响。埃里克松在《童年与社会》一书中，则具体分析了童年经历对苏联文豪高尔基以及纳粹头目希特勒两者的独特个性所产生的不可忽视的影响。①

而在童年时期所形成或接触到的儿童文化，实际上不仅决定个体的未来发展，而且会影响某个社会、民族的未来发展，甚至整个人类的命运。

因而，捍卫童年及儿童文化，并不仅限于保护儿童自身，从成人的角度看，毋宁说是在捍卫以成人所创造的文化为主要代表的整个人类文化。

儿童中隐藏着未来的命运。任何希望给社会带来利益的人必须保证儿童的心理不偏离正轨，并且需要密切注意儿童的自然行为方式。儿童是神秘而强有力的，儿童中隐藏着人性的秘密。②

在我们看来，这一人性的秘密隐藏在童年及儿童文化中。

同时，童年及儿童文化值得捍卫的重要性，恰如一些学者所述，还表现在童年是一种思想的方法和资源。的确，在西方，有着关注儿童并通过儿童来思考人性的人文传统。自西方进入现代社会并"发现"儿童以后，"儿童""童年"成为社会思想的宝贵资源。从"发现儿童"的卢梭，到吟咏"儿童是成人之父"的华兹华斯；从在"快乐原则"与"现实原则"间做犹疑、痛苦选择的弗洛伊德，到将儿童命名为"本能的缪斯"的布约克沃尔德；从通过"童年"建立"梦想的诗学"的巴什拉，到把儿童尊奉为哲学家的费鲁奇，许多思想者面对人类的根本问题时，总是通过对"儿童"的思考，寻找着走出黑暗隧道的光亮。在中国的历史上，也曾经出现过尊崇"赤子""童心"的思想。③然而不得不遗憾地说，"童年"却几乎没有成为当代思想文化界的精神资源。

在这里，我们将"童年"作为成人世界的思想武器：用来解决成人世界及人性的根本问题。因而，捍卫童年，意味着既捍卫童年及儿童文化，也捍卫成人的文化。

---

① 具体参见〔美〕埃里克松《童年与社会》，罗一静、徐炜铭、钱积权编译，学林出版社，1992年。
② 〔意〕玛利亚·蒙台梭利：《童年的秘密》，金晶、孙伟译，中国发展出版社，2006，第183页。
③ 参见朱自强《"童年"：一种思想的方法和资源》，《中国图书评论》2006年第6期。

就儿童文化与成人文化的依存关系看,这一点更为清晰。

如前所述,儿童文化是成人文化的生命潜源,保护这一潜源是成人不可推卸的责任。当成人在保护它的时候,何尝不是在保护自身呢?

日本学者河合隼雄曾提出教育中的两个原理:父性原理与母性原理。所谓的"父性原理"与"母性原理",一言以蔽之,父性以"分割"功能为主,母性以"包容"功能为主。父性对于善与恶、有能者与无能者、刚与柔等一切都加以明确的区分,而母性则总是把一切作为一个整体而包容。①

这一原理,亦可以用来说明儿童文化与成人文化的区别。成人文化常常是分割的,儿童文化是整体性的;成人文化更多是科学的、理性的,儿童文化更多是幻想的、诗性的;成人文化是标准的、确定的,儿童文化充满着不确定性;成人文化具有一种距离感,儿童文化具有一种亲切感……

可以说,成人文化遵循父性原理,属于一种父性文化,儿童文化则遵循母性原理,属于一种母性文化。

母性文化本质上是一种"根"的文化,是一种基础性的文化。儿童文化作为一种母性文化,还具有另一层含义:儿童文化为包括成人文化在内的整个社会文化提供特殊滋养,是整个社会文化的源泉。

因而捍卫儿童文化是在保护成人文化乃至整个社会文化的源泉。

小 结

儿童文化是多面的,可以从多个角度来看,不同的角度可能看到不同的面貌。从作为成人的文化角度来看,我们有可能认识到儿童文化的另一种价值与意义。

每一个成年人看到可爱的儿童时,常常会产生一种重新回到童年的渴望。这种渴望为时空流逝带来的距离所美化,由此带来成人对儿童及其文化世界的向往、羡慕。然而,当一部分人在欣赏、赞扬儿童的文化时,另一部分人却表现出对儿童及其世界的轻蔑、贬低、忽视。

---

① 〔日〕河合隼雄:《孩子的宇宙》,王俊译,东方出版中心,2010,第178页。

可以说，这两种态度是人们对待儿童世界的两大基本态度。产生这一定型化态度及认识的原因较为复杂，主要原因有以下三个：

其一，对儿童文化的肤浅了解；

其二，当代大众传媒助长了人们对儿童的定型化认识；

其三，合理儿童观的缺失。

如果单纯就研究者的角度来看，儿童文化似乎能够被视为一种纯粹的文化。然而，事实是儿童文化总是处于与其他文化的不断接触中。我们难以想象一种没有其他年龄群体共存的儿童世界会是什么样子，亦难以想象孤立不变的、静止的、纯粹的儿童文化是如何存在的。

每一个时代的独有的儿童文化总是基于该时代的儿童形成的，其有着自然的"代"的基础，而与以父辈为代表的成人文化的自然的"代"的基础有所不同，因此，这带来儿童文化与成人文化之间的文化意义上的代际差异，即子辈文化与父辈文化的不同。这实际上是儿童文化与成人文化关系的一种更为直接的表现形式。

尽管儿童文化、成人文化存在一定的独立性，但民族学的熔炉理论可能会带给我们另一些启示：

第一，没有必要过度强调儿童文化、成人文化的独立性、独特性，而更应该关注它们可以如何进行优势互补，进而创造出新的共同文化；

第二，儿童文化的发展并不是最终被成人文化所同化，而是可能熔铸成一种新的文化；

第三，从儿童文化的生成来看，儿童文化可能一开始就具有混合性，它是一种混合文化。

一切文化都具有某种程度的混合性，这是由文化的本性所决定的。无论哪一种文化，都不是一种严格意义上的"纯粹、独立的文化"，实际上，我们也无从找到这样类似于生物标本的文化。就儿童文化而言，其总是嵌入在成人文化系统中，受到成人文化的种种影响。毋宁说，儿童文化业已是成人文化构成不可缺少的一部分。

至于儿童文化作为成人文化的具体构成，至少可以表现在两大方面：一是作为成人物质文化的一部分；二是作为成人精神文化的一部分。

实际上，在现代社会中，儿童形象、儿童文化元素在成人文化系统中比比皆是，随处可见其被运用于成人文化生产、传播、消费等各个环节，尽管这些运用可能是趋利的或者指向善意目的的。

然而，儿童文化作为成人文化系统的构成，意义远不止于此，其还对成人文化的精神层面产生重要的影响，在某种意义上或潜或显地构成了成人文化不可或缺的信念、至高无上的道德尺度、崇高的价值追求等基本精神质素。

在一定意义上，儿童文化甚至构成成人文化的一种生命机制，是成人文化的生命潜源。因此，捍卫童年及儿童文化，不如说也是在捍卫以成人所创造的文化为主要代表的整个人类文化。

第六章 被建构的儿童文化

> 人们不去真实地看待原本的世界,而是依据人工制造出来的框架、传统、常识、规范等,甚至于在做出最终抉择的时候,仅仅凭借着自身的思维方式去看待世界。
>
> ——〔日〕冈本定男

如果说儿童在人类历史上有一个"发现"过程的话,那么,儿童文化实际上也同样有着这样一个过程。但是,这一"发现"并不是简单地发现某物之意,而是包含着一种新认识。从个体方面来看,儿童文化是儿童的创造产物。从社会方面来看,儿童文化毋宁说是社会的现象、产物。在此角度,可以展现出儿童文化是如何被社会建构出来的。

社会建构儿童文化,主要是通过社会化的途径来实现。在某种意义上,可以说儿童文化是儿童社会化进程的产物。就整个社会系统来看,最强有力的建构力量是制度因素,它们塑造着儿童文化,规范着儿童文化的发展方向。

儿童文化的社会建构

一方面,儿童文化是儿童创造出来的,是儿童生存体验的外化。另一方面,儿童文化并不单纯是个体或群体的创造现象,而表现为一种社会现象,是社会建构的。其中,既显示出儿童文化的社会建构属性,又显示出儿童文化的阈限。

作为社会现象的儿童文化

在谈论文化时，人们常常以为自身所在群体的文化是自然存在的，很少去探寻其背后的非自然的因素，譬如人类的语言、习俗、行为规范、价值观等特定社会传统的因素。

的确，就像生活在晚清时代的人们不会质疑为什么要留长辫、穿马褂一样，一个在当代文化中成长起来的个体，也不会感到穿牛仔裤、喝可口可乐、听流行音乐是多么不自然。人们通常会对他们从小生活的环境、习得的习惯觉得很适应，而不会去思考那些再"自然"不过的一切了。

这往往使我们不免忽视文化异乎寻常的另一面：文化绝非自然的产物，而是社会的"杰作"。

事实上，人类所有的社会文化，从根本上讲都不是一种自然现象，都只有在"社会"中才能产生、形成、发展，都是一种特有的社会现象。儿童文化亦如此，是一种社会的、历史的现象。

作为社会现象的儿童文化，首先意味着，儿童文化不是一种简单的生物有机体现象，而是人类社会所特有的。

并不是所有的生物群体都有自己的文化，只有人类才拥有自己的文化，尽管一些生物学家发现，在猿类群体中存在着与人类群体相类似的组织关系，或者说可能存在一种类似人的社会。但是很难说它们具有独有的思维方式、道德规范、价值观念、礼仪习俗、社会制度等。也只有人类的幼体才拥有文化，拥有既有别于其他生物又有别于成年个体的一套独特的思维和行为表现方式。

毫无疑问，我们可以从生物学的角度来探索儿童的生理特质、骨骼发育情况、第二性征、大脑形态发展等，在这一基础上，可以建立起严格的儿童生理科学。这种研究进路，视儿童为自然之物，用对待矿物、植物等的研究方法来探索儿童的身体自然状况。当把研究对象转向儿童文化时，这种方法就不再适用了，因为儿童文化不是自然之物而是人为之物。

儿童文化是一种重要的社会现象。由于我们生活在我们的"社会"中，我们很少对儿童文化的一些特别之处发生兴趣、产生疑问，我们视之为社会习以为常的一部分。正如人类学家林顿所说："一条鱼最后注意到的东西就是水。"① 我们对儿童文化也是如此：只有当我们真正关注儿童文化时，才会发觉儿童文化是人类社会特有的现象。

然而，儿童文化的意味是独特的，它触及儿童的本质以及人类文化的一切方面。从儿童个体的角度看，儿童刚来到这个世上，是无法创造出文化的，他没有创造的能力，或者只具有创造的潜能罢了。但是，他能够展示出惊人的想象力和创造力来，而这一切唯有在"社会"中才能得以呈现。也就是说，儿童的这些能力以及所创制的儿童文化，只有作为一种社会现象才能完全呈现出来。

将儿童文化视为一种社会现象，意味着儿童文化是与儿童的社会活动、社会交往密切相关的。

众所周知，社会是由个体人构成的，但是社会并不由此而可以化约为个体人，其一经产生就显示出独特的本质。社会的本质是人与人之间的关系，这种关系决定了一定历史时期社会的特殊面貌。视儿童文化为社会现象，也就是从人与人（包括儿童与儿童）之间的关系来看待儿童文化。

从个体的角度看，文化特别是艺术文化产品似乎是个人创造的产物，譬如《呐喊》是鲁迅创造的文学作品、灯泡是爱迪生发明的产物等。但这只是文化多维面向的一个方面而已，一个在现代个体社会中被强调的极其微小的方面。一种完整意义上的文化制品，绝不是个体所能凭空创造的，它必须依赖一定的社会关系。从更广泛的角度看，如果没有从辛亥革命到五四运动时期的社会生活做背景，鲁迅既无法创造出《呐喊》，我们也无法理解它。因而，对一切文化的理解，离不开社会。

文化与人类的社会活动存在着无法割舍的关系。儿童文化是儿童之间及儿童与其他年龄群体的成人之间交往的产物。一些学者即认为"儿童文化"是儿童群体的文化，是儿童之间交往的产物。不论在什么地方，只要有两个或两个以上的儿童聚在一起，他们的玩耍中显现了他们自己游戏规则的秘密语码，在其中我们就看到了儿童文化。在一间娱乐室里；在

---

① 〔美〕詹姆斯·汉斯林：《社会学入门：一种现实分析方法》，林聚仁译，北京大学出版社，2007，第38页。

幼儿园或公园的玩具沙箱内；或者是课间休息时或放学后的学校操场上，在所有这些地方，到处都是游戏和玩耍，到处都存在着儿童文化。①

从儿童交往上看待儿童文化，实际上充分肯定了儿童文化的社会属性。

像社会具有不依赖于个体的性质一样，儿童文化一经儿童群体生成以后，即具有一种不依赖于儿童的性质，成为一种社会的物质与精神存在。

不同时代具有不同的儿童文化，一代儿童具有一代儿童的文化。当一代儿童长大以后，儿童文化并没有消逝，而是转化为客观的物质与精神存在。正因为这样，我们才可能去探索历史上的儿童文化、去探索其他民族中的儿童文化。即使儿童群体消亡，儿童文化也依然会存在。这是由文化的客观属性所决定的。

儿童文化，作为客观的存在，其自身是能够被传递和学习的。没有儿童能独自创造出文化来，在一定意义上，儿童文化是通过其他儿童群体传播、习得的。这样，我们可以注意到，尽管儿童文化具有原初性，但是儿童文化的表达语码依然是习得的、社会约定的。如果其他儿童不能理解，如果其他年龄群体不能解读，儿童文化将无法延续。

概而言之，儿童文化诞生于人类社会中，无法离开人类社会而存在，儿童文化无法不是一种社会现象。

儿童文化的社会建构属性

在社会学中，有很多理论可以用来说明社会现象。这些理论对社会现象的理解各不相同，但是都有一个共同假设，即社会现象的存在与人们如何谈论它或者如何在其中生活无关。然而，这种假设已经受到一种称为社会建构主义的社会学思想的挑战。

社会学家彼得·伯格和托马斯·卢克曼在《现实的社会建构》一书中，视知识社会学为社会学理论的根本，认为社会学的使命是对现实的社会建构进行分析，即对社会的双重属性进行分析。

这一主张，接续了舒茨的现象学进路，强调对常识进行知识社会学分

---

① 束从敏：《儿童文化与幼儿园课程》，《早期教育》2001年第8期。

析可以加深理解社会实在的建构过程。在他们看来，社会实在可分为客观实在和主观实在，所谓"社会"也就是主观实在（意义）的客观化（外化）以及透过外化过程而建构出的互为主体性的常识世界。换言之，社会世界是通过思想、信念、知识等主观过程社会地建构出的，这个建构的社会实在表面看来似乎是一种客观实在，但它除了有由行动者及其角色构成的客观内容之外，还包含有将信仰体系合法化为各种制度等的主观过程，从这个意义上说，习俗、规范、权力、知识和科学等都有其社会学的起源，亦都是社会地建构的。①

以这个角度看，作为社会现象的儿童文化，实系社会地建构出来的。这是儿童文化的重要属性特征。其包括两层含义。

一是儿童文化是通过儿童的主观过程社会性建构的。

毫无疑问，儿童文化不是生物给定的，而是创造出来的。如果按照前述儿童文化的界定，把儿童文化理解为儿童的生存—意义体系，那么，儿童文化中实际上包含着儿童对世界、他人、自然界等主观层面的认识、体验、观念、情感等。

与把成人视为成人文化的创造主体一样，我们很容易把儿童视为儿童文化的创造主体，譬如认为某首童谣是儿童创造的、某张图画是儿童绘制的、某个泥娃娃是儿童制作出的，等等，因而它们是儿童认识、体验、情感的结晶。的确，从某种意义上，是儿童创造了它们，这也得到了现代著作权的支持。儿童作为创造主体拥有创造物的支配权利。

但在这里，我们可能忽视了儿童文化的社会属性。试想，若是将某首汉语童谣置于日语社会群体中，我们会在多大程度上认为它是一种儿童创造的作品？也许，不过视之为异域的呓语罢了。显然，我们需要考虑参与其中的社会因素。

在一定程度上，可以说儿童文化的意义，并不是单由儿童赋予的，其还离不开特定的社会的、历史的情境。

事实上，只要不把文化与社会分离开来，我们或许就能注意到，文化的表达和呈现方式均传递出特定社会的道德、价值、伦理、家庭等方面的

---

① 苏国勋：《社会学与社会建构论》，《国外社会科学》2002年第1期。

观念。儿童文化特别民族儿童文化，尤能体现这一点。对于这一点前文曾有所谈及，这里不再赘述。

一方面，儿童文化是属于儿童的，是儿童创造的或是成人为之创造同时儿童赋予其意义的；另一方面，儿童文化如何呈现出来要受到社会的制约，是社会性建构的。

二是儿童文化的这一主观建构通过外化而构成一种客观的社会现实。

从主观层面看，儿童文化是儿童创造的，但是这一创造活动本身，必定要外化出来，才能被他人理解。

这一过程，可以用画家郑板桥的一段话来说明：

> 江馆清秋，晨起看竹，烟光日影露气，皆浮动于疏枝密叶之间。胸中勃勃遂有画意。其实胸中之竹，并不是眼中之竹也。因而磨墨展纸，落笔倏作变相，手中之竹又不是胸中之竹也。①

所谓"眼中之竹"是指所看到的自然界的竹子；"胸中之竹"是指心中所构想的竹子形象；"手中之竹"则是指表达在画幅中的竹子图像。此系用来说明艺术创作从观察、构思到表达的一个完整过程。

儿童文化存在着一个类似的过程。儿童生活中所遇到的各种人、事、物，构成儿童文化的"眼中之竹"；它们涵养在儿童的心中，构成儿童文化的"胸中之竹"，抑或我们所说的儿童精神文化；最终表现在儿童生活中的儿童文化，便相当于"手中之竹"了。

儿童文化从"眼中之竹"到"胸中之竹"，是一个主观建构过程；从"胸中之竹"到"手中之竹"则是一个通过各种物质媒介外化的过程。

事实上，儿童文化也只有外化出来，我们才能够去言说。譬如当我们探讨儿童文化"游戏精神"时，实际上是以儿童的现实游戏活动为依据的。进一步而言，尽管在理论上我们可以将儿童文化粗略地分为精神文化、物质文化，抑或包括制度文化，但是对精神文化的理解，总要依赖一定的物质呈现。

儿童文化外化的结果，表现为儿童文化制品、儿童文化行为或活动

---

① （清）郑板桥：《画竹》。

等,它们会被保存、记录、留存下来,构成一种不因儿童群体变化而变化的客观社会现实。

从社会建构到社会制约

在一种意义上,儿童文化是儿童创造的产物;在另一种意义上,儿童文化是社会建构的产物。儿童文化的创造,并不是从零开始,而是受到既有社会的语言、工具、观念、行为准则等的影响。通过与他人的互动,儿童与他人分享彼此的经验、情感和观念,并从中学会如何思考和行动。儿童文化总被建构它的特定的社会束缚着。

这是儿童文化与社会的双重关系。

特定社会提供儿童文化实现的手段、途径,从而参与建构了儿童文化。在这个建构过程中,社会规定了儿童文化的方向。

当我们视文化为人类的创造产物,从而突出文化的这一性质时,很容易忽视文化的社会情境脉络。每个群体的文化包括儿童文化,都运用了该群体所遗留下来的语言、符号、观念等,它们构成文化创制的要件,同时,也形成一种制约。

儿童文化所受的社会制约,在东西方不同社会价值取向的视野与背景下,表现得更为明显。总体来看,西方儿童文化更注重彰显个性、自由、自我、自尊、成就,首先考虑的是个人价值和目标的实现,满足成就"独特自我"的需要,赋予个人目标以优先权。而东方儿童文化关注的焦点在群体和社会水平上,强调群体利益、群体关系,更关注集体意识与集体观念的培育、个体对社会的责任和义务、个体在社会中的角色,突出牺牲小我而顾大我、尊老爱幼的传统,强调"和"的观念。这些特征的不同,与各自的社会传统有关。西方自古便注重认识人,追求真理,重视探究,近代更强调人的自由、平等观念。有别于此,东方社会一般更讲究人伦、求善,追求人与自然、社会的和谐。

这些社会背景,不仅仅简单影响着儿童文化,而且一定程度上制约着儿童文化。

至于社会制约儿童文化的方式、途径,则既体现在宏观上,也体现在微观层面上:从社会组织、社会结构到社会习俗、道德准则等各方面,都是促使儿童文化形成的或显或隐的力量。

当代儿童文化本身即受到社会结构的影响，特别是儿童世界—成人世界的区分，为儿童划定了活动场所，诸如学校、游乐场、少年宫、社区活动室等，而成人的工作场所、公共场所，则留给儿童极少的余地。这种区分状况下，童年越来越成为一座带有围墙的、受到成人保护和精心照料的花园。儿童不需工作，无须承担工作的责任，玩耍、游戏才是他们的责任。由此，当代儿童文化的一些特质譬如游戏性越来越凸显，而目前的核心家庭组织方式则决定了人们越来越重视儿童文化的教育功能。

文化既是人类社会的产物，又受到人类社会发展阶段的制约。其中技术是衡量社会发展的一个重要标准，会直接影响文化。

譬如，网络文化的产生需要建立在互联网技术、电脑硬件以及各种软件的基础之上。网络文化是人们在互联网这个世界中，进行学习、工作、交流、娱乐、沟通等时所形成的活动方式及所反映的价值观念、社会行为等方面的总和。若没有技术作为基础，网络文化的形成既不可能也不现实。只有社会技术发展到一定程度，网络文化才有可能产生，可以说互联网技术发展直接制约着网络文化的发展方向。

像互联网技术对网络文化诞生与发展有至关重要的作用一样，技术对儿童文化的影响亦非常深入，表现在很多方面，如儿童玩具、儿童动画等。

橡皮泥是现代儿童喜爱的一种玩具。而在以前，很多农村儿童是玩"泥巴"长大的。作为社会发展的产物，1956年问世的橡皮泥作为现代玩具代替了"泥巴"。最初的橡皮泥只有灰白一种颜色，但随后橡皮泥就开始出现各种各样的颜色和香味，其中包括夜光的、金色、银色以及各种香味的等。如今，橡皮泥的材质和工艺都发生了很大改变，升级版的橡皮泥已经是"彩泥"了。就儿童们喜爱的动画片而言，很多经典动画就是用橡皮泥作为材料来制作人物形象的。

仿真技术的发展，使得现代儿童玩具更是惟妙惟肖。在这方面最典型的代表是迪士尼，其制作的公仔、玩偶影响了世界广泛地域的儿童文化。

当代儿童文化这些面貌的形成，无一不受到技术的支撑。如果没有技术，儿童动画不可能蓬勃发展，儿童玩具不可能越来越多样。技术深深地塑造着儿童文化。

此外，社会既有的道德标准、习俗、观念、行为准则等以一种更微妙、更持续的方式，深层次地塑造、制约着儿童文化。

尽管随着社会发展，性别平等观念已经较为普及，但很多成人仍然持有"男孩要有男孩样，女孩要像女孩样"的性别观念。在他们看来，男孩应该玩男孩的游戏，爬树、打架、玩枪械是属于男孩的，女孩不应该参与这些活动，玩偶、过家家、毛绒玩具，才是属于女孩的游戏。男孩是小男子汉，有泪不轻弹，只有女孩子才爱哭鼻子。成人的这些观念，会具体地影响儿童参与何种活动。由此，形成各具特色的男童文化、女童文化。

在儿童的一些具体行为上，成人的指导和规范更为详细。譬如，在遇到长辈时，儿童要首先问好，以表示尊敬；在吃饭时，要有吃饭的样子，要拿好碗筷；在别人遇到困难时，要伸出帮助之手；等等。

正是这些点点滴滴规则的汇聚最终决定了一个社会的儿童文化不同于其他社会的儿童文化之所在。在此，可以说，有什么样的社会，就有什么样的儿童文化。特定的社会铭刻出特定的儿童文化。

儿童文化与儿童社会化

从社会学的角度看，社会化是个体无法回避的过程，或者说，是个体"成为一个社会人"的必需过程。探讨儿童文化，自然需要探讨儿童的这一社会化过程。那么，儿童文化与儿童社会化相关性何在？这是需要首先应答的问题。

儿童文化与儿童社会化的相关性

如前所述，儿童文化并非自然的、生物的现象，而是一种社会现象。这种现象是儿童在与他人交往的活动中产生的，其受到既有社会规范、行为准则、道德伦理原则等的影响。

这样来看，儿童文化的产生会受到一定的社会规范、行为准则、道德伦理原则等的影响，也正因为如此，才得以形成不同地区多样的儿童文化。

当把这样的认识与社会化的一般理解联系起来，可以发现儿童文化与儿童社会化的高度相关性。企鹅版的社会学词典界定"社会化"。

> 社会学家常常用"社会化"这一术语来描述人们学习社会规范的过程，这一过程使社会延续及文化代际传递成为可能。这一过程包含两种方式。（1）社会化被认为是社会规范的内化过程：社会准则为个体所内化，不再是外部控制而是个体自我人格的一部分。（2）社会化是社会互动过程的必不可少的组成部分，社会互动假设人们希望通过获得他人的认可来提升自己的自我形象，在此情形下，当其使自己的行为符合他人的期待时，个体会被社会化。[1]

不妨就这里所强调的社会化的两种方式，来看看儿童文化。

首先，从社会规范内化（代际）的角度看，儿童文化实际上在某种程度上延续了既有的社会文化。这一文化延续的内核是各种社会行为规范、准则、原则、价值观念等。

当我们去观察儿童文化时，总会发现儿童之间交往的一些特别的特征，譬如"儿童自来熟"的现象，即使是陌生的儿童，初次见面也很快就能成为好朋友；儿童吵架之后，很容易和好；等等。

这些现象在不同种族、不同地区的儿童之间都可以发现，常常被视为儿童文化的一般性特征。然而，这只是儿童文化这一棱镜的一面而已，未曾表现出儿童文化的在地性特征。

事实上，儿童文化总是存在于某一既有的社会文化中，它是具体的、具有情境限定的，不存在抽象的、绝对的儿童文化。儿童文化必然裹挟着既有社会文化的种种规范、价值、观念、行为标准等。

这一点从跨文化的视野看，更为明显。譬如西方的儿童文化往往注重个性的张扬、自我的发展；而东亚地区的儿童文化则更关注集体精神的培育、更注重自我牺牲、合作能力，等等。这背后实际包含着不同的社会价值追求、规范体系。

---

[1] Nicholas Abercrombie, Stephen Hill, Byran S. Turner. *Dictionary of Sociology*, Penguin Group, 2006, p. 363.

按照这样的理解，如果儿童的社会化过程是一个社会规范内化的过程，那么儿童文化可以看成是这一个过程的表征或结果，其呈现出儿童社会化的程度。由此，儿童文化与儿童社会化的相关性也就不言而喻了。

其次，从社会互动的角度看，可以发现儿童文化实际是社会互动的产物。

一般而言，社会互动是指在一定的社会关系背景下，个人与个人、个人与群体、群体与群体之间，通过信息的传播而发生的具有相互依赖性的社会交往活动。它是社会生活中最基本、最普通的一种社会活动方式。

就儿童文化而言，其至少包含两个基本的互动层面：儿童与儿童之间的互动；儿童与成人之间的互动。

儿童与儿童之间的互动是儿童文化的基本构成面。前文曾述及的儿童同辈文化即属于这一层面。这里不再赘述。

需要注意的是，儿童与儿童之间的互动并不限于同辈之间，还包括不同年龄段儿童之间的交往活动，特别是年幼儿童与年长儿童的互动，这对儿童文化的良性发展具有重要作用。当前的独生子女研究业已表明，混龄的社会互动更容易形成一种有利于儿童成长的文化环境。

基于这一层面，我们不难理解这样一种对儿童文化的认识：儿童文化是儿童自己在与同伴交往的过程中形成的儿童之间相互认可的文化，有自己独特的行为方式和相互认可的游戏规则。①

这一界定即强调了儿童之间的社会互动。当然，儿童文化并不单是儿童自己与同伴交往过程中形成的，儿童与成人之间的互动对儿童文化亦有着不可忽视的影响。

譬如儿童之间较为常见的角色游戏。某一儿童扮演妈妈，另一儿童则扮演婴儿，两人模仿妈妈对待小孩的情形。这种游戏实际上重演了此前儿童与成人之间的特定角色关系，显示出儿童与成人的互动对儿童同辈群体交往的影响。

在家庭、学校环境下，父母、老师等成人与儿童的互动方式对儿童文化

---

① 邢丽娅、张翠萍：《儿童文化与儿童教育》，http://www.china.com.cn/zhuanti2005/txt/2006-02/20/content_6129028.htm，2013-09-09。

的影响更为直接。此前论及的"家校文化""村社文化"均属于这一层面。

由这里的论述可以看出，社会互动对儿童文化具有重要的影响。

此外，社会化并不是纯粹被动的，儿童社会化过程本身实际上也包含儿童主动学习、适应社会规范的过程，也正因为如此，儿童才可能创制出他们的文化。在这一点上，可以说，如果儿童不经过社会化，儿童文化就无法产生。

儿童文化与儿童社会化过程的高度相关性提醒我们，研究儿童文化不能忽视儿童的社会化过程。儿童文化并不是儿童凭空创造出来的，而是社会互动的产物，其内化了一定社会的准则、规范、价值、观念等。

当然，儿童文化与儿童社会化并不是等同的，两者关注的议题也有所差异。它们之间的相关性值得进一步的探索。

儿童文化：儿童社会化的表征

社会化的本质是一个生物人向社会人转变的过程，人类个体仅凭生而具有的自然属性和生物本能是不可能在社会中生存的，必须通过社会化途径学习和掌握社会文化知识和规范，才能进行有效的社会交往。

社会化为儿童做好准备，促使儿童参与社会群体生活，并使儿童可能有所创新。

第一，所有的儿童均必须习得所在社会群体的语言，学习如何运用语言符号表达自己的思想与感情。只有在此基础之上，才能产生所谓的儿童文化。因而，当我们在强调儿童文化的独特语码时，不应忽视儿童文化的一般语言符号条件。

第二，通过社会化，儿童得以获得该群体的知识系统、基本行为规范、道德准则、价值观念等，能够以他人可以理解的方式行动并做出"正确"的反应。

第三，从心理学的角度看，社会化有自我完善的过程和功能。儿童自我人格的发展依赖社会化。儿童通过内化他人的态度，可以认识"自我"，并按照该群体的一般期待来调整对自我及与他人关系的认识。

从儿童文化的创造主体即儿童来看，如果儿童没有经历过这一社会化过程，那么就无法创造出一种属于他们自己的、能为他人所理解的文化，即儿童文化,因为他们既没有掌握文化的语言符号,也无法领悟文化符号的意义。因此,可以通过考察儿童文化的健康与否了解儿童社会化的程度,换言之,儿童文化可以视作儿童社会化完善程度的一种表征。

儿童社会化过程中发展起来的亲社会行为,对儿童文化的发展尤为重要。具有亲社会化行为的儿童,自然会更容易形成健康的儿童文化。

所谓亲社会行为(prosocial behavior)是指一切有益于他人和社会的行为,如助人、分享、谦让、合作、自我牺牲等。亲社会行为可能由利他主义引起。但是亲社会行为不一定都由利他主义引起,它也包括为了某种目的、有所企图的助人行为,所以它是一个比利他行为更宽泛的概念,任何对他人或群体乃至社会有好处的行为都属于亲社会行为。这种行为可能是直接的,也可能是间接的。[1]

亲社会行为是人与人之间形成和维持良好关系的重要基础,是一种积极的社会行为。儿童亲社会行为的发展,能够使儿童建立良好的人际关系,促进心理健康和谐,有利于其参与群体生活。

观察现实中的儿童文化,可以发现,凡是儿童群体中的成员具有亲社会行为的,这个群体所形成的儿童同辈文化就比较健康,成员之间互动积极,显示出更大的创造性。而那些自私、被动、具有攻击性,不懂得分享、合作、帮助别人的儿童,则很难形成积极的儿童同辈文化。两者的不同,无疑反映出儿童社会化的进程。

"亲社会"是合乎社会道德标准的意思。与亲社会态度和行为相反,逆社会态度是指在社会交往中所表现出的不能为社会所接受的态度,由逆社会态度派生出来的行为则是逆社会行为。

儿童的逆社会行为,通常表现为与他人的不合作、对抗与敌视行为。有这种行为的儿童其表现有:自己行为过错,却将责任推卸给他人;容易生气、发怒;频繁地无缘无故发脾气;明显拒斥他人的意见和合理要求;说话刻薄、嘲讽,行为带有攻击性;等等。

带有这种行为特征的儿童,常常会形成一种反成人的儿童文化,甚至是反社会的文化。如果任其发展,可能会导致暴力犯罪。

---

[1] 参见章志光《社会心理学》,人民教育出版社,2008。

当观察这种儿童文化现象时，可以发现一种社会化的偏差或失败：上一代的文化知识和规范没有有效地传递给下一代；个体在所在社会中处于不利地位。

呈现在儿童文化中的这种社会化困境，主要源于儿童在生理和心理上尚处于发展之中，缺乏完善的思考能力和判断能力，容易受到外界环境的影响。此外，若是成人社会无法提供给儿童稳定的、一致的价值标准和社会规范，也会带给儿童社会化的障碍。

此外，过分社会化（over socialized，或译为过度社会化）是值得关注的另一种社会化偏差现象。过分社会化是美国社会学家丹尼斯·朗（D. Wrong）提出的概念。他认为过分社会化相当于社会过分整合。这意味着社会环境（包括人际关系）对人具有强大的制约作用，个人自由（包括个性发展）的发展余地是极为有限的。过分社会化实质上是社会化过程中的偏差现象，是一种只承认共性、抹杀个性的社会现象。[1]

儿童过分社会化的表现有：儿童在消费上过于潮流化；儿童在语言和行为上过于成人化；儿童在处理人际关系上过于世故化；儿童过于循规蹈矩，缺乏个性。[2]

当前儿童文化的成人化现象即儿童过分社会化的一种反映。无论是儿童服装、玩具，还是文具等儿童用品均越来越成人化，而如今的孩子很小就有了自己的交际活动，轮流请客、赴宴，给老师送礼、向同学还礼等成人化交际为儿童所热衷。

显然，作为社会化过程的表征，探讨儿童文化领域中的这些现象，不仅可以了解儿童社会化的程度，而且还可了解儿童社会化过程中出现的种种问题，从而提出相应的对策。

社会化对儿童文化的影响

社会化是社会塑造个体的过程，不管在什么地方出生，儿童的社会化过程大致是相似的——不管在洛杉矶、孟买，还是特洛布里安岛，尽管各

---

[1] 马和民：《新编教育社会学》，华东师范大学出版社，2002，第385页。
[2] 明庆华、许紫薇：《儿童过度社会化的教育社会学分析》，《新课程研究》2007年第4期。

地的文化内涵千差万别。通过与他人的互动，婴儿从一个人类的动物转化为社会的存在。人们在其童年的时候，就已被教会了社会所期待的行为模式、语言、技能，以及如何去扮演一系列角色。即使成人后，社会化过程仍在继续，新的角色和技能仍需学习。①

社会化在人的一生中持续发生，包括出生、童年、少年、青年、成年、老年直至死亡。

对于社会化的阶段，简单来说，我们可以将社会化过程分为预期社会化（基本社会化）和继续社会化（发展社会化）两个阶段。未成年人所经历的对未来角色的非正式学习称为预期社会化，这是社会化中最基础、最一般的部分。此后，为了适应不断发展变化的社会文化和生活环境，需要继续社会化。各年龄阶段，社会化都有不同的特点。

这里所谓的"预期社会化"（anticipatory socialization）指的是：某个个体"面向其未来的角色而进行社会学习的社会化"。②

基于此角度，一些学者认为，首先，预期社会化过程决定着儿童文化的特征。儿童处于预期社会化阶段，其人生观、世界观、知识技能等方面正在形成之中，儿童较少受约束，其文化尚无固定的模式，这种社会化的预期性决定了儿童文化具有开放性和可塑性。同时，预期性也决定了成人处于儿童的主导地位，在成人文化引导下，儿童活动的内容、形式、角色和手段等都模仿成人，儿童在模仿中内化社会行为规范的要求，学习适应社会，建设自己的环境和文化。因此，儿童文化又具有模仿性的特点。同时，其内容、形式等缺乏严密性和规范性，具有夸张性特征。

其次，成人社会化过程决定着儿童文化发展的轨迹。成人直接规定社会化模式，大量社会化模式的传递、继承、保持和延续是通过成人实践活动而进行的。人们从自身利益出发，既可以在直接的生活实践中发现、发展某些社会化模式，又可以修改、放弃某些社会化模式，任何一种模式的维持或更新的结果势必影响这一时代儿童个性发展的方向。不同的社会有不同的教育家，其具有不同的教育观、儿童观，因而也就产生了相应的儿

---

① 〔美〕戴维·波普诺：《社会学》，李强等译，中国人民大学出版社，2007，第154页。
② 〔美〕戴维·波普诺：《社会学》，李强等译，中国人民大学出版社，2007，第695页。

童客体文化，这直接决定了儿童文化发展的方向，如 18 世纪卢梭的自然主义教育观是当时解放个性社会模式的先进代表，他要求把爱弥儿塑造成一个自然人。这种把儿童区别于成人的观点表明儿童不再是"小大人"，他与成人有同等的地位，儿童在成人社会化的引导下，在一定的范围内创造和发展着自己的文化，因此成人社会化模式左右着儿童文化发展的轨迹。[①]

不仅社会化过程会影响儿童文化，各种社会化媒介（也称社会化主体）也在不断地塑造着儿童文化。

社会化媒介有很多，就人的方面来说，包括教师、父母、同学、同龄伙伴、同事、邻居等；就物的方面来说，包括报纸、杂志、玩具、电视、电影、广播、书籍等；就场所方面来说，涉及家庭、托儿所、幼儿园、游乐场所、学校、社区等。这些社会化媒介对儿童的社会化起着重要作用，而且随着儿童年龄的不同，其主次也有所不同。

儿童在学龄前，社会化媒介主要是家庭（主要是父母）、托儿所和幼儿园（主要指教师和同龄小伙伴）。儿童入学后，社会化媒介主要是学校（主要指教师和同学）。

其中家庭的阶层、父母生活方式、社会地位、宗教信仰对儿童的心理、行为、情感、观念具有巨大的塑造力，它会影响儿童同辈文化的发展。譬如，基于信仰的因素，父母可能不允许儿童参加某些宗教活动。此外父母的社会地位也会促使父母们不希望儿童加入底层儿童的文化圈，这自然影响到儿童的社交网络。

儿童入学后，作为一种特别的儿童文化——学校文化，其受到学校这一重要的社会化媒介的强大影响。学校文化可谓是一种"无声的语言"，它提供了指引儿童行为的各种表达性符号，规定着儿童的种种行为标准。它的导向作用塑造着儿童的心理、人格、思想、兴趣等，使儿童自觉不自觉地接受学校的共同信念和价值观。

在这些社会化媒介中，大众传媒（mass media）是十分重要的社会化手段，特别是随着技术的革新，网络媒体向儿童提供越来越多的信息，儿童们很容易获得新的知识和规范。从一定意义上来说，其已经成为除家

---

① 参见张东娇《儿童文化与预期社会化》，《教育科学》1992 年第 2 期。

庭、学校、同辈群体之外的第四种社会化力量。

网络媒体有各种新的特点，其中一个很重要的方面是它导致人类交流方式的变化。即时聊天工具、电子邮件等的出现，使得人与人的交流更方便快捷了，同时也使得信息或思想的传播更为迅捷、有效。

与传统交流方式相比，网络交流具有平等性、开放性、双向性、立体性等多种特点。此外，在网络中只有主动的"参与者"，没有了过去意义上的"受者"，因此，过去我们熟悉的"宣传""灌输"等概念在网络社会都将被证明是没有意义的。今天，网络交流越来越成为现代人交流的一种方式，而且它也将成为一种最主要的方式。[①] 显然，这种交流方式，也影响到儿童之间的交流。

在这种新的社会化方式下，一方面，出现了儿童文化多样性趋势，譬如儿童动漫、儿童博客、儿童电子游戏文化等。另一方面，也导致了一些潜在的隐忧，譬如儿童文化与成人文化的冲突以及乡村传统儿童文化的消逝。

制度化儿童文化

毫无疑问，每一个社会都存在各种各样的制度，包括政治、经济、文化等各个方面，它们不仅规范着成人的行为，塑造着成人世界的文化面貌，同时也构成了一种强有力的塑造儿童文化的力量。这是儿童无法选择和逃避的。

社会制度与儿童文化

关于社会制度，一般是这样认识的：

> 社会制度是在一定条件下的某种社会活动和社会关系的规范体系，它表现为社会活动和社会关系的方式、模式、准则的相关联，并排列、组合成某种有规则的系统。社会制度是人类社会的普遍现象，

[①] 马和民：《新编教育社会学》，华东师范大学出版社，2002，第216页。

是随着社会的产生和发展而出现和发展的，主要是随着社会生产力和生产关系的发展而发展的。①

至于社会制度的内容，主要包括政治制度、经济制度、法律制度、教育制度、文化制度、家庭制度等，这是从广义的角度上讲的。就狭义来看，社会制度是指一个系统、单位或机构制定的要求全体成员共同遵守的规章制度或行为准则，如学校的教学制度、银行的财务制度、某单位的工作制度等。

现代社会主要有五类重要的制度。

（1）家庭（family）：与生物和社会再生产有关，包括生育孩子并教给他们生存所需要的文化，以及照顾和保护家庭成员等的群体、地位和角色。

（2）教育（education）：与讲授更多的我们参与到家庭之外的更大社会需要的正式的和公开的文化（如历史、知识和技能等）有关的群体、地位和角色。

（3）政府（government）：与通过法律、警察、外交等保持社会内部和外部的社会秩序有关的群体、地位和角色。

（4）经济（economy）：与商品和服务的生产、分配、消费有关的群体、地位和角色。

（5）宗教（religion）：与对终极意义的追求和社会稳定，或者是社会"凝聚"在一起有关的群体、地位和角色。②

作为一种强制性的规范体系，这些社会制度同样规范和影响着儿童文化。这可以从社会制度的功能中看出。

任何社会制度一经形成，就对社会生活产生极大的影响，其功能主要表现在：第一，组合制约社会生活；第二，为社会提供比较完整、比较系统的规范；第三，为个人提供一套社会化的模式；第四，传递社会文化。③

---

① 程继隆编《社会学大词典》，中国人事出版社，1995，第283页。
② 〔美〕乔恩·威特：《社会学的邀请》，林聚任等译，北京大学出版社，2008，第130~131页。
③ 程继隆编《社会学大词典》，中国人事出版社，1995，第284页。

尽管我们上述单列出了种种制度，但这些社会制度的功能并不是分开的，它们共同对儿童文化发挥着作用。

以家庭来说，家庭的结构形式受到社会一系列既有制度的影响。一些地区政府实行鼓励生育的人口制度，而另一些地区则可能限制家庭生育规模。生育限制的结果之一是促使现代核心家庭的出现。这种家庭由两代人组成，其成员是夫妻两人及未婚子女。不同于传统的数代同居的大家庭，这种家庭，内部关系简单，较少依赖亲属网络，家庭中的矛盾有所减少，满足了不同代人生活方式多样性的需求，有利于形成家庭中的平等关系和民主氛围。

这种现代家庭的核心功能之一是教育。无疑，此种现代家庭的出现，有利于对儿童展开专门性教育，发展儿童的个性、自主能力，有利于发展儿童的文化创新能力，形成一种"解放儿童个性"的儿童文化。而在传统的大家庭中，则更注重长幼尊卑、团体精神，所形成的儿童文化更强调对已有文化的传承。

当然，家庭所发挥的这些功能并非独立的，而是与其他各种制度的功能联系在一起。例如法律制度。我国的《未成年人保护法》（1992年）规定，保护未成年人的工作，应当遵循的原则之一是：尊重未成年人的人格尊严。第九条规定，父母或者其他监护人应当尊重未成年人受教育的权利，必须使适龄未成年人按照规定接受义务教育，不得使在校接受义务教育的未成年人辍学。第十条规定，父母或者其他监护人应当以健康的思想，品行和适当的方法教育未成年人，引导未成年人进行有益身心健康的活动。

这些规定与家庭教育儿童的功能是相互配合的，它们共同塑造着儿童文化的面貌。

在其它一些领域，制度对儿童文化的影响常常不为人所重视，譬如在经济领域，与生产相关的禁止使用童工的现代用工制度及政策实际上与现代儿童文化的产生不无关系。

譬如，2002年9月18日通过的我国的《禁止使用童工规定》第二条指出："国家机关、社会团体、企业事业单位、民办非企业单位或者个体工商户均不得招用不满16周岁的未成年人。禁止任何单位或者个人为不满16周岁的未成年人介绍就业。禁止不满16周岁的未成年人开业从事个体经营活动。"

尽管该规定的主旨在于保护未成年人的身心健康、维护未成年人的权益，然而，其在客观上却为儿童文化奠定了制度上的基础。正因为儿童不被允许从事经济生产活动，儿童才有时间充分发展出属于他们自己的文化。儿童不参与成人工作，这一规定的影响不是单一的。事实上，工作—游戏与成人—儿童的区别，是现代儿童文化得以产生的要件之一。

每个社会都有各种各样的制度，有些制度直接与儿童生活相关，有些制度则间接相关。这些制度一经产生，便制约着整个社会生活，不仅为成人，而且也为儿童提供了一种规范性的系统，在相对稳定的结构中，在一整套目标和价值观的指导下，持续地塑造着儿童的文化世界。

正因为存在各种各样的制度，儿童文化才能担负起传承社会传统文化的责任。儿童文化不断创新着，也在承继着既有的规范、制度、价值、观念。

作为规训的教育制度

在与儿童有关的制度中，教育制度对儿童及儿童文化的影响极大。从托儿所到幼儿园，从小学到中学，儿童的大部分时间是在教育机构中度过的，因而，有必要探讨教育制度对儿童文化的型塑。

教育制度是社会制度的一种。它是指一个国家中由各种教育机构构成的体系，包括学校制度（即学制）和管理学校的教育行政机构体系。教育制度是一定社会历史阶段的产物，受一定社会的政治、经济、文化影响和学生身心发展特点的制约。在有的国家，教育制度被视为按国家性质确立的教育目的、方针和设施的总称。[1]

这里的界定涉及两个方面：一是各类教育规范、规则或规定；二是确保其得以实施的教育机构及管理系统。

最基本的教育法规如《义务教育法》，其中第四条规定："凡具有中华人民共和国国籍的适龄儿童、少年，不分性别、民族、种族、家庭财产状况、宗教信仰等，依法享有平等接受义务教育的权利，并履行接受义务教育的义务。"

---

[1] 顾明远主编《教育大辞典》，上海教育出版社，1998，第1892页。

按此规定，让适龄儿童、少年和青年接受义务教育是学校、家长和社会的义务。家长、学校、政府都受到该法的约束。若家长不送学生上学，家长需要承担责任；若学校不接受适龄儿童、少年上学，则学校需要承担责任；政府不提供相应的条件，也要受到法律的规范。

因此，对大多数儿童而言，他们都必须接受教育。从狭义的意义上讲，教育是教育者根据一定社会的要求，有目的、有计划、有组织地对受教育者的身心施加影响，把他们培养成为一定社会（或阶级）所需要的人的活动。

这一内涵在现代制度化教育系统中得到强化，教育的主要作用不再是教人"成人"，而是一种有组织、有目的的教化。在中文中，教化的含义即陶冶。"陶冶"一词来源于冶陶工艺，即把按照某种先行的模式予以塑造的泥坯置入熔炉的火中，使之在火中定形。在冶陶这一手工艺中，泥坯在尚未塑成之前乃是无形状的泥土，它的形状完全来自模子。但是，即使在这里，对泥土土质的要求也是相当严格的，并不是任何泥土都适合制成陶器，相反，泥土本身也必须受到严格的拣选，并按其土质予以赋形和制成适当的产品。①

将泥土的土质视为人的天性，教师视为制作者，模型视为理念，此种对教化的理解，显示出教育的另一性质：规训。

现代学校的空间组织，无疑表明了这一点。

让我们以"班级"为例。这种系列的空间组织，是基础教育的重要技术变动之一。它使得传统体制能够被取代。它通过逐个定位使得有可能实现对每个人的监督并能使全体人员同时工作。它组织了一种新的学徒时间体制。它使教育空间既像一个学习机器，又像一个监督、筛选和奖励机器。②

与此相配合的是学校的纪律。

在组织建立"单人密室""场所""座次"时，纪律创造了既具有建

---

① 王凌云：《什么是教化？》，http：//www.douban.com/group/topic/3000989/，2013-09-09。
② 〔法〕米歇尔·福柯：《规训与惩罚》，刘北成、杨远婴译，生活·读书·新知三联书店，2007，第166~167页。

筑学意义的，又具有实用功能的等级空间体系。这种空间既提供了固定的位置，又允许循环流动。它们划分出各个部分，建立起运作联系。它们标示出场所（位置）和价值。它们既确保了每个人的顺从，又确保了一种时间和姿态的更佳使用。它们是现实和理念的混合空间。因为它们支配着建筑物、房屋、家具的位置，所以是现实的；因为它们突出地体现了这种关于特点、评价和等级的安排，所以是理念的。因此，纪律的第一个重大运作就是制定"活物表"（tableax vivants），把无益或有害的乌合之众变成有秩序的多元体。①

此外，现代学校的时间划分，就像19世纪初有人建议"互教学校"可以使用的时间表：8：45，班长进入，8：52班长会，8：56，学生进入和祈告，9：00，学生就座，9：04，听写第一块石块，9：08，听写结束，9：12，听写第二块石块，等等（Tronchor，第221条）。工薪阶级的逐渐扩大伴随着对时间更细致的划分："钟声响后，若工人迟到超过一刻钟……"（Amboise，第2条）"上班时，若请假超过五分钟……""凡不准时工作者……"（Oppenheim，第7~8条）。与此同时，人们还设法确保时间使用的质量，如不断的监督，监工的鞭策，消除一切干扰。②

现代学校使用类似于这样的精细时间划分，在有效传递知识的同时，儿童被持续地管理、监督、规训与控制。

现代学校的这一性质，也显示在对"问题"儿童的认识中。

其中如街道儿童。在一些国家，由于贫富差异的扩大，贫者愈贫，富者愈富，这导致一些低收入家庭无法抚养小孩，特别是婚姻的破裂，使得儿童流离失所，只好以街道为家，沦为街道儿童。而这个年龄段的儿童一般都待在学校里，因此，以街道为家的儿童往往被问题化了。

这一"问题"实际上并不是儿童本身的问题，而是社会的问题。社会视这样的儿童为一个潜在的威胁，可能会滋生毒品贩卖、青少年卖淫、盗窃等问题。因为他们在社会秩序之外，没有被学校所训化。这样的思

---

① 〔法〕米歇尔·福柯：《规训与惩罚》，刘北成、杨远婴译，生活·读书·新知三联书店，2007，第167页。
② 〔法〕米歇尔·福柯：《规训与惩罚》，刘北成、杨远婴译，生活·读书·新知三联书店，2007，第170页。

路，反映出现代学校教育的规训性质。

学校教育制度的上述性质对儿童文化的影响，造就了一种制度化了的儿童文化即学校文化。

儿童文化的学校规训

现代的儿童，在其成长的绝大部分时期，都需要在一种特别的教育机构即学校中度过。显然，如果存在一种儿童文化的话，那么，这种儿童文化的学校规训是无法避免的。

在这个论断的背后，首先要指出的是儿童文化与学校的差异性。尽管在宽泛的意义上，可以视学校文化为一种成人建立的"为儿童"的儿童文化，但是学校文化与儿童文化仍存在重要的不同。

学校文化更多是一种制度文化，由政府、教育机构、教师直接管理和控制；儿童文化则主要是由儿童群体创造的文化，它是自由的、游戏的、创造的、多样的。当代儿童文化越来越为学校文化所规范，儿童文化的学校规训现象值得关注。

学校代表着一整套的制度系统，儿童文化之所以学校化，依赖于学校里面的各项制度，例如前面提到的时间表。这里不妨引用一个小学生的实例：

> 付辰两年的学生生活是这样度过的：早上7：00起床，7：40前赶到学校参加早读，8：00到11：40上课，匆匆回家吃完午饭，下午2：30到4：30上课，5：40代管班结束放学回家，在父母的催促声中吃完晚饭，开始做作业、写生字生词、背课文、读读物（至少读5遍），通常在9：00到9：30左右结束，然后马上睡觉。①

儿童的生活被这种时间表牢牢控制，甚至连充分休息的时间都没有。时间被精细划分以确保学习的最佳利用，目前已成为大多数学校日常生活的一个写照。

学校对儿童的控制还不限于此。各个学校均制定了琐碎的规章制度来

---

① 林缪之：《给孩子满载幸福的童年》，《教师之友》2000年第3期。

约束学生，并竭力通过规章制度来塑造并规划学生在学校的日常活动，监督学生的日常行为、仪表姿态，等等，以实现对学生的管理。我们从下面的《某某小学日常行为规范实施细则》（部分）中可见一斑。

1. 学生上课前半小时内到校，班干部和劳动值日生应该提前30分钟到校，家长在校园围墙外接送学生，不得进入校园。

2. 按课程表带全当天所需书籍、簿本和文具用品，凡与学习无关的东西禁止带入教室，违者没收物品作为班级活动的奖品。

3. 到校后，先上交家庭作业及作品，再整理好课桌椅，值日生要去打扫卫生；然后（早晨）自主朗读，（中午）休息或自习。不得在教室外游玩。

4. 课间活动要文明健康，要保持校园的安静。不得在地上爬滚，不做剧烈运动。不踢球，不奔跑，不乱扔粉笔，不用瓶子等当运动器材使用，更不得大声喧哗、打架斗殴。注意安全，不爬越栏杆，不趴在栏杆或窗沿边向下拿东西。不在栏杆间钻来钻去。上、下楼梯靠右行走，不从楼梯的扶手上往下滑，遇楼道拥挤应主动让先疏散。

5. 课间出校门应得到老师的同意，禁止外出购买零食。进办公室要征得教师同意，不随便翻阅教师办公桌上的东西。

6. 中午放学，未按时完成作业的学生，带回家补写，写好作业后请家长写上一段教育的话。

7. 中午在校食堂代伙的学生，饭后立即进班自习或休息，负责班级财物安全，如有失窃，负责赔偿。

8. 傍晚放学前，学生领到作业本，订正好交给组长检查，合格后方可回家；否则发回再订正；如果偷跑，组长与班主任一道去家访。

9. 放学时，将桌面收拾干净，排好桌椅，关闭电灯，锁好门窗。

10. 排好路队，安静整齐行走，不乱队，不抢道，不追逐打闹，不到家门口不随意离队。[1]

---

[1] 胡春光：《学校生活中的规训与抗拒》，博士学位论文，华中师范大学，2007，第95~96页。

这些行为规范的极尽周详除了引人诧异之外，也引发我们的思考。教育本应是以人为本的，然而这些规范关注的不是儿童的精神世界，而是追求对儿童身体的规范、塑造和控制。在这里，被学校规训了的身体像物体一样，被限定、驾驭、改造，蕴含在儿童身上的情感、理念、态度、观念、人格、思想一概被排除在外了。可以说"从儿童进入学校开始，教育的规训就以权力的眼睛监视儿童的一言一行，就以一种考试的技术算度儿童的现实和未来，就用一种势利的身份诱惑刺激着儿童的野心，就用一种奖惩的技术培养着虚伪的道德。在这样的规训结构中，一个人除了努力迎合以得到教育所承诺的'好处'之外，就是被教育的利益彻底抛弃，再别无选择"。①

在这种情形下，儿童文化被学校所规训，也就毫不奇怪了。

如果说儿童文化是一种整体性文化，他们自己的身体和精神是一个整体，他们也用整体的方式感觉世界和对世界做出反应。② 那么，在这里，被学校规训了的儿童文化则是分割的，儿童的时间、空间被划分、被计算，感知方式碎片化了，这样，儿童文化的原初本性便逐渐被蒙蔽了。

如果说儿童文化是一种诗性逻辑的文化，儿童文化从一开始就令人羡慕地拥有着诗性逻辑。诗性的逻辑，即感性直觉的逻辑，音乐性的逻辑，想象的逻辑，自由的逻辑，酒神的逻辑，审美和艺术的逻辑，它是儿童文化中最宝贵的一面，是儿童感性丰富性的具体体现。③ 那么，在这里，被学校规训了的儿童文化则降格为一种理性的文化，儿童的想象与自由埋没在学校各式各样的或隐或显的规则中，儿童能做什么以及如何去做，均需要符合一套章程，儿童越是训练有素，儿童的想象与自由就越稀缺。

如果说儿童文化的核心是游戏精神，在儿童的文化里，游戏精神就像一根红线贯穿在儿童的所有活动中。对于一个孩子来说，无论他是游戏着，学习着，还是进行着其他活动，往往都会以一种游戏的态度和心境来行事，以游戏的精神来观照外物和自己的活动。游戏精神构成了儿童文化

---

① 金生鈜：《"规训化"教育与儿童的权利》，《教育研究与实验》2002 年第 4 期。
② 边霞：《论儿童文化的基本特征》，《学前教育研究》2000 年第 1 期。
③ 边霞：《论儿童文化的基本特征》，《学前教育研究》2000 年第 1 期。

的核心。① 那么，在这里，被学校规训了的儿童文化的精神似乎无影无踪了，儿童首先被鼓励的、被期待的是"好好学习"，而不是游戏。儿童通过游戏确认自我的方式不再存在。

毋庸讳言，规训是学校教育的一个特殊意涵。然而，教育的真义却是一种"引出"和"唤醒"，其意是通过一定的手段，把某种本来潜在于身体和心灵内部的东西引发出来。

因而，儿童文化不应当是学校教育所规训的对象，反而是学校施行教育的自然依凭。诚然，学校是秩序和规范的，但是这种秩序和规范，不应是外塑的、压迫的，而是要建立在儿童的人性需要之上，唯有如此，这样产生的学校文化才是健康的、可持续的、真正符合儿童发展的一种儿童文化。

儿童文化的政策型塑

除了制度外，一个社会的具体政策，同样会影响儿童文化。实际上，在上文谈论社会制度时，已经涉及政策。

在社会的不同时期，政府可能会制定不同的政策，其中很多政策与儿童相关，这些政策会直接塑造该时期的儿童文化。

儿童政策的视野

就词源上看，中文"政策"一词源于英文"policy"，其核心含义是为实现一定目标而制定的行为准则。人们经常使用的"路线""战略""策略""计划""措施""方针"等都与其相近。不同的学者对政策有不同的理解。

根据我国学者的研究，政策是国家机关、政党及其他政治团体在特定时期为实现或服务于一定社会政治、经济、文化目标所采取的政治行为或规定的行为准则，是一系列谋略、法令、措施、办法、方法、条例的总称。②

---

① 边霞：《论儿童文化的基本特征》，《学前教育研究》2000年第1期。
② 陆士桢等编著《中国儿童政策概论》，社会科学文献出版社，2005，第24页。

上文，我们谈及制度。尽管在某些情况下，人们常常将"政策"与"制度"连用或混用，但两者的意涵仍存在区别。

一般而言，作为一种规范体系，制度更强调规则的规范性，需要所有成员共同遵守，其制定主体可以是国家，也可以是单位，或者是某个机构、部门。具体可以是行动规则，也可以是某个部门的规章；等等。相较之下，政策则更偏向指导性，其往往是由国家、政府制定的，用以指导一定社会目标或某个方面、领域的具体措施保证。某些政策，常常具有临时性质。

与儿童相关的政策有很多，就制定主体来看，包括以下几类。

一是由全国人大制定的直接或间接相关于儿童的法律政策，这些政策主要保障儿童最基本的生存与发展权利。

譬如《中华人民共和国宪法》《中华人民共和国劳动法》《中华人民共和国婚姻法》《中华人民共和国民法通则》《中华人民共和国刑法》等。其中有些直接与儿童有关，如《中华人民共和国未成年人保护法》《中华人民共和国义务教育法》《中华人民共和国妇女权益保护法》《中华人民共和国母婴保健法》《中华人民共和国教师法》《中华人民共和国预防未成年人犯罪法》等，这些法律政策以基本法的形式保障儿童的各项权益。

二是国务院、各个部委所制定的与儿童相关的政策，这些政策主要针对儿童的安全、教育、卫生等方面的问题。

譬如《国务院关于严禁淫秽物品的规定》《学校卫生工作条例》《幼儿园管理条例》《中小学勤工俭学暂行工作条例》《公安机关办理未成年人犯罪案件的规定》《最高人民法院关于办理少年刑事案件的若干规定》《国务院关于全面加强人口和计划生育工作统筹解决人口问题的决定》等。

三是由地方政府或某些具体机构、部门制定的与儿童相关的政策与管理措施。

譬如浙江省政府办公厅刊发的《关于加快发展孤儿和困境儿童福利事业的意见》《江苏省幼儿园收费管理办法》《江苏省扩大儿童免疫规划实施方案》《上海市未成年人保护条例修正案（草案）》《上海市妇女儿童保护条例》《青海省流动儿童免疫规划管理办法》《昆明市中小学幼儿园场地校舍建设保护条例》等，这些是各级政府针对本地区儿童的情况而实施的具体儿童权益保护政策。

这些与儿童有关的政策（或儿童政策），对儿童而言具有重要的功能与意义。

从宏观角度看，儿童政策具有保护全体儿童的生存与发展的保护功能；具有指导儿童工作顺利开展的指导功能；具有教育社会各界支持儿童事业的教育功能；具有调节儿童群体与其他社会群体之间关系的调节功能；具有激励人们积极参与儿童事业的激励功能；具有打击社会上各种危害儿童成长的行为的打击功能。

从微观角度看，儿童政策具有制约性功能，能纠正社会的不良倾向；具有导向性功能，即倡导和约束人们保护儿童权益；具有调控性功能，能够协调儿童群体、非儿童群体及儿童政策三者之间的关系；具有动员和组织功能；具有总结和预见功能，能够结合社会的发展对儿童生活的发展趋势做出预见。[①]

儿童政策的影响不限于此，事实上波及儿童的整个生活、儿童的文化世界，以至于出现了一些针对儿童文化方面的具体规划及政策。

这方面的政策如2006年文化部制定的《文化建设"十一五"规划》，其中给予重点扶持的艺术表演团体和文化艺术活动有中国儿童艺术剧院、中国少年儿童合唱节；鼓励和支持有关少儿的艺术精品工程：中国少儿歌曲创作推广计划——通过广泛征集和专家委约等机制，每年评选20首优秀少儿歌曲，进行推广和传唱；完善公共文化设施向未成年人等免费开放的制度；等等。又如《中国少儿歌曲创作推广计划（2005～2009年）》强调儿童歌曲的创作和推广工作，多形式广泛开展普及活动，创作和征集原创少儿歌曲作品，建立和培训少儿歌曲创作队伍，积极保护儿童的文化创造能力。

就我国而言，有关儿童文化的政策还有很多，这里不再一一列举。

某一个政策，可能会涉及儿童文化建设的某个方面，而整个政策体系，则涵盖了儿童文化的方方面面，既包括儿童文化服务的供给、儿童文化权利的保护，也包括儿童文化需求的培育等。我们将在下文探讨。

---

① 陆士桢等编著《中国儿童政策概论》，社会科学文献出版社，2005，第29～31页。

儿童文化服务的供给

儿童文化服务是一个相当广泛的领域，涉及儿童文化资源供给、儿童文化教育、儿童文化场所建设、儿童文化产业发展、儿童文化服务机构完善等方面，围绕儿童文化服务领域内的"提供"：如何提供和怎样提供是个值得思考的问题。

无疑，一个完整的儿童文化服务体系，首先体现在其为儿童提供什么样的文化资源，创设一种什么样的文化环境，这对儿童未来的成长有着至关重要的作用。

就儿童文化政策视野而言，确保儿童对文化资源的接近和拥有是一个基本的政策基点。就中国儿童文化政策取向来说，主要强调两个方面：一是对优秀文化传统的继承；二是对不良文化资源的监管。

前者一直是中国儿童文化政策内容提供的重心。在《幼儿园教育指导纲要》（2001）关于"社会"的教育内容与要求中，明确指出要充分利用社会资源，引导幼儿实际感受祖国文化的丰富与优秀，感受家乡的变化和发展，激发幼儿爱家乡、爱祖国的情感。把对儿童的文化服务与祖国优秀文化传承结合起来，客观上有利于创设一个能使儿童感受到接纳、关爱和支持的良好环境，使其养成对他人、社会亲近、合作的态度，促进其精神健康成长。

一般来说，文化资源包含积极和消极的部分。如果说，确保儿童对优秀文化资源的接近是儿童政策的应有部分，那么，儿童政策也应该规定如何使儿童避免接触不良文化资源，它们是文化中的消极部分。实际上，对不良文化资源的监管，有儿童自身的依据：儿童对文化资源进行辨识和选择的能力还没有充分形成，很容易受到不良文化的负面影响。正是出于此，我国出台了一些专门性的法律，集合全社会的力量以避免儿童接触不良文化资源。典型的如《中华人民共和国预防未成年人犯罪法》（1999），其预防未成年人不良行为及犯罪的教育，很重要的一个途径便是通过办各种形式的讲座、座谈、培训等文化活动来防止和矫正的，这可以视为对儿童的文化预防和文化支持。

针对有关儿童的不良文化资源的监管，几乎在所有涉及儿童的政策中都有所反映。《中国儿童发展纲要（2001~2010年）》即明确要求各类媒体应为儿童健康成长创造良好的舆论环境，鼓励创作优秀儿童图书、影视、歌曲、舞蹈、戏剧、美术等作品，除宣传积极向上的儿童形象，丰富儿童精神生活外，强调对文化市场进行规范化管理，打击非法出版物，禁止各类媒体传播色情、暴力等损害儿童身心健康的信息，减少对儿童的负面影响，同时，加强对学校周边经营场所的监督检查。文化部2003年发布的《互联网文化管理暂行规定》第十七条规定，互联网文化单位不得提供载有以下内容的文化产品，其中明确包括危害社会公德或者民族优秀文化传统的文化产品。

显然，这些政策措施旨在强调儿童文化服务内容的提供要坚持积极、健康的乐趣和方向，尽量为儿童提供优秀的文化资源，而坚决遏制、禁止不良文化资源的产生和传播，切实为儿童塑造一个有益于身心健康的良好文化环境。

与成人相比，儿童对文化资源的接近或占有，由于儿童生理和心理发展层次的限制，往往很难谈及"主动""自主"的意识。因此，除了强调作为儿童保护、监护主体的社会、国家或成人积极"提供"文化资源之外，还需要思考儿童文化资源的提供方式，即如何尽可能向所有儿童提供优质的儿童文化服务。

在中国的儿童文化政策系统中，对于文化资源的提供，主要表现为以公益性的义务教育为主体，以市场化手段为辅。

义务教育是国家统一实施的所有适龄儿童和青少年必须接受的教育，是国家必须予以保障的公益性事业。义务教育是中国儿童文化资源提供的主要方式。这方面的规定，见《中华人民共和国义务教育法》。

由于教育是文化资源获得的主要方式之一，义务教育的这一"义务"性质和目的，客观上为儿童接受文化资源建立了基本保障。它确保凡具有中国国籍的适龄儿童和青少年，不分性别、民族、种族、家庭财产状况、宗教信仰等，都有机会获得并享有基本的文化资源。

公益性、义务性的提供方式，其优势在于，一是覆盖面极为广泛，能尽可能使所有儿童获得水准大致相同的文化服务机会，也就是说，在文化资源或文化服务的准入门槛上，建立了一个最低限度的标准；二是为儿童发展提供了一个基本的文化平台，奠定了一个良好的文化氛围。但是，这种提供方式也存在一些不足，它往往很少顾及儿童文化选择和文化发展的快速变化，这就需要适当引入市场化的手段来满足儿童多方面的文化需求。

在中国，适当引入市场化的方式来运作儿童文化服务的提供，特别表现在儿童文化场所设施及儿童文化产业发展的政策支持中。儿童文化场所设施，除了国家公益性建设外，国家还积极鼓励社会团体和个人等社会力量建设公共文化设施；鼓励通过自愿捐赠等方式建立公共文化体育设施社会基金；制定优惠政策，吸纳社会资金，鼓励、支持社会力量兴办未成年人活动场所。2009年11月23日，经报请国务院同意，国家发改委正式批复核准上海迪士尼乐园项目。该项目由中方公司和美方公司共同投资建设。这是儿童文化场所建设方面引入其他社会基金的一个典型实例。显然，迪士尼乐园为儿童文化服务的提供展示了另一种可能的方式。

此外，对儿童文化产业的政策支持，也显示出儿童文化服务提供的市场化发展方向。引入市场化的提供方式，与以教育为主体的义务性、公益性提供方式构成互补之势，形成中国儿童文化服务"提供"主旨的基本态势。

儿童文化服务的提供途径是多种多样的，从提供机构看，可以分为学校途径和社会途径两大类，前者主要指各级学校组织机构，后者则包括博物馆、图书馆、展览馆、青少年文化活动中心等社会性公共机构；从媒介的角度看，可以分为以文字为主要媒介的图书、刊物、报纸等，以图像为主要媒介的影视和被称为新媒体的网络；此外，从儿童主体的角度看，还可以分为国家、社会向儿童直接提供和需要儿童积极参与的"参与式提供"。综观中国目前的儿童文化政策，无论以哪种角度，均显示出文化服务提供途径的多元化、综合性特征。

就文化传播媒介的角度而言，中国儿童文化政策首先表现为对儿童读物、报纸、刊物等的出版支持。2004年的《中共中央国务院关于进一步加强和改进未成年人思想道德建设的若干意见》，其中一条意见即要求面向未成年人的报纸、刊物和其他少儿读物，要把向未成年人提供更好的精神食粮作为自己的神圣职责，努力成为未成年人开阔眼界、提高素质的良师益友和陶冶情操、愉悦身心的精神园地。随后，中央宣传部和新闻出版总署提出了相应的具体措施,其中包括利用节庆纪念活动推动未成年人读书活动,组织出版思想性、可读性强的出版物。这些出版物,极大地丰富了儿童的文化生活。

中国儿童文化政策对儿童文化服务的支持,不仅表现在传统的儿童书籍、报刊等之中,还表现在对儿童影视的政策鼓励。很多规范性文件明确表明,国家要求加强少年儿童影视片的创作生产,积极扶持国产动画片的创作、拍摄、制作和播出,以逐步形成具有民族特色、适合未成年人特点、展示中华民族优良传统的动画片系列。同时,国家还积极探索与社会主义市场经济发展相适应的少年儿童电影发行、放映工作新路子,形成少年儿童电影的发行放映院线。事实上,中国儿童影视有着辉煌的成绩,据一些资料统计,[①] 从1922年到2001年,整整80年,一共拍摄了311部儿童电影,而其中1981年到2001年即改革开放以后的20年,一共拍了儿童片225部,平均每年拍摄12部左右。在1996年达到16部的最高数字。儿童电视的发展也突飞猛进,各种节目、栏目层出不穷,还开始出现了一些儿童频道,播出的节目量相当巨大,节目内容也比较丰富。

上述对儿童文化服务的提供,涵盖了传统的文字媒体、图像媒体,还包括新兴的网络媒体,其提供途径显而易见的多元化特征,一方面是社会生活的发展使然,另一方面,则鲜明呈现出中国儿童文化政策的前瞻性。

儿童文化需求的培育

从精神层面看,儿童文化政策本质上是为了满足儿童的文化需求,增进儿童福祉,而要实现儿童福祉,就意味着必须有制度、政策或其他措施予以保障。为此,中国儿童文化政策形成儿童文化需求方面的"培育"主旨,旨在利用政府政策的力量调控社会各个环节和可利用的资源,满足儿童固有精神文化需求的同时,不断丰富和培育儿童新的文化需求。

众所周知,儿童在生理方面、心理方面均区别于成年人。当代心理学的研究成果表明,由于儿童的身心尚在发展中,因而,儿童具有幼稚性和

---

① 周逸:《新世纪儿童影视现状与发展——"儿童影视现状与发展研讨会"感悟》,《现代传播》2002年第6期。

可塑性。针对儿童的文化需求,中国儿童文化政策紧紧着眼于儿童的这一特性。

儿童的幼稚性反映在文化需求上,表现为一定的被动性、不成熟性,因此格外需要作为监护人的父母或其他成人及全社会的引导和细心培植。为此,国家在《未成年人保护法》等法律法规中规定,父母或者其他监护人应当关注未成年人的生理、心理状况和行为习惯,以健康的思想、良好的品行和适当的方法教育和影响未成年人,引导未成年人进行有益身心健康的活动;在宏观政策方面,鼓励儿童积极参与家庭、文化和社会生活,培养儿童做有理想、有道德、有文化、有纪律的"四有"新人;在部门政策中规定,增加儿童课外活动设施和场所,将儿童校外教育、科技、文化、体育、娱乐等设施建设纳入城镇建设规划;在社会保障与服务方面,加大对儿童福利事业的投入,完善社会保障机制,促进困境儿童的生存与发展;等等。

着眼于儿童的可塑性,中国儿童文化政策对满足儿童文化需求丰富性的工作予以大力支持。具体措施包括推动文学、戏剧、音乐、舞蹈、曲艺、雕塑、绘画、工艺品、风俗、技艺等的发展和传播;高度重视义务教育阶段的文化普及教育,使广大中小学生掌握基本的文化常识和传统文化技艺;鼓励社会力量捐助和兴办公益性文化事业,建设图书馆、博物馆、文化馆等,在用地、税收等方面给予政策优惠;电台、电视台要办好少儿频率、频道或栏目、节目,重点新闻网站和主要教育网站要开设少儿网页、专栏,出版单位要出版一批适合未成年人的优秀文艺作品,并切实做好推介工作,为未成年人健康成长营造良好社会文化环境;等等。这些政策措施覆盖了儿童文化需求的方方面面。

当然,儿童的特性不仅限于幼稚性、可塑性,儿童还有游戏性、好奇性、探索性等特征,这些都在中国儿童文化政策特别是与儿童文化需求密切相关的教育政策和产业政策中有详细考虑。

为满足、丰富和培植儿童的文化需求,中国儿童文化政策形成了一种基于儿童身心特性的培育模式,这为儿童的未来发展提供了广阔的文化空间,搭建了一个坚实的文化"脚手架"。

就中国儿童政策系统看,儿童文化需求的"培育",最显著地体现在教育政策中，尤其是新课程改革，后者提出了转变人才培养模式，建立新的基础教育课程体系等内容。其所采取的一些措施，显示了"知识传授"向"文化培育"的转变。

首先是针对儿童文化需求的多样性。在《基础教育课程改革纲要（试行）》（2001）中明确要求，要改变课程结构过于强调学科本位、科目过多和缺乏整合的现状，整体设置九年一贯的课程门类和课时比例，并设置综合课程，以适应不同地区和学生发展的需求，体现课程结构的均衡性、综合性和选择性；在课程体系上，学校在执行国家课程和地方课程的同时，应视当地社会、经济发展的具体情况，结合本校的传统和优势、学生的兴趣和需要，开发或选用适合本校的课程；等等。这些教育政策措施，满足了儿童日益多样的文化需求。

其次，由于儿童的文化需求具有探索性的一面，因此政策必须要格外保护儿童的这一探索精神。为此，该《纲要》要求，改变课程内容"难、繁、偏、旧"和过于注重书本知识的现状，加强课程内容与学生生活以及现代社会和科技发展的联系，关注学生的学习兴趣和经验，精选终身学习必备的基础知识和技能；改变课程实施过于强调接受学习、死记硬背、机械训练的现状，倡导学生主动参与、乐于探究、勤于动手，培养学生搜集和处理信息的能力、获取新知识的能力、分析和解决问题的能力以及交流与合作的能力；等等。课程改革中的这些措施，都是具体保护和促进儿童探索精神的鲜明表现。

其中，尤其是对综合课程的重视，充分显示出中国政策对儿童文化需求综合性的考虑。《纲要》中的具体政策是，要求在小学阶段以综合课程为主，同时设置综合实践活动。对于学前儿童，则在《幼儿园教育指导纲要》（2001）中专门指出，幼儿园的教育内容应当是全面的、启蒙性的，可以相对划分为健康、语言、社会、科学、艺术五个领域，各领域的内容相互渗透。无疑，这些政策明确顾及儿童文化需求的综合性特质。

显而易见，作为中国儿童文化政策系统中的重要组成部分，教育政策对儿童文化需求的培育起着至关重要的作用，它不仅满足了儿童文化需求的探索性、多样性，且在满足儿童文化需求的综合性上，迈出了坚实的步伐。

儿童文化需求的"培育",除了体现在教育政策中,还体现在我国对儿童文化相关新兴产业的政策支持上。

儿童文化新兴产业是指随着新的科研成果的出现和新兴技术的发明,出现了与儿童文化生活相关的新的部门和行业,如数字内容、动漫、网络游戏、电子书、有声读物等。为此,2006年的《国家"十一五"时期文化发展规划纲要》将数字内容和动漫产业列为"十一五"时期文化发展的重点产业之一,鼓励发展数字内容产业和民族动漫产业,大幅度提高国产动漫产品的数量和质量;积极发展网络文化产业,鼓励扶持民族原创的、健康向上的网络文化产品的创作和研发,拓展民族网络文化发展空间;重点建设一批大型影视制作、动漫、音像电子、印刷复制和演艺等产业示范基地;等等。

鉴于动漫产品是广大人民群众特别是未成年人喜爱的文化产品。国家广电总局早于2002年即制定了《影视动画业"十五"期间发展规划》,旨在促进国产影视动画产业的繁荣,满足广大少年儿童的文化审美娱乐需求。国务院办公厅亦专门转发财政部等部门《关于推动我国动漫产业发展若干意见的通知》明确基本思路,努力消除影响动漫产业发展的体制、机制和制度性障碍,为动漫产业发展营造良好的社会环境和市场条件;采取切实有效措施,增强我国动漫产业自主良性发展的能力;重点支持国内企业自主研发具有我国自主知识产权的动漫图书、报刊、电影、电视、音像制品、舞台剧以及基于现代信息传播技术手段的动漫新品种等动漫直接产品的开发、生产、出版、播出、演出和销售。鼓励与动漫形象有关的服装、玩具、电子游戏等衍生产品的生产和经营。随后,2008年文化部也出台了具体关于扶持我国动漫产业发展的若干意见。可见,中国政府对儿童文化相关产业的支持和鼓励力度。

不同于一般产业,发展文化产业除了有助于推动经济发展外,其最重要的目的之一是满足人民不断增长的精神文化需求。对儿童而言,文化产业在满足其文化需求的同时,还负有培育乃至创造儿童新的文化需求的责任。中国儿童相关政策对儿童文化新兴产业的支持,显示了对儿童文化需求培育的重视。

如果把包括儿童文化产业政策在内的各种儿童文化政策视为一项增进

儿童福利的具体行动的话，那么，中国政府对儿童的关心，已经不限于对儿童文化服务的提供，而是拓展到儿童精神世界的领域。可以说，中国儿童文化政策中对儿童文化需求的"培育"，为新世纪儿童文化的发展奠定了良好的基础。

小　结

无疑，一方面，儿童文化是儿童创造出来的，是儿童生存体验的外化。另一方面，儿童文化并不是单纯的个体或群体的创造现象，而表现为一种社会现象，是社会建构的。

事实上，人类所有社会的文化，从根本上讲都不是一种自然现象，都是在"社会"中产生、形成并发展的，是一种特有的社会现象。儿童文化亦是如此，是一种社会的、历史的现象。

按照社会建构论的理解，所谓"社会"也就是主观实在的客观化以及透过外化过程而建构出的互为主体性的常识世界。换言之，社会世界是通过思想、信念、知识等主观过程社会地建构出的，这个建构的社会实在表面看来似乎是一种客观实在，但它除了有由行动者及其角色构成的客观内容之外，还包含有将信仰体系合法化为各种制度等的主观过程，从这个意义上说，习俗、规范、权力、知识和科学等都有其社会学起源，亦都是社会地建构的。

从这个角度看，作为社会现象的儿童文化，实系社会地建构出来的。这是儿童文化的重要属性特征。其包括两层含义：

一是儿童文化是通过儿童的主观过程社会性建构的；

二是儿童文化的这一主观建构通过外化而构成一种客观的社会现实。

特定社会提供儿童文化呈现的手段、途径，从而参与建构儿童文化。在这个建构过程中，社会同时规定了儿童文化的方向。这样看来，社会建构实际上在另一种意义上构成一种制约。

从社会学的角度看，社会化是个体无法回避的过程，或者说，是个体"成为一个社会人"的必需过程。探讨儿童文化，自然需要探讨儿童的这一社会化过程。

儿童文化与儿童社会化存在高度的相关性：

首先，从社会规范内化（代际）的角度看，儿童文化实际上在某种程度上延续了既有的社会文化；

其次，从社会互动的角度看，可以发现儿童文化实际是社会互动的产物。

这就提醒我们，研究儿童文化不能忽视儿童的社会化过程。儿童文化并不是儿童凭空创造出来的，而是社会的产物，其内化了一定社会的准则、规范、价值、观念等。

社会化的本质是一个生物人向社会人转变的过程。社会化为儿童做好准备，使得儿童获得该群体的知识系统、基本行为规范、道德准则、价值观念等，能够以他人可以理解的方式行动并做出"正确"的反应，进而积极参与社会群体生活。

显而易见，如果儿童没有经历过这一社会化过程，那么就无法创造出一种属于他们自己的、能为他人理解的文化，即儿童文化，因为他们既没有掌握既有文化的语言符号，也无法领悟既有文化的符号意义。因此，可以通过考察儿童文化的健康与否了解儿童社会化的程度，换言之，儿童文化可以视作儿童社会化程度的一种表征。

不仅社会化过程会影响儿童文化，而且各种社会化媒介（也称社会化主体）也在不断地塑造着儿童文化。特别是大众传媒，其已经成为除家庭、学校、同辈群体之外的第四种社会化力量。

毫无疑问，每一个社会都存在着各种各样的制度，包括政治、经济、文化等各个方面，它们不仅规范着成人的行为，塑造着成人世界的文化面貌，同时也为儿童提供了一种规范系的系统，在相对稳定的结构中，在一整套目标和价值观的指导下，持续地塑造着儿童的文化世界。

正因为存在各种各样的制度，儿童文化才能担负起传承社会传统文化的责任。儿童文化是不断创新着的，儿童文化也在承继着既有的规范、制度、价值、观念。

在与儿童有关的制度中，教育制度对儿童及儿童文化的影响极大。

在现代社会中，教育制度的主要作用不再是使儿童"成人"，而是一种有组织、有目的的教化系统。这就造就了一种制度化的或学校化的儿童文化。

的确，当代儿童文化越来越为学校文化所规范，儿童文化的学校规训现象值得关注。

学校代表着一整套的制度系统，儿童文化的学校化，依赖于学校里面的各项制度，例如学校里的各种时间表、作息规范、行为准则等。

除了制度外，一个社会的具体政策同样会影响儿童文化。

某一个政策，可能会涉及儿童文化的某个方面，而整个政策体系，则涵盖了儿童文化的方方面面，既包括儿童文化服务的供给、儿童文化权利的保护，也包括儿童文化需求的培育等。

就儿童文化服务而言，其是一个相当广泛的领域，涉及儿童文化资源供给、儿童文化教育、儿童文化场所建设、儿童文化产业发展、儿童文化服务机构完善等方面。

在这方面，就中国儿童文化政策取向来说，主要强调两个方面：一是对优秀文化传统的继承；二是对不良文化资源的监管。

儿童文化政策本质上是为了满足儿童的文化需求，增进儿童福祉，而要实现儿童福祉，就意味着必须有制度、政策或其他措施予以保障。为此，中国儿童文化政策形成儿童文化需求方面的"培育"主旨，旨在利用政府政策的力量调控社会各个环节和可利用的资源，在满足儿童固有精神文化需求的同时，不断丰富和培育儿童新的文化需求。这些儿童文化政策无疑将不断地塑造着当代中国儿童文化的新面貌。

第七章 儿童消费文化

> 消费是个神话。也就是说它是当代社会关于自身的一种言说,是我们社会进行自我表达的方式。
>
> ——〔法〕让·鲍德里亚

对于当代儿童文化而言,最突出的现象之一便是儿童消费文化了。毋庸置疑,儿童像成人一样,每天都在进行物质或精神消费,这一现象,在当前"消费社会"、"工业化"或后工业社会的背景下,迫切需要我们用一种新的视角来进行探究。

与前工业社会不同,当代消费实践已远远不再简单满足于物品的使用价值了,消费已然成为一种生活方式、一种系统化的符号操作行为了,儿童自然裹挟其中。面对消费的盛宴,需要对儿童进行适当的消费行为引导和消费意识教育。

消费与儿童

随着当代经济的发展、家庭收入的提高,消费在人们的生活中占据越来越大的比例,其中儿童消费或消费儿童的行为趋势越来越凸显,构成一种特别的儿童文化现象。在这里,不妨将其称为儿童消费文化。

消费的盛宴

毫无疑问,消费已经成为当今社会新的风尚,就像法国学者让·波德里亚所描述的那样:

> 今天，在我们的周围，存在着一种由不断增长的物、服务和物质财富所构成的惊人的消费和丰盛现象。它构成了人类自然环境中的一种根本变化。恰当地说，富裕的人们不再像过去那样受到人的包围，而是受到物的包围。……我们生活在物的时代：我是说，我们根据它们的节奏和不断替代的现实而生活着。在以往的所有文明中，能够在一代一代人之后存在下来的是物，是经久不衰的工具或建筑物，而今天，看到物的产生、完善与消亡的却是我们自己。①

在现代性影响之下的消费社会便是这样一个物的社会，一个被物所包围的社会：到处是大型的购物中心，显而易见的是商品的堆积与丰盛，这一特征在中国各地都形象地表现了出来。

譬如，近些年在各地迅速发展的"万达广场"。截至 2012 年底，全国 75 个重点城市已有 113 个万达广场，其中已开业 67 个万达广场，正在运营 38 家五星级或超五星级酒店。另计划在 2013 年新开业 19 个万达广场和天津万达中心，新运营 16 家五星级或超五星级酒店。

"万达广场"是一个城市综合体，是一个汇集大型商业中心、高级酒店、写字楼、公寓、住宅和公共空间等多种建筑功能、业态的大型综合性建筑群。② 人们在这里，足不出户就可以满足各种需要。商品十分丰富，有各种专卖店，包括品牌服装、鞋帽精品、黄金珠宝首饰、钟表眼镜、手机城、化妆饰品等；有电影院、娱乐城、大歌星 KTV、众多餐饮企业；有家居店、书城、青少年儿童购物中心；还有超大室内步行街、大型超市；还有配套的酒店；等等。各种设施融合在一起。巨大的玻璃橱窗、闪烁的灯光、漂亮的招贴画、诱人的商品、可供休息的长凳……步行闲逛其中，会产生一种从未有过的舒适和惬意感。

这里无所不包，这里就是购物消费的天堂。总而言之，人们想要的，这里都有，这里是一个微型城市：娱乐、购物、体验、生活、社交合而为一。

---

① 〔法〕波德里亚：《消费社会》，刘成富、全志钢译，南京大学出版社，2001，第 1~2 页。
② http://mp.ppsj.com.cn/brand/0169.html，2014-12-16。

这种消费盛宴的出现，首先，反映出当代社会由"生产"中心向"消费"中心的转变。在传统手工业时代，生产力低下，商品稀少，因而，对这一时期而言，如何增强生产能力是至关重要的。只有扩大生产，才能满足社会的需求。但是，生产与消费是存在平衡关系的，如果生产太多的商品而没有消费的话，那么，生产与消费的链接将会失去平衡，这就需要出现新的调节方式。

在工业社会时代，由于机器的大规模使用，生产效率得到极大扩大，标准化、同质化的产品越来越多，同时，越来越多的智能机器将人从流水线释放出来，使人获得了更多的空闲时间。在这种情况下，人们既有时间又有一定的经济能力来消费，这导致消费在整个社会体系中的重要性逐渐上升，而生产的地位随之下降。因此，如何源源不断地推动、制造出新的消费，对当代经济体而言更为关键。可以说，消费构成了现代社会再生产的一种不可或缺的新形式。

其次，反映出当代消费社会的特征之一是由物质消费向精神消费的转变，或者说，非物质的消费所占的比重越来越大。

如今，人们的流行时尚不是仅仅反映在衣食住行等物质商品上，更多地反映在人们的生活风格、趣味上，例如欣赏某类流行音乐，或者参加某项体育运动，到某个地方旅行；等等。以至于今日，人们不再根据政治等级、经济能力来划分社会阶层，而是根据不同的生活方式来区分。

非物质形式的消费扩大的一个表现是服务业的发展，除了娱乐、休闲、餐饮外，还包括健身、医疗、教育等领域。传统一般商品如电视、微波炉、家具等也越来越加入非物质的因素特别是审美因素，人们更倾向于选择漂亮的而不仅仅是耐用的商品，并且消费周期也越来越短。

再次，这一消费社会凸显出商品消费的符号价值。在传统社会，人们购买商品，其目的往往是为了满足某些生理和自然的基本需要，例如吃饭、穿衣、住房等。只有当这些基本需要得到满足之后，人们才转而关注商品的意义。

然而，在今日，吃饭绝不仅仅是为了果腹，穿衣也不仅仅是为了保暖。选择在不同的地方吃饭、与谁一起吃饭以及吃什么、穿着什么样的衣服，意味着不同的身份、等级、地位、趣味，甚至价值、观念等。穿着牛仔裤的底层普通民众可能会到路边的饭店解决一顿午餐；上班族可能会叫上一份外卖，独自在办公室吃饭；另一些人则可能去高级会所吃饭……显然，穿着阿玛尼品牌的衣服，去高级会所吃一顿海鲜宴，不是什么人都能负担的，对其他人而言，这是一种无言的展示：我是有身份的人，我能够和某某大人物一起吃饭，这代表我有像他一样的品位、气质、地位。

在这里，消费已不再仅仅是一项单一的活动，而更是一种符号价值的宣示。事实上，在一般人的生活中，商品的地位、消费的意义也早已发生了变化，人们可能会把消费看作是简单购物的行为，但是对消费品的使用方式，却显示出一种十足的符号意义。

消费与儿童生活

从婴儿开始，包括尚未出生的胎儿，他们就以某种间接的方式参与消费活动了。例如，父母会提前购买学步车、婴儿床、尿不湿等，尽管这种消费并不由儿童来直接进行，但是儿童的确被置入社会的整个消费环节之中了。

这种父母为儿童消费的方式，主要体现在婴幼儿阶段。然而，其影响不容小觑。以婴幼儿奶粉来说，由于国内奶制品市场混乱，监管机制存在漏洞，监管工作不力，特别是三聚氰胺事件以来，很多中国消费者对国产婴幼儿奶粉信心丧失，转而购买国外进口奶粉如牛栏、雅培、惠氏、多美滋等品牌。然而，由于国外奶粉的价格高，在提供给儿童优质奶源的同时，也增加了家庭的生活压力，影响到家庭成员的生活质量。

从消费主体上看，这种消费是由成人做出的。由儿童直接消费，还需要儿童具有一定的消费能力和消费意识。当然，具体到一个儿童究竟何时发展出消费意识，还有待消费心理学及儿童心理学的研究。

儿童的消费，实不限于此。其中一些消费产品已经构成庞大的产业，例如供儿童玩乐和游戏的玩具，种类繁多，有益智玩具、积木玩具、拼图玩具、交通玩具、卡通玩偶玩具。目前，中国16岁以下儿童约有3.6亿，占人口比重约20%，全国1~12岁的孩子每月消费总额超过35亿元，占家庭支出的30%左右。①

---

① 兰辛珍：《中国玩具产业的出路》，《北京周报》2007年第34期。

如此强大的消费潜力,有力地促成了儿童玩具产业的兴旺。根据《2013~2017年中国玩具行业制造产销需求与投资预测分析报告》[①]统计,2006年以来,玩具制造行业年均增速为17.41%,至2010年,行业销售收入突破千亿元大关,创造利润41.42亿元。截至2010年底,玩具制造行业规模以上企业共计1899家,资产总计675.83亿元,从业人员达67.35万人。

这些产业得到国家政策的鼓励和支持。除了玩具产业,与儿童相关的数字内容和动漫产业同样得到支持。在《国家"十一五"时期文化发展规划纲要》中,国家明确支持积极发展民族动漫产业,大幅度提高国产动漫产品的数量和质量,其中中国国际动漫节是国家重点支持的文化会展之一;积极推进国产动漫振兴工程,建设国家动漫产业基地和教学研究基地,建立动漫技术设备和公共技术平台支撑服务体系共享机制,增强国产动漫的原创制作能力和衍生产品开发能力,培育一批充满活力、专业性强的中小型动漫企业和具有中国风格、国际影响力的动漫品牌。

蕴含在这些产业中的巨大能量,从一个侧面呈现出消费不仅已经成为儿童生活中的一部分,而且已经成为国家经济的一部分。在某种意义上,正是儿童们的消费推动了经济的运转。

从宏观上看,的确,儿童消费对整个社会发展有重要推动作用。但是,其重要性还不仅仅限于此,对作为消费主体的儿童而言,消费还蕴含了个性、自我表达、对个人风格的自我意识。

尽管儿童的消费动机、目标与成人不同,特别是年龄较小的儿童,其消费往往是单纯模仿性的,看到别的小朋友有什么,自己也想要,而不管自己是否真的需要,但是,事实上,儿童最初的消费行为中已经蕴含着自我表达的因素。

以笔者认识的一位2岁的小朋友来说。一次逛街购物时,她看到一件连帽的熊猫衣服,喜欢得不得了,吵着一定要买。爸爸妈妈就给买了。后来到了夏天,天气越来越热,这件衣服因为比较厚,就被收起来了。但有

---

① 《2013~2017年中国玩具行业制造产销需求与投资预测分析报告》,http://www.qianzhan.com/report/detail/32a23f92b5744a25.html,2013-09-10。

一天，她居然自己找出来，还跟爸爸妈妈讲要穿着去托儿所，众人劝说下也不为所动，很是让大人诧异：天气这么热，居然还要穿这么厚衣服。后来，她爸爸耐心说，这个衣服要天冷些才可以穿，她才放弃了。但过了几天，下雨天气降温，她又想起这件事，跟她爸爸说，今天天气冷了，可以穿熊猫衣服了吧。

对这位小朋友的行为，坦率地说，我们无法准确知道她的动机，但从选择购买熊猫衣服到不管天气如何一定要穿上这件衣服的一系列行为，可以推测，她选择这件衣服，不仅仅是满足保暖需要，而更是蕴含着其自我表达的需要，也许她期望传达出"像熊猫一样被大家关爱"的意图，也许她希望自己"像熊猫一样可爱"。

这一包含有自我表达和个性意味的自主消费，在学龄阶段的儿童中表现得更为明显。

例如，目前大量出现的很受小学生喜欢的另类玩具：有用橡胶做的假鼻涕、可以蹦出"小丑"的可乐罐、让人出丑的"放屁水"、会放电的"假烟"、会爆炸的"钢笔"、越剔越辣的"辣牙签"、能蹿出蟑螂的"口香糖"、骷髅式的烟灰缸，以及什么"尸斑断臂""吐血丸""淌血面具""借尸还魂""恐怖贺卡"等带有恐怖色彩的玩具，还有各种各样如"流氓证""处女证""流氓猪"等色情类玩具，以及误导儿童认知类的"仿真钱币""玩具上上签"等。①

这类另类玩具很容易受到儿童的喜欢，其缘由，一方面固然是儿童天性的好奇和求知欲望所致，另一方面，却是儿童个性消费及自主消费意识发展的结果：儿童总是想拥有一个与众不同的玩具，就像他期待自己在同辈群体中是"独特的那一个"一样。另类玩具，恰好满足了这一需要。

当然，另类玩具由于质量不过关、形象低俗、过于惊悚等问题，可能会危害儿童的身心健康，不利于儿童发展，这是需要警惕的。

对儿童消费文化的理解

在消费社会时代，大规模的消费，一方面极大地满足了人们提高生活

---

① 《儿童自主消费面面观》，http://www.ndwww.cn/news/law/200901/48594.html，2013 - 09 - 10。

水平的需要，改善了人们的衣食住行，改变了人们的日常生活，另一方面，还改变了人们的社会关系、生活方式，并且改变了人们的世界观以及看待自我的观念、认识。

这种改变是深刻的。从马车到汽车，从飞鸽传书到电话，从算盘到计算机，从煤油灯到电灯……在"物"的改变的背后，是人们交往方式、沟通手段、人生经历的改变。人们的梦想、追求、人生目的，同时发生了改变。如果说从前的人们，其人生目的可能是学而优则仕，那么，现代人的目标则宽广得多，可能会梦想成为企业家、科学家、宇航员、歌星、空姐，甚至梦想成为总统；等等。这一切改变，均伴随着物（商品）的生产与消费。

如我国学者所言，相较于传统社会，"生活在消费社会中的人们和他们的前辈的根本差异，并不在于物质需要以及满足这种需要的方式有了改变，而在于今天人们的生活目的、愿望、抱负和梦想发生了改变，他们的世界观和价值观发生了改变，最终是作为人的本体的存在方式发生了改变。因此，这种改变不仅是社会结构和经济形式的转变，同时也是一种整体性的文化转变"[①]。

这种整体性的文化转变，表现为消费文化的产生。

所谓消费文化，"是社会文化的一个极重要的组成部分，它是人类在消费领域所创造的优秀成果的结晶，是消费文明的内在本质，是社会文明的重要内容"[②]。这个界定主要着眼于一般的文化认识，过于宽泛。

另一种界定认为，消费文化是伴随消费活动而来的，表达某种意义或传承某种价值系统的符号系统。这种消费符号不同于一般意义上的满足需求的自然性、功能性消费行为，它是一种符号体系，表达、体现或隐含了某种意义、价值或规范。[③]

相较于前一个界定，笔者更倾向于赞同后者。这个界定受到鲍德里亚（布西亚）的影响。在《物体系》中，他强调了消费的符号象征性。他指出，消费的对象，并非物质性的物品和产品：它们只是需要和满足的对

---

① 罗钢、王中忱主编《消费文化读本》，中国社会科学出版社，2003，第1~2页。
② 尹世杰：《消费文化学》，湖北人民出版社，2002，第17页。
③ 王宁：《消费社会学：一个分析的视角》，社会科学文献出版社，2001，第144页。

象。我们过去只是在购买、拥有、享受、花费——然而那时我们并不是在"消费"。财富的数量和需要的满足,皆不足以定义消费的概念:它们只是一种事先的必要条件。① 消费不是简单地吃饭、看电视、开汽车,而是在于把所有这些元素组织为有表达意义的实质。"如果消费这个字眼要有意义,那么它便是一种符号的系统化操控活动"。②

由此,我们可以把儿童消费文化理解为基于儿童消费活动的一种符号操控体系,它传达或呈现出一定的意义、价值或规范。这个界定与我们前述对儿童文化的界定是一致的。

当然,儿童消费活动,首先是指儿童本身所进行的购物及商品选择、消费体验活动,包括服装、零食、文具、玩具、游戏、图书等各个方面。由于生活水平的提高,家长给小孩的零花钱也越来越多。小孩子们很喜欢拿到零用钱,这样他们就可以买自己想买的东西,比如漫画、糖果、漂亮衣服、杂志、CD,也可以请同学吃饭、K 歌;等等。总之,对他们而言,零花钱再多也不会觉得多。

儿童使用零花钱进行何种消费,这一行为能最简便地体现出儿童的当前需求。例如,一些儿童喜欢购买《三国演义》的小人书,特别是关于诸葛亮的一些书籍。这可能反映出,儿童期待通过阅读能够变得像诸葛亮一样足智多谋。另一些儿童则喜欢各种卡通、动漫,期待自己能有朝一日能像动漫里的超人一样无所不能。

无疑,不同心理和年龄特征阶段的儿童,其消费的选择与偏好是不一样。2~4 岁的儿童,一般以玩具消费为主;5~7 岁的儿童则以食品消费为主;而 8~12 岁的儿童则以图书和文具为主,这个年龄段的儿童,一般正值小学 2、3 年级。男童与女童的消费,随着儿童年龄的增加,也越来越显示出不同。此外,性别与儿童消费亦有关系。男童可能更喜欢买各种汽车飞机、手枪的模型,女童则更可能喜欢毛绒玩具、衣服等。当然,这种偏好,必然受到性别社会化的影响,但无疑反映出一定程度的儿童自主意识。

---

① 〔法〕尚·布希亚:《物体系》,林志明译,上海人民出版社,2001,第 222~223 页。
② 〔法〕尚·布希亚:《物体系》,林志明译,上海人民出版社,2001,第 23 页。

毋庸置疑，消费需要一定的经济能力，由于童工是被禁止的，儿童也并不被认为具有赚钱的能力，因此，儿童的消费受到家庭的影响。父母、（外）祖父母等家庭成员会极大地影响儿童的消费。对相当多的低幼儿童而言，事实上，他们的消费需求是由家长来满足和实现的。这种"为儿童"的消费活动，一般不为学者关注。在这里，笔者倾向于将其纳入儿童消费文化。

因此，对儿童消费文化的理解，从范围上来看应包括两个方面：一是儿童自主做出的消费活动，体现了儿童的需要、意图、愿望；二是成人为儿童或以儿童之名做出的消费，它既在一定程度上体现但不完全体现出儿童的需要，又同时刻印出成人的意图、愿望。这种具体"替代性"的消费，对年龄越小的儿童来讲，越为常见。

更进一步而言，后一方面甚至由"为儿童消费"演化为"消费儿童"，在这里，儿童主体彻底消失了，蜕变成一个符号。这种现象，在一切皆可消费的时代愈演愈烈，值得关注。

儿童消费与成人介入

由于儿童尚不具备独立的经济能力，需要成人的抚育，因而儿童的消费往往不是独立的，而是依附于成人。这就形成了成人介入儿童消费的自然性基础。然而，儿童并非毫无自主意识，并且消费实践可能会促进儿童的社会性发展，因此，成人对儿童消费的介入，往往充满矛盾。

消费时代的儿童观

人们看待儿童的观念，受到一定社会条件、时代观念的影响，不同的社会、不同的时代具有不同的儿童观。

在远古社会，人们常常不将儿童视为人，而视为可以买卖的物，当作私人的财产，或作为奴婢，或作为帝王的陪葬品。在一些土著部落中甚至流行杀婴、弃婴等行为。这些行为与人们的宗教观念及对自然的认识不足有关。有些现代学者对原始民族杀婴、弃婴习俗形成的原因做了更深层的分析。他们指出，由于人类在很长一段时期不掌握避孕手段，所以，在生产力仅仅能维系氏族生存的情况下，弃婴乃至杀婴就成为控制人口的唯一办法，也导致了人们对后代的第一次选择。①

中国传统社会中的儿童观，则主要表现为以下五个方面。第一，"子子"。《论语·颜渊》中有"君君臣臣子子"，"子子"即儿女要有儿女的样子，父让子亡，子不得不亡，很显然，子女在父亲面前是没有自身权利的，他只是一个奴隶，父亲掌握着子女的生死大权。因而，众多儿童在家中没有独立的人格，连自身的生存权都无法保障。第二，中国传统文化是以成人为本位的，儿童在传统文化中受到蔑视。中国传统文化轻视小孩，要求儿童快快结束儿童期，成人用长袍马褂将儿童打扮成成人的样子，以成人的规范要求儿童，将四书五经作为催熟剂灌输给儿童，使儿童备受折磨。第三，把儿童看成传宗接代的工具。子女是父母生命的延续，这种认识并没有什么错误，错误在于把子女看成小祖宗，看成传宗接代的工具。这种儿童观看起来似乎与"子子"儿童观相去甚远，但实质上它们有其共同的一面，那就是儿童都未能从封建的人格依附关系的链条中解脱出来。第四，把子女当作光耀门庭的工具。第五，性别歧视。中国的传统文化有严重的男尊女卑思想。这不仅表现在政治和社会生活中，而且明显地表现在家庭中。人们普遍认为女儿是外姓人，家里有什么谋生的秘方一般是传男不传女。女孩从小就被要求要有女孩子的样子。中国传统文化中所谓女孩子的样子，也就是隐忍、服从、任劳任怨、甘做奴隶。所以女童的地位比男童要低。②

这些儿童观与中国传统文化是密切相关的，是中国传统文化的一个侧面反映。

在西方，典型的儿童观是"原罪"说。认为儿童生来本性邪恶，故需要严加管束。这种观念受到宗教信仰的影响。近代以来，由于启蒙运动的影响，尊重儿童，承认儿童期的重要性，开始成为主流的认识。

在这一转变下，人们转而认为："儿童"是纯洁的、清白无辜的；所有儿童居住在一座带墙的花园（walled garden）里，理应拥有"快乐的、

---

① 〔日〕筑波大学教育学研究会编《现代教育学基础》，钟启泉译，上海教育出版社，1986，第22页。
② 刘晓东：《中国传统文化中的儿童观及其现代化》，《学前教育研究》1994年第4期。

安全的、受保护的、清白无辜的童年"。这一理念的典型代表是卢梭,他声称孩子拥有一种清白无辜的、纯洁的、自然恩赐的状态。在精神上儿童接近于上帝、自然和所有美好的东西。儿童的这些纯洁性应该被保护。

这种思想后来被"湖畔派"诗人威廉·华兹华斯吸收,在《我心雀跃》(*My Heart Leaps Up*, 1802)中,他的著名诗句"儿童是人类之父"(The Child is Father of the Man, 有学者认为应译为儿童是成人之父)为大家熟知。在华氏看来,大自然就是最美的诗歌,它能抚慰人的心灵,赐予人智慧与灵感,而从大自然汲取养分的最佳途径莫过于永葆一颗天真无邪、敏感好奇的童心和对大自然的虔诚敬慕之情。

然而,这种古典自然主义式的儿童观,在消费文化时代却受到极大的冲击,"童年已然消逝"的断言已经成为最流行的一声哀叹。这哀叹回荡在所有的社会领域中——包括家庭、学校、政界,也许最突出是在媒体与市场领域:广告商打破了童年清白的旧符码,他们坚称,儿童是有能力和自主性的,具有通过广告来学习的权利。[①]

将儿童视为自主性的、有能力的、具有创造性的主体,这种新的儿童观,事实上并非首先出现在消费领域,儿童心理学家、儿童教育学家早已确认了这一点。然而,在消费社会的背景下,这一儿童观却遭到阉割。

换而言之,进入消费社会时代,人们的儿童观即人们看待儿童消费意识、能力的观念,总体上可分为二种。

一种是将"自主的、有能力的、具有创造性的儿童"的认识,自然延伸到消费领域,即认为在消费活动中,儿童同样具有自主性、独立性,它们能够按照自己的真实需要来购买、消费。儿童购买书籍、文具、食品,是基于他们的实际需要,儿童能够做出符合其发展阶段的消费决定。

因而,一些父母常常让儿童自己来决定是否购买某物品或食物,或在购买的过程中征求儿童的意见,最终由儿童决定。

但是在父母不在购物现场的情况下,儿童自己动用零花钱或存款来购买物品,仍然存在一些潜在问题。例如处于青春期的儿童受传媒影响,可能会购买不宜观看的影像制品;可能在学校监管之外,去不健康的娱乐场

---

① 参见〔英〕大卫·帕金翰《童年之死》,张建中译,华夏出版社,2005,第165~171页。

所消费；或者，出于攀比的心理，购买不适用的玩具；等等。

这就产生了另一种儿童观，即认为在消费领域，儿童是一个不完全的主体，不具有完全的理性，尚不能做出满足自己真正需要的消费决定，其消费活动需接受成人的指导、建议和监管。

在现代儿童哲学领域，后一种儿童观基本不被接受，但其在市场消费领域仍然具有一定的合理性。很显然，低幼儿童的确并不能独自消费。但究竟多大的儿童才具有独立的消费能力，还有待案例研究，但这无疑带来人们对待儿童消费的矛盾态度。

对待儿童消费的矛盾态度

显然，上述消费时代的儿童观自然会影响人们对待儿童消费的具体态度。

如果说强调儿童的独立自主性是一种值得肯定的现代儿童观念的话，那么，许多父母在商业领域对这种现代观念的拒斥，就十会令人疑惑了。这些父母怀疑儿童消费的自主性，而视儿童为商业文化无能为力的受害者，从而坚持家长保护儿童的权威，控制儿童的消费行为，尽管他们不得不面对来自电视、网络等其他媒体带来的压力。

成人们之所以怀疑儿童消费的自主性，继而控制儿童消费，根据盖瑞·葛若斯（Gary Cross）的分析，[1] 其原因有三个方面。

一是父母们认为他们有权利去影响和控制他们的孩子，使其免受好莱坞商业文化的影响。这与维多利亚时期的家庭价值观是特别一致的，即控制针对孩子的广告。

二是认为儿童缺乏足够的信息甚至能力来做出理性的消费选择，因而那些针对儿童的广告本身就是不公平的。

三是与西方宗教的一个信条即"欲望导致沉迷"有关。尽管这一信条在现代世俗社会已不被接受，但仍然被父母认为适用于儿童。许多人相信，由市场所激起的欲望破坏了儿童内在的纯朴（simplicity），导致儿童

---

[1] Gary Cross. Valves of Adult Desire: The Regulation and Incitement of Children's Consumption, see David Buckingham, Vebjørg Tingstad. *Childhood and Consumer Culture*, Palgrave MacMillan, 2010.

沉迷，甚至妨碍儿童获得成为一个有创造性的、理性的成人的能力。

这里的三个原因，实际上也是很多中国父母保护儿童远离市场的理由。例如，在对儿童影像制品的监管上。父母们很少允许儿童自己去市场上购买 VCD、DVD 碟片等，特别是游戏类光盘。因为他们担心儿童会做出错误的选择，固执地认为儿童会沉迷于游戏之中，不思进取，丧失学习的兴趣。这种担心不无理由，同时也反映出成人们在消费领域是如何看待、监管儿童的。

在儿童消费的问题上，广告市场最能凸显出人们对儿童消费能力的认识和态度。

从西方广告市场的发展历史看，20 世纪早期，广告商对儿童是克制的，一般广告不会直接针对儿童，而是面向父母，也就是通过向父母做广告促使父母购买儿童用品。但到了第二次世界大战后第一个十年，这些克制消失了。直接针对儿童的广告开始于米老鼠俱乐部（*Mickey Mouse Club*, 1955）。随后不断扩展的广告，引起父母和文化批评者提出针对儿童市场的新的管制。譬如，1971 年新英格兰儿童电视行动组织（New England – based organization Action for Children's Television），呼吁禁止儿童商业广告，声称广告干预了父母对儿童的教育权，而 12 岁以下儿童尚不能做出消费选择。1978 年美国联邦贸易委员会（FTC），则认为应当禁止和取缔那些低幼儿不能理解其目的的、具有"欺骗性"的商业广告，而这种禁止不是对言论自由的违背。其他国家包括希腊、比利时及新西兰也都对儿童广告进行了限制。

但是上述这些把儿童从商业市场领域分离开来的努力，并没有获得多大成功。自由市场击败了父母们对儿童商业领域的监控权，商业广告大行其道，之所以如此，除了商业利益和自由主义思想外，还与成人理解童年的两种方式之间的潜在矛盾有关，它们是前文所以述的儿童观的延续。

一种理解方式是延续了前已述及的 18 世纪古典自然主义的儿童观，相信儿童身上存在着某种特别珍贵的自然的东西，但这种东西却很容易受到伤害。而与此呼应的是，一些流行刊物、出版报告等不断地指出商业对儿童身心健康的危害性影响。实际上，这些认识显示出一个更大的担忧：童年本身是会很快衰微的或易受侵蚀的。因此，不难理解父母们为什么要把儿童和市场隔离开来。

另一种理解则源于父母们希望减少儿童被社会孤立隔离的可能,而把儿童商业消费视为一种社会适应的途径。的确,如果将儿童彻底与消费市场隔开,可能会影响儿童正常的社会化进程。例如当前很多儿童喜欢看喜洋洋与灰太狼的动画片,尽管其中充斥了暴力、谎言,但家长们并不会真的阻止儿童观看,反而会为他们购买喜洋洋的玩偶。很显然,家长们担心,如果其他小朋友都在谈论喜洋洋而自家的小孩却对此一无所知,可能会被同伴孤立,或斥之"老土"。

然而,两种理解之间的差异带来了深刻的矛盾:一方面,父母担心一种自然纯真状态的童年被商业市场破坏和侵蚀;另一方面,儿童却又离不开商业市场,显然逐利的商业在消费文化时代已经无所不在了。

这两种理解所显现出的矛盾,其深层次的根源在于,关于"儿童"或"童年"的种种认识都是成人建构的,而没有引入儿童的声音。当商业市场建构和界定儿童消费者时,它提供了一种强有力的关于儿童的需要和欲望的界定,并声称能够满足它们。然而,儿童自己也可以建构和界定他们自己的需要和认同,通过使用消费品而赋予其新的意义。

这给我们最大的提醒是,理解儿童消费活动需要摆脱简单的儿童—成人的二元认知模式,暂时搁置那种本质上是成人代表儿童塑造的一套童年话语。当我们担心儿童是否理解或能否做出商业消费选择时,不妨听听儿童的声音,问问儿童的消费需要(need)即他们想要(want)什么,去真正试图理解儿童的视点。

介入儿童消费:经济与非经济因素

如果从经济学的角度看,成人们之所以如此迫切地需要介入儿童的消费,其中一个关键的因素是儿童养育的成本考量。这是一个非常有趣的角度。

根据上海社科院徐安琪的一项研究成果,[①] 从直接经济成本看,从孩子出生到16岁的抚养总成本将达到25万元左右。如估算到子女上高等院

---

① 徐安琪:《孩子的经济成本:转型期的结构变化和优化》,《青年研究》2004年第12期。

校的家庭支出，则高达48万元。估算到30岁前的未婚不在读的子女抚养总成本达到49万元。这个数字还未将亲朋好友、社会资助及学校免费等的5~6万元统计在内。如加上孕产期的人均13000元支出，以及孩子从孕育到成长过程中父母因误工、减少流动、升迁等自身发展损失的间接经济成本，这一数字将更为惊人。

而在美国，据美联社2009年报道，一份新的政府报告估计，一个中等收入家庭将出生的孩子抚养到17岁将花费大约22.1万美元（经通胀调整后的数字约为29.2万美元）。这一数字尚没有计入孩子上大学的费用及生孩子的费用。①

显然，从严格的经济意义上看，孩子如今对他们的中国或美国父母而言是"无用"的，他们太贵了。考虑到在现代社会中，儿童的纯洁和情感价值使得儿童劳动成为禁忌，作为父母花费的回报，一个孩子被期待为父母提供爱、微笑和情绪上的满足，但是不会提供金钱和劳动力，这加重了父母的负担。难怪网络上出现了一个新名词：孩奴。此词意涵为：

> 孩奴指因为孩子的生育和养育成本而感到经济压力的父母。与房奴类似。孩奴的出现主要是由于不断升高的生育成本，受此影响，很多家庭的生育意愿降低，少生或不生孩子，丁克家庭增加。当上了孩奴的人，不敢生病，不敢高消费，不敢轻易换工作。②

无疑，这一新现象凸显了现代儿童养育成本的高昂。尽管如此，还是有很多人乐意当"奴隶"。但是其愿当"奴隶"的理由即对爱、情感及成为一个家的需要，却反映出一种深刻的如美国当代社会学家维维安娜·泽利泽（Viviana A. Zelizer）所说的儿童经济上"无用"但情感上"无价"③的变迁过程。

这实际上反映出成人们介入儿童消费的另一个因素，即非经济的因素，包括文化、情感、心理的因素。

---

① http://www.kekenet.com/read/200908/81320.shtml，2014-12-16。
② 《孩奴》，http://baike.baidu.com/view/1138972.htm，2013-09-10。
③ 参见〔美〕维维安娜·泽利泽《给无价的孩子定价》，王水雄等译，格致出版社，2008。

就中国的情况而言，成人对儿童消费的介入与当前中国独生子女现象有关。我国20世纪70年代末以来实行的计划生育政策对中国人口结构产生了重大影响，导致了大批独生子女的出现。独生子女自然成为家庭的核心，是家中的"小皇帝""小太阳"，特别得到长辈们的关爱。"一切都围着小孩转"使得家庭消费的很大一部分都花在小孩子身上。大人们省吃俭用，但孩子们一定不能省。随着中国经济的发展以及家庭购买力的增强，儿童消费占整个家庭消费的比重越来越大。在有些城市，儿童一个月的花费已超过千元。

从心理因素看，中国父母们之所以如此，其原因有以下几点。

一是情感补偿心理。当前社会小孩的父母，在幼小时代大多经历过饥饿、动乱，体验过物质生活的贫困和生活的辛酸。现在，随着经济能力的提升，他们不希望儿女们再过他们那种苦日子。从前他们自己不能得到的东西，都希望子女能拥有，不想委屈孩子。因此，只要孩子们要什么，他们就买什么，哪怕节衣缩食也要给孩子买。自己童年不幸福，用孩子的幸福童年来弥补，这种隔代补偿心理，促使家长们怎么花钱也不在乎。

这种心理，特别表现在留守儿童的父母身上。迫于生计，年轻的父母不得不外出打工，将年幼的孩子留给家里的老人照顾，这使得儿童的成长缺乏父母的呵护与支持。对此，父母们也感到十分愧疚，只好用金钱来弥补儿童亲情的缺失，因此，每到节日，父母们都会带一大堆礼物给孩子作为补偿。然而这一补偿能否真的弥补孩子们成长过程的缺失，大可值得怀疑。

二是溺爱心理。这与独生子女有关。当前，一般家庭只有一个小孩，他们自然成为父母长辈们关心的中心。再加上对子女成龙成凤的期待，这促使他们愿意尽可能为小孩子创造各种成长条件，特别是教育条件、物质条件。因此，只要有利于孩子成长的，他们就购买。只要孩子开口要什么，就买什么。一些近乎无理的要求，也无条件地予以满足。这样无原则娇宠与溺爱的结果，不仅带来财物的浪费，而且使孩子养成骄奢的恶习，以及习惯于以自我为中心、不顾他人感受的自私心理。

三是面子心理。孩子生活在一个群体中。一些孩子的家庭经济条件比较好，可能给孩子穿名牌衣服，送孩子去贵族学校上学，参与校外辅导班，且上学有高级汽车接送；等等。另一些孩子家境不太好，穿不起名牌,只有电动车接送。这样,孩子之间可能会产生妒忌、攀比,进而导致心理落差。儿童拥有这样的心理,是可以理解的。但是,很多家长非但没有正确教育小孩,反而认为别人的小孩有什么,自己的小孩子也应该有什么。罔顾自己的经济能力跟风消费。这种面子心理,助长了小孩的盲从消费,不利于小孩的健康成长。

总的来说,成人们介入儿童消费的原因是多样的,既有经济的考量,也有情感、文化、心理的因素。此外,成人们看待儿童观念的差异,会导致介入儿童消费的程度不一,可能是意见指导,也可能是严格管控。

缺席的主体:被消费的儿童

如前所述,儿童消费文化包括两个方面:一是儿童自主做出的消费活动,体现了儿童的需要、意图、愿望;二是成人为儿童或以儿童之需为名做出的消费,它既在一定程度上体现但不完全体现出儿童的需要,又同时刻印出成人的意图、愿望。后一方面,甚至由"为儿童消费"演化为"消费儿童",儿童主体退隐,蜕变成一个可消费的象征符号。这是一个特别值得关注的问题。

物化儿童/童年

"物化"(Verdinglichung)是卢卡奇使用的一个概念,在卢卡奇那里,物化"是指人的劳动、他自己的劳动成了对他来说是客观的和对立的东西",[1] 这种劳动和产品的对立包括客观和主观两个方面,"客观的方面是,出现了一个事物及其关系的世界,它们的规律的确能被人们所认识和利用,但是人们不能加以改变。主观的方面是,人自己的活动、他的劳动成了与他对立的客体,这个客体服从于支配社会的客观自然规律,但是对人说来是异己的。"[2]

---

[1] 〔匈〕卢卡奇:《历史与阶级意识——关于马克思主义辩证法的研究》,杜章智等译,商务印书馆,1999,第7页。
[2] 〔匈〕卢卡奇:《历史与阶级意识——关于马克思主义辩证法的研究》,杜章智等译,商务印书馆,1999,第7页。

在资本主义商品生产过程中，物化改变了人与人的社会关系（包括儿童与成人的关系），使得人与人的社会关系表现为一种物的属性即人的一切关系的物化，因而获得一种"幽灵般的对象性"。物化的结果是人受制于自己制造的物，物独立于人而存在并支配人的生活，人不再以人的方式而按照物的、世界的方式行动。

物化也改变了儿童的社会关系。作为最具有人性的发现，"儿童"或"童年"在商品拜物教时代，越来越物化，因为商品形式"渗透到社会生活的所有方面，并按照自己的形象来改造这些方面，而且不只是同不依赖于它、旨在生产使用价值的过程建立表面上的联系"。① 这既表现在生产关系中，也表现在儿童—成人的关系中。

儿童或童年的物化，其总体表现是儿童主体的脱域与抽离，具体看来，其在当代消费社会有着广泛的存在形式。

1. 儿童被作为生产/消费的客体

无论是商品的生产，还是消费，其根本目的都在于满足人们的基本需要。然而，在消费社会时代，这一目的已经蜕变为永无止境的欲望：消费满足的不再是基本需要，而是毫无节制的快感、夸示、炫耀、形象、趣味。

当消费越来越成为人们的这一生活方式时，人们似乎也越来越远离生活，人们的社会关系越来越去主体化。表现在儿童那里，便是儿童越来越作为生产和消费的重要环节而被予以重视。但是，重视的却不是如何基于儿童的最大利益去合理地满足儿童的需求，而是将儿童转化为资本逐利的目标。这就导致儿童消费文化中的一些深层问题：当商品越来越多时，能够真正符合儿童需要的商品却日益稀少；当儿童商品产业越来越发展时，它们却似乎越来越远离儿童，要知道，儿童的某些需要是无法产业化的。

实际上，这是随现代儿童观发展而凸显出的另一面：儿童越被视为主体的同时，也越被客体化。在这种情形下，所谓的"为儿童"的文化，不过是成人文化的另一副面孔而已。

---

① 〔匈〕卢卡奇：《历史与阶级意识——关于马克思主义辩证法的研究》，杜章智等译，商务印书馆，1999，第145页。

2. 儿童与童年的区隔

在历史学家那里，童年只不过是一个发明而已；在社会学家那里，童年则是由不同的社会建构起来的。作为一个概念，"童年"始于何时，这里暂且不论。但是，在现代消费社会的语境下，我们却发现，儿童与童年的区隔愈益凸显。

这是儿童或童年物化的另一个重要表现，以至于现在的儿童似乎越来越需要一个童年，才得以表明自己是一个儿童。

换而言之，童年并不一定属于儿童，但只有儿童拥有一个童年，他才算度过一段真正的儿童生活。

儿童与童年的区隔，导致儿童的童年成为可给予的、可算度的、可计值的，这已经成为成人们的一个流行信仰：学校或家庭可以"给予"儿童幸福的童年。因此，纸媒上常常见到"如何给儿童一个幸福的童年"等儿童养育指南。

3. 童年的商业化

童年的商业化是儿童童年生活物化的一个明显表征。

随着商品的丰富，儿童的童年生活越来越被物所包围。现在，一个两三岁的儿童可能就会拥有几十双鞋子、众多玩具、最新流行的电子产品等，儿童花费大量时间于其中，而缩减了与其他小朋友交往的时间，如此，儿童与物的关系，大量替代了儿童与他人的关系。

当代消费主义驱使童年日益商业化，这已经成为我们这个以消费为经济驱动的世界的转动轮。童年必须与最新的潮流保持一致，否则，儿童的童年就是不值得过的。

同时，成人们也在童年的商业化趋势中推波助澜。儿童们只要想要什么，父母们就给买什么，毫不手软，特别是在儿童节，一些父母的心态是：孩子一共才能过几个儿童节呀，只要他喜欢，我们就尽量满足。这种方式很容易助长儿童的虚荣、攀比心理，而失落了对儿童的情感和精神关怀。

4. 儿童/童年作为消费符号

如今的消费不再是简单满足生理需要，而是与身份、地位、品位等联系在一起。消费的符号象征意义越来越凸显。在消费盛行的现代社会，不仅儿童日常生活被商品侵入，而且儿童或童年本身也被商品化了，成为可供社会消费的资源。

这体现于商业广告与零售促销中。

例如，一则脑白金的广告中，一个小男孩拿着一瓶脑白金，自言自语："脑白金就剩这点了，该给谁喝呢？"接着，他拿给爷爷喝，爷爷又让拿给奶奶喝。后来，小男孩说："爷爷奶奶都得喝。"最后的画面是小男孩给妈妈打电话，要求快送脑白金来。

儿童在这则广告中的作用不过是以其天真的话语与形象来推销脑白金，这是广告商的真正目的。在零售业中，也常常利用儿童的形象来进行促销商品，这些商品可能与儿童相关，也可能与儿童没有任何关系，儿童只不过作为被运用的商业符号罢了。

作为商业符号，广告中儿童形象自有一套编码形式，下文另述。

影像消费：商业广告中的儿童

广告是当今社会中一种复杂的文化现象，其无孔不入，已经渗透到社会的每个角落。广告学者伯曼（Ronald Berman）曾说：在大众文化中，最具支配性的社会机制是广告。[①] 的确，广告不仅成为现代绝大多数传媒生存的主要支柱，影响到节目的制作和内容编排，甚至在某种程度上或隐或显支配着人们的生活。

作为一种传播手段，广告的目的是向人们传播某种信息，影响人们做出某种行为。商品广告的目的则是介绍自己所推销的商品或服务，以扩大经济效益。为了达到这一效果，广告特别是商业广告穷尽创意，最大限度地运用各种资源，其中即包括儿童影像。

事实上，在广告界，广为流传的"3B"创作原则（beautiful——美女、beast——动物、baby——婴儿，通称3B）即包括Baby。他们以天真、可爱的形象而受到广告商家的青睐。

就目前商业广告的内容来看，儿童形象有以下几类。

---

① 周月英、顾玉珍：《媒体的女人·女人的媒体》（下），台湾硕人出版有限公司，1995，第6页。

一是儿童用品中的儿童形象。这些儿童用品如儿童奶制品、果汁、冰激凌、儿童游戏机、学习机、文具等，它们都是儿童日常生活所需要的。这类广告表面上以儿童为宣传对象，而实际上真正的目标是具有购买能力的成人。广告商们希望通过影响儿童，由儿童来促使家长购买商品。因为他们很清楚，成人才是实际的商品购买者。

二是单纯成人商品中的儿童形象。这些商品与儿童没有直接关系，只是利用儿童形象来促销商品。例如成年女性使用的美白护肤用品、供老年人使用的保健食品、家装物品、洗涤用品等。

三是成人、儿童共用商品中的儿童形象。这些商品如护眼灯、电脑、游戏手柄等。在这类广告中，商家试图用儿童的形象来唤起成人的购买欲望。

毫无疑问，儿童形象在这些商业广告中的功能或诉求点，绝不是简单地展示自然的儿童，而是企图通过儿童形象的符号诠释，最终激起人们的消费与购买欲望。

这一过程的实现，依赖于广告对儿童形象的隐蔽编码。儿童在人们心中是纯真的、可爱的、快乐的、充满希望的，商业广告将儿童的这些特质一一编码。

方式一：通过展示儿童的纯真无邪，使得人们对产品产生信赖感。

儿童在人们心中是纯洁无邪的、诚实的，商业广告常常利用此，来加强人们对商品的信任感。例如立白洗衣粉广告中，一个小女孩倾身好奇地问一个小男孩："你怎么每天上学都穿新校服呀？"画外音说是因为妈妈有不伤手的立白洗衣粉。接着，小女孩说："我的校服也变新呢！"最后一群小孩子大声说："用了立白洗衣粉，天天都穿新衣服。"

该广告向人们展示出一群儿童纯真无邪的形象，但这并不是广告的目的。广告的真正目的是形象地通过儿童的话语传达出该产品是优质的，是值得信赖的。

方式二：以儿童的健康、充满活力标示自己产品的健康。

一般而言，商业广告的儿童绝不是病怏怏的、忧郁的，而是健康的、充满生气的。例如娃哈哈爽歪歪饮料广告中，一群满是笑脸的小朋友正喝着爽歪歪。其广告词是："爽歪歪，爽歪歪。钾钠钙磷维生素，健康因子在里面。葡萄糖酸锌牛磺酸,聪明因子在里面,蛋白配比黄金值,均衡营养在里面,健康聪明爽歪歪。"

然而,这则广告的用语实有不妥。据称"爽歪歪"属淫秽用语。广告策划人对此极力辩解,认为不过是恰好运用符合儿童说话方式的叠词而已,该广告是一则十分成功的广告。①

方式三:用清新、自然的儿童形象来凸显产品的美誉度。

毋庸置疑,儿童清新的形象可以提升产品的美誉度,这在化妆品、金融等行业的广告中比较常见。

例如兴业银行的广告中,画面首先出现一个可爱的小男孩,接着小男孩和爸爸妈妈一起,每人手里拿着银行卡,形成一幅温馨的家庭全家福画面。同时,广告配以优美的背景音乐。儿童、家、音乐,共同向人们传达出兴业银行体贴与称心的服务。

相较其他广告而言,这类广告的画面比较优美,儿童形象清新自然,较容易被人接受,这无形之中降低了人们对广告的抵触心理。

方式四:以脆弱、敏感的儿童形象彰显产品的安全性。

儿童是敏感脆弱的,因而是需要保护的。一些商业广告通过展示儿童的这一特质,来标示商品的安全性。

例如多乐士家丽安净味墙面漆广告中,一个小男孩因为家里油漆有味道,不断咳嗽并泪花闪烁。气得他牵起狗狗不想在家里待着。接着妈妈发现原来是因为油漆味道难闻,宝宝才要逃跑。最后画外音是,快用多乐士家丽安墙面漆,安全又环保,让宝宝安心又舒适。

当然,商业广告中儿童形象的编码方式不限于此。

与上述积极的儿童形象不同,一些商业广告中的儿童形象却是消极的。它们凸显出儿童的嫉妒、霸道、撒娇、贪吃贪财、逃避现实、成人化。例如在一则儿童食品广告中,一个男孩学着古代皇帝的样子,一边倒背着手踱步,一边得意地说:"……我是小皇帝。"另一则食品广告向儿童观众展现了一场激烈的拳击赛。两个男孩戴着拳击手套打来打去,众多

---

① 《"爽歪歪"广告策划人回应外界声讨》,http://www.foodsl.com/content/40182/,2014-8-5。

孩子拼命助威，齐喊某食品品牌的名字。比赛结束，一女孩向胜者表示了崇拜："你真棒！"另一男孩则问："你为什么这么有力量？"胜者答："吃了某某，就是有力量！"①

然而，无论儿童形象如何呈现，均改变不了商业广告的根本目的，即激发消费欲望，追逐利润。除了公益广告外，作为"漂浮的能指"，这类广告叙事中的儿童形象不过是一种欲望编码工具，一种推动受众做出购买行为的消费符号。

萌文化与消费时尚

在消费社会时代，作为一种可消费的符号，儿童的价值越来越由边缘走向中心。人们不再限于购买原先供儿童使用的商品，而是直接消费儿童的某些特质，这甚至成为一种时尚。当前的"萌"文化即是其鲜明体现。

从词源上看，尽管中国古代早就有"萌"一字，如《礼记·月令》有"（季春之月）萌者尽达"，意为植物发芽；《汉书·司马相如传》中有"明者原见于未萌"，意指事物的开始和发端。② 但是，"萌"的流行及当前意涵，却是受日本文化的影响。

在日本文化中，据中南大学外国语学院日语系副教授金涛解释："根据日本权威工具书《广辞苑》的释义，'萌'本意有两个，一为春天来了，植物发芽；还有一个意思指存钱涨利息。"此外，"萌"还可作名词，解释为嫩芽，草木发芽，并由此引申为少女刚刚长成，吸引人的目光，给人一种春天降临、心情很好的感觉。③ 这个意思与中文语境下的意思类似。

"萌"字被用在动漫作品中最早是1993年日本NHK电视台播放的电视剧《天才电视君》中的女主角"鹭僕萌（SAGISAWA. MOE）"，在她有难的时候，旁人会大叫她的名字"萌"，一部分动漫迷因此而模仿。金涛说，"萌"由此成为动漫族的通用语，特指动漫作品中那些年幼、单纯而漂亮的小女孩，即所谓"小萝莉"。后又扩大到一切美少女和美少男的形象，且不限于可爱、帅气者。顽皮、呆板、冷酷甚至说话带口音（特别

---

① 卜卫：《广告中的儿童形象》，《父母必读》2001年第3期。
② 辞海编辑委员会：《辞海》（缩印本），上海辞书出版社，1980，第590页。
③ 参见杨观《漫谈网络热词"卖萌"》，《文史杂志》2012年第4期。

是关西口音）等都被统统归到"萌"的谱系里。①

按此理解，所谓"萌"文化，是指成人世界中一种装可爱、扮嫩、撒娇的文化，成人通过模仿儿童的一些特质，刻意显示自己。当前，这种文化业已成为一种全民流行的消费时尚，表现在日常生活、广告、文娱、商业营销等各个领域。

在现代社会日常生活中，卖萌现象比比皆是，其已经成为一种时代的心理特征，其中文娱领域表现最为明显。媒体报道如《明星搭配：范冰冰卖萌混搭逆转时尚 时尚不是童心》《〈青春派〉特辑上演疯狂时刻 秦海璐幕后卖萌》《蓝媒微视角：汪峰才是来卖萌的!》《BEAST 日本个唱后台照曝光 黑衣成员卖萌》②等。

在影视娱乐界，这种不分性别、年龄、国籍的卖萌，到处可见。不仅少女卖萌，大叔也卖萌。如今不仅仅是现实社会男女老少爱卖萌，虚构的故事更是"萌翻天"：40 岁的男人可以很"卡哇依"，同样也可以很无厘头，30 岁的就更别说了，时不时可以撒泼打滚，20 岁的更是如此。这是一个卖萌的年代，男人女人装嫩不是罪，他们卖萌才有市场，他们卖萌才更有爱!③

的确，只有卖萌才能有市场！这实际上道出了卖萌的商业实质：明星们试图通过卖萌来吸引眼球，博取注意力，从而提高其自身的价码。原本属于儿童的"萌"态，从儿童身上剥离开来，而在商业中被估值、定价。

在营销领域，"这货好萌"并不仅仅是非主流俏皮话，它还有让产品销量倍增的魔力。

2011 年末，肯德基就卖了一回萌——"喵套餐"火热出炉。作为年度营销的重头戏，其定价 34 元的新年套餐，亮点根本不是食物，而是随机附赠的四只小奇猫。肯德基希望通过这四只表情各异的萌猫拉近同 90 后消费群体的距离。果然，小奇猫成功萌翻了一大批人。自 2011 年 12 月

---

① 《卖萌》，http://baike.baidu.com/view/3057625.htm，2013 - 09 - 10。
② 具体内容，可参见以下网址：http://lady.gmw.cn/2013 - 08/01/content_ 8478789.htm；http://www.dzwww.com/yule/yulezhuanti/mtcbg/201307/t20130731_ 8737999.htm；http://www.kankanews.com/ICpet/tv/2013 - 08 - 01/2316521.shtml；http://ent.sina.com.cn/y/k/2013 - 07 - 31/16053977022.shtml。
③ 参见《虚实世界里的"萌"男女》，《贵州都市报》2012 年 5 月 30 日，第 D03 版。

26日以来,"喵套餐"的销售情况异常火爆。①

近期在大陆市场推出的可乐包装上,也试图用各种网络流行语来卖萌,比如喵星人、高富帅、天然呆、有为青年等。

这种运用萌元素来吸引年轻消费群体的策略,意大利家居品牌 Alessi 用得更直接。他们请来一批年轻设计师,推出了 F.F.F.（Family Follows Fiction）系列。其中每一件产品都在"微笑",充满童趣:漏斗被画上了匹诺曹微笑的脸,长长的鼻子则是漏嘴;启瓶器被设计成了顽皮的小恶魔造型;而糖罐则是一只有着大眼睛的橙子。这一组产品上市后,受到了几乎所有年龄层顾客的欢迎。

萌元素——有人说是"幼小""圆润",已经不可阻挡地成了一种营销方式。Alessi 的 CEO Alberto Alessi 认为:"萌之所以流行起来的原因是它能给人们的生活平添一点小小的乐趣。"② 如今,商业界已经出现专门的"卖萌"营销学。

萌文化延伸广泛。例如,出现专门的《卖萌歌曲》以及首本以萌文化为主题的杂志《萌动漫》,甚至有人将十月十日定为"卖萌日",因为两个"十"并排组成"艹","日"、"月"二字组成"明",故十月十日为卖萌日。

诚然,萌文化的产生,固然与当代人生活压力的增大有关,作为一种新的时尚,人们试图通过这一拟态儿童的行为来自我娱乐一下,给自己释放一下压力,本身无可厚非。然而,这并不能掩盖商业利益驱动是萌文化流行的重要因素。也就是说:"都市'萌文化'看似娱乐、颠覆,但在商业资本主宰的语境中,实则很快变成一种营销手段和生产方式,成为商家牟利的工具。"③

在此,本作为儿童特征的"萌",在商业利益至上的消费社会中,蜕变为赚取丰厚利润的文化符号,它们逃脱不了其背后的市场这只"无形

---

① 王清:《卖萌时代》,《江苏商报》,2013年2月29日第23版。
② 王清、顾燕萍、邹瞳:《卖萌》,《第一财经周刊》2012年第7期。这里的例子,亦引自该文。
③ 蒋兆雷、叶兵:《关于都市"萌文化"现象的研究》,《中国青年研究》2010年第3期,第76页。

的手"。这深刻地揭示出儿童包括儿童的某些特质是如何卷入消费市场的。

儿童消费教育

毋庸置疑，作为一种社会活动，消费对儿童社会化具有重要的影响，与消费有关的一定社会的知识、规范、信仰、态度和行为将会被儿童所内化。因此，消费必然在一定程度上影响到儿童人生观、世界观、价值观的建立。

考虑到此，有必要对儿童进行适当的消费教育，而当前儿童消费领域中出现的一些问题，也提醒我们推行儿童消费教育的急迫性。当然，这同时需要成人自身的反思。

儿童消费中的缺失

目前在童年社会学领域获得广为认可的儿童概念是，儿童是且必须被看作积极地建构和决定他们自己社会生活的行动者，而不是社会结构和社会过程的被动对象；儿童不是一个正在形成中的微型人，其本身就是人。

在这种观点下，可以发现当代儿童消费中，作为儿童监护人的成人们的儿童消费观念中，缺失对作为消费者的儿童的主体性意识的认可和培育。这在上文已有述及。

结合我国国情看，这其中既有历史原因，也有文化原因。我国曾经历过一段很长的物资稀缺的时期，很多物品都需要凭票购买，买粮需要粮票，买自行车需要购车票。在这种情形下，成人的消费已经如此，更遑论儿童的消费了。波德里亚所描述的作为"丰盛的基本风景"的"大商店里琳琅满目的罐头食品、服装、食品和烹饪材料""在所有的街道上，堆积着商品的橱窗光芒四射"[①] 等景象，在当时的历史条件下是令人难以想象的。限于此，当时，消费者与物的关系只是一种最为直接和简单的关系，即消费者从基本的生活需要的角度上看这个物，消费的目的主要用于

---

① 〔法〕波德里亚：《消费社会》，刘成富、金志钢译，南京大学出版社，2008，第2页。

满足生存。此外，在中国家庭传统文化中，区别于西方家庭有意识鼓励儿童参与家庭"工作"去赚钱，中国家庭认为如果儿童帮助做家务，这是与钱无关的，而常常与道德、责任等非经济因素相关。这些都或多或少影响着中国父母的儿童消费实践。

源于此，中国父母们很少去培养儿童合理的消费意识，面对儿童的购物要求，只是一味满足。消费教育的缺失导致一些不良消费现象的出现，这些现象屡见媒体报道。

现象一：穿小一号的成人服装。

欣欣（某小学三年级学生）：欣欣打扮得十分漂亮、时尚，大冬天里别的孩子都穿着厚厚的棉衣，而她却经常穿着裙子、靴子和紧身的大衣，在春夏季节，则穿露脐装、吊带裤、紧身喇叭裤，她的衣服只不过比成人小了一号而已。

现象二：染彩发烫卷发。

成人流行染彩发、烫发，许多爸爸妈妈去做头发时，也顺便带上孩子染几缕彩发或是烫发。理发店，小学生染彩发、烫卷发的现象比比皆是。过年更是高潮时期，许多家长还会带孩子去盘发。"看着酷酷的"，"有一次我给女儿烫了一头卷发，还染成黄色，像外国的小公主，漂亮得很。"——家长们说。[①]

儿童的本性是天真的、活泼的、质朴的、模仿的，儿童的人生观、价值观、世界观正处在形成过程中，这些成人化的消费不利于儿童的成长，会对儿童的身心健康产生负面的影响，造成儿童心智和身体发育出现不正常的早熟。

尤其是在消费社会的背景下，这些不良的消费极有可能会导致儿童的物质主义倾向，其表现包括以下几点。

一是爱慕虚荣，相互攀比。家长们不考虑儿童的实际需求和心理特征，只是把儿童打扮得所谓"漂亮"，同时，给儿童买一些他们基本不需要的物品如成人的化妆品、各种玩偶、大型玩具汽车、名牌衣服等，这会刺激儿童的物质占有欲和同伴之间不良的攀比心态。久而久之，儿童只顾

---

① 恩熙：《儿童成人化消费扫描》，《小学生》（儿童表达版）2006年第1期。

追求物质消费带来的虚荣满足而丧失了节制的美德。

二是霸道无理，不讲礼貌。儿童过度的物质消费，助长了儿童以自我为中心的物质占有意识，这特别体现在独生子女家庭中。由于儿童长期为父母、祖父母所溺爱，一旦其新的需要得不到满足，就躺在地上胡闹、撒泼，只有需求得到满足之后才肯罢休。这种无原则的满足，强化了儿童霸道无理的行为。这种行为将会影响到儿童的社会交往，以至于一些儿童一看到其他小朋友有一个好玩的玩具，就立即想抢过来占为己有。这是极为不礼貌的。

三是即时享受，喜新厌旧。当儿童不想玩旧的玩具时，家长们立马重新买一个新的；每当儿童生日、考试成绩不错或改正了错误时，家长们都会买一些新的商品予以奖励……这些行为在传递成人对儿童关爱的同时，也误导了儿童：取得成绩之后就应该获得物质享受。如何丰富儿童的精神世界，却被忘记了。

四是物质至上，情感淡化。对儿童物质欲望的过度刺激与满足，会导致一些儿童以是否满足自己的物质需求，来作为衡量父母关爱自己程度的标准。"爸爸经常买东西给我，就是一个好爸爸。爷爷不让我随便买零食，就是一个坏爷爷。"物质需求的满足成为儿童所认为的最重要的东西，而家庭成员之间的情感却淡漠了。如果亲情的表达只是依赖物质，那么，这无疑是在告诉儿童：家庭成员关系的维系，最重要的不是情感，而是可以用金钱与物质来实现的。

无疑，上述这些现象显示出当前儿童消费中的一些缺失：缺乏对儿童的消费意识的培育；不知道如何帮助、指导儿童进行恰当的消费；对儿童不良消费带来的危害认识不足；潜意识里并不认为儿童是一个消费主体，不认为其具有消费能力，享有消费权益；过于注重儿童的物质满足，而忽略了满足儿童的精神消费，例如为儿童购买合适的图书、参观博物馆、欣赏动漫等。

儿童的消费权益

儿童消费实践中的一些缺失，从另一方面显示出，人们还没有充分地意识到儿童作为消费主体其自身应享有的消费权益。成人们放任儿童消费，这表面看来支持了儿童的消费权益，实质上却损害了儿童消费能力的发展。

关于一般消费者的权益，我国《消费者权益保护法》第二章"消费者的权利"已经做出明确规定，主要涉及九项权利，包括商品知情权、自主选择权、公平交易权利、赔偿权利、消费知识权利、监督权利，等等。

这些权利，儿童同样享有。但鉴于儿童的身心发展水平，其中三个条款应值得特别关注。

第七条　消费者在购买、使用商品和接受服务时享有人身、财产安全不受损害的权利。消费者有权要求经营者提供的商品和服务，符合保障人身、财产安全的要求。

第九条　消费者享有自主选择商品或者服务的权利。消费者有权自主选择提供商品或者服务的经营者，自主选择商品品种或者服务方式，自主决定购买或者不购买任何一种商品、接受或者不接受任何一项服务。消费者在自主选择商品或者服务时，有权进行比较、鉴别和挑选。

第十三条　消费者享有获得有关消费和消费者权益保护方面的知识的权利。消费者应当努力掌握所需商品或者服务的知识和使用技能，正确使用商品，提高自我保护意识。

然而，在消费领域，儿童的这些权益并没有得到很好的保护。

例如，最为儿童喜爱的玩具可能会伤害儿童的身体。日前，香港一家环保组织在北京、上海、广州和香港4地随机购买了聚氯乙烯材质的儿童玩具样品30份，具体包括幼儿玩具、幼儿戏水玩具、婴儿游泳池等，并送至独立的第三方实验室进行检测。检测结果显示，在30份样品中有21份样品含有邻苯二甲酸酯，其中1只玩具球的邻苯二甲酸酯含量高达43.1%，超出国家标准几十倍。

尽管邻苯二甲酸酯的危害性仍存争议，但一些科学家认为，玩具中的邻苯二甲酸酯可能影响胎儿和婴幼儿体内荷尔蒙分泌，引发激素失调，有可能导致儿童性早熟，对儿童生殖系统造成影响，并引发其他健康问题。因此，欧盟对玩具或儿童护理用品的塑料所含的6类邻苯二甲酸酯，规定浓度不得超过0.1%。[1]

---

[1] 欧志葵：《生产标准内外有别 毒玩具只害中国娃》，《南方日报》2011年5月23日，第A23版。

遗憾的是，中国对这一存在潜在危险的化学物质在儿童玩具中的含量检测并没有相关规定。如果儿童购买此类玩具，那么根据上述条款，显然，儿童应享有的人身不受损害的权利受到了侵犯。

事实上，侵犯儿童这一身心健康权利的现象屡见不鲜，涉及儿童消费各个领域，包括儿童食品、儿童服装、儿童文具等。如 2008 年三鹿毒奶粉事件。事件起因是很多食用三鹿集团生产的婴幼儿奶粉的婴儿被发现患有肾结石，随后在其奶粉中发现化工原料三聚氰胺。其中一些婴幼儿因食用该奶粉而死亡。该事件引起各国的高度关注和广大群众对乳制品安全的担忧。

这些事件显示出生产商对儿童权益的漠视。

儿童是一个能动的主体，儿童的消费权益体现为儿童应当拥有自主选择商品与服务的权利。这是《消费者权益保护法》第九条所规定的。然而，考虑到不同年龄阶段儿童的心智发展水平及儿童的非经济地位，这一条款的实现，实际上需要儿童监护者的义务保障。从实际情况看，儿童这一权利很难充分享有。

例如我们常常看到这样的画面：商场或超市的玩具展台前，一个小孩子牵着爸爸妈妈的手不想走，吵着一定要买某个玩具。但爸爸妈妈不太想买，他们的理由是家里已经有很多玩具了，反正玩不够。再买一个玩具只是浪费钱罢了。但孩子却坚持买，理由是他的小伙伴们有这样一个玩具，他也想拥有。最后的结果往往是，小孩子被家长拖着走或被家长"骗"走，说下次再来买。

面对这种情况时，如何保障儿童自主购买商品的权利，是一个很大的问题，因为儿童本身并不具有独立的经济能力。

在教育消费领域，儿童们的自主权利同样很容易被忽视。

有调查数据显示，63% 的北京家庭用于孩子教育消费的金额占家庭总支出 10%～20%。而 52% 的北京儿童认为家长总是买一些自己不喜欢看的书或要求自己参加一些不喜欢的培训班。[①] 如此，遑论保障儿童权利了。

---

① 汤雪梅、高伟：《儿童消费究竟谁说了算》，《商业时代》2003 年第 8 期。

之所以如此,其实与儿童消费的特殊性有关:商品或服务的购买者与使用者是分离的。保障儿童消费权益需要考虑这一特殊性。

根据一些研究,不同年龄阶段的儿童,其消费的侧重点有所不同。2~4岁的儿童,食品消费占30%,玩具占21%。5~7岁的儿童食品消费下降,而书籍的比重则由11%上升到15%。8~12岁的儿童,书籍、文具比例均有所上升。总的看来,低龄儿童以吃和玩为主,学龄儿童则以学习用品为主。① 这显示出,随着年龄的增大,儿童的消费领域会发生变化。

针对这一特点,为保障儿童消费权益,家长不妨根据儿童的发展状况适当赋权给儿童。例如,对学龄儿童而言,家长可以让儿童自主购买文具;在教育消费领域,若儿童不喜欢参加兴趣班,则不必强求;等等。

儿童消费权益的保护像儿童的其他权益一样,需要家庭、学校、社会多方面的介入。除了上述身心健康权利、自主选择与购买商品权利外,另一项值得关注的权利是儿童应有权获得有关消费和消费者权益保护方面的知识。这实际上就是儿童消费权益教育。

从消费权益到消费教育

保障儿童消费权益的重要方式之一是消费教育。通过消费教育,让儿童知道他们享有哪些消费权利,了解在他们的消费权利受到侵害时应如何维护自己的权利。但消费教育的目的还不限于此,其积极的方面还有培育儿童健康的消费意识和行为,帮助儿童养成健康的消费习惯。

对儿童进行消费教育的基本途径是将其纳入学校课程。在这方面,目前已经出现了一些教材。

据介绍,早在2009年年初,南通市消费者协会就开始尝试在该市南通师范学校第一附属小学幼儿园开展消费教育活动,并且编写了一本《我是小小消费者》画册,由老师在课堂上以幼儿喜闻乐见的形式进行讲解。2010年下半年,则专门开发出了分别面向幼儿和教师的《我是小小消费者》绘本以及《幼儿消费教育指导》教辅用书。《我是小小消费者》绘本内容涵盖了幼儿园小、中、大班3个阶段,以主人公小熊毛毛对

---

① 汤雪梅、高伟:《儿童消费究竟谁说了算》,《商业时代》2003年第8期。

"钱的秘密"的认知为切入点,设计了 30 多幅卡通图片,通过故事题材展开消费教育。与早前的画册相比,绘本的色彩以及语言等充分结合了幼儿心理特点,形式更吸引眼球、内容更加丰富。与之配套的《幼儿消费教育指导》教辅书,则从幼儿消费教育的工作目标、原则、方法以及活动设计等 4 个方面,向幼儿园教师进行详细介绍和解读。①

有研究显示,100 个月大的孩子应该就是一个真正的消费者了 (Ward, Wackman, Wartella, 1974; John, 1999; Chan and McNeal, 2002)。② 无疑,儿童消费教材的问世,对培养儿童作为一个"真正的消费者"表现出健康的消费观念与消费行为,具有重要的推动作用。

儿童消费教育,仅仅依靠学校途径是不够的,还需要父母与家庭教育。

作为儿童监护人的家长,首先要转变自己的观念,认识到儿童也有一定的消费能力,有他们自己的消费观念。尽管成人们总是认为他们有权利提出关于儿童如何生活的意见,包括如何花钱消费,然而,儿童也在考虑他们的消费,思考一些他们被允许用零花钱购买什么的规则。

哥德堡大学巴布若·约翰逊(Barbro Johansson)开展的对北欧 84 个 8～12 岁儿童的研究结果,③ 显示出儿童以哪些不同的方式成为消费者。

(1) 为未来存钱的儿童。尽管想买一些自己想要的东西,但由于通常父母会替他们买,这些儿童认为把余钱用于当前消费是浪费的,因而将余钱存入银行直到长大。

(2) 将消费选择和经济责任推卸给父母的儿童。其好处是这些儿童不需要约束自己,不需要考虑商品的质量和价格以及如何使钱花得更划算,而让他们的父母承担这些责任。

(3) 自己购物的儿童。其中生日礼物是最常见的消费。还有一些用于自己的兴趣如电脑游戏。许多儿童的消费策略类似(2):他们宁愿零花钱少些,而让父母承担主要的责任,因为他们发现如果他们每月的钱太

---

① http://www.ccn.com.cn/news/315/2011/0126/344733.html, 2013 – 08 – 05。
② 自詹姆斯·U. 麦克尼尔, Chyon – Hwe Yeh, 马睿:《中国儿童的消费行为: 1995 ~ 2002》,《青年研究》2004 年第 10 期。
③ 参见 David Buckingham, Vebjørg Tingstad. *Childhood and Consumer Culture*, Palgrave Mac-Millan, 2010。

多的话，很快就会花个精光。

（4）理性和适当消费的儿童。一些儿童会计算出怎样购买最合理。这种消费方式显示这类儿童是理性的、有责任的消费者，是有能力的经济人。

（5）能影响家庭消费的儿童。对一些家庭消费如购买电视、沙发、汽车等，儿童能部分决定他们的款式或颜色。在这些家庭中，儿童是一个有能力的人，和成人一样，儿童的选择被予以咨询和重视，尽管儿童并不承担任何经济上的购买责任。

这一研究显示出，儿童的消费方式是多样的，儿童在消费活动中并非不能做出理性的消费选择。儿童有能力把消费选择推卸给他们的父母，也有能力自己进行适当的消费，甚至影响他们父母和家庭的消费。

其带给我们的重要启示就是，首先，家长们需要转变陈旧的儿童是低能消费者的观念，而视儿童为有能力的消费者。

其次，家长们需要端正自己的消费行为，以身作则。

父母是孩子最好的老师，其对儿童言行的影响是潜移默化的。有些父母，从前受过苦，他们认为现在生活条件好了，就给孩子买名牌衣服、高档文具甚至化妆品等，把这看成是爱孩子的表现。有些父母，尽管家庭条件不怎么样，却宁愿自己省吃俭用，也不让孩子在别的孩子面前掉价。殊不知，家长们的这些行为将误导孩子，导致孩子形成错误的消费观念。要想培养儿童健康的消费习惯，家长们应当身体力行。

再次，家长们不妨在日常生活中融入财富教育。

国内学者研究表明，我国3~6岁的儿童对一些基本的经济学概念已经形成了认识，随着年龄的增长，3~6岁儿童的钱币认知和钱币面值比较能力都不断提高，儿童从幼儿园中班开始，就萌发了等价交换的意识，到了大班，已经有一半的儿童具备了初步的等价交换意识。[①]

因此，家长们不妨从幼儿早期开始，就进行适当的财富教育。如教儿童识别钱币；告诉儿童财富的来源；教育儿童要珍惜财富；等等。

---

① 参见毛尼娜《3~6岁儿童对经济学知识理解的发展研究》，硕士学位论文，华东师范大学，2007。

如果说，随着消费社会的来临，消费早已不仅仅是满足商品的使用价值，其越来越成为"一种积极的关系方式（不仅于物，而且于集体和世界）"，① 那么，这对儿童同样适用。通过消费，儿童得以用一种积极的方式适应社会，这正是消费教育的目的所在。

小　结

对于当代儿童文化而言，最突出的现象之一便是儿童消费文化了。

消费已经成为当今社会新的风尚，但消费不仅仅是一项单一的活动，更是一种符号价值的宣示。事实上，在一般人的生活中，商品的地位、消费的意义早已发生了变化，人们可能会把消费看作是简单购物的行为，但是对消费品的使用方式，却显示出一种十足的符号意义。

事实上，消费早已介入儿童生活。从婴儿开始，包括尚未出生的胎儿，他们就以某种间接的方式参与消费活动了。例如父母们会提前购买学步车、婴儿床、尿不湿等，尽管这种消费并不由儿童来直接进行，但是，儿童的确被置入社会的整个消费环节之中了。

按照"消费是一种符号的系统化操控活动"的理解，可以把儿童消费文化理解为基于儿童消费活动的一种符号操控体系，它传达或呈现出一定的意义、价值或规范。

从范围上来看，儿童消费文化应包括两个方面。

一是儿童自主做出的消费活动，体现了儿童的需要、意图、愿望；

二是成人为儿童或以儿童之需为名做出的消费，它既在一定程度上体现但不完全体现出儿童的需要，又同时刻印出成人的意图、愿望。

更进一步，后一方面甚至由"为儿童消费"演化为"消费儿童"，在这里，儿童主体彻底消失了，蜕变成一个符号。这种现象在一切皆可消费的时代愈演愈烈，值得关注。

在消费社会中，产生出人们看待儿童的两种典型观点。一种是将

---

① L. P. 梅耶：《消费社会·前言》，载波德里亚《消费社会》，刘成富、金志钢译，南京大学出版社，2008。

"自主的、有能力的、具有创造性的儿童"的认识，自然延伸到消费领域，即认为在消费活动中儿童同样具有自主性、独立性，它们能够按照自己的真实需要来购买、消费。另一种儿童观则认为在消费领域儿童是一个不完全的主体，不具有完全的理性，尚不能做出满足自己真正需要的消费决定，其消费活动需接受成人的指导、建议和监管。

这两种观点造成人们对待儿童消费的矛盾立场：是赋权还是管控。这一矛盾的深层次根源在于，关于"儿童"或"童年"的种种认识都是成人建构的，而没有引入儿童的声音。须知，当商业市场建构和界定儿童消费者时，它提供了一种强有力的关于儿童需要和欲望的界定，并声称能够满足它们。然而，儿童自己也建构和界定它们自己的需要和认同，通过使用消费品而赋予其新的意义。

理解儿童消费活动需要摆脱简单的儿童—成人的二元认知模式，暂时搁置那种本质上是成人代表儿童塑造的一套童年话语。当我们担心儿童是否理解或能否做出商业消费选择时，不妨听听儿童的声音，问问儿童的消费需要（need）即他们想要（want）什么，去真正试图理解儿童的视点。

至于成人们究竟为何介入儿童消费，则既有经济的考量，也有情感、文化、心理的因素。

消费社会深刻地改变着儿童的社会关系。作为最具有人性的发现，"儿童"或"童年"在商品拜物教时代，越来越物化，其总体表现是儿童主体的脱域与抽离，具体有着广泛的存在形式。

（1）儿童被作为生产/消费的客体。

（2）儿童与童年的区隔，以至于现在的儿童似乎越来越需要一个童年，才得以表明自己是一个儿童。

（3）童年的商业化。

（4）儿童/童年作为消费符号，其本身也被商品化了，成为可供社会消费的资源。

最典型的体现，莫过于商业广告中的儿童形象了。毫无疑问，儿童形象在商业广告中的功能或诉求点，绝不是简单地展示自然的儿童，而是企图通过儿童形象的符号诠释，最终激起人们的消费与购买欲望。

在消费社会时代，作为一种可消费的符号，儿童的价值越来越由边缘走向中心，但这却含有潜在的隐忧。人们不再限于购买原先供儿童使用的商品，而是直接消费儿童的某些特质，这甚至成为一种时尚。当前的"萌"文化即是其鲜明体现，其深刻地揭示出儿童包括儿童的某些特质是如何卷入消费市场的。

面对消费社会的大潮，有必要对儿童进行消费教育。

事实上，当前儿童消费存在诸多不良倾向，例如物质主义倾向，即过于注重儿童的物质满足，忽略了满足儿童的精神消费，而成人们自身亦缺乏对儿童消费意识的培育。

儿童消费在实践中一些缺失，从一个侧面显示出人们还没有充分地意识到儿童作为主体其自身应享有的消费权益。成人们放任儿童消费，这表面看来支持了儿童的消费权益，实质上却损害了儿童消费能力的发展，不利于儿童消费权益的真正实现。

儿童消费权益的保护像儿童的其他权益一样，需要家庭、学校、社会多方面的介入。除了一般理解的自主选择与购买商品权利外，另一项值得关注的权利是儿童应有权获得有关消费和消费者权益保护方面的知识。这实际上就是儿童消费权益教育。

儿童消费教育，不仅针对儿童自身，同时也面向成人。

成人们（包括家长）首先要转变自己的观念，认识到儿童也有一定的消费能力，有他们自己的消费观念。同时，成人自身需要端正自己的消费行为，以身作则。此外，亦不妨在日常生活中融入财富教育。

如果说消费越来越成为一种积极的社会关系方式，那么通过消费，儿童得以用一种积极的方式适应社会，这或许正是消费教育的根本目的。

第八章　儿童文化演进与生态构建

> 我们进入了全球纪元，在这个纪元里所有的文化、所有的文明将永远处于相互关联之中。
>
> ——〔法〕埃德加·莫兰

儿童文化是不断变化着的，不存在一成不变的儿童文化。从历史的角度看，不同的时代有不同的儿童文化；从儿童代际的角度看，一代亦有一代的儿童文化。

如果这样，那么儿童文化的演进与变迁是否有规律？作为人类总体文化的一部分，其演进与变迁是否有特殊性？这些问题的解答或许可为儿童文化的生态建设提供洞见。在一定程度上，儿童文化的未来，正取决于我们怎样呵护儿童文化的生态。

作为过渡的儿童文化

对儿童个体而言，儿童文化具有暂时性。当他成人后，儿童文化会渐行渐远。然而，恰恰是通过儿童文化，儿童才得以成为一个成人。儿童文化的暂时性，并不是儿童文化的缺陷。从另一个角度看，这反而凸显了儿童文化的新生性，这是人类文化的生命潜源。

文化与个体

在日常生活中，当我们谈论文化时，往往倾向于将文化与精神、知识、修养等联系起来，譬如在日常生活中，我们常常会听到某人评论他人说，这个人没文化。意思就是说，这个人没有修养，不懂相关知识，简直是文盲。

或将文化视为传统、信仰或习俗。譬如一则报道《没文化,真可怕》①,评论经济发展中种种轻视甚至无视文化的现象。其中举例北京老胡同四合院的拆迁征地改造,就饱受人文学者的争议。到处建起的工业化模式的摩天大楼和21世纪超现代的钢筋混凝土建筑,使传统京城的历史文物和古都风貌屡遭破坏。真正老北京的风物荡然无存之时,人们却又在拼力打造虚假怀旧的仿古建筑。作者这里的"文化"强调的是对传统的人文关怀。

这两种视角,一个是个体的视角,即将文化等同于个体的知识与修养;一个是集体的视角,即视文化为集体的传统、信仰与习俗。

上述这两个视角主要着眼于文化的"内部"认识,从文化的外部来看,文化具有相对的独立性,文化与个体的关系正显示出这一点。当文化被人们创造出来之后,文化就会以独特的方式存在,不会因创造主体的消失而消失。

一般性的文化如此,儿童文化亦是如此。

尽管从根本上讲,儿童文化是由儿童创造的或是由儿童赋予意义的,但儿童创造出儿童文化之后,儿童就不再能够完全左右儿童文化,就如同作家创造出作品之后,无法预料作品的命运一样,儿童文化一经产生便能够以不依赖于儿童个体的方式而存在。

正因为如此,才有古代儿童文化、现代儿童文化、外国儿童文化、少数民族儿童文化等,我们也才能够对这些儿童文化加以探究。

这是由文化的客观性决定的。文化的客观性首先表现在文化的物的方面。

人类学家马凌诺斯基所列的文化的四个方面,其中第一个方面便是文化的"物质设备":

> 人因为要生活,永远地在改变他的四周。在所有和外界重要接触的交点上,他创造器具,构成一人工的环境。他建筑房屋或构造帐幕;他用了武器和工具去获取食料,不论繁简,还要加以烹饪;他开

---

① 《没文化,真可怕》,http://finance.china.com.cn/roll/20120917/1023852.shtml,2013-09-10。

辟道路，并且应用交通工具。若是人只靠了他的肉体，一切很快地会因冻饿而死亡了。御敌、充饥、运动及其他一切生理上的、精神上的需要，即在人类生活最原始的方式中，都是靠了工具间接地去满足的。世界上是没有"自然人"的。人的物质设备：举凡器物、房屋、船只、工具，以及武器，都是文化中最易明白、最易捉摸的一方面。它们决定了文化的水准……①

这些文化的物质设备，当然是人们创造出来的，但是，当它们被创造出来之后，就会作用于人及人的生存环境，而不会简单地以人的意志为转移。

当我们把目光转向文化与个体的关系时，这一点则体现得更明显。

对于一个既有社会中的个体而言，文化是先于他而存在的。显然，在个体诞生于某个社会之前，该社会的文化早已存在在那里，并形成一种传统，具有一套知识系统和行为准则。个体诞生之后，首先需要的是学习与适应这种文化，因为只有这样，他才能够存活。实际上，作为单独的个体，哪怕是成年后，也很难有能力去改变某一社会的总体文化，特别是在文化日益多元的今日。

这对儿童文化来讲，同样真切。一般而言，我们很容易赞同"儿童文化是儿童创造出来的"这一观点，而忽视另一个问题：从儿童个体的角度看，一个社会中的儿童文化似乎总是居先存在的。这特别显示在"为儿童"的儿童文化那里。

例如，成人世界为婴儿出生所准备的衣服、玩具、生活用品、影视节目、建造的游戏场所等，如果这些属于"为儿童"的儿童物质文化的话，那么，它们在某个具体的儿童来到这个世界之前或某一代儿童降生之前，就已经在那里客观地存在着了。对此，儿童并不能影响或改变它。

在此，或可显示出儿童文化客观性的一面：其不会因为儿童个体的影响而突然变化。某个时代的儿童个体或某代的儿童会因成年而不再拥有儿童文化，但儿童文化依然存在于那里，不会消失。

---

① 〔英〕马凌诺斯基：《文化论》，费孝通译，华夏出版社，2002，第4页。

这是儿童文化与儿童个体的关系的一个特点。

从另一个角度看，相对于儿童个体而言，儿童文化却又显示出暂时性。这似乎与儿童文化的客观性相互矛盾，但实际上只是角度不同而已。

根据对儿童的一般界定：0~18岁的人是儿童，显然，一个人不可能永远是儿童，相应的，也不可能一直拥有儿童文化。儿童文化只是儿童阶段才享有的文化，是暂时性的、过渡性的，其必然会过渡到成人文化。

国内有一些学者[①]也意识到儿童文化具有过渡性。认为儿童文化的过渡性表现为，一方面，儿童具有与成人相异的一些价值观念和方式，儿童文化反映出其对自主、独立的要求；另一方面，由于儿童受教师的引导及家长的影响，儿童文化也在一定程度上认同成人的价值观念。

这里所谈的"过渡性"，主要是基于儿童文化与成人文化的异同而言的。

有别于此，本篇所强调的"过渡性"，是基于文化与个体的关系而言的。这是需要注意的。

"通过"儿童文化

在一定的角度上，就儿童文化与儿童个体的关系而言，每个社会中的儿童个体都有一个进入儿童文化的过程，同时又有一个离开儿童文化而迈向成人文化的过程。因而相对于儿童个体而言，儿童文化具有暂时性、过渡性。

儿童文化的暂时性、过渡性，一方面固然显示出儿童文化与成人文化的差异，它们是两种不同的文化；另一方面则显示出儿童文化的特殊性。

这一特殊性，对个体来说，即每一个体都需要以一定的方式"通过"儿童文化。这种"通过"，宽泛来看，与人类学中的"过渡仪式"或"通过仪式"有异曲同工之处。

过渡仪式（rites de passage，又译为过渡礼仪、通过仪式）是人类学、民俗学中一个重要的概念。由范热内普1909年于其《过渡礼仪》一书中提出。他认为：

---

① 参见裘指挥《理解儿童文化》，《学前教育研究》2003年第2期。

在任何社会中，个体生活都是从一年龄到另一年龄、从一种职业到另一种职业之过渡。凡对年龄或职业群体有明确分隔的社会，群体间过渡都伴有特别行为，犹如现今各行业之学徒制。……从一群体到另一群体、从一社会地位到另一地位的过渡被视为现实存在之必然内涵，因此每一个体的一生均由具有相似开头与结尾之一系列结尾之一系列阶段所组成：诞生、社会成熟期、结婚、为人之父、上升到一个更高的社会阶层、职业专业化，以及死亡。其中每一事件都伴有仪式，其根本目标相同：使个体能够从一确定的境地过渡到另一同样确定的境地。①

　　这种过渡，也显示在儿童文化中，特别是在儿童文化被更细致地区分为婴儿文化、儿童文化、青（少）年文化、成年文化的情况下。

　　作为个体的人，需要从婴儿文化过渡到儿童文化，再从儿童文化过渡到青年文化，接着由青年文化过渡到成年文化。每一次过渡均伴随着个体地位、身份、状态、能力的变化。例如，在婴儿文化中，对婴儿的抚育、生活照料等基本上全由成人来进行；而在儿童文化中，儿童已经初步形成自己的衣服搭配、食物选择、兴趣领域等方面的偏好。伴随这一过渡，相应发生的是儿童自主空间的扩大，儿童被允许有限地参与轻度家庭活动。

　　在具体的分析中，范热内普阐明，所有的过渡仪式都有着标识性的三个阶段：分离（separation）阶段、边缘（margin）阶段〔或叫阈限阶段，阈限（limen）这个词在拉丁文中有"门槛"的意思〕以及聚合（aggregation）阶段。每经过一个阶段，通过者的身上都被寄予了一定的期望值：他所做出的表现应当与某些习俗规范、道德标准相一致。②

　　如果在狭义的意义上，将儿童文化视为童年期的文化即童年文化，而童年一般认为是六七岁到十二三岁，对应着小学开始到进入初中这一时期，那么，可以更明显地看出儿童文化的阈限性质。

　　儿童在进入小学之后，家长们常常会对小孩说，你已经是个大人了，

---

① 〔法〕阿诺尔德·范热内普：《过渡礼仪》，张举文译，商务印书馆，2010，第3~4页。
② 〔苏〕维克多·特纳：《仪式过程：结构与反结构》，黄剑波、柳博赟译，中国人民大学出版社，2006，第94~95页。

不能再像幼儿园的小朋友那样一遇到困难就哭哭啼啼。而小学的结束，则往往意味着"童年"的结束，儿童被期待表现出更为理性的行为。

在人类学中，从狭义上来说，仪式指发生在宗教崇拜过程中的正式的活动，在这个意义上，当然，儿童文化本身并不能算是一种仪式。然而，从广义上来看，仪式不但指任何特殊的事件，而且包括所有人类活动的表现方面。在这个意义上，仪式包括过渡仪式，传达了个体的社会和文化地位的信息。

作为一种宽泛的过渡仪式，孩子从儿童文化向成年文化的过渡，尤其是童年向成年的过渡，包含了角色、权利、义务、地位等方面的转变。

现代儿童文化中的童年，越来越像一种特别的、延长了的成年仪式。童年与成年的核心区别即表明了这一点（见表8-1）。

表8-1 现代童年与成年的区别

童　年	成　年
游戏	工作
非理性的	理性的
反社会的	社会的
…	…

童年是游戏的代名字，而成年则意味着工作。在童年时期，儿童不需要工作，不需要赚钱养家，其义务就是健康地成长；成年人则需要承担养家糊口的义务，需要照料儿童，需要承担相应的社会责任。在法律上，儿童不是一个完全的权利主体，成人却享有完全的权利，有选举和参与选举的权利，甚至可以抽烟、酗酒，等等。

童年是特定的时期，就像过渡仪式一样，在这个时期，儿童被允许做一些事情，同时不被允许做另一些事情。例如，儿童不被允许独自出门，因为成人们认为他们容易受骗；儿童被鼓励玩耍，因为成人们认为其能发展儿童的智力。

但是，这一时期除了是儿童行为养成的一个重要时期外，对儿童而言，也有心理、信仰、精神上的重要转折意味。这是童年的一个特别的功能。在此，类同于仪式的功能，仪式中发生的意识或经验的再形式，按其定义是主体与我们为简便起见称为现实的东西之间关系的重新组合。仪式的象征性质永远作用于这两个因素之上，重新组合"现实"（的体现），并同时重新组合自我（的体现）。[①]

在童年时期，儿童的现实被重新组合，赋予意义，同时，儿童实现自我心智的转变，逐渐成为一个更确定、更有理性、更成熟的人。这正是"通过"儿童文化的意义所在。

儿童文化的新生性

相对于儿童个体而言，儿童文化是暂时性的、过渡性的。然而，这只是儿童文化的一方面，从另一方面看，每个时代的儿童，当通过儿童文化时，都会或多或少给原先的儿童文化带来一些新质。这些新质决定了儿童文化的新生性。

如此，不同时期或不同地域、民族、国家的儿童文化，才能不断地更新。

如前所述，儿童文化，作为儿童的生存—意义体系，呈现出儿童对世界的一种理解。这种理解包含着儿童对一定社会关系下的人、事、物的独特认识和体验，它们熔铸成属于儿童自己的文化，形成相对稳定的特征。

但是，由此而假定儿童文化是固定不变的，可以等待着研究者去研究，这只是一厢情愿。事实上，如果说儿童文化是儿童群体的文化，那么，"儿童"这个群体，显然不是不变的，而是不断变化的，因为儿童总是在不断发展、长大，总是不断有儿童退出"儿童"这个群体，有新的儿童加入"儿童"这个群体。当新的儿童出现时，一方面，他将带来对世界的新的理解；另一方面，原有的儿童文化将会被儿童组合为新的儿童文化，因此，儿童文化样貌总是在不断地更新中。

这构成了儿童文化新生性的自然基础。

正因为这一特点，我们才有理由说，古代的儿童文化不同于近代儿童文化，近代儿童文化又不同于现代儿童文化，以至于在当代，即使是只隔几年，儿童文化便可能有所不同。

[①] 参见〔苏〕维克多·特纳编《庆典》，方永德等译，上海文艺出版社，1993，第165页。

从儿童文化的主体角度看,儿童文化的新生性,由儿童心智的本来面目决定。儿童的原始创造特质即是儿童心智的本来面目。

一些专门研究儿童的学者早就已经认识到儿童惊人的原始创造特质,他们意识到儿童的"智力并不像机械心理学家所主张的那样,是缓慢地从外部发展起来的",[①] 他们认为"儿童就其天性来讲,是富有探索精神的探索者,是世界的发现者"。[②] 儿童像思想家一样,构建自己的知识,儿童甚至有自己的哲学。美国当代哲学家马修斯即用大量生动有趣的实例阐明,儿童对宇宙、人生、周围一切事物所萌发的种种困惑、疑问、匪夷所思的想法,都含有探索真理的意味,符合深奥的哲学原理。这些内容自然地融入儿童文化中。

作为"探索者""思想家"甚至"哲学家",的确,儿童对世界有自己独特的理解,像丰子恺漫画中的儿童,他们会把花生米看成米老头,把扫帚当作竹马,他们每天全是"自动的,创造创作的生活"。[③] 儿童的这些对某一事物与周身事物相联结的理解是高度主动性和创造性的,它们既是儿童自己建构的,又是儿童心智的原始创造特质使然。我们往往不知道的是,儿童只要醒着,便在积极主动地构建着他自己的世界,"我们甚至不会注意到,我们家中那张新买的婴儿床上,有一件神奇的事正在发生。就在那儿——婴儿床的栏杆后面——世界正被创造"。[④]

儿童这一蕴含着对世界独特理解的原始创造特质,赋予儿童文化高度的创造性,使得儿童文化日新月异。换言之,富有创造力的儿童实际上是形成儿童文化新生性的最重要的力量。

具体看来,儿童文化的新生性,表现在儿童能够赋予原有的文化传统以新的意义。

例如,当前与雷锋有关的文化衫、钱包、布贴、火柴盒、搪瓷杯等受到青少年儿童们的热捧。特别是标志性的雷锋帽,由于供不应求,一些大

[①] 〔意〕玛利亚·蒙台梭利:《童年的秘密》,金晶、孔伟译,中国发展出版社,2006,第51页。
[②] 〔乌〕苏霍姆林斯基:《把整个心灵献给孩子》,唐其慈、毕淑之译,天津人民出版社,1981,第32页。
[③] 丰子恺:《我们这些大人》,中国青年出版社,2010,第61页。
[④] 刘晓东:《儿童精神哲学》,南京师范大学出版社,1999,第396页。

型电子购物网站上几乎所有款式的"雷锋帽"均已售罄。

众所周知，雷锋帽原是中国人民解放军55式冬常服中的棉帽，因雷锋而闻名全国，也是雷锋的象征之一。因此，戴雷锋帽，实际上寓含着对雷锋同志的怀念。然而，如今的年轻人赋予雷锋帽及与雷锋有关的带有时代印记的商品以时尚、酷、潮的意义。尽管这种具有符合象征意涵的挪用，或许不会被广泛接受，但却得以窥见文化新生的因子。

事实上，严格来说，并不存在一种全新的文化，一切所谓的"新"文化都是"新"和"旧"的组合、再造，我们所说的儿童文化的新生性，是指在继承既有儿童文化基础上的一种对新意义的运用、体验与理解。

每一代儿童"通过"儿童文化时，他们在受到既有儿童文化滋养的同时，也给儿童文化带来新质；他们通过儿童文化而得以适应这个社会，同时，他们又在不断地塑造着新的儿童文化。

新生性是儿童文化中的一个基本要素，也是儿童文化更新过程中的一个关键特征，但却不太引人重视。究其原因，或许部分是因为忽略了儿童群体的变动性，而正是这个群体的变动，新的意义与价值、新的实践、新的意味与经验才被不断地创造出来。

儿童文化：演进与变迁

毋庸置疑，随着社会的发展，儿童文化总是处于不断演进的过程中，这一方面自然是儿童文化的新生性使然，另一方面也与人类整体文化存在着一定的联系，因为儿童文化是人类整体文化的一部分。在探究儿童文化变迁的规律时，这是需要考虑的。

儿童文化与人类整体文化

儿童文化并不自绝于人类整体文化，儿童文化与人类整体文化是相互关联的。儿童文化属于人类整体文化。如同沃尔夫的论述：

> 人类世界是一个由诸多彼此关联的过程组成的复合体和整体，这就意味着把这个整体分解成彼此不相干的部分，其结局必然是将之重

组成虚假的现实。诸如"民族""社会"和"文化"等概念只指名部分,其危险在于有可能变名为实。唯有将这些命名理解为一丛丛的关系,并重新放入它们被抽象出来的场景中,我们方有希望避免得出错误的结论,并增加我们共同的理解。①

为避免沃尔夫指出的错误,我们有必要将儿童文化、青年文化、老年文化等理解为一个彼此联系的人类整体文化。当然,为了具体的研究,可以分别做出一定范围的规定。

在一般意义上,说儿童文化是人类整体文化的一部分,这可能过于老生常谈了。儿童文化与人类整体文化有多种多样的联系。例如,有生产与消费方面的联系:生产能力的提升,使得儿童享有更丰富的文化资源;有政治方面的联系:社会制度的变革引发儿童文化现代性转换;有技术方面的联系:人类科学技术的进步,带来不同的儿童养育方式……

这些联系不仅对当代儿童文化而言是真实的,对过去的儿童文化也同样如此。例如,据波兹曼的观点,印刷术的发明导致童年的产生,这对儿童文化的影响是非常重大的。

站在历史发展的角度,可以发现,儿童文化与人类整体文化的多样联系使得儿童文化的演进受到人类整体文化变革的影响。

事实上,无论哪个时代的儿童文化都会不同程度地受到人类整体文化变革的影响。例如,现代学校组织的发展对儿童文化的影响。在现代学校产生之前,没有大规模的、严格统一的儿童义务教育,受各地区具体教养习俗、传统规范等的影响,儿童们自然形成的文化形态也呈现出相应的地区特色,一些地区的儿童可能擅长舞蹈,另一些地区的儿童可能精于打猎等。然而,现代学校组织及伴随的义务教育的普及,导致儿童的童年在一定的时期内,只能在"学校"内度过,这就在一定程度上压缩了儿童文化的自然空间,使得儿童文化越来越受制于学校的规制。

这种现代学校组织及义务教育体制,正在被联合国在全球各地区宣传推广,其对儿童文化的影响,显然不容小觑,以至于某些地区的土著儿童

---

① 〔美〕埃里克·沃尔夫:《欧洲与没有历史的人民》,赵丙祥等译,世纪出版集团、上海人民出版社,2006,第7页。

文化因此而彻底消失。

此外，当前如火如荼的全球化进程，对儿童文化的影响更为深远。究竟其是会带给儿童更多的福音，还是会危及儿童文化的原有生态，这里暂且不论，有待我们下文分析。

在分析各种亚文化时，人们总是希望寻找它们的源头，希望能够解答这种文化何时、何地、为何产生的奥秘。例如，在分析嬉皮士文化时，人们会追溯到20世纪60年代的西方。尽管嬉皮士不是一个统一的文化运动，它没有宣言或领导人物，但人们愿意承认，嬉皮士这个名称是《旧金山纪事》的记者赫柏·凯恩提出并普及的。这种追根溯源的探究欲求，也许是人们与生俱来的。

在面对人类整体文化时，人们同样会自然地追问，人类的文化从何而来。在起源学的意义上，这不是简单的时间、地点问题，其实质是在追问人类文化何以产生。在一定程度上也就是在追问人类幼体即儿童的文化何以产生。

因而，可以说，儿童文化的源头可能正是人类文化的源头，儿童文化可能共享人类整体文化的某些规律，这是儿童文化与人类整体文化的深层关系。

譬如，在纵观人类整体文化面貌时，可以发现不同群体之间存在文化传播现象。不同的儿童群体之间，也会出现这种现象，为一个儿童群体所喜欢的某种娱乐活动，很快就会传播到另一个儿童群体。如果分析儿童同辈文化之间的传播规律，那么可能会发现，这也正是人类不同群体之间的文化传播规律。

以美国心理学家斯坦利·霍尔为代表的一种观点认为人类个体心理的发展重现了种系发生史，一些儿童文化研究者认为：

> 儿童文化是诗性的、游戏的、童话的（或神话的）、梦想的，是好奇的、探索的，是从本能的无意识的逐步迈向意识的，是历史沉积的因而是复苏的，是转变的、生长的。儿童文化最重要的特征是古而常青的特征：它有悠远历史却是从头开始生产的，是复演的但又是创新的，它是新与旧的和谐统一，它是历史与现实、文化与自然的和谐

统一。①

在一定程度上，儿童文化复演了人类过去的文化。如果这种论述不无道理的话，那么，可以推定儿童文化的发展历程及其发展规律，可能亦复演着人类整体文化的发展历程及其发展规律。

如此，儿童文化与人类整体文化的关系，不再仅仅是一种简单的隶属关系：儿童文化的演进，会受到人类整体文化的影响；儿童文化的源头，可能正是人类文化的源头；儿童文化可能既是对人类整体文化的发展，又是人类整体文化的一种新的重现；儿童文化的发展规律标示出人类整体文化的某些规律。

儿童文化的变迁

毋庸置疑，人类文化总是处于不断发展与变迁的过程之中，例如早期的农业文化为近代的工业文化所取代。事实上，我们所能看到的一个世纪之前的文化，已经截然不同于今日的文化了；甚至一个世代之后，文化的面貌也将大为不同。相应于此，儿童文化也在不断地变迁中。

由于儿童文化与人类整体文化关联紧密，儿童文化的变迁，也会受到一些基本因素的影响，除了文化主体的自我创新之外，其中人类技术革新因素的影响值得注意。

人类每次的技术革新都既会影响社会整体文化，也会影响儿童文化。例如，相较过去的手工制作，近代大规模机械制造技术的推广在提高社会整体生产力、解放劳动力、增加物质财富的同时，也极大地改善了儿童的生活，儿童的物质文化产品越来越多，这无疑丰富了儿童的文化世界。今日，世界各地的儿童得以拥有越来越丰富的各类玩偶、模型、玩具屋等。这在传统的手工业时代是不可想象的，也是不可能实现的，因为工人的生产能力是有限的。

20世纪，互联网的发明更是给人类带来了革命性的影响。作为一种促进人与人相互交流、相互沟通、相互参与的全球互动平台，互联网重新

---

① 刘晓东：《论儿童文化——兼论儿童文化与成人文化的互补互哺关系》，《华东师范大学学报》（教育科学版）2005 年第 2 期。

塑造了全球文化生态。文化的传播变得无比迅捷，某地的文化讯息，轻击鼠标，即可传播开来。文化的交流与碰撞无处不在。对儿童而言，儿童们的交流也越来越方便，儿童们开始形成新的儿童文化样式如儿童博客文化、网络交友文化、手机文化、网络游戏文化等。

众所周知，儿童的生理特征决定了儿童的身心成长需要依赖社会支持，因而存在一些影响儿童文化变迁的特定因素，其中有以下几点。

一是社会政策与制度的影响。社会政策是现代国家运用行政和立法手段来解决社会问题的一种方式，其对社会有着显而易见的影响。其中有一些政策与儿童相关，如儿童福利政策、儿童教育政策、儿童法律、人口政策，等等。这些政策或多或少地塑造着儿童文化。在过去，由于家庭子女比较多，邻里儿童之间比较熟识，儿童之间的同伴文化较容易形成，儿童之间的交流互动频繁，构筑了一种自然性的儿童文化。而在当代，受到独生子女生育政策的影响，一般一个家庭只有一个孩子，儿童之间不太容易形成自然性的同伴文化，因此，很多独生子女的父母们都想为儿童找一个"伴儿"。

另如教育政策对儿童文化的影响。目前儿童文化的消逝，便与学校合并的政策有关。这一政策在聚合教学资源的同时，深刻地改变了整个乡村儿童文化的生态。

二是既有社会的儿童/童年观念系统的影响。儿童的成长离不开家庭、社会的抚育，儿童们所形成的儿童文化亦如此，这就是说，如果一个社会看待儿童/童年的观念系统变化了，那么，这一变化必然会影响儿童文化。

在视儿童为私人财产的时代，"儿童"的儿童文化自然不会受到重视。儿童们只会作为奴婢、丫鬟、童养媳、商品被用于买卖或转让、赠送。儿童们不仅没有独立的人身地位，也不被认为具有独立的人格，只能任凭主人驱遣。因而，在这种情形下，不用说儿童们自己的儿童文化，连"为儿童"的儿童文化也相对稀少。只有在视儿童为人的时代，属于儿童的儿童文化才得以真正发展起来。

三是处于强势地位的成人文化的影响。相较成人文化而言，儿童文化总是显得弱小，成人文化的强势地位使其更容易影响儿童文化。一旦成人文化中开始流行什么，就会波及儿童文化，以至于有人说儿童文化被成人文化"殖民"了。考虑到儿童与成人的关系，这种现象不难理解。因为儿童向成人学习是自然的趋势，儿童文化接受成人文化的影响也是自然的。因此，当成人文化变化时，儿童文化也会变化。

当然，促使儿童文化变迁的因素不是单一的，其中既有儿童主体自主选择的因素，也有上述提及的各种客观的因素。它们共同塑造和改变了一个时期的儿童文化。

至于儿童文化变迁的方式，在当代语境下值得注意的是涵化。涵化本是人类学术语，作为文化变迁的一种方式，指异质的文化接触并引起原有文化模式的变化。处于支配/从属地位关系的两个群体，由于长期接触而使各自文化发生变化，这就是涵化现象。

在全球化的语境下，儿童文化的涵化现象愈加明显。例如日本动漫对国内儿童文化的影响；美国儿童节目（如《芝麻街》）对南美儿童文化的影响。

对于20世纪80年代以来的中国儿童而言，聪明的一休、圣斗士、北斗神拳、灌篮高手、蜡笔小新等，这些日本动漫都是耳熟能详的作品。它们无疑塑造了当时的中国儿童文化。很多儿童长大之后，仍然对其记忆犹新。在电视机普及之前，这种影响是不可想象的。可以说，近几十年中，中国的儿童文化一直受到日本文化的影响，且处于持续的变迁过程中。

实际上，像人类其他文化一样，如果说文化是一个生命体的话，那么儿童文化同样如此，儿童文化总是处于不断发展、变迁的过程之中，它可能变得丰富，也可能停滞，同样可能受到破坏……

从相似、相继到相生

儿童文化的过渡性、暂时性，给人们造成一种印象：似乎成人文化是优越的、先进的，在儿童文化与成人文化之间存在着一条演进与进化的序列。

然而，由儿童向成人的身体发育推论出儿童文化向成人文化的发展即进步，是一个值得怀疑的结论。用生物进化论的观点来解释文化进化过于冒险，因为这忽视了文化非同寻常的复杂性。

事实上，儿童文化、成人文化本身在价值上并无优劣，只是在文化的表达方式上不同而已，它们各自具有独有的特征。

儿童文化是儿童自己的文化，是一种儿童以自己的思想和行为来决定其价值和标准的文化，它基本上是一种口语文化。成人文化则是建立在成年人规定的价值、理念和标准之上的，是一种文字性的、抽象的文化。①

尽管儿童文化与成人文化之间不存在进化之因果，然而，单就儿童文化自身来讲，是否会前进、进化或演变？这是显而易见的，因为如前所述，儿童文化总是处于不断变迁的过程中。如此，其中的规律或可值得探寻。

就儿童文化总体来看，存在各种各样的儿童文化，以国别而言，有美国儿童文化、日本儿童文化、中国儿童文化等；以民族看，有汉族儿童文化、彝族儿童文化、纳西族儿童文化、维吾尔族儿童文化等；以宗教来看，有基督教儿童文化、天主教儿童文化、摩尼教儿童文化等；以特征来看，有注重个性的儿童文化，有强调集体性的儿童文化等，不一而足。

如此丰富的儿童文化，它们之间是否存在某种联系？

在前述关于儿童文化的界定中，我们把儿童文化视为儿童的生存—意义体系，按此理解，每一种儿童文化都是儿童对特定现实的一种理解，这种理解也因此同时构成其自身依赖存活于该社会或群体中的生存环境。作为一个具体的儿童或儿童群体，无疑，其所面对的人、事、物、问题、关系网络等是不一样的，有些需要适应复杂的家族关系，有些需要自己主动学习某些技能，有些则需要应对家庭的生计等，儿童对它们的体验、经历、思考等都是不一样，如此也造就了不同样貌的儿童文化。

这些儿童文化，本质上都是儿童对现实的一种应答。这种应答的方式，尽管不同儿童之间有所不同，但是就满足儿童自我或儿童群体的身心需要而言，却是相似的。换言之，虽然儿童们诞生在不同的民族、地区、种族、群体中，它们的皮肤颜色、服装风格、交流语言、行为方式、审美趣味等并不一样，但他们的需要却具有高度的一致性，这种高度的一致性，显示出各地儿童文化现象中可能存在一种"相似"的规律，即儿童文化的演化均是儿童对现实体验与理解的结果。

---

① 边霞：《儿童文化与成人文化》，《学前教育研究》2001年第3期。

的确，各民族、地区、种族、群体的儿童文化各具特色，似乎每一种儿童文化都是儿童们独创的结果，但这只是一个错觉而已。事实上，文化总是有所继承的，文化的传承性是文化的本性之一。因而，就历时的角度看，每一时期或每一代的儿童文化都不是凭空产生的，而是在前一时期或前一代儿童文化的基础上发展而来的，它们既包含着一种传承关系，但又不是复制式的传承，说是一种"相继"更为恰当。

这种前一时期或前一代儿童文化与后一时期或后一代儿童文化的"相继"原则，包含两个基本判断。

一是摒弃了儿童文化上的一种简单的价值判断，也就是认为前一时期或前一代儿童文化与后一时期或后一代儿童文化，在价值上并无分别，它们都是各个时期或时代的儿童对现实所做出的一种理解和解释。它们"相应"于各自的时代情境，对各自而言，都具有独特的价值和意义，彼此之间没有高下、优劣之分。

二是侧重强调儿童文化发展的连续性，但不同时期的儿童文化并非一定是递进性的关系。排除文化发展的外部强力因素如战争、人种灭绝、大规模疾病等的影响，儿童文化的发展总是持续的，而不是间断的，其自身具有内在的规律，即总是与前一时代的儿童文化存在自然的相继性，这种相继性，与儿童需要的相似性有关。

需要注意的是，儿童文化发展的相继性原则，并非等同于不同时期儿童文化之间存在一种进步的递进序列关系，它们不过是表达与呈现方式不同罢了。轻易的估值不应当代替严谨的理性判断。

就同一时期各民族、地区、种族、群体的儿童文化而言，它们之间也不存在高下、优劣的分别，而只有表达的形式，内容的丰富性、特殊性等方面的区别。但是，它们之间无疑是会相互影响的，这种影响可能是直接的，也可能是间接的。目前的全球一体化进程使这些不同的儿童文化的关系越来越密切。

在这种情况下，某一民族、地区、种族、群体儿童文化的发展，也就越来越相关于其他民族、地区、种族、群体的儿童文化。这其中有区域或地区政策推动的因素，也有文化发展自身的因素，事实上，从古至今，人类不同文化之间的交流一直在持续着。中国的四大发明传播到欧洲；美洲的烟草经由南亚于 16 世纪中叶传到中国；日韩的动漫流行全球；等等。

无疑，不同文化之中的异质带来新生因素，它们促进各自文化的发展，包括儿童文化在内，不同文化之间实质上构成一种"相生"关系。这种"相生"关系，也体现在儿童文化与成人文化之间或儿童文化与老年文化之间。

可以说，儿童文化的发展与变迁中存在一条"相似、相继、相生"的原则。① 一切儿童文化都是满足儿童相似生存需要的结果；它们既是对前一时期或前一代儿童文化的相继，同时，又与同时代的其他区域或地区、民族的儿童文化彼此相生。

儿童文化生态

当前，儿童文化的发展既面临一些机遇，同时又面临一些挑战，例如童年空间的压缩、儿童文化的趋同化、成人文化的侵蚀，等等。对此，如何将挑战化为改变的契机，进而努力重构一个既符合当代现实要求又适宜儿童发展的健康文化生态，是需要我们思考的。

儿童文化的"麦当劳化"

在全球化的语境下，伴随着现代传媒技术的发展，某一地区、国家的儿童文化很难不受到其他地区、国家的儿童文化的影响，这种影响不仅表现在儿童玩具、文具、服装等物质层面上，如中国是世界上最大的玩具制造国、出口国，据不完全统计，全世界有近75%的玩具是在中国境内制造的，特别是一些毛绒填充类手工制作玩具，中国企业几乎垄断了全球市场，无论我们走在世界哪一个国家，几乎都可以看到"Made in China"的各种玩具。② 还表现在儿童影视、动漫、图书、杂志等精神文化层面，如前文提及的日韩动漫对中国儿童童年的影响，以至于这些儿童成年之后一提到童年，首先想到的就是某一部动画片。

---

① 该原则的归纳受到郑元者《艺术与进化论小议》一文的启发，载《美学观礼》，中国发展出版社，2000。

② 《走进中国玩具业》，http://finance.sina.com.cn/review/observe/20051109/14252105976.shtml，2013 – 9 – 10。

然而,一地区、国家的儿童文化与其他地区、国家的儿童文化之间彼此的影响力、渗透力并不是均衡的,由于社会、经济、历史等各方面的原因,发达地区、国家的儿童文化居于优势地位,其对其他地区、国家的儿童文化构成相对更强的影响。其中欧美儿童文化的影响力尤为显著,最形象的标志就是深受儿童欢迎的、家喻户晓的麦当劳叔叔。

的确,如今对大多数儿童而言,作为西方现代社会的产物,麦当劳已经成为他们日常生活中必不可少的一部分。

众所周知,麦当劳是世界零售食品服务业的领先者,据2012年的数据,其在全球119个国家和地区拥有33000多家餐厅,每天为6400多万顾客提供优质食品。麦当劳自1990年在深圳开设中国大陆第一家餐厅以来,至今已在我国发展餐厅数目达1400多家,有员工70000多名。[1]

对于很多中国儿童而言,麦当劳叔叔的游戏、麦当劳里的生日聚餐,已经成为他们童年生活的一部分。可以说,相当多的儿童生日完全被"麦当劳化"了,只要一到生日,他们就跟爸爸妈妈吵着要和小伙伴去麦当劳。为什么会这样呢?显然,不单是因为麦当劳的汉堡、可乐本身美味,一个更重要的原因就是洋快餐在中国的象征意义。在相当一部分人眼里,汉堡包、比萨饼、肯德基和SONY音响、JEANWEST牛仔系列服装、IBM电脑,是高质量产品、高层次追求、高品位生活的象征。消费过或能够频繁地消费这些商品,似乎就意味着谙熟西方文化、追求格调高雅、讲究生活情调。因而,吃麦当劳绝不仅仅是为了满足口腹之欲、摄取营养、补充体能和热量,而是为了人们附着于麦当劳之上的这些象征意义。[2]

作为一种象征符号,麦当劳不仅影响着人们(包括儿童)的饮食,而且影响了人们(包括儿童)的生活方式,并且这种影响不断加速扩张,导致社会的麦当劳化。

"麦当劳化"(McDonaldization)这一术语,是由乔治·瑞泽尔提出来的。作为韦伯理性化理论的延伸,"麦当劳化"指的是麦当劳商业模式向社会生活其他领域的扩展,延伸到教育、工作、闲暇、旅行、政治、家庭

---

[1] http://www.mcdonalds.com.cn/news/news_content.aspx?id=194,2013-09-10。
[2] 张敦福:《年轻一代消费者与"麦当劳化"的社会》,《青年研究》1999年第1期。

生活等之中，其特质是高效率、可计算性、可预测性及可控性。

这种特质，同样表现在当前的儿童文化中。

儿童可以比以前更为便利地获得商品、服务，并且这种获得不再那么依赖时间或地理位置，例如儿童可以通过网络、电视等便捷地欣赏其他地区、国家的文化；

比以前更多的儿童获得了范围更广泛的商品与服务；

儿童文化商品与服务，比以前有更统一的质量标准，例如玩具标准、食品标准、义务教育标准等；

儿童几乎可以随时随地获知他们所想要或需要的东西；

相比以前，越来越可以用一些标准来衡量儿童的发展水平；

现在儿童的童年比以前更为标准化，不同儿童更可能拥有相同的商品与服务；

……

这些，可以说是"麦当劳化"给儿童文化带来的优点。确实，儿童们远比以前拥有更多的商品与服务，这对儿童的发展，无疑是有利的。

然而，"麦当劳化"也带来了一些负面影响。例如非人技术对人的控制和替代程度日益加深。在快餐业，顾客们知道需要排好队，走向柜台，要饭菜，付钱，将饭菜拿到空餐桌上，进餐，收拾残余，扔进垃圾箱，然后回到自己的车上。人们并没有由一条传输带载着穿过这个系统，而是由不成文然而普遍所知的快餐店规范引导着经过该系统。快餐店试图加紧对其顾客的控制的方式之一就是给他们施加影响让他们尽快离去。为了保持顾客在快餐店的流动，业主甚至可能会雇用一些保安人员来劝阻用膳者在店内的餐桌旁逗留或休闲。[①] 在教育领域，对学生的控制很早就开始了。小学尤其形成了许多控制学生的技术。许多学校从新生入学的一开始就努力让学生们遵守学校的规则。人们把幼儿园描述为教育界的"新兵训练营"。那些遵守规则的孩子被看作是好学生，不遵守学校规则的则被称为坏学生。因此，一般来说，能读到大学毕业的都是那些能成功服从控制机

---

① 〔美〕乔治·里茨尔：《社会的麦当劳化——对变化中的当代社会生活特征的研究》，顾建光译，上海译文出版社，1999，第169页。

制的学生。学校教给学生的不仅是服从权威,还让学生接受了机械式学习和客观测试的合理化程序。①

这些仅仅是"麦当劳化"社会非人性特征的一个方面,其最为严重的后果是,以麦当劳为代表的现代合理化过程走向极端,将整个社会编织成为一张无所不包的大网,冷酷地控制了每一个个人。这也就是说,以麦当劳快餐店的经营方式为代表的现代合理化过程,在其表面的合理性背后有着深刻的不合理性。它也许符合工具理性,但却不符合生存的理性。②如韦伯所言的"理性化的铁笼"一样,这种"麦当劳化的铁笼"也制约着现代儿童文化。

儿童文化的危机

麦当劳化,其背后的合理化策略深深地影响着现代生活方式,同时也影响着儿童文化,导致儿童文化面临危机。

这已经为一些儿童文化研究者所觉察。

儿童文化的危机首先来自于现代社会生活方式的改变,包括现代社会中竞争的加剧,现代生活节奏的加快,现代居住环境的改变,现代家庭少子化现象,新技术和大众传播媒介对儿童的影响,现代生活环境下人与自然的远离等。③

的确,现代生活方式对儿童文化的生态产生了不良影响,现代城市的钢筋水泥建筑"使孩子们像被囚禁在笼中的小鸟,与自然隔绝着,也彼此隔绝着"。在农村,城市化带来的是儿童文化家园的丧失,使孩子们远离大自然,远离了伙伴之间的交往。"没有了儿童的集合、儿童的交往,只剩下每一个儿童的孤军奋战,儿童文化又如何能很好地保持下去呢?"④

儿童文化危机的另一个根源是成人文化对儿童的压制和侵袭,其表现为:儿童不成熟观,即过多地注重儿童的不成熟性和幼稚性,而没有看到

---

① 〔美〕乔治·里茨尔:《社会的麦当劳化——对变化中的当代社会生活特征的研究》,顾建光译,上海译文出版社,1999,第171页。
② 顾建光:《社会的麦当劳化——对变化中的当代社会生活特征的研究》序言,上海译文出版社,1999,第4页。
③ 边霞:《儿童文化与成人文化》,《学前教育研究》2001年第3期。
④ 边霞:《儿童的艺术与艺术教育》,江苏教育出版社,2006,第32页。

儿童文化的潜能及其巨大作用；干涉观，即"玉不琢不成器"的传统观念，过分地强调了成人对儿童文化的干涉，而不注重儿童文化自身的发展和要求；压制观，即视儿童的本能需要控制，成人必须采取强制手段甚至暴力，以保证他们不越轨。①

然而，随着社会进一步麦当劳化，儿童文化的危机还不限于此。社会麦当劳化的侵袭带来了儿童文化的深层危机。

一是儿童文化内容的均质化。从全球来看，社会的麦当劳化不仅仅表现在餐饮业，还表现在生活方式、价值观念上，导致人们越来越倾向于以一种相同的标准来评判文化。

这也体现在儿童文化中。例如，人们对儿童影视优劣的评判，往往倾向于以好莱坞的标准模式来衡量。好莱坞儿童片注重运用高科技，画面精美，很容易受儿童喜爱。然而，好莱坞对儿童的影响不仅于此，它也导致了一种规范化的儿童消费文化。如有学者评论：

> 相对于传统文化而言，好莱坞电影展示丑的同时又展示俗，它把传统中关于文化的高级与低级、典雅与粗俗的定位做了否定，它的某一类型总是来去步履匆忙，它在时间之流中以新颖和过时作为区分标志。而且，所谓"新颖"也是电视寡头为了吞噬商业的或是其他的利益人为设置的结果，他们运用自己控制的媒体的超级影响力制造出本不存在的强制性群体规范，要求关注以电影为规范样本，在日常生活的其他各个方面同一化。②

好莱坞影视文化的强势传播，同化了其他地区、国家的儿童文化，导致儿童文化整体内容上的均质化。不同的影片，无论技术如何先进，给人们的感觉总是相似的。

二是儿童文化形态的单一化。在传统社会，儿童文化相对多样化。例如，由于地区语言、民族、习俗有所不同，因而存在多种多样的乡村儿童文化、民间儿童文化、民族儿童文化。在同一个地区，尽管地理空间很

---

① 杜晓利：《走向儿童文化》，《教育科学》2001年第3期。
② 王衡霞：《论好莱坞电影异化及其对儿童的影响》，《湖南科技学院学报》2006年第4期。

近，儿童文化的形态也有可能有所不同。

此外，在大规模全球化之前，非洲、南美一些地区可能存在更为多样、奇异的原住民儿童文化。它们存在着独特的儿童出生礼仪、儿童养育习俗以及很多民族学家关注的儿童成年礼仪式、青春期仪式等。这些事例，见于一些民族志著作。此处不再赘述。

但是，随着现代社会麦当劳化进程加快，这些儿童文化受到了侵袭，或者消逝，或者衰退，或者彻底改变，特别是在原住民地区推行的现代教育政策，更是加快了这一过程。有很多颇有特色的原住民文化没有系统的途径传递给儿童，这不仅对成人文化是一种损失，同时，也造成儿童文化的不良发展，甚至导致原有传统儿童文化的完全消失。这对总体儿童文化格局而言，带来的是儿童文化的单一化趋势：全世界的儿童，似乎都被塑造成期待着享有同样美好的、幸福的、福利的童年。

三是儿童文化经验的碎片化。的确，总的来说，不同地区、国家之间的交流，对儿童文化的发展是有利的，儿童可以接触更多、更丰富的文化信息、文化资源，能够培养一种具有现代生存价值的多元文化视野与观念，但这是建立在不同儿童文化交往的平等基础之上的。

与这一理想状态不同，现实情况却是，不同地区、国家的儿童文化并非平等的、势均力敌的。处于强势的地区儿童文化总是过多地影响处于弱势的地区儿童文化。这造成经济欠发达地区的儿童过多地接受经济发达地区儿童文化输入的价值观、世界观、人生观。

但是，由于强势的儿童文化输入的价值观、世界观、人生观抽离了原有的情境，而与原有的儿童文化无法很好对接，因此，带来了一种拼贴的儿童文化，像大杂烩一样，各种风格、观念的儿童文化混合在一起。

我们试图通过异文化来培养儿童的多元文化眼光，但往往由于未能真正理解异文化，实际操作只是一种象征性的形式挪用。对儿童而言，这带来了一种碎片化的儿童文化经验，这种经验不仅对儿童的发展无益，而且可能会在一定程度上妨碍儿童价值观、世界观、人生观的有序建立。

当前，儿童文化的这些危机反映出的，不仅仅是儿童文化本身的危机，更是现代社会自身的危机。

重构儿童文化生态

面对上述儿童文化的危机,究竟应该如何去应对?

有些论者认为需要从处理成人文化与儿童文化的关系入手,成人应该允许儿童有自己的文化。成人文化与儿童文化之间不是对立的关系,而是一种对话关系。成人文化与儿童文化的对话是为了达到一种新的创生和融合性的理解,这样才能共同构建一个对双方都有益的良好的"文化生态",才能达到成人文化与儿童文化的共生互赢,儿童文化的危机也就自然解除。①

这一论断主要着眼于成人文化对儿童文化压制和侵袭的现状。

另一些论者则基于"儿童需求为第一"的原则,认为拯救儿童文化的出路是要尊重儿童、理解儿童,并倡导教育工作者:不应把儿童看成是容器,看成是简单加工、塑造的原料,忽视儿童的主体性和独立性,而要尊重儿童的独立人格,尊重儿童的情绪情感,尊重儿童的选择和判断;要尊重并维护儿童的权利,儿童有权利玩耍嬉戏,从事娱乐活动,参与文化生活,儿童还享有一定范围内不受责备或惩罚的权利;尊重儿童的差异性,每个儿童都有不同的天性,教师要在尊重儿童的差异的基础上,对儿童进行有效的引导;尊重儿童的心理自由,鼓励儿童讲出自己的想法,允许儿童自由联想和自由谈论,不扼杀儿童的创造力。②

确实,如果不首先尊重、理解儿童的话,那么,就谈不上真正解决儿童文化的危机。

儿童文化危机的原因不是单一的,其解决方法也不是单一的。除了要有正确的儿童观,尊重、理解儿童外,还需要家庭、学校、社会的介入,正是基于此,学者们③尝试提出中国儿童文化的建设方略,认为家庭是儿童文化建设的源头所在;学校是儿童文化建设的中坚力量;社会是儿童文化建设的关键因素。

从更广泛的层面上看,儿童文化的危机,更是人类文化生态的危机。

---

① 张克明:《关于儿童文化危机的思考》,《早期教育》(教科研版)2013年第1期。
② 杜晓利:《走向儿童文化》,《教育科学》2001年第3期。
③ 参见沈琪芳、应玲素《儿童诗性逻辑与中国儿童文化建设》,浙江大学出版社,2009。

因此，迫切需要重新构建一个符合儿童生存与发展的生态。

重构最核心的一条是，要重视儿童文化的本土原生创造能力。文化的本性极富有创造性，这种创造性根植于文化的本土生境，离开这一本土生境，也无所谓是否有真正的儿童文化。事实上，如果各个地区、国家的儿童文化，都能够最大限度发挥自身的本土原生创造能力，那么，整个儿童文化将会呈现出异彩纷呈的面貌。这种总体儿童文化面貌的改观，对儿童发展是极为有利的。

无疑，这将带来儿童文化整体生态的改观。

在具体的层面上，儿童文化生态的重构，可以从两条原则入手。

一是要遵循"贴近儿童生活世界"的原则。按照杜威的理解，儿童的生活是一个整体，一个总体。儿童敏捷而欣然地从一个主题到另一个主题，正如他从一个场所到另一个场所一样，但是他未意识到转变和中断，既没有意识到什么割裂，也没有意识到什么区分。儿童所关心的事物，由于其生活所带来的个人和社会的兴趣的统一性，是结合在一起的。凡是当前在他的心目中最突出的东西就暂时地构成他的整个宇宙。归根到底，它是儿童自己的世界。[①] 这个世界是儿童的生活整体。

这就要求儿童文化生态的构建，在充分考虑儿童的需要外，要遵循贴近儿童生活世界的原则。通过选择儿童在生活中感兴趣的人、事、物，引导他们整体感受环境、生活和艺术中的美，激活、丰富他们的感性经验和感情体验，这是该原则的基本方面。

二是要遵循"贴近家乡"的原则。由于儿童总是生活在一个具体的社会人文环境中，因此，为儿童所亲近的家乡文化对儿童的成长起着特别的功能和作用。儿童文化生态的构建对其不能不予以考虑。

家乡对儿童而言，并不是一个抽象的概念，家乡本身就是儿童成长的"自然"环境，儿童在家乡的人、事、物等构成的"自然"环境中与身外世界发生自然的联系，儿童通过这些不断发生、中断、延续的人、事、物的联系，获得对世界和自我的感知、领悟和认识。

[①] 〔美〕杜威：《杜威教育论著选》，赵祥麟、王承绪编译，华东师范大学出版社，1981，第 76~77 页。

实际上，家乡文化是一个丰富的宝库，它们是家乡人民所创造的优秀的精神成果，包含着本地人民对家乡的赞美和热爱，尤其是一些家乡的传统艺术、民间艺术、民俗艺术等，它们往往融合了本地的艺术与审美传统和生产生活需要，具有很强的地方适应性，受到本地儿童的喜爱。把本地文化艺术和儿童的成长需要结合起来，建立一种自然性的文化生态系统，一方面，在客观上极大地满足了不同地区儿童的多样精神需要，另一方面，则有助于儿童认识和了解家乡艺术和文化传统，激发儿童对家乡艺术、家乡文化的热爱。

如果说"贴近儿童生活世界"的原则，主要着眼于儿童文化与日常生活的相关性，在某种意义上，儿童文化即儿童日常生活，那么，"贴近家乡"的原则，则考虑到儿童文化基于家乡经验的自然性基础。作为具体操作策略，"贴近儿童生活世界"与"贴近家乡"是统一的，它们共同构建起一种尊重儿童、呵护儿童、发展儿童的儿童文化生态。

儿童文化的愿景

对于儿童文化研究者而言，他们期待的是通过研究儿童文化，能够促进儿童文化的发展。然而，儿童文化演化有着自身的规律，研究者们并不能完全左右其发展的方向。尽管如此，这并不妨碍我们学习欣赏儿童文化之美，并展望儿童文化的愿景。

儿童文化之美

自"儿童的发现"之后，人们开始尊重儿童、尊重儿童的人格、尊重儿童的文化，然而，尊重的态度只是很基础的一步，还需要在此之上学会欣赏儿童文化，把它们视作儿童智慧的结晶，就像我们欣赏成人文化一样。只有这样，我们才会知道如何呵护儿童文化。

如果我们愿意把儿童比作花朵，那么儿童文化便好似一座美丽的花园，守护这座花园的最佳方式之一，不是做拿着剪刀准备时刻修剪花朵的园丁，而是以谦逊的姿态，学习如何欣赏儿童文化之美。

儿童文化之美表现在很多方面。首先，其表现出来的是一种单纯、淳朴之美。

在某种意义上,儿童是纯真的代名词,童年世界是美好世界的代名词。的确,与成人相比,由于儿童不像成人那样世故圆滑,尚没有明确的身份、等级、财富等观念与意识,儿童们之间的交往往往不带有功利性目的,其交友也只是单纯地为了找一个朋友,来分享自己的快乐与不快乐、高兴与不高兴等情感体验。这样,他们所形成的文化,往往也不像成人文化那样错综复杂、盘根错节。当然,成人文化有值得欣赏的一面,但成人文化同时也充满着利益算计、尔虞我诈、欺骗与不信任、利用与被利用等复杂的关系。

以礼物交往行为来说。总的来看,成人之间的礼物馈赠,往往出于功利目的,或是为了办某事方便,或是为了走后门求通融,或是为了谋求升官发财,或是为了权钱交易等。儿童之间的礼物馈赠则主要是基于小朋友之间的友谊,相比成人而言,其个人情感成分居重,目的也较为单一。

其次,儿童文化之美,表现出来的是一种稚拙、稚嫩之美。

从生物生理的层面看,与成熟个体相比,儿童还处于发展之中,儿童的骨骼、心脏、脾胃等生理及精神器官还尚未发育完备。

然而,儿童生理上的这种不成熟并非构成儿童精神或文化上的弱点,恰恰相反,这使得儿童及其文化显示出一种稚嫩的美。

每一个来到这个世界上的新生儿,都是万分娇嫩的。粉嘟嘟的小胳膊、小腿儿,红扑扑的小脸,吹弹可破的肌肤,一切都展示出一种新生命的稚嫩美。事实上,如果愿意去观察儿童文化,我们就会发现儿童文化就好似人类文化的新生儿一样,都是那么惹人喜爱、赞美。

譬如去观察一下儿童生活中的对话。一位爸爸带着小孩第一次坐公交车。上车后,爸爸往自动投币机里投了一枚硬币。小孩见状,就对爸爸说:"爸爸,也给我一个硬币,我还没有投钱呢!"爸爸笑着说:"你是小孩,乘车不要钱。"不料,小孩扬起小脸,生气地说道:"哼,这么说,我就不值钱了?"

对于这些现象,人们往往付之一笑。实际上,其背后却蕴含一种不太为人们所注意或不知如何欣赏的稚拙之美。

再次，儿童文化之美，表现出来的是一种自然之美。

这里所说的"自然之美"，并不是指与"社会美"相对而言的"自然美"，而是指儿童文化中表现出来的自然而然的、不造作的美。

儿童文化是儿童们之间交往生成的结果，它的形成基础具有自然性。一般来说，地理、空间上的相近，如居住在同一个社区、乡村或者在同一所学校上学，很容易形成儿童伙伴文化。这种伙伴文化不是儿童有意为之的，而是自然而然形成的，并且随着年龄的增加，伙伴文化的变动或消失也是自然而然的。

就具体儿童文化样式来看，儿童涂鸦艺术特别能显示出自然之美。有别于成人艺术，儿童的这些涂鸦，不是他们在殚精竭虑地考虑形式、构图、线条后创作的，而往往是随性为之，随意涂抹，却自显浑然天成之美。这种情感自然表达的美，常常令人惊叹，即使是最伟大的艺术家也为之向往。

此外，儿童文化之美，还表现为一种整体、圆融之美。

这是由儿童的感知方式决定的。儿童对事物的感知，不像成人那样常常是理性的、分析的、思辨的，而是感性的、情感的、整体的，儿童会调动视觉、触觉甚至味觉来感受这个世界。

儿童文化的整体性，有论者认为，其与非洲文化类似。在传统的非洲社会中，非洲文化是一种口头文化。这种文化与日常生活、节日庆祝、狩猎、种植、祭祀等活动杂糅在一起，即将音乐、舞蹈、人类日常生活、对外部世界的感知，作为一个有机的整体进行知觉，是一种集合的感觉。比如非洲的语言并没有单纯的"听"或"听见"这样的词。这样的词限制过死，无法表达他们整体性的感受。这样一种既单一而又内涵丰富的体验，非洲人可以用看、听和舞蹈——身体的动作来整体体验"听"，并对听到的声音做出反应，品味"听到"的东西。笛卡儿说："我思，故我在。"在非洲人那儿，则成为"我感受，我舞蹈，我唱歌，故我在"。①

在儿童文化那里，儿童这样的感知方式，造就了儿童文化的整体与圆融之美，以至于相较成人文化而言，我们更可能在全世界各地的儿童文化

---

① 罗文红：《儿童文化的整体性与儿童教育》，《学前教育研究》2005年第1期。

那里发现更多的相似之处。

当然，儿童文化之美，还有很多其他表现。例如，儿童文化更多地表现出一种优美，而罕有壮美或崇高；儿童文化更多地表现出情意之美，而不是知识理性之美；儿童文化的审美范畴主要是真、善，而不包括假、恶、丑……

之所以有学者呼吁成人文化应向儿童文化学习，儿童文化之美或许正是其中一个重要原因。

各美其美，美美与共

在探讨儿童文化时，我们常常把儿童文化与成人文化相比较，但这并不意味着两者之间有价值上的高下优劣。儿童文化有"美"的地方，成人文化也有"美"的地方，儿童文化有"不美"的地方，成人文化也有"丑"的地方。

譬如，相对于儿童文化的稚拙、稚嫩，成人文化则显示出一种成熟之美，它代表着一定时期内，人类文化所能达到的高度。这表现在成人创造的各种文化产物或成果中，包括艺术、建筑、民俗、科技，等等。成人创造的艺术往往在技术上更为精湛，风格上更为纯熟老练，这是儿童艺术所不及的。成人还能够创造出儿童所不能创造出来的大型建筑、精密的仪器、复杂的通信技术等。

总的说来，儿童文化是单纯的、淳朴的，成人文化则是复杂的、成熟的；儿童文化具有自然之美，成人文化则具有体现创造力的人为之美；儿童文化具有整体、圆融、感性之美，成人文化则显示出理性的、分析的、逻辑的美。

可以说，儿童文化与成人文化各有所长，也各有所短。两者之长是彼此值得学习的，两者之短，却不应该成为彼此互贬的理由。

在这里，费孝通先生的"各美其美，美人之美，美美与共，天下大同"思想观点，值得借鉴。具体阐述如下。

"各美其美"就是不同文化中的不同人群对自己传统的欣赏。这是处于分散、孤立状态中的人群所必然具有的心理状态。"美人之美"就是要求我们了解别人文化的优势和美感。这是不同人群要求合作共存时必须具备的对不同文化的相互态度。"美美与共"就是在"天下大同"的世界里,不同人群在人文价值上取得共识,以促使不同的文化类型和平共处。总体言之,这一文化价值的动态观念就是力图创造出一个跨越文化界限的"席明纳",让不同文化在对话、沟通中取长补短。[①]

就本地区、本民族的儿童文化与成人文化而言,各美其美,意味着儿童与成人首先要欣赏自己的文化,不应该过分自我轻视。然后,在这个基础上,要了解对方的文化优势并学会彼此欣赏。最后达到两者能够对话交流、取长补短、共同发展。

正因为如此,有些学者[②]认为,儿童文化和成人文化可以而且必须在互补和互哺中相得益彰。儿童文化和成人文化的特点决定了人类文化在儿童文化和成人文化的互补和互哺中才能保持健康地存在和持续地进化。因为,一方面,儿童只有与成人在一起,向成人及其所代表的文化学习,才能在成人引导下成长,在成人文化的熏染下逐步成熟;另一方面,儿童的心灵、儿童的世界、儿童所具有的纯真的自然天性又对成人的心灵和世界具有反哺的功能。

就不同地区、不同民族的儿童文化而言,费孝通的这一论断更为重要。

由于社会、时代、历史等各方面的因素,世界各个地区、民族的儿童文化有所不同。例如儿童养育文化。对于母乳喂养,有些地区的母亲认为一岁就可以断乳了,而在非洲某些地区,只要儿童愿意,母亲就会一直让儿童吸吮乳房,甚至儿童很大了也会这样,这种行为可能被其他社会、地区的人视为不妥。在这里,也许可以"各美其美",但很难做到"美人之美"。

再如,某些民族中处于特定成长时期的儿童的纹面行为。这种行为在西方社会中基本消失(当然,现代西方社会中存在很多青少年文身行为,作为一种酷的象征),但在某些边远地区可能还存在着。现代的人们初见儿童纹面,常常甚感惊异,他们的这一表现,类似于早期民族学家的猎奇

[①] 费孝通:《论人类学与文化自觉》,华夏出版社,2004,第209页。
[②] 参见刘晓东《论儿童文化——兼论儿童文化与成人文化的互补互哺关系》,《华东师范大学学报》(教育科学版)2005年第2期。

心理。在这种情况下,他们很难真正欣赏这种奇异的文化习俗。

事实上,当我们把某一种行为从该文化的情境中抽离出来时,往往会导致无法真正理解这种行为,更谈不上欣赏了。

因而,不同地区、不同民族的儿童文化,要做到"美人之美"是有一定困难的。但是,这并不意味着"美人之美"不能有限度地实现。

儿童身上显示出的一种特有的包容特质,为我们提供某种启示。例如,与成人相比,儿童似乎不那么记仇,与小伙伴吵架之后,也许一分钟后就能和好如初;儿童对待异国的同龄人,不像成人那样可能存有戒备,而更多地愿意展示出友好、友爱。

如果我们愿意像儿童这样,以包容、友好、谦逊的态度来尊重和看待彼此的文化,那么,我们就可能能够相互欣赏各自的美。

自然界的美从来不是单一的,而是丰富的、复杂的、多样的,有俊美、有壮美、有秀美、有崇高美等。儿童的文化世界也是这样,是丰富多样的、多姿多彩的、形态各异的,其与各自所处的社会、历史、时代情境有着密切的关系,理解不同的儿童文化,必须将其与这些因素结合起来思考。只有如此,才有可能达到"美美与共,天下大同"的境界。这与我们前面所呼唤的"复数的儿童文化"理念是一致的。

迈向一种更多可能性的儿童文化

无疑,一切文化包括精神文化、物质文化、制度文化等,均是人类创造的产物,但是这些创制的产物,并非一定会有益于人类的身心健康与社会的长远发展。文化的某些发明,可能在某一方面会增强人类的某些能力,而在另一方面,或许会削弱人类的其它一些能力。

譬如,各种电脑字体输入法及打印机的出现,极大地提升了人们的打字速度,方便了文档的制作,但同时也降低了人们手写文字的频率,导致写字能力逐渐弱化,出现人们认识某字却不会书写的现象。这种现象不无引人忧虑之处。

无独有偶,最近英国的一项调查显示,数字化时代对英国人的行为礼仪产生影响,导致新一代人面对面沟通和交流能力退化。据报道,这项调查是英国一份有上百年历史的专门关注英国贵族礼仪的期刊 Debrett's 进行的。调查报告警告说，人们越来越依赖手机短信、电邮和社交网络，这影响到年轻人面对面交流的能力。①

一种健康的文化发展态势，不应当是这样的，而是应该在方便人们日常交往、增强交流效率的同时，提供更多的可能性。

对于儿童文化来说，其未来的发展也应当是逐渐迈向一种能够融合、容纳、提供多种可能性的儿童文化。

这里所展望的"更多可能性的儿童文化"，其含义包括以下几点。

一是指在最大限度上不减损儿童文化本身的丰富性。儿童文化是极其丰富的，这是由儿童的无限充沛的想象力和创造力决定的，其丰富性的程度如意大利学者罗里斯·马拉古齐（Loris Malaguzzi）的诗作《不，一百种是在那里》所述：

> 孩子
> 是由一百种组成的。
> 孩子有
> 一百种语言，
> 一百只手，
> 一百种想法，
> 一百种思考、游戏、说话的方式。
> 一百种，总是一百种倾听、惊奇和爱的方式，
> 一百种歌唱与了解的喜悦。
> 一百种世界，
> 等着孩子们去发掘
> 一百种世界，
> 等着孩子们去创造；
> 一百种世界，
> 等着孩子们去梦想。
> 孩子有

---

① http://discovery.163.com/13/0907/11/985QDA7M000125LI.html，2013-09-10。

> 一百种语言,
> (还多了一百种的百倍再百倍)
> 但是他们偷走了九十九种。
> ……①

遗憾的是,儿童文化的这种丰富性,常常不为人们注意。不仅如此,当代教育的规训化、教条化、知识化趋势,还"偷走"了其中的九十九种,导致我们前文述及的儿童文化的危机。

未来的儿童文化构建,应当避免这种情况,最大限度地不减损儿童文化的丰富性。

二是指在最大限度上为儿童发展提供更多的可能空间。一方面,儿童文化是儿童创造出来的,是儿童编织的意义之网,另一方面,儿童文化同时又构成儿童成长与发展的人文环境,以此来看,一种健康的儿童文化,应当是能促进儿童发展的而不是阻碍儿童发展的。

的确,儿童文化与儿童发展存在着深切的关系,能够符合儿童本性需要的儿童文化,自然有利于儿童的发展,而一些由成人创设的"为儿童的"儿童文化,由于带有较强的目的性,违背了儿童的本性需要,则可能培养出人格不健全的儿童。

从另一个角度看,提倡儿童文化为儿童的发展提供更多的可能性,实际上也就意味着呵护儿童文化本身所具备的解放功能。

什么是解放?在台湾地区学者黄武雄看来,解放就是还人以本来面目,让人能用童年时认识世界的方式重新体验世界。这种认识方式的特质是把知识作为整体来了解,是无畏无休地尝试错误、体验与思辨,是免除人为的偏见。②

这种特质正是儿童文化所本然具有的。因此,儿童文化为儿童发展提供更多的可能性,这一提倡是具有自然基础的。

三是指期许人们挖掘并认识到儿童文化能够为人类文化的发展提供更

---

① 参见〔美〕卡洛琳·爱德华兹等编著《儿童的一百种语言》,罗雅芬等译,南京师范大学出版社,2006。
② 黄武雄:《童年与解放》,首都师范大学出版社,2009,第174页。

多的可能性启示。

相对于成熟形态的成人文化,儿童文化洋溢着旺盛的生命力,具有原初性质,源于此,儿童文化可能更能够提供给我们更多的启示。

因而,有论者认为童年是人类文化的"根",儿童文化具有"根"的精神。① 在他们看来,研究儿童将有助于认识成人,有助于我们认识人的本性,有助于消除成人社会甚至人类文明中的异化现象。我们的文化之树只有扎根于自然人性的基础上,这棵树才能枝繁叶茂。而童年或儿童那里隐藏着人性的根、文明的根,隐藏着成人自己的根。

他们认为儿童文化虽不直接具有"经世致用"的社会功能,但其潜藏着的核心层却对人类的精神文明有提升的作用,而这正需要成人世界抱以虚心的态度,努力去挖掘儿童文化才能有所收获。

沿此理解,倡导一种更多可能性的儿童文化,实际上也就是要求我们意识到儿童文化本身能够给整个人类文化的发展带来可能性,因为它是人类文化的"根"源。

小 结

就儿童文化与儿童个体的关系而言,每个社会中的儿童个体都有一个进入儿童文化的过程,同时又有一个离开儿童文化而迈向成人文化的过程。因而相对于儿童个体而言,儿童文化具有暂时性、过渡性。

儿童文化的暂时性、过渡性,一方面,固然显示出儿童文化与成人文化的差异,它们是两种不同的文化;另一方面,则显示出儿童文化的特殊性。这一特殊性,对个体来说,即每一个体都需要以一定的方式"通过"儿童文化。

这种"通过",宽泛来看,与人类学中的"过渡仪式"或"通过仪式"有异曲同工之处。

作为一种宽泛的过渡仪式,孩子从儿童文化向成年文化的过渡,尤其

---

① 参见刘晓东的《童年研究:"根"的探寻》一文,载《中国儿童文化》第2辑,浙江少年儿童出版社,2005;邓琪瑛:《试论儿童文化的原初性与可塑性》,《浙江师范大学学报》(社会科学版)2010年第3期;等等。

是童年向成年的过渡，包含了角色、权利、义务、地位等方面的转变。在童年时期，儿童的现实被重新组合，赋予意义，同时，儿童实现自我心智的转变，逐渐成为一个更确定、更有理性、更成熟的人。这正是"通过"儿童文化的意义所在。

相对于儿童个体而言，儿童文化是暂时性的、过渡性的。然而，这只是儿童文化的一方面，从另一方面看，每个时代的儿童，当"通过"儿童文化时，都会或多或少给原先的儿童文化带来一些新质。这些新质决定了儿童文化的新生性。

毋庸置疑，随着社会的发展，儿童文化总是处于不断演进的过程中，这一方面自然是儿童文化的新生性使然，另一方面也与人类整体文化存在着一定的联系，因为儿童文化是人类整体文化的一部分。

在一定程度上，儿童文化复演了人类过去的文化。如果这种论述不无道理的话，那么，可以推定儿童文化的发展历程及其发展规律，可能亦复演着人类整体文化的发展历程及其发展规律。

由于儿童文化与人类整体文化关联紧密，儿童文化的变迁，也会受到一些基本因素的影响，除了文化主体的自我创新之外，其中人类技术革新因素的影响值得注意。此外，还有社会政策与制度的影响、既有社会的儿童/童年观念系统的影响及处于强势地位的成人文化的影响。

儿童文化的发展与变迁中存在一条"相似、相继、相生"的原则。一切儿童文化都是满足儿童相似生存需要的结果；它们既是对前一时期或前一代儿童文化的相继，同时又与同时代的其他区域或地区、民族的儿童文化彼此相生。

当前，儿童文化的发展既面临一些机遇，又面临一些挑战例如童年空间的压缩、儿童文化的趋同化、成人文化的侵蚀，等等，尤其是社会的麦当劳化，不仅深深地影响着现代生活方式，也影响着儿童文化，导致儿童文化的危机：

一是儿童文化内容的均质化；

二是儿童文化形态的单一化；

三是儿童文化经验的碎片化。

儿童文化危机的原因不是单一的，其解决方法也不是单一的。除了要有正确的儿童观，尊重、理解儿童外，还需要家庭、学校、社会的介入。在具体的层面上，儿童文化生态的重构，可以从两条原则入手：一是要遵循"贴近儿童生活世界"的原则；二是要遵循"贴近家乡"的原则。

对于儿童文化研究者而言，他们期待的是通过研究儿童文化，能够促进儿童文化的发展。展望儿童文化的愿景，不妨先学习欣赏儿童文化之美：

首先，儿童文化表现出来的是一种单纯、淳朴之美。

其次，儿童文化之美，表现出来的是一种稚拙、稚嫩之美。

再次，儿童文化之美，表现出来的是一种自然之美。

此外，儿童文化之美，还表现为一种整体、圆融之美。

自然界的美从来不是单一的，而是丰富的、复杂的、多样的，有俊美、有壮美、有秀美、有崇高美等。儿童文化世界也是这样，是丰富多样的、多姿多彩的、形态各异的，其与各自所处的社会、历史、时代情境有着密切的关系，理解不同的儿童文化，必须将其与这些因素结合起来思考。只有如此，才有可能达到"美美与共，天下大同"的境界。这与我们前面所呼唤的"复数的儿童文化"理念是一致的。

对于儿童文化来说，未来的发展应当是逐渐迈向一种能够融合、容纳、提供多种可能性的儿童文化。这里所展望的"更多可能性的儿童文化"，其含义包括：在最大限度上不减损儿童文化本身的丰富性；在最大限度上为儿童发展提供更多的可能空间；期许人们挖掘并认识到儿童文化能够为人类文化的发展提供更多的可能性启示。

结语　"深描"儿童文化

> 人们能知道他们的知道，能够思考他们的思考，观察他们的观察。……易言之，他们能够登上意识的旋梯，从一层及其观点到更高的一层及其观点，向下俯视，看到自己同时站在旋梯的其他层级上。
>
> ——〔德〕诺贝特·埃利亚斯

就整个人类社会全景来看，儿童文化无疑是十分丰富、多样、复杂的。不仅不同的社会、民族、地区、国家有着不同面貌的儿童文化，即便是在同一个地区，也可能由于种种传统观念、习俗因素、行为规范等的不同而使儿童文化呈现出不同的气质来。

相应于此，理解儿童文化的方式也不应当是单一的、单维的、简单的，而应当考虑儿童文化赖以存活的本地传统、道德、规范、宗教、意识形态、经济等各种因素。在这个基础上，才有可能整体地理解儿童文化。

然而，这个目标的实现，并不那么乐观。囿于个体或群体的视域，人们往往难以放弃自己对儿童文化的成见。的确，行为的改变，观念的更新，不是那么一蹴而就的。

在人们看待儿童文化的这些不同的观点、态度、立场中，我们可以发现理解儿童文化的不同模式。这里，我们列举三种基本模式。

第一种是家长模式。与儿童最为密切的关系群体，无疑是儿童的家长们（包括爸爸妈妈、爷爷奶奶等）了。在某种意义上，家长们自然是最了解这个群体及其文化的人。

的确，每个拥有孩子或曾经拥有过孩子的家长，他们对儿童的事务都有切身的体会，他们亲历过儿童的第一次微笑，了解儿童的第一次挫折，一同体验过儿童成长过程中的点点滴滴……

如果说儿童文化有所谓"现场"的话，那么，家长们无疑正处于儿童文化的现场之中。这一不可取代的"现场"，赋予了家长们理解儿童文化得天独厚的优势。

遗憾的是，这一优势并没有使家长们更为理解儿童文化，却常常带来家长们对儿童文化自以为是的误解，而在实践中造成家长们对儿童文化的过多干涉。

事实上，家长模式的显著特点即以成人的视野代替儿童的视野，以成人的理解来代替儿童的理解。

第二种是专家模式。一般而言，与普通群体相比，那些专门研究儿童心理、儿童教育、儿童艺术、儿童医学等的专家们，在普遍规律的层面上更了解儿童及其文化。

他们掌握儿童发育的总体规律，知道怎样去解决儿童行为偏差，了解儿童精神的发展阶段，拥有如何教育儿童的系统知识；等等。

相比家长模式，专家模式的特点是：更了解儿童世界的一般规律；知道更多的关于儿童的科学知识；更善于分析儿童问题。

第三种是社工模式。这里的社工模式是指社会工作者的模式。社会工作是非营利的、服务于他人和社会的专业化、职业化的活动。在当代，儿童及青少年服务、学校社会工作等已经成为重要的社会工作领域。

相较于一般人，从事儿童及青少年服务的社会工作者具备更多的儿童方面的专业知识，譬如知道更为系统的儿童抚育知识、更为详细地了解儿童救助法律条款，等等。与从事儿童研究的专家相比，他们更善于发现儿童的问题，更可能了解特定处境下儿童的心理状态。

总的看来，这三种理解模式，各有特点，如下表所示。

儿童文化的理解模式

模 式	特 点	取 向
家长模式	寻求感同身受的、情感的理解	情感取向
专家模式	寻求科学的、理性的、普遍的解释	理性取向
社工模式	寻求儿童问题的发现与解决	行动取向

这些模式的区分,主要是着眼于儿童日常生活的关系群体。就更具体的情况而言,人们在理解儿童文化时,可能会侧重其中一种而兼用其他模式。

客观来看,这些模式下的儿童文化理解,也存在各自的不足之处,例如,家长模式虽然贴近儿童文化现场,更了解儿童的具体需求,但情感因素的介入以及自以为是的"熟悉",可能会导致"见木不见林"的短见。专家模式长于儿童规律的掌握,但可能疏离于儿童文化现场,或者,只是简单地观察过儿童文化,而缺乏对儿童文化的长期切近体验。由于远离儿童文化现场及将儿童从儿童文化中分离出来的取向,该模式下的理解,可能导致只见"规律"而不见"儿童"。在一定程度上,社工模式兼具前两种模式的优势,但可能会引发一些道德伦理上的问题,诸如在"帮助"的名义下做出可能会伤害特定处境下的儿童的行动、一些介入性支持可能违背儿童的意愿。

从人类学的角度看,一种可能的、好的理解方式是,自然地进入一个群体,通过长期的观察、参与、思考,进而了解该群体的文化。这是一种有别于"浅描"的"深描"(thick description)①策略。

"深描"一词,是人类学家格尔茨借自哲学家吉尔伯特·赖尔(Gilbert Rule)的一个词语。赖尔在其论文中用这个词来探讨眼睑抽搐与挤眉弄眼之间的区别。从对这两种行为的现象学观察和浅显的描述来说,两者没有什么不同。这两个行为在动作上是完全相同的,不可能辨识出哪一个是眨眼,哪一个是挤眼。然而,一个是非自愿的动作,另一个却可能是密谋结盟的信息信号。不仅如此,更复杂的是,还有假装的眨眼、模仿的挤眼、练习如何模仿挤眼……因此,同一个行为,其在社会意义上的差别可能是相当巨大的。

要将眼睑抽搐与挤眉弄眼区别开来,这就需要一个特别的着眼点:沉潜到该社会群体的文化中去。深描的特点是情境性的,在具体的情境下理解该社会塑造人们的概念结构、行为规范、意义系统。

对儿童文化而言,"深描"它们,不妨将前述三种模式结合起来,既

---

① 参见〔美〕克利福德·格尔茨《文化的解释》,韩莉译,凤凰出版集团、译林出版社,1999。

切近儿童文化的现场,了解儿童文化的细节,又能够注意到儿童文化的整体,认识到儿童文化发展的规律,同时,在行动上,又能有效、恰当、适时地介入,进而引导儿童文化健康、有序地发展。

这样一幅儿童文化研究的前景,不仅仅是"理解"儿童文化本身,还提示了关心儿童文化的人们,在儿童的世界中所可能扮演的角色。

参考文献

一 著作

让-皮埃尔·内罗杜：《古罗马的儿童》，张鸿、向征译，广西师范大学出版社，2005。

姚伟：《儿童观及其时代性转换》，东北师范大学出版社，2007。

让·雅克·卢梭：《爱弥儿》，彭正梅译，上海人民出版社，2007。

关宽之：《儿童学》，朱孟迁、邵人模、范尧深译述，商务印书馆，1922。

玛利亚·蒙台梭利：《童年的秘密》，马荣根译，单中惠校，人民教育出版社，2004。

玛利亚·蒙台梭利：《童年的秘密》，金晶、孔伟译，中国发展出版社，2006。

玛利亚·蒙台梭利：《有吸收力的心灵》，高潮、薛杰译，中国发展出版社，2006。

赵汀阳：《一个或所有问题》，江西教育出版社，1998。

边霞：《儿童的艺术与艺术教育》，江苏教育出版社，2006。

卜卫：《媒介与儿童教育》，新世界出版社，2002。

刘晓东：《儿童文化与儿童教育》，教育科学出版社，2006。

刘晓东：《儿童精神哲学》，南京师范大学出版社，2003。

刘晓东：《儿童教育新论》，江苏教育出版社，2008。

钱雨：《儿童文化论》，山东教育出版社，2011。

菲利浦·阿利埃斯：《儿童的世纪：旧制度下的儿童和家庭生活》，沈坚、朱晓罕译，北京大学出版社，2013。

陈永明主编《儿童学概论》，北京大学出版社，2013。

余雪莲等主编《儿童学概论》，北京师范大学出版社，2013。

方卫平主编《中国儿童文化》第一～八辑，浙江少年儿童出版社，2004～2013。

孙云晓：《捍卫童年》，江苏教育出版社，2007。

沈琪芳、应玲素：《儿童诗性逻辑与中国儿童文化建设》，浙江大学出版社，2009。

河合隼雄：《孩子的宇宙》，王俊译，东方出版中心，2010。

薛烨、朱家雄主编《生态学视野下的学前教育》，华东师范大学出版社，2007。

苏霍姆林斯基：《把整个心灵献给孩子》，唐其慈、毕淑之译，天津人民出版社，1981。

卡洛琳·爱德华兹等编著《儿童的一百种语言》，罗雅芬等译，南京师范大学出版社，2006。

熊秉真：《童年忆往——中国孩子的历史》，广西师范大学出版社，2008。

尼尔·波兹曼：《童年的消逝》，吴燕莛译，广西师范大学出版社，2011。

帕金翰：《童年之死》，张建中译，华夏出版社，2005。

费孝通：《论人类学与文化自觉》，华夏出版社，2004。

雅各布·坦纳：《历史人类学导论》，白锡堃译，北京大学出版社，2008。

爱德华·泰勒：《原始文化》，连树声译，上海文艺出版社，1992。

格尔茨：《文化的解释》，韩莉译，译林出版社，1999。

彼得·伯格、托马斯·卢克曼：《现实的社会构建》，汪涌译，北京大学出版社，2009。

蒋风主编《玩具论》，希望出版社，1996。

周作人：《周作人论儿童文学》，刘绪源辑笺，海豚出版社，2012。

周作人：《儿童文学小论 中国新文学的源流》，止庵校订，河北教育出版社，2001。

班马：《中国儿童文学理论批评与构想》，湖北少年儿童出版社，1990。

班马：《前艺术思想——中国当代少年文学艺术论》，福建少年儿童出版社，1996。

让－罗尔·布约克沃尔德：《本能的缪斯——激发潜在的艺术灵性》，

王毅、孙小鸿、李明生译，上海人民出版社，1997。

林崇德、李其维、董奇主编《儿童心理学手册》，华东师范大学出版社，2009。

彭聃龄主编《普通心理学》（修订版），北京师范大学出版社，2004。

周晓虹：《现代社会心理学》，上海人民出版社，1997

莫里斯·罗森堡、拉尔夫·H·特纳：《社会学观点的社会心理学手册》，孙非等译，南开大学出版社，1992。

鲁道夫·谢弗：《儿童心理学》，王莉译，电子工业出版社，2005。

黄希庭、杨治良、林崇德主编《心理学大辞典》，上海教育出版社，2003。

章志光：《社会心理学》，人民教育出版社，2007。

Claire Golomb：《儿童绘画心理学》，中国轻工业出版社，2008。

马川：《文化发展心理学视野下的性别认同——以青春期女生为例》，上海人民出版社，2011。

恩斯特·卡西尔：《人论》，甘阳译，上海译文出版社，1985。

马凌诺斯基：《文化论》，费孝通译，华夏出版社，2002。

威廉·A.哈维兰：《文化人类学》，瞿铁鹏、张钰译，上海社会科学院出版社，2006。

M.舍勒：《知识社会学问题》，艾彦译，华夏出版社，2000。

杨庭硕、康隆罗、潘盛之：《民族、文化与生境》，贵州人民出版社，1992。

夏建中：《文化人类学理论学派》，中国人民大学出版社，1997。

麦克尔·赫兹菲尔德：《什么是人类常识——社会和文化领域中的人类学理论实践》，刘珩、石毅、李昌银译，华夏出版社，2005。

马维·哈里斯：《人·文化·生境》，许苏明译，山西人民出版社，1989。

玛格丽特·米德：《三个原始部落的性别与气质》，宋践译，浙江人民出版社，1988。

玛格丽特·米德：《文化与承诺——一项有关代沟问题的研究》，周晓虹、周怡译，河北人民出版社，1987。

玛格丽特·米德：《萨摩亚人的成年——为西方文明所作的原始人类

的青年心理研究》，周晓虹等译，商务印书馆，2010。

博蓝尼：《博蓝尼讲演集》，彭淮栋译，联经出版事业公司，1985。

戈登·柴尔德：《考古学导论》，安志敏、安家瑗译，生活·读书·新知三联书店，2008。

周华山：《无父无夫的国度？》，光明日报出版社，2001。

C·R·巴伯：《人生历程——人类学初步》，王亚南、邓启耀译，云南教育出版社，1988。

彼得·伯克：《图像证史》，杨豫译，北京大学出版社，2008。

乌尔里希·贝克等：《个性化》，李荣山等译，北京大学出版社，2011。

克里斯汀·夏洛、劳拉·布里坦：《儿童像科学家一样》，高潇怡等译，北京师范大学出版社，2006。

米歇尔·本特利等：《科学的探索者——小学与中学科学教育新取向》，洪秀敏等译，北京师范大学出版社，2008。

沃泽曼、伊芙妮：《新小学科学教育》，宋戈、袁慧译，北京师范大学出版社，2006。

马丁：《建构儿童的科学》，杨彩霞等译，北京师范大学出版社，2002。

卡尔·雅斯贝尔斯：《智慧之路》，柯锦华等译，中国国际广播出版社，1981。

加雷斯·皮·马修斯：《哲学与幼童》，陈国容译，生活·读书·新知三联书店，1989。

郑金洲：《教育文化学》，人民教育出版社，2000。

兰德曼：《哲学人类学》，彭富春译，工人出版社，1988。

克莱德·克鲁克洪：《文化与个人》，高佳等译，浙江人民出版社，1987。

哈维兰：《当代人类学》，王铭铭等译，上海人民出版社，1987。

冯增俊：《教育人类学》，江苏教育出版社，2001。

希拉里·罗德姆·克林顿：《举全村之力》，曾桂娥译，上海三联书店，2009。

林惠祥：《文化人类学》，商务印书馆，1991。

德斯蒙德·莫利斯：《裸猿》，何道宽译，复旦大学出版社，2010。

罗哈特:《婴儿世界》,郭力平等译,华东师范大学出版社,2005。

绫部恒雄:《文化人类学的十五种理论》,中国社科院日本研究所社会文化室译,国际文化出版公司,1988。

罗伯特·F. 墨菲:《文化与社会人类学引论》,王卓君、吕迪基译,商务印书馆,1991。

费孝通:《论人类学与文化自觉》,华夏出版社,2004。

黄武雄:《童年与解放》,首都师范大学出版社,2009。

阿诺尔德·范热内普:《过渡礼仪》,张举文译,商务印书馆,2010。

维克多·特纳:《仪式过程:结构与反结构》,黄剑波、柳博赟译,中国人民大学出版社,2006。

维克多·特纳编《庆典》,方永德等译,上海文艺出版社,1993。

丰子恺:《我们这些大人》,中国青年出版社,2010。

沃尔夫:《欧洲与没有历史的人民》,赵丙祥等译,上海人民出版社,2006。

郑元者:《美学观礼》,中国发展出版社,2000。

朱光潜:《谈美书简二种》,上海文艺出版社,1999。

乔治·里茨尔:《社会的麦当劳化——对变化中的当代社会生活特征的研究》,顾建光译,上海译文出版社,1999。

维维安娜·泽利泽:《给无价的孩子定价——变迁中的儿童社会价值》,王水雄等译,格致出版社,2008。

卢卡奇:《历史与阶级意识——关于马克思主义辩证法的研究》,杜章智等译,商务印书馆,1999。

周月英、顾玉珍:《媒体的女人·女人的媒体》,台湾硕人出版有限公司,1995。

陆士桢等编著《中国儿童政策概论》,社会科学文献出版社,2005。

罗钢、王中忱主编《消费文化读本》,中国社会科学出版社,2003。

尹世杰:《消费文化学》,湖北人民出版社,2002。

王宁:《消费社会学:一个分析的视角》,社会科学文献出版社,2001。

尚·布希亚:《物体系》,林志明译,上海人民出版社,2001。

杜威:《杜威教育论著选》,赵祥麟、王承绪编译,华东师范大学出版社，1981。

筑波大学教育学研究会编《现代教育学基础》，钟启泉译，上海教育出版社，1986。

马和民：《新编教育社会学》，华东师范大学出版社，2002。

佩里·诺德曼、梅维丝·雷默：《儿童文学的乐趣》，陈中美译，少年儿童出版社，2008。

理查德·比尔纳其等：《超越文化转向》，方杰译，南京大学出版社，2008。

托尼·W·林德：《在游戏中评价儿童——以游戏为基础的跨学科儿童评价法》，陈学锋等译，华东师范大学出版社，2008。

乔治·H·米德：《心灵、自我与社会》，赵月瑟译，上海译文出版社，1992。

李景源、陈威主编《中国公共文化发展服务报告》，社会科学文献出版社，2007。

艺衡、任珺、杨立青：《文化权利：回溯与解读》，社会科学文献出版社，2005。

夏勇：《中国民权哲学》，三联书店，2004。

杨成铭：《受教育权的促进和保护》，中国法制出版社，2004。

柯林·黑伍德：《孩子的历史》，黄煜文译，麦田出版社，2004。

葛兆光：《中国古代社会与文化十讲》，清华大学出版社，2002。

陈建宪主编《文化学教程》，华中师范大学出版社，2004。

托马斯·哈定等：《文化与进化》，韩建军等译，浙江人民出版社，1987。

陈映芳：《图像中的孩子——社会学的分析》，山东画报出版社，2003。

陈世联：《文化与儿童社会化》，中国社会科学出版社，2008。

加登纳：《艺术与人的发展》，兰金仁译，光明日报出版社，1988。

汤因比：《历史研究》，上海人民出版社，2005。

司马云杰：《文化社会学》，山西教育出版社，2007。

卡尔·曼海姆：《文化社会学论集》，艾彦、郑也夫、冯克利译，辽宁教育出版社，2003。

邹广义：《当代文化哲学》，人民出版社，2007。

菲利普·史密斯：《文化理论：导论》，张鲲等译，商务印书馆，2008。

埃里克松：《童年与社会》，罗一静、徐炜铭、钱积权编译，学林出版社，1992。

詹姆斯·汉斯林：《社会学入门：一种现实分析方法》，林聚仁译，北京大学出版社，2007。

戴维·波普诺：《社会学》，李强等译，中国人民大学出版社，2007。

G·邓肯·米切尔主编《新社会学词典》，上海译文出版社，1987。

劳拉.E.贝克：《儿童发展》（第五版），吴颖、吴荣先译，江苏教育出版社，2002。

薛素珍、柳林：《儿童社会学》，山东人民出版社，1984。

梁秋丽：《父母决定孩子的未来》，中国纺织出版社，2006。

J.胡伊青加：《人：游戏者》，成穷译，贵州人民出版社，1998。

乔恩·威特：《社会学的邀请》，林聚任等译，北京大学出版社，2008。

程继隆编《社会学大词典》，中国人事出版社，1995。

顾明远主编《教育大辞典》，上海教育出版社，1998。

黄平、罗红光、许宝强主编《当代西方社会学·人类学新词典》，吉林人民出版社，2003。

本·海默尔：《日常生活与文化理论导论》，王志宏译，商务印书馆，2008。

戴维·英格利斯：《文化与日常生活》，周书亚等译，中央编译出版社，2010。

米歇尔·福柯：《规训与惩罚》，刘北成、杨远婴译，生活·读书·新知三联书店，2007。

波德里亚：《消费社会》，刘成富、全志钢译，南京大学出版社，2001。

Nicholas Abercrombie, Stephen Hill, Byran S. Turner, *Dictionary of Sociology* (Penguin Group, 2006).

David Buckingham, Vebjørg Tingstad, *Childhood and Consumer Culture* (Palgrave Macmillan, 2010).

Charles Winich, *Dictionary of Anthropology* (Totowa, N.J.: Littlefield, 1984).

Philippe Aries, *Centuries of Childhood: A Social History of Family Life*, trans. by Robert Baldick (New York, 1962).

Robert H. Bremner, *Children and Youth in America: A Documentary History* (Harvard University Press, 1974).

Allison James & Alan Prout, *Constructing and Reconstructing Childhood: Contemporary Issues in the Sociological Study of Childhood* (London: Falmer Press, 1997).

William A. Corsaro, *The Sociology of Childhood* (London: Pine Forge Press, 2005).

Matthews, *Children and Community Regeneration: Creating Better Neighbourhoods* (London: Save the Children, 2001).

Roger A. Hart, *Children's participation: From tokenism to citizenship* (Florence: UNICEF International Child Development Centre, 1992).

Alan Prout, *The Future of Childhood: Towards The Interdisciplinary study of childhood* (RoutledgeFalmer, 2005).

Pia Monrad Christensen, Allison James, *Research with Children: Perspectives and Practices* (Falmer Press, 2000).

Michael Wyness, *Childhood and Society: An Introduction to the Sociology of Childhood* (PALGRAVE USA, 2006).

Sarane Spence Boocock, Kimberly Ann Scott, *Kids in Context: The Sociological Study of Children And Childhoods* (Rowman & Littlefield Publishers, Incorporated, 2005).

二 论文

裴指挥：《理解儿童文化》，载《学前教育研究》2003年第2期。

邓琪瑛：《试论儿童文化的原初性与可塑性》，载《浙江师范大学学报》（社会科学版），2010年第3期。

谢毓洁：《晚清：儿童文化研究的新地带》，载《湖南城市学院学报》2007年第4期。

俞金尧：《儿童史研究及其方法》，载《国外社会科学》2001年第5期。

巫秋云：《哲学与幼童——儿童是个哲学家》，载《当代学前教育》

2008 年第 4 期。

刘晓东:《童年研究:"根"的探寻》,载《中国儿童文化》第二辑,浙江少年儿童出版社,2005。

刘晓东:《论儿童文化——兼论儿童文化与成人文化的互补互哺关系》,载《华东师范大学学报》(教育科学版)2005 年第 2 期。

刘晓东:《中国传统文化中的儿童观及其现代化》,载《学前教育研究》1994 年第 4 期。

边霞:《儿童文化与成人文化》,载《学前教育研究》2001 年第 3 期。

边霞:《论儿童文化的基本特征》,载《学前教育研究》2001 年第 1 期。

杜晓利:《走向儿童文化》,载《教育科学》2001 年第 3 期。

罗文红:《儿童文化的整体性与儿童教育》,载《学前教育研究》2005 年第 1 期。

王衡霞:《论好莱坞电影异化及其对儿童的影响》,载《湖南科技学院学报》2006 年第 4 期。

张克明:《关于儿童文化危机的思考》,载《早期教育》(教科研版)2013 年第 1 期。

张敦福:《年轻一代消费者与"麦当劳化"的社会》,载《青年研究》1999 年第 1 期。

詹姆斯·U. 麦克尼尔、Chyon - HweYeh、马睿:《中国儿童的消费行为:1995～2002》,载《青年研究》2004 年第 10 期。

徐安琪:《孩子的经济成本:转型期的结构变化和优化》,载《青年研究》2004 年第 12 期。

卜卫:《广告中的儿童形象》,载《父母必读》2001 年第 3 期。

卜卫:《捍卫童年》,载《读书》2000 年第 3 期。

蒋兆雷、叶兵:《关于都市"萌文化"现象的研究》,载《中国青年研究》2010 年第 3 期。

程丽英:《解读儿童文化——兼析童年真的消失了吗》,载《当代学前教育》2008 年第 3 期。

何卫青:《消逝的儿童文化——传统儿童游戏引发的儿童文化思考》,

载《中国青年研究》2006年第4期。

申晓燕、陈世联：《儿童游戏·游戏文化·儿童文化——基于文化学的探讨》，载《重庆师范大学学报》（哲学社会科学版）2008年第3期。

张咏：《儿童角色游戏的社会性别文化分析》，载《教育导刊》（幼儿教育）2005年第3期。

赵雷：《青少年中性化现象及其应对策略》，载《中国青年研究》2009年第9期。

逢伟：《青少年中性化述评》，载《中国青年研究》2009年第9期。

胡俊生、李期：《当今儿童的成人化倾向》，载《社会》1997年第11期。

卢英俊：《儿童发展的神经可塑性及教育启示》，载《幼儿教育》2010年第10期。

王亚鹏、董奇：《脑的可塑性研究及其对教育的启示》，载《教育研究》2005年第10期。

韦禾：《儿童的权利——一个世界性的新课题——中国履行〈儿童权利公约〉研讨会综述》，载《教育研究》1996年第8期。

董建辉、石奕龙：《西方应用人类学百年发展回顾》，载《国外社会科学》2005年第5期。

郑萍：《村落视野中的大传统与小传统》，载《读书》2005年第7期。

王任梅：《冲突与共生：儿童文化与成人文化关系研究述评》，载《上海教育科研》2011年第2期。

黄肖静：《青少年增权研究述评》，载《中国青年政治学院学报》2007年第3期。

杜燕红：《儿童是个心理学家——心理理论及其启迪》，载《上海教育科研》2005年第7期。

周东苏：《儿童是道德哲学家》，载《教育导刊》（幼儿教育）2008年第4期。

张东娇：《儿童文化与预期社会化》，载《教育科学》1992年第2期。

周逸：《新世纪儿童影视现状与发展——"儿童影视现状与发展研讨会"感悟》，载《现代传播》2002年6期。

金生鈜：《"规训化"教育与儿童的权利》，载《教育研究与实验》

2002年第4期。

曾小华：《论简单与复杂的文化系统》，载《中共浙江省委党委校学报》2004年第4期。

束从敏：《儿童文化与幼儿园课程》，载《早期教育》2001年第8期。

苏国勋：《社会学与社会建构论》，载《国外社会科学》2002年第1期。

朱自强：《"童年"：一种思想的方法和资源》，载《中国图书评论》2006年第6期。

胡春光：《学校生活中的规训与抗拒》，博士学位论文，华中师范大学，2007。

钱诚：《中学男生性别角色特征发展研究》，硕士学位论文，华东师范大学，2007。

张晓玲：《教育视野下的儿童文化研究》，硕士学位论文，华东师范大学，2005。

毛尼娜：《3～6岁儿童对经济学知识理解的发展研究》，硕士学位论文，华东师范大学，2007。

吴飞：《"空间实践"与诗意的抵抗——解读米歇尔·德塞图的日常生活实践理论》，载《社会学研究》2009年第2期。

刘怀玉：《西方学界关于列斐伏尔思想研究现状综述》，载《哲学动态》2003年第5期。

A. 乌瓦罗夫、姬增录：《约鲁巴人的婴儿命名仪式》，载《民族译丛》1989年第4期。

黄兆群：《熔炉理论与美国的民族同化》，载《山东师范大学学报》（社会科学版）1990年第2期。

刘文英：《原始思维机制与原始文化之谜——兼论儿童思维机制与儿童的世界图景》，载《文史哲》1998年第1期。

蒋佩春：《游戏，消失在童年》，载《教育文汇》2005年第6期。

Johannes Fromme、孙艳超、黄立冬、张义兵：《电脑游戏：儿童文化的一部分——由德国儿童电脑游戏调查报告引发的思考》，孙艳超、黄立冬、张义兵编译，载《信息技术教育》2005年第3期。

易健：《论校园文化（上篇）》，载《湖南教育学院学报》1996年第

6期。

张丽华：《试论同辈群体对儿童社会化的影响》，载《勃海大学学报》（哲学社会科学版）1998年第4期。

安仲明：《美国儿科学的发展和三位儿科学教授的历史功绩》，载《国外医学》（医学教育分册）1998年第1期。

方敏：《"儿童成人化"与儿童社会化》，载《家长》2006年第2~3期。

陈声健、杨敏：《儿童对电视卡通人物的认同研究》，载《曲靖师范学院学报》2010年第5期。

叶晓璐：《儿童同伴关系的性别特点及教育启示——基于150名5岁儿童样本调查分析》，载《山西青年管理干部学院学报》2010年第3期。

范珍桃、方富熹：《学前儿童性别恒常性的发展》，载《心理学报》2006年第1期。

王清、顾燕萍、邹瞳：《卖萌》，载《第一财经周刊》2012年第7期。

杨观：《漫谈网络热词"卖萌"》，载《文史杂志》2012年第4期。

赵霞：《童年的消逝与现代文化的危机——新媒介环境下当代童年文化问题的再反思》，载《学术月刊》2014年第4期。

后 记

本书是教育部青年基金项目"整体视野下的儿童文化解析"(项目编号：10YJC840097)的成果，该项目于2014年顺利结项。

本书关于儿童文化的思考工作，始于2009年。最初的文章发表于2010年，包括《生存·游戏·确证——论儿童文化的功能属性》《面向事实·立场互涉·理论自觉——论中国儿童文化研究的基本策略》《国内儿童文化研究：进展与问题》等文。在此前期探索的基础上，本人申请的儿童文化研究课题，获得2010年教育部立项资助。

就国内而言，此前的儿童文化研究工作已有了一定的基础，并取得了开拓性的成果，譬如刘晓东的《儿童文化与儿童教育》(教育科学出版社，2006年)、钱雨的《儿童文化论》(山东教育出版社，2011年)，等等。本书在吸收和借鉴这些成果的基础上，试图从社会文化的整体视野来把握儿童文化，进而推进儿童文化研究。书中提出了一些新的观点，对一些老问题尝试性给予了新的解答，并提出了一些新问题。限于学识，其中肯定存在着一些不足，期待各方专家批评指正。

书中的部分成果曾刊载于《比较教育研究》、《青少年导刊》(人大复印资料)、《浙江师范大学学报》(社会科学版)、《中国儿童文化》等刊物(丛刊)，在此表示感谢。

在本书的撰写过程中，笔者有幸得到复旦大学郑土有教授、南京师范大学刘晓东教授、上海师范大学方明生教授以及浙江师范大学金生鈜教授、张兆曙教授等诸位学者、老师的帮助和支持，在此，对各位表示诚挚的谢意。

此外，特别感谢浙江师范大学儿童文化研究院提供的良好的科研条件和交流平台。

社会科学文献出版社的王绯老师为本书出版提供了大力支持,在此表示感谢!还要感谢蒋北娟编辑,如果没有她细致的校勘,本书也无法顺利付梓。

郑素华

2015 年 3 月

浙江师范大学儿童文化研究院

图书在版编目（CIP）数据

儿童文化引论/郑素华著.—北京：社会科学文献出版社，2015.10
 ISBN 978-7-5097-7852-4

Ⅰ.①儿… Ⅱ.①郑… Ⅲ.①儿童-文化-研究 Ⅳ.①C913.5

中国版本图书馆 CIP 数据核字（2015）第 173398 号

儿童文化引论

著　　者 / 郑素华

出 版 人 / 谢寿光
项目统筹 / 王　绯
责任编辑 / 蒋北娟　关晶焱

出　　版 / 社会科学文献出版社·社会政法分社（010）59367156
　　　　　地址：北京市北三环中路甲 29 号院华龙大厦　邮编：100029
　　　　　网址：www.ssap.com.cn
发　　行 / 市场营销中心（010）59367081　59367090
　　　　　读者服务中心（010）59367028
印　　装 / 三河市尚艺印装有限公司
规　　格 / 开　本：787mm×1092mm　1/16
　　　　　印　张：22.5　字　数：354 千字
版　　次 / 2015 年 10 月第 1 版　2015 年 10 月第 1 次印刷
书　　号 / ISBN 978-7-5097-7852-4
定　　价 / 89.00 元

本书如有破损、缺页、装订错误，请与本社读者服务中心联系更换

▲ 版权所有 翻印必究